한국 공기업의 실전 이해

공기업 직장 생활, 이 정도는 알고 지내자!

한국 공기업의 실전 이해
공기업 직장 생활, 이 정도는 알고 지내자!

지 은 이 : 박동경, 화현
펴 낸 이 : 박동경
발 행 일 : 2025년 7월 10일
I S B N : 979-11-89850-91-3
E-mail : kndkpark@hanmail.net

편　　집 : 도서출판 안북스(꽃피는청춘)
T E L : 02-957-7780
인　　쇄 : 인쇄와디자인(02-957-7744)

이 책의 저작권은 저자에게 있으며, 무단 전재와 복제를 금합니다.
ⓒ 2025 박동경, 화현

[들어가는 글]

갓 결혼했을 때, 아내가 물었다. "당신은 회사에서 무슨 일을 해?" 딱히 할 말이 없었다. 설명하려면 너무 복잡했고, 굳이 길게 말하고 싶지도 않았다. 그래서 짧게 대답했다. "보안 사항이야."

딸이 초등학생이 되었을 때, 학교 숙제로 부모님의 직업을 소개해야 한다고 했다. "아빠는 무슨 일 해?" 나는 잠시 고민하다 말했다. "그냥 회사 다닌다고 해."

아들이 중학생이 되었을 때는 좀 더 자세한 설명을 원했다. 그래서 휴일에 데리고 출근해 보여주었다. 아들은 한참을 둘러보더니 물었다. "여기 앉아 있으면 되는 거야?" 나는 웃으며 대답했다. "그래, 내가 회사 다닌다고 했잖아."

30년을 그렇게 회사에 다녔다. 겉으론 늘 같은 자리에 앉아 있었지만, 그 속에선 많은 일이 있었다. 잡초가 비바람에 쓰러졌다가도 다시 일어나듯, 나 역시 가끔은 눕고, 다시 일어났다. 조용히, 그러나 멈추지 않고. 그렇게 나는 버티고, 움직이고, 조금씩 성장해 왔다.

"공기업에 입사하면서 인생이 편해졌을까?" 입사 초기, 나 역시 막연한 기대와 불안 속에서 첫발을 내디뎠다. 누구도 알려주지 않는 암묵적인 규칙들, 낯선 보고 체계, 때로는 답답하기까지 한 조직문화. 시간이 지나면서 깨달았다. 공기업은 단순한 일터가 아니라 축소된 사회라는 것. 이곳에서 살아남으려면 '업무 능력'뿐 아니라, '관계를 맺는 감각', '조직의 흐름을 읽는 눈', 그리고 '자신을 지키는 균형 감각'이 필요하다는 것을.

조직 생활을 돌아보며, 이 책을 통해 후배들에게 조용한 등불 하나를 건네고자 했다. 이 책은 단순한 에세이가 아니라, 공기업 안에서 누구나 한 번쯤 경험할 수 있는 장면들을 9명의 가상 인물을 통해 스토리텔링 방식으로 풀어낸 실전형 조직 생활 안내서다. 각 인물은 직급, 직종, 세대의 특징을 반영하며, 그들이 마주하는 현실은 곧 독자인 여러분의 이야기이기도 하다.

이 책은 단권으로 세상에 나왔지만, 두 권 이상으로 나누어도 충분할 만큼의 경험과 고민이 녹아 있다. 오랜 시간 현장에서 정리해 온 메모와 사례들을 기반으로 약 2년에 걸쳐 기획하고, 교육 파견이라는 소중한 시간을 활용해 자료를 정리하고 체계를 다듬며, 원고를 완성했다.

읽는 순서는 중요하지 않다. 목차를 처음부터 차례차례 따라가도 좋고, 지금 당신이 처한 상황과 비슷한 장면부터 골라 읽어도 된다. 조직 생활에는 정답이 없듯, 이 책 역시 정해진 방향은 없다. 다만 분명한 것은, 누군가의 시행착오에서 얻은 작은 통찰 하나가 생각보다 큰 도움이 될 수 있다는 것이다. 때로는 한 문장이, 때로는 한 사람의 말이 당신의 다음 선택을 조금은 덜 외롭게 만들어 줄지도 모른다.

공기업을 준비하는 청년부터, 조직 안에서 방향을 찾고 싶은 실무자, 조용히 다음 단계를 고민하는 관리자까지 누구에게나 이 책이 조직 속 나를 지키며 성장할 수 있도록 돕는 따뜻한 나침반이 되기를 바란다. 책상에 앉아 있는 당신의 오늘이, 세상을 움직이는 작고 단단한 축이 되기를 응원한다.

박동경·화현

[추천사]

추천사를 부탁받고 먼저 기쁘고 듬직한 믿음이 생겼다. 제목으로 보면 필자의 영향을 받았음이 보이고, 첫 저술임에도 저술 방향이 뚜렷하고 구체적이다. 또한 생각지도 못한 부분까지 세세히 담아서 현장에서 바로 실천할 수 있는 즐거운 자극을 주는 책인 까닭이다.

『한국 공기업의 실전 이해』는 공기업이라는 제도적 틀 안에서 실제로 살아가는 사람들의 목소리와 조직의 실상을 현실적이면서도 거북스럽지 않게 담아낸 책이다. 필자는 그간 『한국 공기업의 이해』를 통해 제도와 구조, 공공성과 효율성의 균형을 이론적으로 설명해 왔지만, 언제나 실천과의 거리가 고민이었다. 이론이 현실과 맞닿지 않으면 공허해지고, 경험이 이론과 분리되면 우연한 사례에 머물기 때문이다. 이 책은 그 간극을 효과적으로 메운다.

공기업은 정책 집행 기관으로서의 성격과 경영체로서의 효율성을 동시에 요구받는 복합 조직이다. 조직 내부에서 일어나는 인간관계, 세대 갈등, 실적 평가, 직급별 책임은 단순한 구조 설명만으로는 이해하기 어렵다. 이 책은 바로 그러한 현실의 층위(層位)를, 다양한 인물들의 이야기와 함께 생생하게 풀어낸다.

저자는 30년 가까운 현장 경험을 바탕으로, 신입사원의 혼란, 중간관리자의 고충, 리더들의 전략적 균형감각을 입체적으로 그려낸다. 이를 통해 공기업 조직이 어떻게 작동하며, 각자가 어떤 고민을 안고 있는지를 구체적으로 보여준다.

그뿐만 아니라 단순한 체험기에 머물지 않는다. 각 장 중간중간에 공기업의 이론적 기반을 짚어주는 해설이 적절히 배치함으로써, 독자들이 실무적 경험을 따라가다가도 다시금 제도적 맥락을 이해할 수 있도록 구성되어 있다. 이를 통해 책의 실용성은 물론 체계적 깊이까지 더했다.

이 책은 실무 현장을 중심으로 구성되어 있지만, 교육적 관점에서도 충분한 가치를 지닌다. 공기업을 연구하거나 교육하는 입장에서도, 실제 조직 구성원들이 어떤 고민을 안고 있는지, 제도가 어떻게 현장에 적용되고 있는지를 이해하는 데 훌륭한 참고서가 될 것이다. 실무 경험과 제도 해설, 그리고 생생한 서사적 구성은 대학에서 조직론이나 공공기관 과목을 다루는 강의에도 유용하게 활용될 수 있다. 학문적 이론과 현장 체험이 교차하는 지점에서, 교재 이상의 역할을 할 것이다.

또 다른 강점은 공기업이 처한 오늘의 시대적 맥락을 담았다는 점이다. 급변하는 대외 환경, MZ세대의 등장, 높아진 국민 눈높이 속에서 공기업은 더 이상 안정만을 추구할 수 없다. 저자는 회식 문화, 경조사 방식, 퇴직 전 재교육, 보고와 소통, 평판 관리 등 다양한 주제를 통해 조직과 개인이 함께 적응하고 성장하는 길을 제시한다.

이렇듯 공기업에서의 삶과 경험을 바탕으로 한다는 점에서 독자층을 공기업 직원만으로 국한하지 않는다. 오히려 앞으로 어떤 직업을 선택할지 고민하는 학생들과 공기업에 취업하고자 하는 청년들에게 간접경험을 제공함으로써 직업 선택을 위한 정보 제공과 공기업 직원의 삶에 대한 이해도를 높일 수 있다. 기존의 공기업 관련 책들이 공기업의 체계와 작동에 대한 지식 전달 중심이라 공기업인이 되었을 때의 삶을 알기 어려웠다는 것을 생각하면, 이 책만의 강점이 돋보인다.

공기업의 구조를 알고 싶다면 필자의 『한국 공기업의 이해』가 필요하고, 그 구조 안에서 어떻게 살아가야 할지를 고민한다면 『한국 공기업의 실전 이해』가 도움이 될 것이다. 이론과 실무, 그 사이를 오가는 드러나지 않는 어려움을 줄여줄 것이다. 제도와 사람, 구조와 감정이 만나는 지점에서 고민하는 모든 이들에게 이 책을 추천한다.

부산대학교 공공정책학부
명예교수 이상철

[추천사]

　사람을 키우는 일이 곧 조직을 키우는 일이라 믿는 자리에서, 이 책을 반가운 마음으로 펼쳐보니 오랜 시간 공기업의 다양한 현장을 누비며 경험을 기록하고, 그것을 다시 정돈해 후배들에게 전하고자 한 저자의 마음이 진하게 느껴졌다.

　최근 청년 취업난이 그 어느 때보다 심각하다는 뉴스를 접할 때마다, 이 시대를 함께 살아가는 기성세대로서 무거운 책임감을 느낀다. 최저임금 인상, 인공지능 도입, 정년 연장 논의 등 복합적인 구조 속에서 채용 여건은 더욱 어려워지고 있다. 이런 상황에서 '그냥 쉰다'라고 답하는 청년들이 수십만 명에 달한다는 현실은 교육자로서 마음을 무겁게 한다.

　이 책은 그런 시대에 꼭 필요한 책이다. 단순한 취업 가이드북이나 수기집을 넘어서, 직장 생활의 적응기에서부터 조직 내 갈등과 성장, 제도 개선에 이르기까지 폭넓은 주제를 진정성 있게 다루고 있다. 저자가 30년간 공기업에 몸담으며 마주한 크고 작은 상황마다 고민하고, 개선을 위해 끊임없이 제언하고 실천해 온 흔적이 담겨 있어 감동을 준다.

특히 연공서열 중심의 문화와 성과·역량 중심 평가제도 사이의 균형 필요성을 제기한 대목에서는 조직에 대한 깊은 애정과 책임감을 느낄 수 있었다. 공기업의 인사, 성과, 커리어 시스템은 물론 회식, 취미, 재테크 같은 비공식적 영역까지 9명의 가상 인물을 중심으로 한 현장감 있는 시나리오 전개를 통해 생생하게 풀어낸 구성은 실무자뿐 아니라 입문자에게도 공기업에 대한 이해를 돕기에 안성맞춤인 책이다.

또한 책의 곳곳에는 공기업의 제도와 역사, 지배구조 등 실제로 대학 강단에서 이루어지고 있는 부분들을 '공기업 이해를 위한 강의 노트'를 통해 제공하고 있어, 조직을 체계적으로 이해하고자 하는 독자들에게도 유용한 참고서가 된다. 공기업에 입사하려는 청년, 새내기 직원, 실무 관리자, 정책 입안자 모두에게 이 책은 실전적 통찰과 조직 이해의 실마리를 제공해 줄 것이다.

조직이라는 낯설고 복잡한 풍경 속에서 방향을 찾고자 하는 이들에게, 이 책을 통해 조직의 현안들에 대한 실마리를 찾을 수 있기를 기대한다.

공공기관 인재개발원장 김형만

CONTENTS

[들어가는 글] ·· 3
[추천사] ·· 6
[추천사] ·· 10
[등장인물별 핵심 역할과 스토리라인] ················ 22
[자가 진단 테스트, 나는 공기업과 잘 맞는 사람일까?] ········ 28

제1부. 직장 생활의 첫걸음, 기본을 세우다 ····· 33

조직에 자연스럽게 녹아들기 ·· 35
딸딸이의 역습: 직장 매너를 고민하게 된 어느 날 ············· 38
고문관 과장, 어디로 보내야 할까? ·································· 41
존중과 배려의 직장 환경 ··· 44
주변을 정리하고 마음도 정리하기 ···································· 47
지식과 경험으로 나만의 전문성 쌓기 ······························· 50
조직에 기여하는 실적 쌓기 ·· 52
내 몫, 그리고 역할 조정하기 ·· 55
긍정적인 네트워크 구축하기 ·· 58
출퇴근 시간, 나만의 리듬 찾기 ······································· 61
티타임의 경계, 업무와 여유의 균형 ································· 64
점심시간, 나만의 자유 찾기 ··· 66

CONTENTS

사내 그룹 활동: 독서 모임의 하루 ····· 68
주말엔 승부욕이 폭발! 남자들만의 자존심 대결 ····· 71
경조사 문화, 기쁨과 고민 사이에서 ····· 73
경력관리의 첫걸음 ····· 75
보고, 타이밍이 생명이다! ····· 78
보이지 않는 자산, 평판 ····· 80
탁고민, 아직도 고민 중 그리고 현실 조언 ····· 83
직장 내 커뮤니케이션 스킬이 발휘되는 순간 ····· 86
멘토링, 부담 없이 제대로 하는 법 ····· 88
업무 자동화와 디지털 역량 ····· 90
조직에서 살아남기: 사내 정치와 눈치의 기술 ····· 93
MZ세대와 기성세대, 공감의 시작 ····· 95
강의 노트 ····· 98

CONTENTS

제2부. 조직의 원리, 함께 일하는 법을 배우다 ·· 103

탁상에서 막힌 일, 네트워크로 뚫는다 ················· 105
경조사에서 기부 화환과 실용적인 대안 찾기 ············· 108
블라인드에서 본 이야기, 해우소에서 들은 이야기 ·········· 110
공동 주최, 이름은 남기고 책임은 피하고? ··············· 113
회식의 진화, 다채로운 소통의 장················· 115
조직의 방향을 제시하는 취임사, 화합을 이끄는 건배사 ····· 117
사소한 실수가 큰 문제로? 내부결재의 핵심 원칙 ············ 120
회의록부터 보고서까지, 문서 작성 실전 가이드 ············ 123
연말 간담회, 대화의 장인가 형식적인 행사인가? ············ 127
법인카드, 편안함과 부담감 사이 ···················· 129
체육행사, 모두가 즐길 수 있을까? ···················· 132
구내식당, 직영이냐, 외주냐 그것이 문제로다! ············ 135
기념비에서 기념수까지, 회사 역사를 새기는 법 ············ 138
플래카드, 화려하게? 실용적으로? 그리고 철거는? ·········· 141

CONTENTS

방송과 신문 인터뷰, PR과 홍보의 균형 잡기 ················ 144
CI 변경, 비용과 효과를 따져봐야 할 이유 ·················· 147
조직과 사회가 함께 성장하는 사회공헌 ···················· 150
정보는 짧고, 소통은 실시간으로! ··························· 154
소모품 관리, 절약과 효율의 균형 맞추기 ·················· 158
전산 관리, 클릭 한 번의 실수와 유혹 ······················ 161
여름, 온도계의 전쟁 ·· 165
경비아저씨의 직함 고민 ···································· 168
효율적인 회의, 길게 할 필요 있나요? ······················ 170
법무 자문, 경험과 절차 사이 ································ 172
재택근무와 유연근무제, 누구를 위한 제도인가? ············ 174
훈련은 훈련일 뿐? 실제 재난에서 살아남는다! ············· 176
강의 노트 ·· 178

CONTENTS

제3부. 커리어의 갈림길, 선택과 기회가 교차하다 183

조직 신설, 쉽지 않은 길 ················· 185
조직 개편? 누구 밥그릇이냐의 문제지! ··············· 188
공채, 지역인재 전형의 딜레마 ················· 191
무기계약직·기간제 채용, 그리고 보훈 전형의 딜레마 ········ 194
체험형 인턴, 멘토의 허탈함이란 ················· 196
보직 이동, 좋은 기회일까? 큰 함정일까? ············· 198
근무평정, 결국은 내 점수가 중요하다? ············· 200
승진심사, 인생사 새옹지마 ················· 202
승진시험, 공부냐? 인맥이냐? ················· 205
징계, 피할 수 없는 순간이 오다 ················· 208
포상, 누구를 위한 것인가? ················· 211
노사협의회, 한마음인가 딴마음인가? ··············· 213
상생협의체, 협력인가 줄다리기인가? ··············· 216
산업 안전보건 협의체, 형식인가 실질인가? ··········· 219

CONTENTS

비상근무, 이제는 '줄 서기' 경쟁? ································ 222
휴일 당직, 정말 의미 없을까? ································ 224
출장, 꼭 필요한 걸까? ·· 227
근태 관리, 원칙과 유연성 사이에서 ······················· 230
채용 검진, 필요하지만 부담스럽다? ······················ 233
건강검진? 난 괜찮아! ··· 235
외부 용역? 결국 다 나한테 물어보잖아요! ·············· 237
성과급? 도대체 기준이 뭐야! ······························· 240
퇴직 후, 우리는 어디로 가야 할까? ······················· 242
성장의 길, 직무순환제를 어떻게 활용할 것인가? ······ 245
복지와 스트레스 관리, 두 마리 토끼를 잡는 법 ········ 247
강의 노트 ·· 250

CONTENTS

제4부. 변화의 시대, 성장과 혁신을 모색하다 ·· 255

변화의 소용돌이 속에서, 길을 찾다 ····························· 257
내부환경 변화, 균형 잡힌 혁신의 첫걸음 ······················ 261
정부 정책과 공기업, 방향과 현실 사이에서 ···················· 265
한 줄의 힘, 조직을 움직이는 비전과 슬로건 ·················· 268
중기 경영계획, 이상과 현실 사이 ································· 270
연간 업무계획, 목표만 있으면 다 되는 걸까? ················· 273
MBO, 목표 설정이냐, 목표 강요냐? ···························· 275
조직업적 평가, 누구를 위한 공정성인가? ······················· 278
개인업적 평가, 공정한 기준이 가능할까? ······················· 282
성과 경진대회, 경쟁인가 생존인가? ····························· 284
제안이 넘쳐난다! ·· 286
학습조직, 다 좋은데... 시간이 없다고요! ······················ 289
예산 절감, 잘하면 칭찬? 잘못하면 감사? ······················· 291

CONTENTS

일자리 창출, 이상과 현실 사이·················· 294
사내벤처, 혁신인가 부담인가?·················· 297
신입사원 교육 중 이탈 사건! 왜 떠나는가?·················· 300
파견교육, 가야 할 사람 vs. 가고 싶은 사람·················· 302
도서교육, 책만 읽으면 다 해결될까?·················· 305
필수 vs. 선택교육, 뭐가 더 중요할까?·················· 308
온라인 vs. 오프라인 교육, 뭐가 더 효과적일까?·················· 311
경력의 전환점, 퇴직 전 재교육의 중요성·················· 315
교육점수, 동기부여인가 부담인가?·················· 318
커피 한 잔이 말해주는 MZ세대의 직장문화·················· 322
내부 혁신의 두 얼굴, 성공과 실패를 가르는 기준·················· 325
디지털 전환의 파도, 어떻게 변해야 하나·················· 327
강의 노트·················· 330

CONTENTS

제5부. 금전의 흐름, 혜택과 책임을 조율하다 ·· 335

주거 안정 지원, 복지인가 부담인가? ································ 337
급여, 공정성과 동기부여 사이에서 ································ 340
복지포인트, 혜택인가 숙제인가? ································ 343
자녀 학자금 대출, 고민인가 해결책인가? ······················· 346
퇴직금, 나에게 맞는 선택은? ··· 349
자금관리, 허리띠를 졸라매야 할 때? ······························ 351
자본예산 vs. 비용예산, 균형의 기술 ······························ 354
사업계획, 비전과 현실 사이에서 ································· 358
회계 관리, 정확성과 투명성을 위한 첫걸음 ···················· 361
결산 관리, 실수 없이 마무리하기 ··································· 365
자재와 자산관리, 현실적인 접근법 ································ 368
계약 후 관리와 현장 소통의 중요성 ······························ 372
구매계약의 딜레마, 예산과 품질 사이에서 ····················· 374
연말정산 100% 활용법, 놓치면 손해! ···························· 377
사내벤처, 혁신인가 부담인가? ······································ 380
재테크 전략, 안정성과 수익 사이 ··································· 383
강의 노트 ·· 386

제6부. 평가의 무게, 인정과 생존을 준비하다 ·· 391

공공기관 경영평가, 실적과 현실 사이에서 ·················· 393
성과 평가, 잘 받는 사람은 따로 있다? ·················· 396
숫자만으론 부족하다! 경영평가 보고서 작성법 ············· 400
감사원 감사, 현실과 형식 사이 ·························· 403
국정감사, 실무와 정치 사이에서 ························· 405
시민단체와 언론, 공공기관의 두 번째 평가자 ················ 408
내부 감사, 균형 잡힌 관리의 시작 ······················· 411
청렴도 조사, 원칙과 현실 사이 ·························· 414
국민 만족도 조사, 점수보다 중요한 것 ···················· 417
사회적 가치 평가, 점수인가? 진짜 가치인가? ··············· 420
국제 인증, 상징인가? 필수인가? ························· 423
강의 노트 ·· 426

[공기업에서 오래 살아남는 법] ························· 430
[퇴직 후의 새로운 길을 준비하는 방법] ···················· 433
[나가는 글] ··· 436

[등장인물별 핵심 역할과 스토리라인]

각 목차의 주제는 공기업 조직 내에서 충분히 마주칠 수 있는 상황들을 중심으로 전개되며, 등장인물 간의 상호작용을 통해 자연스럽게 풀어간다. 이를 위해 하나의 주인공이 여러 부서와 협업하며 성장하는 구조, 또는 주요 인물들의 시점을 오가며 직장 내 다양한 갈등을 조명하는 방식을 사용한다. 주요 등장인물은 총 9명으로, 조직의 리더를 중심으로 본부장급 주요 결정권자와 실무를 대표하는 직급의 인물들로 구성했다. 이를 통해 공기업 조직에서 흔히 발생하는 문제와 해결 과정을 입체적으로 그려낸다.

- 균형감 있는 조직 리더

전통적인 조직문화와 변화 사이에서 고민한다. 기존의 공기업 시스템의 변화와 MZ세대와의 소통 필요성을 실감하고 있다. 남보원의 저돌적인 추진력과 표관리의 보수적인 접근 사이에서 균형을 맞추려 한다. 디지털 전환과 조직혁신을 추진하지만, 기정연은 변화에 무관심한 태도를 보인다. 새로운 사업을 추진하려 하지만 배다산은 실무적인 현실을 들어 반대한다.

- 냉철함과 전략적 사고를 지닌 여성 임원

표관리 관리본부장

조직 평가 및 실적 관리를 중점적으로 다루는 인물로, 공기업의 성과 평가 기준과 연봉 협상 등의 이슈를 담당한다. 판매본부와 생산본부 간 실적 갈등을 중재한다. 공기업 조직의 평가 기준, 성과급 차이, 연봉 협상에서 직원들의 반발을 조율한다. MZ세대의 새로운 업무 수행 방식(자율 출퇴근, 재택근무 등) 도입 여부를 고민하며 기존 체계와의 충돌을 경험한다.

- 실무 감각과 조율 능력을 갖춘 관리자

조경영 경영부장

다양한 부서 간 갈등을 조율하며 조직문화 적응을 돕는 역할을 한다. 사내 보고 문화(보고서 작성, 유선 보고 등)와 관련한 갈등을 해결한다. 부하직원들의 경력관리(경력개발, 직무순환제) 고민을 듣고 조언한다. 공기업 내에서 실적보다는 안정적인 조직 운영이 중요한 이유를 설명하며, 실무자와 관리자 간의 시각 차이를 조율한다.

- 숫자로 말하는 재무 전문가

차용필 재무차장

급여, 복지포인트, 연말정산, 재테크 등의 재무 관련 업무를 담당한다. 공기업 직원들의 재테크 전략(퇴직연금, 사내 대출, 투자 전략 등)을 후배들에게 조언한다. 사업 계획, 회계 관리, 예산 절감 등의 업무를 수행하며 특정 부서(예: 판매본부)의 과다 지출 문제를 지적해 갈등을 빚는다. 기혼자(12세, 9세 자녀)로서 유연근무를 활용하지만, 전통적인 업무 수행 방식과 충돌하는 경험을 한다.

- 실무 우선, 따뜻한 현실주의자

배다산 생산본부장

생산성과 조직의 화합을 동시에 고려하는 인물로, 실적 중심의 판매본부장과 갈등을 겪는다. 직원들의 근무 환경 개선(쉼터, 청소 담당자 관리 등)에 관심이 많다. 유연근무제 도입과 관련해 사장과 논쟁하며, 공기업의 업무 특성상 실무 중심의 접근이 필요하다고 주장한다. 현장 실무자들의 목소리를 대변하며, 조직 운영의 현실을 고려한 개선안을 제안한다.

- 정년을 앞둔 고참 기술자, 묵묵하게 일하는 장인형 인물

기정연 기술부장

조직 내 기술 전수와 멘토링을 담당하지만, 후배들의 관심 부족으로 어려움을 겪는다. 공기업 내 기술 계승 문제와 관련해 좌절감을 느낀다. 디지털 전환(전자결재, 협업툴 도입 등)에 부정적인 입장을 보이지만, 변화 과정을 겪으며 점차 수용하는 모습을 보인다. 정년 이후의 커리어(공기업 퇴직자의 재취업, 컨설팅 등)에 대해 고민하며 퇴직 후의 삶을 준비한다.

- 입사 2년 차의 고민 많은 청년 실무자

탁고민 사업대리

조직문화 적응에 어려움을 겪으며 공기업과 민간기업의 차이를 실감하는 인물이다. 직장 내 커뮤니케이션 스킬 부족으로 실수를 연발하며 성장하는 과정을 보여준다. 안태남 영업과장이 제공하는 이직 정보를 듣고 고민에 빠지지만, 선배들의 멘토링을 받으며 조직 적응을 시도한다. 생산본부 주무대리로, '내 몫, 그리고 역할 조정하기' 문제에서 선배들과 갈등을 빚는다.

- **속도와 실적을 우선시하는 직진형 관리자**

남보원 판매본부장

실적을 최우선으로 하는 인물로, 강한 추진력 때문에 부하 직원들과 갈등을 겪는다. 관리본부 및 인사팀과 성과 평가 기준을 두고 갈등한다. 체육행사, 회식, 경조사 참여 등 전통적인 조직문화를 고수하려 하며 젊은 직원들과 마찰을 빚는다. 고객만족도 평가에서 높은 점수를 받기 위해 무리한 영업을 강요하며 실적 중심의 조직 운영이 가진 문제점을 보여준다.

- **사람과 정보를 잇는 사교형 실무자**

안태남 영업과장

사내 정보를 빠르게 전달하는 인물로, 내부 소통의 긍정적·부정적 영향을 모두 보여준다. 사업대리에게 이직 정보를 제공하지만, 정작 본인은 공기업에 남을 생각이다. 퇴직 후 커리어 패스(공기업 퇴직자들의 전직 사례)에 대한 정보를 공유하며 후배들의 고민을 듣는다. 승진심사와 시험을 두고 고민하며, 장기적인 경력 계획에 대한 현실적인 조언을 제공한다.

각 인물은 조직 내에서 중요한 역할을 수행하며 서로 다른 관점에서 직장 생활의 고민과 갈등을 경험한다. 이를 통해 공기업 내 주요 이슈(조직문화, 평가 및 보상, 업무 수행 방식 변화, 경력관리 등)를 현실적으로 풀어내며, 독자들이 실제 직장 생활에서 활용할 수 있는 시사점을 얻을 수 있도록 구성하였다.

※ 이 책에서는 공기업, 공공기관, 준정부기관이라는 용어를 동일한 의미로 혼용하여 사용한다.

[자가 진단 테스트, 나는 공기업과 잘 맞는 사람일까?]

공기업 취업을 고려하는 사람이라면, 과연 공기업이 내 성향과 맞는지 고민해 볼 필요가 있다. 이 테스트는 입사 전 자신의 성향이 공기업에 적합한지 확인하는 용도로 활용할 수 있으며, 현재 공기업에 근무하는 직원이라면 본인이 얼마나 '공기업스러운' 사람인지 점검하는 데도 유용하다. 공기업은 특히 안정성과 규율을 중시하는 조직이기 때문에, 자아가 그것과 얼마나 맞는지 미리 살펴보는 것이 중요하다.

우리는 직업군을 공무원, 공기업(공공기관), 사기업, 자영업으로 크게 네 가지로 구분할 수 있다. 각 직업군은 추구하는 가치와 일하는 방식이 다르며, 본인의 성향과 직업의 특성이 잘 맞아야 장기적으로 만족스럽게 일할 수 있다. 이 테스트에서는 조직의 안정성, 업무 특성, 조직과 개인의 상호작용, 직업에 대한 가치관이라는 네 가지 요소를 중심으로 자가 진단을 진행한다. 질문을 읽고 '전혀 아니다(1점)', '아니다(2점)', '보통이다(3점)', '그렇다(4점)', '매우 그렇다(5점)' 중 하나를 선택하면 된다.

1. 안정성과 장기적인 커리어 플랜

공기업은 비교적 안정적인 직장을 원하는 사람에게 적합하다. 급격한 구조조정이나 해고의 위험이 적고, 연공서열 중심의 승진 체계와 장기적인 커리어 플랜을 세울 수 있다는 점에서 장점이 있다. 반면, 빠른 성과를 원하거나 다이나믹한 변화를 추구하는 사람에게는 다소 답답하게 느껴질 수도 있다.

1) 나는 한 직장에서 오랫동안 근무하는 것이 중요하다고 생각한다.	1 2 3 4 5
2) 연봉보다는 고용 안정성이 더 중요하다고 느낀다.	1 2 3 4 5
3) 직장 선택 시 연금, 복리후생 등 장기적인 혜택을 중요하게 고려한다.	1 2 3 4 5
4) 갑작스러운 변화보다 예측할 수 있는 환경에서 일하는 것이 좋다.	1 2 3 4 5
5) 조직 내에서 승진 속도가 느려도 안정적인 직장이면 감수할 수 있다.	1 2 3 4 5

2. 업무 특성과 조직문화

　공기업은 공공의 이익을 위해 운영되며, 업무 특성상 규정과 절차가 중요한 역할을 한다. 기업과 정부의 중간 역할을 수행하는 만큼 신중한 의사결정과 절차 준수가 필수적이다. 공기업은 빠른 의사결정보다는 공정하고 투명한 프로세스를 중요시한다.

6) 개인의 창의적 아이디어보다 조직의 정책과 방향에 맞추는 것이 필요하다고 생각한다.	1 2 3 4 5
7) 업무를 수행할 때 절차와 규정을 철저히 준수하는 것이 중요하다고 생각한다.	1 2 3 4 5
8) 신속한 의사결정보다 공정하고 투명한 프로세스가 더 중요하다고 느낀다.	1 2 3 4 5
9) 형식적인 문서 작성과 보고 절차가 많아도 감수할 수 있다.	1 2 3 4 5
10) 업무 특성상 속도가 느려도, 정확하고 신중한 업무 수행이 중요하다고 생각한다.	1 2 3 4 5

3. 조직문화와 인간관계

　공기업은 조직 중심의 문화가 강하다. 업무는 개인의 독창적인 성과보다는 조직과 협력하는 방식으로 이루어지며, 직급별 역할이 명확히 나뉘어 있다. 이러한 문화는 개인보다는 조직과 협력적인 분위기를 중시하는 경향이 있다.

11) 맡은 업무 성과가 개인의 능력보다 조직 전체의 노력으로 평가되는 것이 당연하다고 느낀다.	1 2 3 4 5
12) 직급과 연차에 따른 위계질서를 존중하는 편이다.	1 2 3 4 5
13) 조직 내에서 협력과 조율이 중요한 가치를 가진다고 생각한다.	1 2 3 4 5
14) 조직 방침이 나와 맞지 않아도 따르는 것이 중요하다고 생각한다.	1 2 3 4 5
15) 사적인 인간관계를 잘 형성해야 조직 생활을 원활하게 할 수 있다고 느낀다.	1 2 3 4 5

4. 공기업에 대한 가치관

　각 직업군은 직업을 통해 얻고자 하는 가치를 다르게 바라본다. 공기업은 개인의 성취보다는 공공의 이익을 중시하는 경향이 있다.

16) 나의 업무가 사회적으로 긍정적인 영향을 주는 것이 중요하다.	1 2 3 4 5
17) 공공의 이익을 위해 개인의 성과를 조율할 수 있다.	1 2 3 4 5
18) 개인적인 야망보다는 조직 내에서 조화롭게 성장하는 것이 더 중요하다고 생각한다.	1 2 3 4 5
19) 빠르게 성장하는 것보다 차근차근 단계를 밟아가는 것이 맞다고 느낀다.	1 2 3 4 5
20) 직장 내 정치적 관계(인맥, 상사와의 관계 등)를 고려하는 것이 필요하다고 생각한다.	1 2 3 4 5

테스트 결과 점수에 대한 해석은 아래와 같다.

80점 이상인 경우 공기업 최적형이다. 공기업과 매우 잘 맞는 성향이다. 조직의 안정성, 규정 준수, 위계질서와 장기적인 경력 구축을 중요시하는 성향이 강하다. 공기업 환경에서 장기적인 직장 생활이 가능하며, 안정적인 커리어를 원하는 사람에게 적합하다.

60~79점인 경우 공기업 적합형이다. 공기업 문화에 어느 정도 적응할 수 있는 성향을 가지고 있다. 다만, 의사결정 속도나 업무 수행 방식에 답답함을 느낄 수 있다. 공기업의 업무 수행 방식과 조직문화에 적응할 수 있다면, 안정적인 근무가 가능할 것이다.

40~59점은 중립형이다. 공기업의 특성과 개인의 성향이 일부 맞지 않을 가능성이 있다. 특히, 업무 속도나 의사결정에서 불만족을 느낄 가능성이 있으므로, 공기업에서 일할지 다시 한번 고민해 볼 필요가 있다.

39점 이하인 경우는 비적합형이다. 공기업보다는 사기업, 자영업, 혹은 공무원 등 다른 직업군이 더 적합할 수 있다. 자유로운 업무 방식이나 빠른 의사결정을 선호하는 편이라면 공기업 문화와 맞지 않을 수 있다.

공기업 취업을 준비하는 사람이라면, 이 테스트를 통해 자신이 공기업과 잘 맞는지 사전에 판단할 수 있다. 현재 공기업에 근무하는 사람이라면, 자신의 조직 적응도를 점검하고 어떤 부분을 개선할 수 있을지 고민하는 데 활용할 수 있다. 성향이 맞지 않더라도, 점수가 낮다고 해서 반드시 공기업에 적합하지 않은 것은 아니다. 조직문화에 적응하는 방법을 배우거나, 개인의 강점을 활용해 공기업 내에서도 자신만의 길을 찾을 수 있다. 이 테스트를 통해 본인이 공기업과 얼마나 잘 맞는지 확인하고, 앞으로의 커리어 방향을 보다 현명하게 선택하는 데 도움이 되길 바란다.

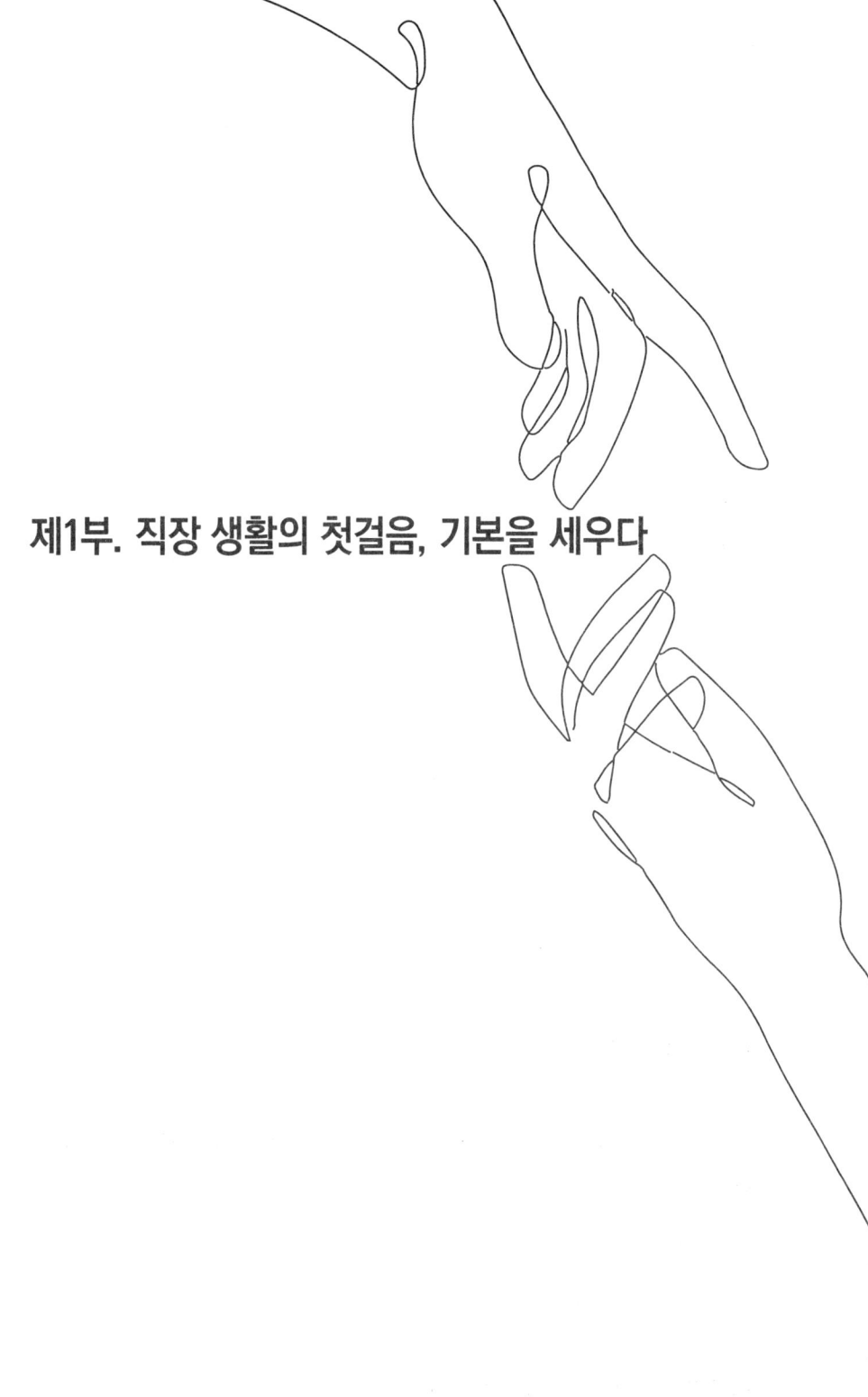

제1부. 직장 생활의 첫걸음, 기본을 세우다

제1부. 직장 생활의 첫걸음, 기본을 세우다

> ☞ 조직 적응, 네트워크, 커뮤니케이션, 실적 관리까지! 직장인으로서의 기본을 탄탄히 다진다.

"직장 생활은 단순히 업무를 수행하는 것이 아니다."
조직의 문화에 적응하고, 사람들과 관계를 형성하며, 내 자리에서 최선을 다하는 과정이다. 처음엔 낯설고 어색할 수 있다. 출퇴근 시간의 리듬을 찾는 일부터, 점심시간을 어떻게 활용할지, 회식이나 티타임에서 어떻게 행동해야 할지까지—작은 것 같지만 중요한 요소들이다.

또한, 직장 내 커뮤니케이션 방식, 보고의 타이밍, 평판 관리 등은 단순한 스킬이 아니라 조직에서의 '생존력'과도 연결된다. 이 과정에서 경력의 첫걸음을 어떻게 내딛느냐가 앞으로의 길을 결정한다.

제1부에서는 조직에 자연스럽게 녹아들고, 실력을 쌓으며, 존중과 배려를 바탕으로 관계를 형성하는 법을 다룬다. 또한, 사내 정치와 눈치 싸움에서 균형을 찾는 법, MZ세대와 기성세대 간의 이해와 공감을 높이는 방법도 함께 살펴본다.

처음이 어렵다. 하지만 첫 단추를 제대로 끼우면, 그다음부터는 훨씬 수월해진다.

조직에 자연스럽게 녹아들기

퇴근 준비를 하던 탁고민의 휴대전화가 울렸다. 화면을 보니 동기였다. "어, 웬일이야?" "야, 나 다음 주에 본사로 출장 가는데. 요즘 본사는 어떤 근무복 입고 있어?" 탁고민이 웃으며 말했다. "근무복 종류가 많아서 고민되나 보네? 본사는 분위기가 좀 달라. 대충 입고 가면 괜히 튈 수도 있어." "아, 그래서 팀장님도 본사 직원한테 물어보라고 했구나. 근데 꼭 본사 직원들과 같은 근무복을 입어야 해?" "아니, 꼭 그런 건 아닌데... 그래도 깔끔하게 입어야 해. 괜히 본사 분위기 모르면 어색할 수 있거든." "아, 모르겠네. 근데 본사는 진짜 그렇게 빡빡해?"

탁고민은 잠시 고민하다가 대답 대신 조경영 부장을 찾아갔다. 마침, 자료를 정리하던 조 부장이 고개를 들었다. "부장님, 잠시 여쭤봐도 될까요?" "응, 무슨 일이야?" "제 동기가 지역 사무소에서 근무하는데, 다음 주에 본사로 출장 온대요. 근데 본사 분위기가 어떠냐고 묻네요. 뭘 조심해야 할지 궁금해하던데요."

조 부장이 미소를 지으며 서류를 내려놓았다. "출장 오는 사람 입장에서 본사 분위기가 낯설 수도 있겠지. 기본적으로 본사는 공식적인 분위기가 강해. 특히 표관리 본부장님 쪽은 숫자와 실적을 중요하게 생각해서 보고할 때 실수하면 신뢰를 잃기 쉬워. 반면 남보원 본부장은 속도전이야. 즉흥적으로 대응하는 경우도 많고, 성과 위주로 움직이거든. 괜히 느긋하게 있다간 눈치 보일 수도 있어." 탁고민이 고개를 끄덕였다. "그럼, 출장 오는 동기는 어떤 분위기에 맞춰야 할까요?" "최대한 중립적으로 행동하는 게 좋아. 괜히 튀지 말고, 필요한 말만 정확히 하는 게 중요해. 그리고 본사 사람들은 네가 뭘 모른다고 해도 바로 가르쳐주기보단 네가 먼저 물어보길 기다릴 거야. 그러니까 적극적으로 질문하는 게 좋아."

탁고민이 바로 휴대전화를 들었다. "야, 들었지? 정장까지는 아니어도 단정하게 입고, 분위기 보면서 조심하는 게 좋겠대." 전화기 너머에서 동기가 한숨을 내쉬었다. "아, 괜히 출장 간다고 했다. 머리 아프네." "괜찮아. 와보면 감 잡을 거야. 괜히 주눅 들지 말고, 대신 보고할 때는 간결하게! 아, 그리고 모르면 바로 물어봐야 한대." "알겠어. 조언 고맙다. 그럼, 나도 준비 좀 해봐야겠다."

전화를 끊은 탁고민이 조 부장을 향해 말했다. "부장님, 덕분에 좋은 조언 전달했습니다." 조 부장이 웃으며 고개를 끄덕였다. "그래. 너도 출장 가게 되면 미리 나한테 물어봐. 조직문화는 아는 만큼 편해지는 거니까." 탁고민은 순간, 신입직원이나 새로 발령받은 직원들이 조직에 적응하려면 무엇이 가장 중요할까 하는 생각이 들었다. 그러자 조 부장이 마치 생각을 읽은 듯 덧붙였다. "사실 출장뿐만 아니라 새로운 조직에 적응하는 것도 비슷해. 가장 중요한 건 미리 알아보는 것이야. 분위기가 어떤지, 간부들은 어떤 스타일인지, 기본적인 업무 흐름은 어떻게 되는지. 그런 걸 조금이라도 알고 가면 훨씬 적응이 빠르지."

탁고민이 고개를 끄덕였다. "그렇겠네요. 저도 입사 초반에 아무것도 모르고 있다가 실수한 적이 많았어요." "그럴 때는 솔직하게 물어보는 게 최고야. 처음부터 다 잘할 필요 없어. 오히려 배우려는 태도가 더 중요하지. 작은 일도 성실하게 하면 자연스럽게 신뢰가 쌓이고, 동료들이 도와주려고 할 거야." 탁고민은 문득 자신의 초반 시절을 떠올렸다. 처음엔 사소한 업무를 맡아도 그냥 빨리 끝내는 데만 집중했었지만, 어느 순간부터 "이렇게 하면 될까요?" 한마디를 더 하면서 신뢰를 쌓았던 기억이 났다. "그리고 말이야," 조 부장이 덧붙였다. "직장 생활은 결국 사람들과의 관계가 중요해. 너무 부담스럽게 다가갈 필요는 없지만, 자연스럽게 대화를 시도해 봐. 점심시간에 같이 산책하거나, 공동 관심사를 찾아 이야기해 보는 것도 좋아."

탁고민이 웃으며 고개를 끄덕였다. "그러고 보니, 부장님이랑 이야기하면서 배우는 게 많네요. 저도 나중에 후배가 생기면 이런 이야기해 줘야겠어요." "좋은 자세야. 조직에 적응하면서도 네 강점을 찾아봐. 네가 잘하는 분야가 있으면 적극적으로 제안도 해보고. 그러다 보면 조직에서도 인정받고, 자신도 만족스러운 직장 생활을 할 수 있을 거야." 탁고민은 조 부장의 말을 곱씹으며 자리로 돌아왔다. '천천히, 꾸준히, 그리고 긍정적으로.' 그는 동기에게 보낼 마지막 메시지를 입력했다. "너무 걱정하지 마라. 조직은 결국 사람이 만드는 거야. 열린 태도로 배우려 하면, 금방 적응할 수 있을 거야."

딸딸이의 역습: 직장 매너를 고민하게 된 어느 날

　신입직원 탁고민 대리가 구내식당으로 걸어 들어올 때, 조경영 부장은 눈을 찡그렸다. 탁고민이 신고 있는 건 다름 아닌 커다란 고무 슬리퍼, 일명 '딸딸이'였다. 발걸음마다 "딸딸, 딸딸" 소리가 복도에 울려 퍼졌고, 이를 본 남보원 본부장은 한숨을 쉬며 말했다. "고민 대리, 딸딸이는 자리에서만 신는 거야. 저 소리는 직장 매너의 종말을 알리는 경종이라고."

　탁고민은 멋쩍게 웃으며 슬리퍼를 내려다봤다. "아, 편해서 신었는데... 지적받을 문제인가요?" "문제라기보단..." 조경영이 젓가락을 내려놓으며 말했다. "작은 습관 하나가 다른 사람에게 어떻게 보이는지 신경 쓰거든. 현장에서는 다들 편하게 신었겠지만, 여기선 좀 다를 수도 있어." 탁고민은 이해가 안 된다는 표정이었다. "신발이 불편하면 일하는 데 지장이 있잖아요? 업무 효율이 더 중요한 거 아닌가요?"

　그때 옆에서 듣고 있던 배다산 본부장이 웃으며 끼어들었다. "맞는 말이긴 한데, 회사 생활은 업무만으로 돌아가는 게 아니야. 사람들하고 어울리는 것도 중요하지." 이야기를 듣고 있던 차용필 차장이 고개를 끄덕였다. "어떤 사람들은 작은 소리에도 예민하게 반응해. 특히 표관리 본부장 같은 분은 직원 태도에도 엄격하시잖아. 갑자기 '딸딸' 소리 내면서 걸어가면 무슨 생각 하실 것 같아?"

　탁고민은 순간 긴장했다. "설마... 보고 계셨나요?" 배다산이 웃으며 말했다. "운이 좋았네. 아직 모르시는 것 같아." 그제야 탁고민은 슬리퍼를 벗고 한숨을 쉬었다. "이제 알겠어요. 신발 하나라도 분위기랑 맞춰야 하는군요." 안태남 과장이 웃으며 말했다. "맞아. 우리도 처음엔 다 그렇게 배웠어. 그러니까 고민 대리도 얼른 적응해!" 조경영이 마무리하며 말했다. "직장 매너는 단순한 규칙이 아니라 배려야. 본사에서는 그런 부분을 더 신경 쓰니까, 적응하는 데 조금만 신경 써봐. 우리 다 같은 팀이잖아." 탁고민은 고개를 끄덕이며 말했다. "네, 앞으로 조심하겠습니다!"

그렇게 탁고민은 본사의 문화를 배워가고 있었다. 딸딸이는 자리에서만 신는 것이 가장 빛나는 법이라는 것을 깨달아가면서. 그러나 한편으로는 생각이 많아졌다. '진짜 신발 하나로 이렇게까지 이야기가 길어질 줄이야. 크○스 같은 건 괜찮다고 하던데... 이거 그냥 디자인만 조금 바꾸면 다들 신경 안 쓰는 거 아닌가?' 하지만 오늘 하루 종일 들었던 말을 되새기며 결국 결론을 내렸다. '그래, 직장 매너라는 것도 결국 시대에 따라 변하는 거겠지. 중요한 건 동료들에 대한 배려고.'

신입직원 교육 내용에 회사 생활의 기본 매너를 알려주는 복장과 식당 예절도 포함하는 게 좋겠다고 생각했다. "딸딸이는 자리에서만 신는 유용한 친구야. 식당까지는 깔끔한 신발로 바꿔 신어보자!" 요즘 유행하는 크○스처럼 슬리퍼와 딸딸이 사이에 있는 신발을 활용하면 부담스럽지 않아 보인다. 왜냐하면, 처음 보면 일반 신발로 보일 정도의 깔끔한 외형 덕분이다.

조직문화의 유연성을 강화하자. 점차 매너를 배워가는 시간도 필요하기 때문에 가볍게 지적하되, 큰 문제로 삼지는 말자. 직장 매너의 정의는 변한다. 딸딸이 문제를 보며 한 가지 깨달았다. 직장 매너라는 건 시대와 사람에 따라 다르게 정의된다는 것이다. 요즘은 크○스 같은 신발이 등장하면서 슬리퍼와 딸딸이의 경계가 흐릿해졌다. 편안하면서도 깔끔한 디자인 덕에 "이 정도는 괜찮겠지?" 하는 분위기가 생긴 것이다. 나는 박 과장님의 푸념을 떠올리며 혼잣말했다. "매너라는 것도 고정된 게 아니군. 나이가 들수록 이 기준을 판단하는 게 참 어려워져."

결국 중요한 건 매너는 동료들에 대한 배려에서 출발한다는 것이다. 딸딸이를 신고 식당까지 걸어가고 싶다면, 한 번쯤 주변을 돌아보자. 고참 직원의 살짝 찌푸린 눈썹과 동료들의 미묘한 미소가 느껴진다면, 슬리퍼와 단화 사이에 있는 크○스 오버 신발을 장만할 때가 왔을지도 모른다. 그리고 딸딸이가 지켜야 할 철칙 하나는 꼭 기억하자. "딸딸이는 내 자리에서만 유용한 친구다. 자리를 벗어나는 순간, 불길한 소리가 된다!" 결국 딸딸이는 그 자리에서 사랑받아야 가장 빛나는 법이다.

고문관 과장, 어디로 보내야 할까?

조경영 부장은 요즘 머리가 복잡했다. 고문관 과장의 인사 발령을 앞두고 있었지만, 어느 부서도 그를 반기지 않았다. '그냥 보내버리면 해결될까?' 싶다가도, 그래도 몇 년을 함께한 직원인데 무작정 떠넘기는 게 맞나 싶었다. 그렇게 고민하며 책상을 톡톡 두드리던 중, 표관리 본부장이 방문했다. "조 부장님, 뭔가 걱정이 있으신 것 같은데요?" "아, 표 본부장님. 사실 고문관 과장 배치 문제로 고민 중입니다. 다들 어렵다고 하니, 어디로 보내야 할지..."

표 본부장은 미소를 지으며 말했다. "그럼, 우선 그가 어떤 유형의 직원인지부터 성향을 분석해 보는 게 어떨까요?" "유형이요?" "네, 조직 내에서 흔히 볼 수 있는 세 가지 유형이 있죠. 허수아비, 얌체, 좀비." 조 부장은 흥미를 느꼈다. "듣고 보니 좀 익숙한데요. 구체적으로 어떤 차이인가요?" 표 본부장은 차근차근 설명을 이어갔다.

"허수아비 직원은요, 존재감은 있지만 일은 하지 않는 유형이에요. 최소한의 책임만 다하고 기여도가 낮죠. 팀에서는 빠져 있지만, 가만히 있으면 문제는 안 되는 직원들입니다." 조 부장은 고개를 끄덕였다. "음, 고문관 과장이 딱 이 경우 같네요." 표 본부장이 웃으며 덧붙였다. "그럼, 해결책도 명확하죠. 이런 직원에게는 교육과 워크숍을 통해 부족한 역량을 보완할 기회를 주는 게 중요해요. 또, 명확한 목표와 성과 지표를 설정해서 책임감을 강화하는 것도 방법이고요. 조직이 그를 어떻게 바라보는지 피드백을 통해 전달하는 것도 중요한 단계입니다. 단순히 놔두기보다 적절한 역할을 부여하면 조직에 기여할 가능성이 높아집니다." 조 부장은 메모하며 고개를 끄덕였다. "그러니까, 그냥 두는 게 아니라 조금씩 끌어올려야 한다는 거군요."

표 본부장은 이어서 두 번째 유형을 설명했다. "얌체 직원은 좀 다릅니다. 자기 이익만 챙기고 팀워크를 해치죠. 동료들이 힘들어하는 이유가 여기 있습니다." "아, 그런 직원들 꽤 있죠. 협업보다는 개인 성과에만 집중하는 유형…" "맞아요. 이런 경우에는 성과 평가에 협업과 팀워크 요소를 포함하는 게 효과적이에요. 동료 평가(360도 피드백)를 활용하면 본인의 행동이 주변에 어떤 영향을 미치는지도 알게 되고요. 게다가 공정한 성과 평가가 이루어지면, 팀워크를 해치는 행동도 자연스럽게 줄어들죠." 조 부장은 고개를 끄덕였다. "확실히 그 방법이면 본인이 변화할 필요성을 느끼겠네요."

표 본부장은 마지막으로 좀비 유형을 설명했다. "좀비 직원은 더 심각해요. 부정적인 태도로 팀 분위기를 망치고, 동료들의 사기를 떨어뜨리는 유형이죠." "아… 그런 직원이 한 명만 있어도 조직 분위기가 무너지죠." "그렇죠. 이런 직원들은 개인적인 스트레스나 불만에서 비롯된 경우가 많아요. 그래서 심리 상담이나 지원 프로그램을 제공하면 개선되는 경우도 있죠. 하지만 지속적으로 문제를 일으킨다면 조직문화 자체를 바꾸는 것도 중요해요. 부정적인 행동이 용납되지 않는 분위기를 만들어야 하거든요. 그래도 안 되면, 경고와 인사 조치를 고려해야 합니다."

조 부장은 깊은 생각에 잠겼다. "결국, 유형별로 다르게 접근해야 하는 거군요. 허수아비 직원은 역량을 키울 기회를 주고, 얌체 직원은 공정한 평가로 행동을 조정하고, 좀비 직원은 근본적인 해결책이 필요하다는 거죠?" 표 본부장이 고개를 끄덕였다. "맞습니다. 그리고 이런 문제를 미리 예방하려면 조직 차원의 성과 관리 시스템과 피드백 문화를 개선하는 것도 중요해요. 문제 직원이 나오기 전에 대응하는 게 최선이니까요."

조 부장은 한숨을 내쉬며 미소를 지었다. "고문관 과장, 단순히 배치하는 게 아니라 성장할 수 있도록 해봐야겠네요. 단순한 인사 발령이 아니라, 조직에 도움이 되는 방향으로요." 그는 이제야 명확한 그림이 그려지는 듯했다. '고문관 과장, 한번 제대로 변화를 이끌어보자고요.' 조 부장은 마음을 다잡으며, 새로운 전략을 구상하기 시작했다. 조경영 부장은 표 본부장의 말에 고개를 끄덕이며, 고문관 과장에게 어떤 평가를 내릴지 생각에 잠겼다.

존중과 배려의 직장 환경

 탁고민은 사무실에서 몇 차례나 자리를 옮기며 고민했다. 결국, 그는 마음을 다잡고 직장 고충 상담사인 조경영 부장 사무실로 발걸음을 옮겼다. 문을 열고 들어서자, 부장이 차분하게 손님을 맞이했다. "고민 대리, 무슨 일이냐? 뭔가 걱정스러운 모습인데." 탁고민은 잠시 망설이다가, 입을 열었다. "부장님, 사실... 좀 심각한 일이 있어요. 저, 차장님에게 직장 내에서 괴롭힘을 당했다고 판단하고 있는데... 이걸 어떻게 해야 할지 모르겠어요. 며칠 동안 혼자 끙끙 앓다가 결국 이렇게 왔습니다."

 조경영 부장은 의자에 앉아 있는 탁고민을 주의 깊게 바라보며, 부드럽게 물었다. "괴롭힘이라... 구체적으로 어떤 상황에서 그런 일이 있었던 거지?" 탁고민은 숨을 고르며 천천히 말하기 시작했다. "처음에는 작은 일이었어요. 일의 진행을 맡을 때마다 매번 의사소통에서 차장님이 저를 무시하는 듯한 태도를 보였거든요. 제가 기획안을 준비할 때마다 '왜 이렇게 늦게 올렸냐?', '왜 이렇게 못 하냐?'라고 비난을 받았어요. 사실 그때는 그냥 무시하는 건가 싶었어요. 그런데 점점 상황이 심각해져서, 회의 때마다 저를 공개적으로 지적하고, 대체로 제 의견을 무시하는 태도를 보였어요. 특히 제 기획안이나 아이디어가 언급될 때마다, 항상 '탁 대리는 이런 걸 못하더라'라고 말하더라고요."

 조경영 부장은 조용히 듣고 있었다. "그렇다면, 그 상황이 반복되었고, 탁 대리는 어떻게 반응했나?" 탁고민은 잠시 머뭇거리다가 말했다. "솔직히, 처음엔 너무 부끄럽고 불편해서 그냥 넘어갔어요. 하지만 그 일이 계속 반복되니까, 마음이 점점 더 상하고, 결국엔 자신감도 많이 떨어졌어요. 회의나 업무를 할 때마다 '나는 뭔가를 할 수 없을 것 같다'라는 생각이 들어서 너무 스트레스를 받았어요."

조경영 부장은 고개를 끄덕이며 잠시 생각에 잠겼다. "네 말을 들으니 그 상황은 괴롭힘이라고 볼 수 있겠다. 그럼에도, 너는 그동안 적극적으로 대처하지 못한 이유가 있을까?" 탁고민은 기죽은 표정으로 대답했다. "처음엔 그저 제 능력이 부족한 탓이겠지 싶었어요. 하지만 이제는 그게 아닌 것 같아요. 제가 스스로 성과를 내고 있지 못하다고 생각했기 때문인 것 같아요. 그리고 다른 동료들이나 부서에서는 차장님을 좋게 말하는 걸 보면 '혹시 내가 문제인 걸까?' 싶기도 했고..."

조경영 부장은 심각한 표정으로 말했다. "고민 대리, 괴롭힘은 절대 용납할 수 없어. 그 누구라도 그런 상황을 겪고 있으면, 반드시 상위 관리자에게 알려야 해 하지만 네가 그런 말을 하기 전에는 분명히 여러 번 고심했을 거로 생각해. 이제는 우리도 어떤 조치를 해야 할지 생각해야 할 시점이다. 하지만 너의 입장을 고려해서, 우선 어떻게 해결할 수 있을지 먼저 고민해 보자."

탁고민은 깊은숨을 쉬고, 조금은 안도한 표정을 지었다. "부장님, 정말 고맙습니다. 저는 계속해서 그 문제를 어떻게 해결해야 할지 전전긍긍하고 있었는데, 이렇게 상담을 받으니까 조금 마음이 편해진 것 같아요." 조경영 부장은 진지한 눈빛으로 말했다. "우리 회사는 그런 일이 생기면 반드시 대응해야 해. 네가 불편한 상황을 해결할 수 있도록 내가 잘 도와줄게. 이제부터는 이 문제를 더욱 적극적으로 해결하려는 태도가 필요해." 탁고민은 고개를 끄덕이며 말했다. "알겠습니다. 부장님, 더 이상 혼자 고민하지 않고 계속 상담해 가면서 해결 방안을 생각해 보도록 하겠습니다." 조경영 부장은 미소를 지으며 말했다. "고민 대리, 네가 그만큼 성장하고 있다는 걸 알고 있어. 문제를 해결하려는 자세가 중요하고, 우리가 함께 해결책을 찾아보자."

주변을 정리하고 마음도 정리하기

어느 화창한 아침, 사무실 문을 열고 들어선 조경영 부장은 한쪽 구석에 놓인 총무차장의 책상을 보고 말문이 막혔다. 창가로 쏟아지는 햇살에도 불구하고, 그 자리는 마치 폭풍이 지난 후의 잔해처럼 서류와 메모, 개인 소지품들이 여기저기 널브러져 있었다. 옆에 놓인 차용필 차장의 책상은 완전히 반대였다. 정돈된 책상과 서랍 맨 위 칸을 열면 한 자루의 연필만이 조용히 굴러오고 있었고, 불필요한 서류 한 장 없이 모든 것이 제자리에 있었다.

조심스레 총무차장의 책상 앞으로 다가간 조경영 부장은 한숨을 내쉬며 말했다. "이게 도대체 무슨 일이야? 2년 동안, 이 자리에 앉아 있었는데도 이렇게 엉망이면 머리도 복잡해지고 좋은 아이디어도 떠오르지 않을 거야." 총무차장은 커피 한 잔을 들고 여유롭게 웃으며 답했다. "내일 또 같은 서류를 펼쳐야 하는데, 그냥 두다 보니까 자연스럽게 쌓인 거죠. 내가 필요한 서류는 제때 꺼내 쓰니까, 이 정도면 저한테는 문제없지 않겠습니까?"

조경영 부장은 고개를 절레절레 흔들며 다시 입을 열었다. "회사에서는 사무실마다 화분, 공기청정기, 가습기까지 설치해 놓았고, 여름엔 에어컨, 겨울엔 히터까지 돌려 쾌적한 환경을 만들고 있는데, 네 자리는 그와 정반대야. 우리가 하루 종일 보내는 곳인데, 이런 어수선함 속에서 어떻게 집중해서 일하겠어?" 총무차장은 어깨를 으쓱이며 말했다. "내일 출근하자마자 꺼내야 할 서류와 이면지들이고, 옆에 둔 물컵이나 칫솔은 제자리에 있잖습니까!" 조경영 부장은 눈을 부릅뜨며 단호하게 말했다. "책상 위에 둘 것과 서랍에 넣을 것을 구분하고, 퇴근 후에는 책상 위에 서류나 이면지가 하나도 없이 깔끔하게 정리되어야 해. 개인 공간은 각자 관리해야 하는 기본 책임이야. 쾌적한 환경이 곧 창의력을 불러오고, 직원들이 회사에 오고 싶어지는 동기가 돼. 네 자리만 이렇게 어지럽다면, 옆 사람들도 불편함을 느끼게 되고 결국 전체 분위기가 흐려질 거야."

총무차장은 잠시 말을 멈췄다가, 눈가에 웃음을 띠며 대답했다. "내 방식이 편하고, 오히려 이 혼란 속에서 필요한 서류를 쉽게 찾을 수 있다고 생각합니다. 물론 깔끔하게 정리된 책상이 좋은 건 알지만, 난 내 스타일대로 일하는 게 더 익숙해요."

몇 주가 지난 후, 조경영 부장은 여러 차례 총무차장에게 얼룩진 커피 자국이라도 청소하라고 부탁했지만, 총무차장은 언제나 "내 방식대로 할래요"라는 대답만을 반복했다. 그의 책상은 여전히 서류와 개인용품들로 가득 찬 채, 마치 오래된 전시 공간처럼 그대로였다. 어느 날 회의실에 모여 있던 동료들이 총무차장의 책상에 얼룩진 무늬를 두고 속삭이며 웃자, 조경영 부장은 엄중하게 입을 열었다. "총무차장은 자리를 청소할 생각은 없는 건가 보네요. 이 상태로 1년만 더 근무하면 책상이 예술 작품이 되겠어요." 주위 사람들은 웃음을 터뜨렸지만, 총무차장은 여전히 변함없이 자신의 방식대로 일을 이어갔다.

조경영은 머릿속으로 한숨을 쉬며 생각했다. "그래도 그게 총무차장의 스타일이니까 어쩔 수 없겠지. 하지만 모두가 깔끔한 환경에서 일해야 진정한 발전이 있을 거야." 그는 업무수첩 맨 뒷장에 총무차장의 이름 옆에 '-1' 점을 적어놓으며, 다음 평가에 반영하리라고 속으로 다짐했다.

한편, 차용필 차장의 책상과 서랍은 모든 것이 정돈된 모범적인 모습이었다. 서류와 소지품이 깔끔하게 정리되어 있었다. 두 사람의 뚜렷한 대비는 사무실 전체에 변화를 불러일으켰다. 동료들은 서로의 자리를 점검하며 정돈의 중요성을 다시 한번 상기했고, 비록 총무차장만은 그대로였지만, 그들의 노력 덕분에 사무실 분위기는 점차 쾌적해지고 있었다.

지식과 경험으로 나만의 전문성 쌓기

휴게실, 오후의 한가로운 시간. 탁고민 대리는 커피를 한 모금 마시며 조용히 미소 지었다. "사실, 저 자격증 공부 때문에 한동안 퇴사 고민도 했었어요. 자격증만 따면 모든 게 해결될 줄 알았거든요." 차용필 차장은 커피를 젓던 손을 멈추고 고개를 끄덕였다. "음… 그런 생각, 저도 해봤죠. 근데 숫자는 안 속여요. 자격증이 있다고 해서 바로 연봉이 오르거나 좋은 자리로 가는 게 아니거든요." 그는 습관처럼 손가락으로 테이블을 두드렸다. "진짜 중요한 건, 그걸로 뭘 하느냐죠."

기정연은 팔짱을 끼고 깊은 한숨을 쉬었다. "나는 젊었을 때 이것저것 자격증을 몇 개 땄지만, 결국 중요한 건 실무 경험이더라. 후배들한테 경험을 통한 노하우를 전수하려고 해도, 정작 관심 있는 사람은 별로 없고…" 탁고민 대리는 씁쓸한 듯 고개를 끄덕였다. "선배님들 말씀 들으니까, 자격증이 만능열쇠는 아니라는 걸 알겠어요. 그냥 도망치듯 퇴사하고 자격증 하나 믿고 새로운 길을 가는 게 능사는 아니라는 생각이 드네요."

그때, 휴게실을 지나가던 표관리 본부장이 한마디 거들었다. "차용필 차장은 자격증 없었으면 재무 차장 보직을 맡지 못했을걸. 자격증도 고급 자격증이 쓸모가 있는 거야!" 차용필 차장은 표 본부장의 말에 의기양양해하며 커피잔을 내려놓았다. "사실 저도 처음부터 자격증을 따려고 했던 건 아니었어요. 그런데 재무부에서 일하면서 점점 필요성을 느꼈죠. 처음엔 단순히 승진 요건 정도로 생각했는데, 공부하면서 알게 된 것들이 업무에 직접 적용되니까 완전히 다르게 보이더라고요."

"그럼, 차장님은 회사에 다니면서 자격증을 취득했어요?" 탁고민 대리가 부러운 듯 물었다. 차용필 차장은 어깨를 으쓱하며 말했다. "입사 전에 공부는 했지만, 취득은 못 했어. 결국 회사 다니면서 간신히 땄지. 근데 일하면서 공부하는 게 쉽지 않더라고. 숫자는 원래 익숙했는데, 세무나 법 쪽은 처음엔 머리가 아플 정도였어." 그는 커피를 한 모금 마시며 잠시 말을 멈췄다. "그래도 공부하다 보니까 회사에서 실수하지 않는 법도 배우고, 개인 재테크에도 엄청나게 도움이 됐지. 요즘 후배들이 나한테 투자상담받으러 오는 것도 그 덕분이라니까."

탁고민 대리는 자신을 너무 자랑스러워하는 차용필 차장을 슬쩍 쳐다봤다. 차용필 차장은 그 시선을 눈치채고는 헛기침하며 말을 돌렸다. "아, 그건 뭐… 상황에 따라 다른 거지. 난 원래 실력도 있었으니까!" 그러자 기정연 부장이 킥킥 웃으며 말했다. "아이고, 차 차장. 실력도 중요하지만, 결국 자격증도 한몫하지 않았나?" 차용필 차장은 대꾸하지 않고 커피를 홀짝이며 시선을 피했다. 그때 표관리 본부장이 옅은 미소를 띠며 휴게실을 떠났다.

탁고민 대리는 말했다. "그럼, 결국 자격증도 필요하고, 실력도 필요하고, 운도 따라야 한다는 결론인가요?" 차용필 차장이 장난스럽게 덧붙였다. "그래, 그리고 돈 모으는 것도 잊지 마. 회사 다니면서도 충분히 대비할 수 있어." 탁고민 대리는 웃으며 고개를 저었다. "역시 차 차장님답네요. 돈 얘기 안 하면 입에 가시라도 돋으실까 봐요." 기정연 부장이 웃으며 고개를 끄덕였다. "맞아. 그런데 결국 그 말도 틀린 건 아니야."

그들은 서로를 바라보며 웃었다. 회사에서 쌓는 경험과 자격증, 그리고 현실적인 대비—각자의 방식으로 성장하는 법을 배워가고 있었다.

조직에 기여하는 실적 쌓기

늦은 오후, 안태남 과장은 커피 한 잔을 들고 판매본부장의 사무실을 찾았다. 책상 위에는 각종 서류가 쌓여 있었고, 남보원 본부장은 무언가를 열심히 검토하고 있었다. "본부장님, 잠깐 시간 좀 괜찮으세요?" 남보원 본부장이 고개를 들고 안 과장을 보며 웃었다. "웬일이야? 승진 준비하느라 바쁠 텐데." 안태남은 멋쩍게 웃으며 자리에 앉았다. "그게... 내년에 차장 승진을 하려면 실적이 필요한데요. 계량적인 실적도 중요하지만, 비(非)계량적인 실적도 신경을 써야 한다고 해서요. 그런데 영업부서에서는 딱히 혁신적인 실적이 나오기가 어렵잖아요? 그래서 실적을 어떻게 쌓아야 할지 고민입니다."

남보원 본부장이 고개를 끄덕이며 커피를 한 모금 마셨다. "맞아. 숫자로 보이는 실적뿐만 아니라, 조직에 기여하는 성과도 중요한 요소지. 그런데 실적을 쌓으려면 평소 기회를 잘 만들어야 해. 그냥 갑자기 '이거 내 실적입니다'라고 할 순 없잖아." 안태남은 공감하는 듯 고개를 끄덕였지만, 속으로는 다른 생각이 스쳤다. '기술부에서 추진하는 업무 개선 제안이 하나 있다던데... 거기에 내 이름이라도 슬쩍 올릴 수 있을까? 어차피 혼자 하는 게 아니고, 협업으로 하면 나도 기여한 게 되지 않을까?'

잠시 고민하던 그는 넌지시 말을 꺼냈다. "혹시 다른 부서에서 진행하는 프로젝트에 협업하는 것도 방법이 될까요? 기술부 쪽에서 괜찮은 제안을 하나 준비하는 걸로 아는데, 거기에 기여할 방법이 있을까 해서요." 남보원 본부장이 빙그레 웃으며 고개를 저었다. "안 과장, 너무 쉬운 길을 찾으려고 하는 거 아니야? 정 급하면 그럴 수도 있겠지만, 실적은 단순히 이름을 올린다고 해서 인정받는 게 아니야. 조직에 실제로 기여할 수 있어야 의미가 있지."

안태남은 머쓱한 표정을 지으며 웃었다. "하긴 그렇긴 하죠. 그럼, 어떻게 해야 할까요? 영업부에서는 뭔가 새롭게 만들기가 쉽지 않은데…" 남보원 본부장은 책상 위의 서류 한 장을 들어 보이며 말했다. "우리가 이미 해온 것들을 조금만 더 발전시키는 것도 방법이야. 기존의 영업 데이터를 분석해서 새로운 전략을 제안한다든가, 고객 관리 방식을 개선하는 것도 실적이 될 수 있지. 꼭 새롭고 혁신적인 아이디어만 실적이 되는 건 아니야. 작은 변화라도 방향이 맞으면 충분히 의미가 있어."

안태남은 고개를 끄덕이며 메모하기 시작했다. '괜히 무리해서 다른 부서의 성과를 탐내느니, 차라리 영업 데이터를 분석해서 새로운 방향을 제안하는 게 낫겠어.' 남보원 본부장이 덧붙였다. "그리고 다른 부서와 협업을 하더라도, 정말 필요한 부분에서 제대로 기여해야 해. 그게 아니라면 그냥 남의 성과에 묻어가는 것처럼 보일 수도 있거든. 그러면 오히려 마이너스야. 팀의 신뢰를 깎아먹는 결과가 될 수도 있으니까."

안태남은 깊이 공감하며 고개를 끄덕였다. "그렇군요. 확실히 조직에 기여하는 실적을 쌓는 게 승진뿐만 아니라 이후 커리어에도 도움이 되겠네요." 남보원 본부장이 웃으며 마무리했다. "그렇지. 결국 중요한 건 단순한 실적 숫자가 아니야. 네가 조직 안에서 어떤 역할을 하고, 어떤 문제를 해결할 수 있는 사람인지, 동료들에게 어떤 신뢰를 주는지가 훨씬 중요하지. 실적은 그런 신뢰와 역할이 쌓이는 과정에서 자연스럽게 따라오는 결과일 뿐이야. 그러니 눈앞의 숫자에만 얽매이지 말고, 네가 어떤 사람으로 기억되고 싶은지를 먼저 생각해 봐."

 안태남은 다짐하듯 고개를 끄덕였다. 승진을 위해 실적을 쌓는 것도 중요하지만, 조직에 실질적으로 기여하는 방향을 찾아야겠다고 마음먹었다. 그래야 오래 살아남을 수 있을 테니까. 그런데도, 문득 떠오르는 생각을 완전히 떨쳐내긴 어려웠다. 다른 부서의 좋은 제안에 슬쩍 이름을 올리는 것, 어쩌면 그게 가장 빠른 길일지도 모른다는 생각이.

내 몫, 그리고 역할 조정하기

퇴근길, 탁고민은 깊은 한숨을 내쉬며 사무실을 나섰다. 노트북 가방이 유난히 무겁게 느껴졌다. 오늘도 처리 못 한 업무가 잔뜩이었다. 문득 건물 앞 벤치에 앉아 있는 배다산 본부장이 보였다. 편안한 표정으로 커피를 홀짝이고 있었다. "본부장님, 아직 안 가셨네요?" "응? 오, 탁 대리! 얼굴이 왜 그리 어둡나?"

탁고민은 벤치에 털썩 앉으며 속내를 털어놨다. "아무리 해도 일이 끝이 없어요. 제 업무도 아닌데 자꾸 저한테 넘어오는 것 같아요." 배다산이 고개를 끄덕이며 웃었다. "그럴 수 있지. 신입 때는 원래 일이 몰려와. 처음부터 딱딱 역할을 나누는 게 쉽지 않거든." 탁고민은 답답한 표정을 감추지 못했다. "그렇다고 전부 제가 다 해야 하나요? 선배들은 '이것 좀 도와줘' 하면서 떠넘기고, 결국 혼자 다 떠안고 있더라고요."

그때 마침 건물에서 나오는 기정연 부장이 대화를 듣고 끼어들었다. "탁 대리, 아직 업무에 익숙하지 않아서 더 그렇게 느껴질 수도 있어. 조금만 지나면 나아질 거야." 탁고민은 고개를 저었다. "그런데 문제는요, 일을 시키는 사람만 있고 도와주는 사람이 없어요. 저는 제 일도 벅찬데 자꾸 남의 일까지 떠안으니까, 앞날이 캄캄합니다."

배다산이 웃으며 커피를 내려놓았다. "음… 그럼, 네가 남의 일을 잘해 주니까 자꾸 시키는 거네?" "그런 셈이죠… 거절을 못 하겠어요. 다들 바쁜데 제가 '이건 제 일이 아닙니다'라고 하면 괜히 이기적인 사람처럼 보일까 봐요." 기정연이 고개를 끄덕이며 말했다. "이해는 가. 하지만 네가 모든 걸 다 맡아주면 결국 너만 힘들어져. 그 사람들은 자기 일이 줄어든 걸 모르겠어? 당연히 더 시킬걸?"

탁고민이 한숨을 쉬었다. "그러면 어쩌죠? 전 신입이라 할 말도 없고..." 배다산이 어깨를 툭 치며 말했다. "방법은 간단해. 너무 일이 많으면 도움을 줄 만한 사람을 찾아보는 거야. 그리고 확실히 내 업무가 아니라고 생각되면 부장님과 상의해서 역할을 조정할 필요도 있고." 탁고민이 고개를 갸웃했다. "근데 그런 걸 부장님께 이야기해도 되나요?" "당연하지! 업무 배분은 부장의 역할이야. 네가 조용히 참는다고 해결될 문제가 아니라고. 가끔은 네가 먼저 선을 그어야 해."

기정연도 맞장구쳤다. "맞아. 그리고 떠넘긴다고 생각하지 말고, 역할을 정리한다고 생각해. 신입이라고 무조건 다 떠안을 필요는 없어. 네 일의 우선순위를 정하고, 아닌 건 아닌 거라고 이야기해야 해." 탁고민은 고민에 빠졌다. 그러다 속으로 생각했다. '그래, 어차피 이렇게 된 거... 빨리 후임자만 오면 이 많은 업무를 다 넘길 수 있을 텐데...'

그런데 배다산이 마치 그의 속마음을 읽기라도 한 듯 웃으며 말했다. "혹시 속으로 '후임 오면 이거 다 넘겨야지' 생각한 거 아니야?" 탁고민이 화들짝 놀라며 손을 흔들었다. "아, 아니요! 그런 건 아니고... 그냥... 조금만 덜어낼 수 있다면 좋겠다고 생각했어요." 배다산과 기정연이 서로를 바라보며 웃었다. "탁 대리, 네가 후임이었을 때 어땠는지 기억해 봐. 너무 많은 일을 떠안으면 후임도 너처럼 힘들 거야."

"그러니까, 지금부터라도 내 몫을 제대로 하되, 떠넘기지는 않고 합리적으로 역할을 조정하는 법을 배워야 해. 그래야 너도 편하고, 조직도 원활하게 돌아가지." 탁고민은 천천히 고개를 끄덕였다. "그렇군요…. 너무 힘들다고 마냥 참을 게 아니라, 먼저 조율할 방법을 찾아야겠네요." 배다산이 환하게 웃으며 말했다. "그렇지! 그리고 가끔은 '이건 제 일이 아닌 것 같은데요?'라고 말해도 괜찮아. 그러면서도 팀워크를 유지하는 게 직장인의 스킬이지!"

탁고민은 마음이 조금 가벼워지는 걸 느꼈다. 내일부터는 업무를 조율하는 연습을 해봐야겠다고 다짐하며, 두 선배에게 감사 인사를 건넸다. "감사합니다. 덕분에 어떻게 해야 할지 감이 좀 잡히네요!" 기정연이 웃으며 한마디 덧붙였다. "좋아, 그럼, 이제 퇴근이나 하자고. 우리도 일 넘겨받기 전에 빨리 가야지!" 세 사람은 가벼운 발걸음으로 회사 문을 나섰다.

긍정적인 네트워크 구축하기

안태남 과장은 요즘 고민이 많다. 사내에서 승진하려면 인맥이 중요하다는 이야기를 자주 들었는데, 자신은 흔히 말하는 3동(동향, 동문, 동기)도 없고, 3연(학연, 지연, 혈연)도 없었다. 그렇다고 손 놓고 있을 수는 없었다. 고민 끝에 표관리 본부장을 찾아가 보기로 했다. 그녀는 여성으로서 임원까지 오른 입지전적인 인물이었다. 사내에서 '승진을 위해 반드시 알아야 할 인물'로 손꼽혔고, 조직 내 인맥을 어떻게 다뤄야 하는지 누구보다 잘 알고 있을 터였다.

"본부장님, 잠시 시간 괜찮으세요?" 안태남은 미리 준비한 보고서를 들고 표관리 본부장의 사무실 문을 두드렸다. 표관리 본부장은 고개를 들며 서류를 흘깃 보았다. "이 자료, 굳이 나한테 보고할 필요는 없을 것 같은데?" "아, 뭐... 그렇긴 한데요." 안태남은 머쓱하게 웃으며 자리에 앉았다. "사실 요즘 고민이 있어서요. 승진하려면 인맥이 중요하다고 하는데, 저는 3동도 3연도 없거든요. 본부장님께서는 어떻게 여성 임원까지 오를 수 있었는지 궁금하기도 하고요."

표관리 본부장은 안태남을 한동안 바라보더니 천천히 말을 꺼냈다. "흠... 3동, 3연이 없다면 근무연(勤務緣)이라도 만들어야죠. 결국 중요한 건 함께 일하는 사람들이에요. 내가 누군가의 도움을 받을 수 있는 사람이 되어야, 필요할 때 그들도 나를 도와줄 수 있거든요." 안태남은 고개를 끄덕였다. "즉, 주변 사람들과 좋은 관계를 맺으라는 말씀이죠?" "맞아요. 하지만 관계를 맺는 것도 중요하지만, 그 전에 실력이 있어야 해요. 특히 여성으로서 승진하려면 인맥만으로는 부족해요. 실적이 확실해야 하고, 조직에 꼭 필요한 사람이 되어야 하죠. 그리고 결정적인 순간에 나를 지지해 줄 사람들이 있어야 해요. 그게 결국 자연스럽게 인맥이 되는 거예요."

안태남은 깊이 공감하며 메모했다. "그럼, 실적을 쌓는 것과 동시에 사람들과 협업을 많이 해야겠네요. 혹시 본부장님은 승진 과정에서 가장 어려웠던 점이 뭐였나요?" 표관리 본부장은 잠시 생각에 잠겼다가 씁쓸한 미소를 지었다. "여성이 임원까지 올라가는 길은 쉽지 않아요. 실력이 있어도 네트워크가 부족하면 인정받기 어려웠죠. 그래서 일부러 다양한 부서와 협업을 많이 했어요. 서로 다른 부서에서 내가 필요하게끔 했죠. 인맥이라는 건 결국, 필요할 때 떠오르는 사람이 되는 거거든요."

안태남은 고개를 끄덕이며 되새겼다. "즉, 3동이나 3연이 없더라도 함께 일하는 사람들에게 인정받고, 필요할 때 먼저 떠오르는 사람이 되면 된다는 거군요." 표관리는 미소를 지으며 말했다. "정확해요. 그리고 인맥을 너무 의식하지 마세요. 오히려 자연스럽게 형성되는 관계가 더 강한 법이에요. 사람들에게 신뢰받는 사람이 되면, 그게 가장 좋은 인맥 관리죠."

안태남은 표관리 본부장이 단지 사장과 동향이자 동문이라는 것 때문에 임원까지 오른 것이라는 자신의 생각이 틀렸음을 확신했다. 역시 조직에서 3동과 3연에다 근무연은 강력한 무기였다. 하지만 본부장의 말을 듣고 보니, 단순히 인맥이 있다고 해서 자동으로 승진이 되는 것은 아니라는 것도 깨달았다. '기본적인 인맥이 있다면, 그것을 어떻게 활용하느냐가 더 중요하겠군.' 그동안 자신이 너무 인맥만을 의식하며 관계를 맺으려 했던 것은 아닐까? 반성도 들었다. 결국 중요한 것은 실적과 신뢰였고, 인맥은 그걸 뒷받침해 주는 요소였다.

자리에서 일어서며 고개를 숙였다. "오늘 정말 큰 도움 됐습니다. 감사합니다, 본부장님!" 표관리 본부장은 가볍게 손을 흔들며 미소 지었다. "3동, 3연이 도움이 되는 건 맞아요. 하지만 그것만으로는 부족해요. 네트워크는 관리하고 확장하는 게 더 중요해요. 앞으로 실적도 쌓고, 관계도 잘 다듬어가요. 그게 진짜 승진의 길이니까."

출퇴근 시간, 나만의 리듬 찾기

근무시간을 알리는 종소리가 사무실에 울려 퍼지자마자 문이 열리며 익숙한 얼굴이 들어섰다. "안녕하세요, 부장님! 즐거운 아침입니다." 차용필이 가볍게 인사를 하며 책상에 가방을 내려놓았다. 조경영 부장은 살짝 입을 실룩거렸다. 이런 광경이 하루이틀이 아니었다. 종소리와 함께 출근하는 모습이 몇 번이나 반복되었는지 모른다. 하지만 그는 입을 다물었다. 이제 와서 무슨 말을 한들 달라질 것도 없었다.

"오늘 차가 좀 밀렸나 봐?" "아, 네. 오늘따라 신호도 계속 걸리고요. 조금만 일찍 나와야 했는데, 매번 이 모양이네요." 차용필은 자책하는 듯한 표정을 지으며 선수를 쳤다. 혹시라도 부장이 뭐라고 하려다가 멈추게 만들려는 의도였다. 조경영은 잠시 그를 바라보다가 한숨을 내쉬었다. "그래도 서두르지는 마. 안전이 제일 중요하니까. 사고 나면 무슨 소용이야?" 차용필은 고개를 끄덕이며 가볍게 웃었다. "네, 맞습니다. 아, 그런데 부장님은 항상 일찍 출근하시네요. 요즘 워라밸이 중요하다던데요?"

조경영은 웃으며 커피를 한 모금 마셨다. "워라밸이 중요하지. 그런데 말이야, 종소리 5분 전이라도 미리 도착해서 준비하는 게 좋지 않겠어? 최소한 정신적으로라도 말이야. 초등학생도 등교하면 수업 준비부터 하는데, 우리도 출근하면 바로 일할 준비가 되어 있어야 하는 거 아닐까?" 차용필은 슬며시 고개를 끄덕였다. "부장님 말씀이 맞습니다. 근데 요즘 유연근무제도 많고, 조기 퇴근 제도도 있고... 사실 저도 금요일엔 조금 일찍 끝내거든요. 시대가 많이 바뀌긴 했죠."

"그렇긴 하지. 예전엔 칼출근, 칼퇴근이라는 개념 자체가 없었으니까. 퇴근하고도 남아서 일하는 게 미덕이었는데... 요즘은 다들 제시간에 맞춰 움직이더라." 차용필은 씩 웃으며 말했다. "부장님도 조금 적응하셔야죠. 요즘 세대는 정해진 시간 안에서 최대한 효율적으로 일하려고 하니까요." 조경영은 허허 웃으며 고개를 저었다. "그래, 그래. 인정해야지. 다만, 그래도 너무 딱 맞춰서 출근하는 건 좀 아슬아슬하지 않겠어? 어떤 행사를 하거나 미팅이 있으면 미리 준비도 해야 하고, 가끔은 예상치 못한 일이 생길 수도 있고." "네, 알겠습니다. 앞으로는 조금 더 신경 써볼게요. 그래도 출근길은 너무 급하게 서두르지 않겠습니다!" "그래, 그러면 됐어. 사고만 안 나게 조심히 다녀." 차용필은 가볍게 웃으며 자리에 앉았다. 조경영은 속으로 생각했다. '이제 워라밸이 중요한 시대가 된 건 맞지만, 기본적인 업무 태도는 변하지 않아야 할 텐데...'

다음날, 출근 종소리가 울린 지 10분쯤 지났을까. 사무실 문이 조심스럽게 열리며 낯익은 얼굴이 들어섰다. 평소와 달리 오늘은 모처럼 일찍 출근해서 자리에 앉아 있던 차용필이 고개를 들고 놀란 눈으로 바라봤다. "어? 부장님, 안녕하세요?" 조경영 부장은 살짝 머리를 긁적이며 자리에 앉았다. "어, 어. 좋은 아침이네." 차용필은 속으로 킥킥 웃으며 태연한 척 했다. "오늘은 차가 좀 많이 막혔나 봅니다?" 조경영은 헛기침하며 얼버무렸다. "응, 뭐... 그럴 수도 있고..."

"아, 요즘 출근길이 정말 힘들죠. 저도 평소에 딱 맞춰서 오긴 하지만, 가끔 이렇게 변수가 생길 수 있잖아요?" 차용필이 말을 길게 늘이며 뭔가 의미심장한 미소를 짓자, 조경영은 괜히 뜨끔했다. 평소에는 5분 전 도착을 강조하던 사람이 오늘은 본인이 늦었으니, 뭐라고 하기도 애매했다. "그래도 중요한 건 서두르지 않는 거잖아요. 안전이 제일이니까." 차용필이 어제 조경영이 했던 말을 똑같이 돌려주었다. 조경영은 입을 꾹 다물고 커피를 한 모금 마셨다. '이 녀석, 일부러 이러는 것 같은데...'

묘한 침묵 속에서 차용필은 고개를 끄덕이며 덧붙였다. "역시 부장님도 이제 워라밸을 중시하시는군요." 그 말에 조경영은 마지못해 웃었다. "그래, 그래. 뭐... 유연한 사고도 중요한 시대니까." 그렇게 두 사람은 묘한 기류 속에서 하루를 시작했다. 한 명은 평소와 다르게 일찍 출근해서 신난 얼굴, 한 명은 평소와 다르게 늦게 출근해서 쭈뼛한 얼굴. 차용필은 속으로 생각했다. '부장님도 가끔은 늦을 수도 있구나. 오늘 하루, 아주 재밌겠는데?' 조경영은 속으로 괘씸하게 생각했다. '어째 이런 일이...!' 조경영은 업무수첩 마지막 장에 '차용필 –1점'을 줄지 고민했다.

티타임의 경계, 업무와 여유의 균형

출근 후 본부장실 티타임 준비로 바쁜 조경영은 서류를 정리하며 재무과장을 불렀다. "어제 언론에 난 자료 정확한 내용이 뭔지 알아?" 재무과장은 난감한 표정을 지으며 말했다. "잘 모르겠습니다. 차장님께 여쭤봐야 할 것 같은데요." 조경영은 주위를 둘러봤다. "차용필 차장 자리에 없네. 어디 갔는지 알아?" "조금 전에 회의실 쪽으로 가는 걸 봤는데, 다른 부서 직원들이랑 티타임 하고 있는 것 같습니다."

조경영은 헛웃음을 지었다. "티타임도 종류가 있지. 업무적인 티타임이 있고, 그냥 사담 나누는 티타임이 있고." "그러게요. 부장님, 차장님 불러올까요?" "아냐, 내가 전화해 볼게." 조경영은 핸드폰을 꺼내 차용필에게 전화를 걸었다. 신호가 가는 동안, 기대 반 짜증 반이었다. 한두 번도 아니고, 꼭 필요할 때만 자리를 비우는 것 같단 말이지. 그런데 신호만 가고 차용필은 받지 않았다. "안 받네?" 재무과장이 조심스럽게 말했다. "혹시... 일부러 안 받으시는 건 아닐까요?"

조경영이 눈을 가늘게 뜨며 말했다. "그럴 리가... 아니, 그럴 수도 있지. 그래, 어디 한번 기다려 보자고." 30분 후. 본부장실 티타임을 마치고 돌아온 조경영. 책상에 앉아 커피를 마시며 한숨을 쉬고 있는데, 그때 신나 보이는 얼굴로 차용필이 들어왔다. "부장님! 좋은 아침입니다! 커피 한잔 하시죠?" 조경영은 팔짱을 끼고 무심한 듯 물었다. "어디 갔다 오는 길이야?" 조경영은 잔을 내려놓으며 한숨 섞인 미소를 지었다. 말은 하지 않았지만, 그 시선만큼은 조용히 차용필을 향하고 있었다.

"아, 다른 부서 직원들이랑 티타임 좀 했습니다. 요즘 소통이 중요하잖아요. 부서 간 분위기도 살릴 겸~!" 조경영은 웃으며 핸드폰을 들어 보였다. "그래? 근데 내가 아까 전화했는데 왜 안 받았어?" 차용필은 순간 움찔했다. "어... 그게... 아! 맞다! 제 핸드폰이 무음이었나 봅니다. 아침에는 조용한 분위기가 좋거든요.. 하하." "그래? 근데 신기하지 않나? 티타임 할 때는 핸드폰을 안 보면서, 지금은 누구한테 카톡 엄청나게 보내는 것 같은데?" 차용필은 당황하며 핸드폰을 황급히 주머니에 넣었다. "아, 이거... 업무 관련입니다! 하하, 다 업무죠!"

조경영은 커피를 한 모금 마시며 웃었다. "업무 관련이면 다행이고. 근데 말이야, 아침 시간은 업무 정리도 해야 하고, 나 같은 사람은 필요하면 널 바로 찾아야 하거든. 20분 이상 자리 비울 땐 어디 간다고 한마디 해두는 게 좋지 않겠어?" 차용필은 머리를 긁적이며 멋쩍게 웃었다. "알겠습니다, 부장님. 앞으로는 꼭 보고하겠습니다!" 조경영은 고개를 끄덕이며 말했다. "좋아. 그리고..." "네?" "내일 아침엔 무음 풀고 있어라. 또 전화했는데 안 받으면, 내 전화 받기 싫은 걸로 알 거야!" 차용필은 식은땀을 흘리며 손을 흔들었다. "아, 아닙니다! 내일부터는 무조건 핸드폰 대기하고 있겠습니다!"

조경영은 빙그레 웃으며 커피를 한 모금 더 마셨다. "그래, 그래. 티타임도 좋지만, 너무 빠져서 연락 두절은 하지 말자고." 차용필은 속으로 생각했다. '이제 티타임도 적당히 조절해야겠군...'

점심시간, 나만의 자유 찾기

구내식당에서 사장과 본부장들이 점심을 먹으며 이야기를 나누고 있었다. 사장은 고개를 들어 주위를 둘러보며 물었다. "최근에 채용한 직원들은 어때요? 잘 적응하고 있습니까?" 표관리 본부장이 조용히 고개를 끄덕였다. "네, 아직 이직한 직원은 없습니다. 불만이 들려오는 곳도 없고요." "좋군요. 요즘 젊은 직원들, 업무 스타일은 어떤가요?" 배다산 본부장이 젓가락을 내려놓으며 대답했다. "결혼 후 입사한 직원들이 자녀 양육을 이유로 유연근무를 신청하는 경우가 많더군요. 그래서 생각해 봤는데, 입사 후 일정 기간이 지나야 자녀 양육 유연근무 혜택을 주는 게 어떨까 싶습니다."

사장은 미간을 찌푸리며 반문했다. "자녀 양육 유연근무라는 게, 말 그대로 자녀가 어릴 때 보살피라고 주는 건데, 일정 기간이 지나야 가능하게 하면 효과가 없어지지 않겠어요?" 배다산이 고개를 끄덕였다가 다시 천천히 저었다. "사장님 말씀도 일리는 있습니다만, 막 입사한 직원이 곧바로 유연근무를 쓰게 되면, 조직에 적응할 시간도 부족하고, 업무 연속성이 떨어지는 문제가 생깁니다." 사장은 천천히 국물을 떠먹으며 생각에 잠겼다. "그런 어려움도 있겠네요. 점심 후 산책하면서 좀 더 이야기해 봅시다."

배다산은 사장이 '산책'이라는 단어를 꺼내는 순간 마음속으로 깊은 한숨을 쉬었다. 사실 오늘만큼은 점심시간에 회사 요가 프로그램에 참여하고 싶었는데… 하지만 사장이 함께하는 산책은 업무의 연장선이었다. 선택의 여지가 없었다.

다음 날, 사장은 출장을 갔다. 배다산은 아침부터 기분이 좋았다. '오늘은 점심시간이 자유다!' 점심을 간단히 해결한 후, 바로 사내 요가 프로그램에 참여했다. 평소 허리 통증으로 고생했기에 스트레칭할 때마다 몸이 시원하게 풀리는 기분이었다. "이게 진짜 점심시간이지!" 한 시간 동안 요가를 마친 후, 개운한 기분으로 사무실로 돌아왔다. 오후 업무도 훨씬 상쾌한 컨디션으로 진행할 수 있었다.

그날 저녁, 사장으로부터 전화가 왔다. "오늘 점심시간은 어떻게 보냈습니까?" 배다산은 순간 고민했다. 솔직하게 말할까, 아니면 대충 얼버무릴까? 하지만 결국 솔직하게 말했다. "점심시간에 회사 요가 프로그램에 참여했습니다. 평소 허리가 안 좋았는데, 오늘 한 시간만으로도 상당히 개운해졌습니다." 사장은 잠시 침묵하다가 웃으며 말했다. "좋습니다. 저도 가끔은 자유롭게 점심을 보낼 걸 그랬네요. 내일은 다시 산책합시다!"

배다산은 속으로 '아, 내 자유 시간이...' 하며 아쉬워했지만, 그래도 하루라도 자유롭게 보낼 수 있어서 감사했다. "네, 내일 뵙겠습니다!" 그렇게 배다산은 다시 일상의 루틴으로 돌아갔다. 하지만 이제는 확실히 알았다. 점심시간은 제대로 활용하면 오후 업무의 질이 달라진다는 걸.

사내 그룹 활동: 독서 모임의 하루

사내 그룹 활동은 다양한 직급과 직종의 직원들이 교류하며 소통할 좋은 기회다. 특히 승진을 앞둔 직원들은 자연스럽게 간부들과 관계를 맺기 위해 그룹 활동에 적극적으로 참여하는 경우가 많다. 그런데 이번에는 독서에 관심이 많기로 유명한 사장이 새롭게 만들어진 독서 모임의 회장을 맡았다는 소식이 퍼지자, 평소 책에 별 관심 없던 안태남 과장이 난데없이 독서의 즐거움을 깨닫게 되었다.

그날, 독서 모임이 열리는 회의실에는 여러 부서의 직원들이 모여 있었다. 테이블 위에는 이번 달 추천 도서가 놓여 있었고, 직원들은 저마다 준비한 내용을 정리하느라 분주했다. 사장이 미소를 지으며 자리에 앉았다. "와, 오늘 정말 많은 분이 참석했군요. 지난번에 추천한 책, 다들 읽어 오셨나요?" 표관리 본부장이 단호한 목소리로 대답했다. "한 달 전에 공지했으니, 당연히 다들 읽어 왔을 겁니다." 그 말을 들은 안태남 과장이 손을 번쩍 들었다. "사장님, 이 책을 특별히 추천하신 이유가 무엇인지 궁금합니다."

사장은 흐뭇한 표정으로 고개를 끄덕였다. "좋은 질문이에요. 이 책은 요즘 트렌드를 가장 잘 반영하고 있을 뿐만 아니라, 우리 회사가 앞으로 나아가야 할 방향과도 맞닿아 있다고 생각했습니다." 그때 남보원 본부장이 기다렸다는 듯이 끼어들었다. "아, 역시 사장님께서는 깊은 뜻이 있으셨군요! 이런 통찰력 있는 책을 추천해 주셨다니, 배울 점이 많습니다." 갑작스러운 아부성 발언에 회의실은 잠시 정적에 휩싸였다. 몇몇 직원들이 눈을 마주치며 웃었고, 조경영 부장은 헛기침하며 분위기를 정리했다.

"그럼, 본격적으로 토론을 시작해 볼까요? 이번 책에서 가장 인상 깊었던 부분을 이야기해 봅시다." 한 명씩 돌아가며 의견을 나누는 동안, 안태남 과장은 속으로 초조했다. 사실 그는 책을 처음 몇 장만 대충 훑어보고 왔다. 분위기를 살피던 그는 몰래 책장을 넘기며 중얼거렸다. '그래, 일단 분위기 보고 적당히 맞춰서 이야기하면 되겠지…' 그때, 경쟁 관계에 있는 다른 과장이 자신 있게 발언했다. "저는 이 책에서 조직 내 소통의 중요성을 강조한 부분이 가장 인상적이었습니다. 특히 리더십과 팔로워십의 균형을 맞추는 것이 조직 발전에 필수적이라는 점이 공감되었습니다."

사장은 만족스러운 표정으로 고개를 끄덕였다. "좋은 지적입니다. 우리도 업무를 할 때 여러 부서와 협업이 중요한데, 그런 점에서 이 책이 주는 교훈이 크죠." 갑자기 긴장한 안태남 과장은 서둘러 침착한 얼굴을 만들고 말했다. "맞습니다, 사장님. 저는 특히 마지막 장이 인상 깊었습니다. 조직의 성공을 위해서는 개인의 성장도 함께 이루어져야 한다는 점이 와 닿더군요." 사장이 흥미로운 듯 되물었다. "오, 구체적으로 어떤 점이 가장 와닿았나요?"

안태남 과장은 순간 당황했다. 급하게 책장을 넘겨보며 허둥대다가, 결국 마지막 페이지를 펼쳤다. 거기에는 단 한 줄, 저자의 감사 인사가 적혀 있었다. "음… 저자는 이렇게 말합니다. '이 책을 읽어주신 모든 분께 감사드립니다.' 저는 이 말이 참 감동적이었어요. 결국, 책을 읽는다는 건 저자와의 대화 아닙니까? 우리가 이렇게 모임을 통해 서로의 생각을 나누는 것처럼요." 회의실은 순간 조용해졌다. 그리고 몇 초 후, 여기저기서 웃음이 터져 나왔다.

사장은 유쾌하게 웃으며 말했다. "하하, 아주 독창적인 해석이군요! 그래도 중요한 건 서로의 의견을 나누는 시간이니까요." 그렇게 독서 모임은 웃음 속에서 마무리되었고, 안태남 과장은 속으로 다짐했다. '다음 모임 때는... 진짜 책을 읽고 와야겠군...'

주말엔 승부욕이 폭발! 남자들만의 자존심 대결

　퇴직한 OB 본부장이 후임인 남보원 본부장을 찾아왔다. 남보원 본부장은 반갑게 OB 본부장을 맞이하며 자리에 앉았다. "오랜만입니다, 선배님! 요즘 어떻게 지내십니까?" OB 본부장은 한숨을 크게 쉬며 말했다. "요즘 말이야, 주말마다 집 근처 회사 테니스장에 가는데, 현직 직원들도 자주 오더군. 나도 예전처럼 한 게임 해볼까 싶어서 경기를 해봤는데… 이게 웬걸, 현직 때는 제법 잘 친다고 생각했는데 퇴직하고 나니 실력이 완전히 형편없어졌어. 테니스 황제 조코비치의 주무기인 양손 백핸드가 내 주특기였는데 말이야."

　남보원 본부장은 웃으며 물었다. "에이, 선배님이야 워낙 실력자셨으니까 지금도 잘 치실 텐데요. 평소 연습을 많이 안 하신 거 아닙니까?" OB 본부장은 고개를 저었다. "아니, 그게 아니라 오히려 더 열심히 연습하고 있어. 현직 때보다 시간이 많으니까 거의 매일 테니스 연습을 한다고. 그런데 이상하게도 직원들이랑 경기만 하면 계속 지더라니까?"

　그때 마침 옆에 있던 기정연 기술부장이 장난스럽게 말을 거들었다. "하하, 선배님. 이제야 깨달으신 거 아닙니까?" OB 본부장이 의아한 표정을 지으며 물었다. "뭘?" 남보원 본부장은 활짝 웃으며 말했다. "현직에 계실 때는 직원들이 선배님을 본부장님으로 대우해 드린 겁니다. 일부러 받기 쉬운 공을 주고, 힘들게 안 만들었겠죠. 그때는 선배님이 경기에 이기는 게 중요한 게 아니라 분위기를 맞춰 드리는 게 더 중요한 일이었으니까요."

OB 본부장은 순간 멍한 표정을 지었다가 고개를 끄덕였다. "아... 그런 거였어? 내가 진짜 잘해서 이긴 게 아니고?" 기정연 부장이 웃으며 말했다. "그렇습니다. 그런데 이제는 퇴직하셨으니, 직급에 따른 인센티브 없이 실력대로 경기하는 거죠. 직원들도 일부러 맞춰줄 필요가 없으니까요." OB 본부장은 허탈하게 웃었다. "그럼, 내가 계속 지는 게 당연한 거였군."

남보원 본부장이 어깨를 두드리며 말했다. "그래서 이제부터 진짜 실력을 기를 기회가 온 겁니다. 더 이상 본부장이 아니라 한 명의 선수로 인정받는 거죠. 그렇게 생각하면 더 재미있지 않겠습니까?" OB 본부장은 한참 생각하더니 고개를 끄덕였다. "맞아, 이제부터는 순수하게 경기 자체를 즐겨야겠군. 직급이 아니라 진짜 실력으로 대결하는 게 더 의미 있을 수도 있겠어."

그때, 남보원 본부장은 으쓱하며 말했다. "그나저나, OB 본부장님, 예전에 그 유명한 스매시 한 번 더 보여주시죠." OB 본부장은 자신만만한 표정으로 대답했다. "하하, 나의 나달 같은 스매시는 아무도 못 받았는데 말이야." "정말? 그럼, 오늘 보여주세요, 한판 대결! 제가 받아낼 수 있을지 봐야겠네요." "하하, 자신만만하구먼. 그럼, 가만히 두지 않겠어!"

기정연이 조용히 말을 끼어들었다. "참고로 저는 그 두 분의 경기, 절대 놓칠 수 없어요. 제발 재밌는 대결 보여주세요!" 남보원은 웃으며 말했다. "그럼, 선배님 준비하시죠. 이제는 직급과 관계없이 실력으로 승부를 봐야 하니까요." OB 본부장은 머리를 긁으며 웃었다. "그래, 그래. 주말 테니스, 이제부터는 승부욕을 버리고 진짜 실력을 펼칠 거야." 그리고 세 사람은 테니스장에서 '자존심 대결'을 펼칠 준비를 마쳤다. 운동장에서만큼은 아무리 높은 직급이라도, 남자들의 자존심을 건 진짜 승부가 펼쳐졌다. "자, 준비됐어? 이번엔 누가 이길지 제대로 한번 보여주자고!"

경조사 문화, 기쁨과 고민 사이에서

"표 본부장님! 제 아들이 결혼하게 되었습니다!" 남보원 본부장이 청첩장을 들고 표 본부장을 찾아왔다. "이번 달 말일에 결혼식이 있으니, 꼭 와주셔야죠." "오, 축하합니다! 정말 부럽네요." 표관리가 미소를 지으며 대답했다. "저희 아이들은 언제 결혼할지 모르겠어요. 결혼은 생각도 없다고 하더라고요." "요즘 젊은 사람들이 결혼보다 다른 일이 더 바쁜가 봐요. 제 아들은 대학교 때부터 알고 지낸 여자 친구랑 결혼하게 됐어요." 남보원이 고개를 끄덕였다. "탁고민 대리 아직 총각이라던데... 제 딸애랑 한번 만나게 해볼까요?" 표관리가 장난스럽게 말했다. "그럼, 경조금도 좀 더 들어오지 않을까요?" 둘은 웃으며 결혼 이야기를 나눴다.

하지만 표관리가 퇴직 후 경조금에 대한 고민이 떠올랐다. "퇴직이 얼마 안 남으니까, 경조금을 내는 게 더 아깝게 느껴지네요. 내가 낸 경조금이 어디에 쓰였을지도 잘 모르겠고... 이제는 그걸 받을 기회도 없잖아요." "그렇죠. 퇴직하면 경조금 받기 힘들죠." 남보원이 고개를 끄덕이며 말했다. "하지만 이렇게 누군가의 결혼을 축하해주는 것도 기쁜 일이죠." 경조사는 때때로 직원들 사이에 긴장감을 유발하기도 한다. 특히 직급이 높으면 경조금을 아끼기 어려운 현실이 있다. "본부장으로 있으면 적게 내거나 안 낼 수는 없잖아요." 표관리가 한숨을 쉬었다. "매번 경조금 내느라 허리가 휘던 시절이 생각나요."

그때, 기정연 기술부장이 끼어들었다. "그럼, 이제는 결혼 문화를 바꿔보면 어떨까요? 예전에는 직급에 맞춰 경조금을 냈지만, 이제는 젊은 직원들이 서로 도와주고 응원하는 방향으로 바꿔야 하지 않겠어요?" "아, 젊은 직원들의 결혼을 장려하는 건 좋은 생각이네요." 표관리가 미소를 지으며 답했다. "하지만 결혼식 초대가 많으면 '얼마나 낼까?' 고민이 더 커지지 않을까요?" 기정연이 웃으며 제안했다. "그럼, 다른 공공기관과 협력해서 결혼 문화를 교류하는 것도 좋지 않을까요? 다른 기관들과 단체 미팅을 주선하거나, 결혼 장려 프로그램을 함께 운영해 보면 어떨까요?"

"그거 괜찮네요!" 남보원이 적극적으로 동의했다. "여러 공공기관에서 젊은 직원들이 만날 기회를 늘려주면, 자연스럽게 결혼도 촉진될 수 있을 겁니다." "맞아요, 우리가 다른 공공기관과 협력해서 결혼 관련 정보를 공유하거나, 커플 매칭 프로그램을 운영하면 직원 간의 교류도 늘고, 결혼할 사람도 만날 수 있을 거예요." 표관리가 말했다. 기정연이 덧붙였다. "그리고 합동결혼식이나, 개인이 경조금을 내지 않고 각 공공기관 간에 경조금을 서로 주고받을 수 있는 프로그램도 만들어보면 어떨까요? '누가 낼까?' 보다 '같이 축하해주자'라는 분위기가 좋잖아요."

"그거 좋네요! 그런데 회사에 예산이 있을지…" 표관리가 기분 좋게 웃으며 말했다. "다른 기관과 협력해 결혼 문화를 만들어 가면, 나도 덜 고민할 수 있을 것 같네요." 표관리가 잠시 생각에 잠기더니 말을 이어갔다. "경조사 문화가 때때로 직장 내 갈등을 일으킬 수는 있지만, 본래의 의미는 서로의 기쁨을 나누고 축하하는 데 있습니다. 오늘 대화는 경조금과 결혼을 둘러싼 고민을 넘어, 직원들 간에 서로 응원하는 문화를 만들자는 아이디어로 이어졌습니다. 공공기관 간 협력과 결혼 장려 프로그램이 도입되면, 경조사 문화는 훨씬 더 풍성하고 의미 있는 시간으로 변화할 것입니다. 결혼을 축하하고 경조금에 대한 부담을 넘어서, 진심으로 기쁨을 나누는 사회로 나가는 첫걸음이 될 것입니다."

경력관리의 첫걸음

탁고민 대리는 점심시간이 지나자, 기정연 부장을 찾아갔다. 부장은 정년을 몇 년 남겨둔 상황이라 조용히 지내는 중이었지만, 탁 대리의 눈에 담담함과 고민이 묻어나는 표정이 보였다. 탁 대리는 무겁게 입을 열었다. "부장님, 제가 요즘 경력관리에 대해서 고민이 많습니다. 아직 2년 차인데, 이직을 고민하기도 하고, 또 공공기관에서 경력도 쌓아가야 하는데, 어떻게 해야 더 효율적으로 경력을 쌓아갈 수 있을지 잘 모르겠어요."

기정연 부장은 의자에 앉아 조용히 탁 대리를 바라보았다. 그가 오랫동안 함께 일해온 후배인 만큼, 그의 고민을 이해할 수 있었다. "그렇지, 경력관리는 나이가 들어갈수록 더 중요해지지. 특히 공공기관처럼 한 직장에서 오래 근무할 땐, 경로를 잘 잡아야 해. 요즘은 경력관리를 어떻게 해야 할지 갈피를 잡는 게 힘들지?" 탁 대리는 고개를 끄덕이며 말을 이었다. "네, 맞아요. 저는 한 지역에서 오래 근무하지 않으려면 어떻게 해야 할지 고민이고요, 그 외에도 여러 가지 고민이 있어요. 예를 들어, 저는 지금 사업부서에서 일하고 있는데, 나중에 어떻게 경력을 확장할 수 있을지 잘 모르겠어요."

기정연 부장은 잠시 생각하다가, 경력관리를 위한 첫 번째 조언을 건넸다. "경력을 쌓을 때 중요한 건, 네가 어떤 업무를 하고 싶은지, 그리고 조직에서 무엇을 요구하는지를 잘 파악하는 거야. 먼저, 경력관리는 두 가지 큰 축이 있어. 개인적 요인과 조직적 요구를 균형 있게 맞춰야 한다는 점이지." 탁 대리는 궁금한 표정으로 물었다. "그럼, 개인적인 요인과 조직적 요구를 어떻게 조화롭게 맞추나요?" "예를 들어, 가정적인 문제나 건강 등 개인적인 상황이 있으면, 집중도가 높은 업무보다는 조금 덜 집중적인 부서로 이동하는 게 나을 수 있어. 조직에서 원하는 역할이 무엇인지 미리 파악하고, 거기에 맞춰 네 경로를 설정해 보라고."

기정연 부장은 이어서 설명을 덧붙였다. "또한, 우리가 일하는 공공기관에는 다양한 업무 특성이 있어. 예를 들어, 단순 반복적인 업무를 맡게 되면 그만큼 경험이 한정될 수 있지만, 창의적이고 복잡한 업무를 맡으면 더 많은 역량을 키울 수 있지. 네가 어떤 분야에서 전문성을 쌓고 싶은지에 따라 경로를 바꿀 수도 있어." 탁 대리는 더 깊이 생각하며 물었다. "그럼, 다른 선배들의 경로도 참고할 수 있을까요? 저는 기술부서에서 조금 더 경력을 쌓고 싶은데, 어떤 선배들의 경로를 참고해야 할지 모르겠어요."

"좋은 질문이다. 다른 선배들의 경로를 참고하는 건 아주 중요한 방법이야. 예를 들어, B 선배는 기술 분야에서 전문성을 쌓고 싶어 했지만, 당시 부서에서 관련 경험을 충분히 쌓을 수 없었지. 그래서 다양한 부서를 거쳐 가며 경험을 쌓았고, 나중에 기술사 자격증까지 따서 기술부서로 이동할 수 있었어. 너도 그런 식으로 벤치마킹해서 나만의 경로를 만들어야 해." 탁 대리는 놀라운 표정으로 말을 이었다. "그렇군요! 그렇게 선배들의 경험을 보고, 나도 그런 경로를 계획해 보는 게 중요하겠네요. 제 경력도 그런 식으로 쌓아가면 될 것 같아요."

"맞아, 그리고 또 하나 중요한 건, 현재 위치에서 계획이 잘 진행되고 있는지 점검하는 거야. 주기적으로 상사와 면담해서, 내가 하는 일과 내가 원하는 경로가 일치하는지 확인하는 거지.
이걸 안 하면 경력 계획이 정체될 수 있어." 탁 대리는 고개를 끄덕이며 대답했다. "그렇군요, 정기적인 점검이 필요하겠네요. 저도 그런 면담을 통해 방향을 점검해 봐야겠어요."

기정연 부장은 이어서 또 다른 중요한 점을 말했다. "그리고 경력 계획은 언제든 예상치 못한 상황에 부딪힐 수 있으니까, 대안을 준비해 두는 게 중요해. 예를 들어, 승진을 목표로 했다가 승진에서 누락되어 기회가 사라졌다면, 다른 방법으로 내 전문성을 강화할 기회를 찾아보는 거지. 항상 여러 대안을 준비해 두고, 유연한 사고방식을 가지는 게 필요해." 탁 대리는 눈이 번쩍 뜨였다. "그렇군요, 하나의 목표에만 의존하면 안 되겠군요. 다양한 대안을 마련해 놓고, 변화에 맞춰 경로를 바꾸는 게 중요하겠어요."

기정연 부장은 마지막으로 한 가지 더 강조했다. "마지막으로, 경력관리는 체계적이고 구체적인 도구를 활용하는 게 좋아. 예를 들어, 네가 매년 어떤 업무를 했고 어떤 역량을 쌓았는지 기록하는 다이어리를 만들어 놓고, 매년 목표 리스트를 점검하는 거야. 이렇게 체계적으로 경로를 관리하면 훨씬 효과적으로 목표를 달성할 수 있어." 탁 대리는 결심한 듯 고개를 끄덕였다. "감사합니다, 부장님. 이제 경력관리를 어떻게 할지 좀 더 명확히 알겠어요. 앞으로 제가 해야 할 일들이 보이네요." 기정연 부장은 미소를 지으며 말했다. "그래, 너는 이제 시작이니까 앞으로의 경로를 잘 설계해 나가길 바란다. 경력관리도 결국 자신의 선택과 노력에 달려 있다. 좋은 경로를 만들어 가길 응원할게." 탁 대리는 부장의 말에 큰 힘을 얻었다. 그제야 자신이 어떤 방향으로 나아가야 할지 확신이 생긴 듯했다.

보고, 타이밍이 생명이다!

　퇴근 후 한참이 지난 저녁, 탁고민은 휴대전화를 들여다보며 한숨을 내쉬었다. 조금 전, 중요한 이슈가 발생했는데, 이걸 기정연 부장에게 어떻게 보고해야 할지 고민이었다. "바로 전화하는 게 맞나? 아니면 문자로 남겨야 하나?" 망설이던 탁고민은 결국 안태남 과장에게 전화를 걸었다. "과장님, 부장님께 급한 보고를 해야 하는데, 어떻게 해야 할까요? 바로 전화를 드리기가 좀 부담스러운데…"

　안태남은 웃으며 말했다. "보고에도 여러 방식이 있어. 구두, 문서, 이메일, PPT, 대면, 실시간 보고 등등. 중요한 건 상황에 맞는 방식을 선택하는 거지." 탁고민이 고개를 갸웃거렸다. "어떤 방식이 제일 좋을까요?" "지금처럼 긴급한 건 구두 보고가 좋지. 만약 부장님이 전화를 못 받으시면 문자라도 남겨둬. 그래야 확인 후 바로 연락을 주실 거야. 그리고 나중에 기록을 위해 문서로 정리해 이메일로 보내는 것도 필요하고. 책임 관계나 인과관계를 명확히 하기 위해 문서 보고가 중요한 역할을 하거든." "아, 그럼 카톡으로 간단히 남겼다가 안 보시면 전화를 드릴게요." "그렇지. 실시간 공유가 필요한 경우엔 단체 카톡방을 활용하는 것도 방법이야. 관련된 사람들이 다 함께 볼 수 있으니까."

　탁고민은 고개를 끄덕이며 휴대전화를 열었다. 하지만 아직도 약간의 망설임이 남아 있었다. '부장님이 혹시 귀찮아하시면 어쩌지?' 그때, 기정연 부장에게서 메시지가 왔다. [무슨 일 있어?] 탁고민은 재빨리 전화를 걸었다. "부장님, 지금 급한 이슈가 있어서 연락드렸습니다. 방금 문자 남겼는데 확인하셨나요?" 기정연이 차분하게 말했다. "응, 확인했어. 이런 긴급한 건 문자보다 바로 전화하는 게 좋아. 문자만 남기면 내가 바로 못 볼 수도 있잖아. 그래도 연락해서 다행이네. 자세한 내용 이야기해 보자."

탁고민은 안도의 한숨을 쉬며 자세히 상황을 설명했다. 보고를 마치고 전화를 끊은 후, 탁고민은 혼잣말을 중얼거렸다. "앞으로는 상황에 맞게 보고 방식을 잘 선택해야겠어. 그리고 너무 부담 갖지 말고, 신속하게 전달하는 게 중요하다는 걸 깨달았네."

안태남 과장은 신입직원의 고민을 해결해 줬다는 자부심을 가지고 웃으며 말했다. "맞아, 보고는 타이밍이 중요해. 책임 소재를 분명히 해야 할 때는 문서로, 신속함이 필요할 때는 구두나 실시간 보고로. 앞으로도 잘해 봐!" 탁고민은 뿌듯한 표정으로 고개를 끄덕였다. '보고 문화도 하나의 기술이구나.'

보이지 않는 자산, 평판

퇴근을 앞둔 저녁, 조경영 부장은 갑작스럽게 열린 긴급회의에 참석한 직원들을 둘러보며 한숨을 내쉬었다. "다들 뉴스 봤지? 우리 조직에 대해 부정적인 보도가 나왔어." 회의실이 잠시 조용해졌다. 무거운 분위기 속에서 조경영은 계속해서 말을 이어갔다. "오늘 보도된 내용이 사실이든 아니든, 우리는 대응해야 해. 그런데 문제는 말이야... 관련 부서의 담당자가 참석을 안 했다는 거지."

다들 웅성거리기 시작했다. "아니, 이런 상황에서 담당자가 빠질 수가 있나요?" "기본 자료를 찾으려고 해도 찾을 수가 없네요." 조경영이 고개를 끄덕이며 차용필을 바라보았다. "담당자 어디 갔는지 확인해 봤어?" 차용필은 깊은 한숨을 내쉬며 무겁게 입을 열었다. "관련 부서 담당자가 뉴스 보도를 알고도, 혹시라도 불똥이 튈까 봐 자리를 피했다고 합니다. 개인적인 사유로 외근을 나갔다는데, 타이밍이 너무 절묘하지 않습니까?" 회의실이 술렁이기 시작했다. 여기저기서 수군거리는 소리가 들려왔다.

"아니, 이런 중요한 상황에서 본인이 가장 먼저 나서야 하는 거 아닌가요?" 한 직원이 고개를 저으며 말했다. "책임 회피하는 것도 정도가 있지, 결국 우리가 대신 떠안아야 한다는 거네요." 또 다른 직원이 한숨을 쉬었다. 조경영 부장이 굳은 얼굴로 고개를 끄덕였다. "이럴 때 회피하는 건 조직에 대한 책임감 부족 아닙니까? 위기 상황에서 조직을 지키려는 사람이 결국 신뢰를 얻는 법인데... 안타깝군요." 회의실에 무거운 정적이 흘렀다. 모두가 같은 생각을 하고 있었지만, 아무도 쉽게 말을 잇지 못했다.

그때 안태남이 조심스럽게 입을 열었다. "이럴 때일수록 우리라도 더 신중하게 대응해야 합니다. 평판이라는 게 결국 위기에서 드러나는 거잖아요" 조경영은 테이블을 두드리며 정리를 시작했다. "어쩔 수 없지. 이가 없으면 잇몸으로 해야지. 일단 우리가 할 수 있는 대응 방안을 생각해 보자. 우선, 정확한 사실관계부터 정리해야 해." 탁고민이 손을 들었다. "그럼, 제가 기존 자료들을 한 번 더 확인해 볼게요. 부족한 부분은 관련 팀에서 최대한 끌어와 보겠습니다."

"좋아. 그리고 안태남, 너는 언론 대응팀과 협의해서 우리가 공식적으로 어떤 견해를 취해야 할지 논의해 봐." 안태남이 고개를 끄덕였다. "알겠습니다. 사실관계를 정확히 파악한 후, 대응 방향을 정리해서 전달하겠습니다. 그리고 필요하다면 다른 팀과도 추가로 협조해서 자료를 보완하겠습니다." 차용필이 조용히 말을 이었다. "이번 일을 계기로 평판 관리에 대해 다시 한번 생각해 볼 필요가 있을 것 같습니다. 공기업에서는 실력만큼 신뢰와 윤리도 중요하잖아요. 조직에 대한 책임감을 느끼고, 문제를 회피하지 않는 태도가 필요합니다."

조경영이 미소를 지으며 말했다. "맞아. 평판 관리는 거창한 게 아니야. 책임감 있고 신뢰를 주는 사람이 되는 것, 인간관계를 원만하게 유지하는 것, 조직문화를 이해하고 적응하는 것, 그리고 자기 분야에서 전문가가 되는 것. 결국 이런 것들이 쌓여서 조직 안팎에서 좋은 평가를 받게 되는 거지." 탁고민이 고개를 끄덕이며 말했다. "앞으로는 소셜미디어 사용도 조심해야겠어요. 순간의 실수로 조직에 피해를 줄 수도 있으니까요." 조경영이 의미심장한 표정으로 덧붙였다. "맞아. 그리고 윤리적인 행동과 청렴을 유지하는 것도 중요하지. 결국 조직을 위해서가 아니라, 우리 자신을 지키기 위해서라도 말이야."

회의가 끝날 무렵, 모두의 표정에는 단호한 결의가 서려 있었다. 위기 상황에서 어떻게 행동하느냐가 결국 자신의 평판을 결정한다는 사실을 깨닫는 순간이었다. 퇴근길, 탁고민은 혼잣말처럼 중얼거렸다. "평판이란 거창한 게 아니네. 결국, 작은 행동 하나하나가 쌓여서 만들어지는 거구나."

탁고민, 아직도 고민 중 그리고 현실 조언

탁고민은 요즘 머릿속이 복잡하다. 오늘도 사업차장에게 기안문 오타로 혼이 났다. "탁 대리, 또 오타가 있잖아! 마지막으로 한 번만 더 확인해봐." 차장의 목소리가 귓가에 맴돌며 자존심이 상했다. 사실, 이런 일은 처음이 아니다. 하지만 오늘따라 유독 마음이 무거웠다. '내가 정말 이 일을 계속해야 할까?' 이런 생각이 머리를 스친다.

점점 회사 생활이 불안하게 느껴지고, 이직을 고민하는 것도 나쁘지 않겠다고 생각했다. 결국, 사내 정보통 안태남 과장을 찾아가기로 했다. "이직? 그거 쉽게 결정할 일 아니야." 카페에서 만난 안태남 과장은 탁고민의 얼굴을 보자마자 눈썰미 있게 물었다. "무슨 일 있어? 표정이 심상치 않은데?" 탁고민은 한숨을 쉬며 속마음을 털어놓았다.

"요즘 회사 일이 잘 안 풀려서요. 오늘도 차장님한테 혼나고, 이대로 계속 다녀야 하나 고민이 돼요." 안태남은 커피를 한 모금 마시며 조용히 말했다. "이직을 고민하는 이유가 단순히 오늘 기분 때문은 아니겠지? 혹시 연봉? 워라밸? 아니면 미래에 대한 불안?" 탁고민은 고개를 끄덕였다. "맞아요. 나이도 차고 결혼도 생각해야 하고, 안정적인 직장이 필요하긴 한데… 요즘 여기 계속 있어도 괜찮을까 싶어요."

안태남은 피식 웃으며 말했다. "그 고민, 나도 해봤고, 직장인 대부분이 해. 근데 중요한 건, 지금 네가 왜 불안한지 정확히 아는 거야." 탁고민은 조심스럽게 물었다. "만약 이직한다면, 좋은 조건을 제시하는 회사가 있을까요?" 안태남은 현실적인 조언을 이어갔다. "그게 문제야. 이직한다고 무조건 지금보다 나은 곳으로 가는 게 아니거든. 그래서 경력 설계를 잘해야 해. 네가 어떤 길을 가야 후회하지 않을지를 먼저 생각해야지."

"그래서, 뭐부터 고민해야 하죠?" "세 가지를 먼저 따져봐. 첫째, 이직할 회사가 정말 네가 원하는 안정성을 줄 수 있는지. 둘째, 지금 다니는 회사의 발전 가능성이 있는지. 셋째, 네가 원하는 직장 환경이 정확히 어떤 건지." 탁고민은 잠시 생각에 잠겼다. "듣고 보니, 무작정 뛰쳐나가기보다는 좀 더 신중하게 고민해야겠네요."

안태남이 고개를 끄덕이며 덧붙였다. "맞아. 이직은 단순한 탈출구가 아니라 새로운 시작이야. 그러니까 준비 없이 덜컥 선택하면 후회할 수도 있어." 그때, 옆자리에서 이야기를 듣고 있던 조경영 부장이 끼어들었다. "나도 한마디 해도 될까?" 두 사람은 놀라 쳐다봤다.

"이직 고민하는 신입사원들이 많지. 이유도 다양해. 조직문화, 워라밸, 직무 불안, 상사 스타일, 업무 적정성... 하지만 결국 회사 차원에서 이런 문제를 해결할 방법도 있지." 탁고민이 궁금한 듯 물었다. "예를 들면 어떤 방법이 있을까요?"

"첫째, 멘토링 시스템이 잘 갖춰져야 해. 신입사원들이 적응하기 어렵다면, 선배들이 길잡이가 되어줘야지. 둘째, 유연한 근무 환경이 필요해. 너무 경직된 조직에서는 MZ세대가 적응하기 어려워. 셋째, 경력개발 기회가 많아야 해. 직원들이 성장할 기회가 없으면 당연히 떠나고 싶겠지. 넷째, 공정한 보상 시스템이 중요해. 같은 일 해도 누구는 인정받고, 누구는 못 받으면 당연히 불만이 생기거든."

안태남이 고개를 끄덕이며 말했다. "결국, 회사도 직원들을 붙잡고 싶으면 이런 부분을 신경 써야겠네요." 탁고민은 깊이 생각한 뒤 말했다. "맞아요. 급하게 결정할 게 아니라, 회사가 나에게 어떤 환경을 제공하는지도 좀 더 지켜봐야겠어요." 안태남은 미소 지으며 말했다. "그래, 어떤 결정을 하든 네가 행복하고 안정감을 느낄 수 있는 방향으로 가는 게 중요해." 탁고민은 고개를 끄덕이며 한결 가벼워진 표정으로 커피를 마셨다.

직장 내 커뮤니케이션 스킬이 발휘되는 순간

사장실에서 조직 개편을 위한 회의가 열렸다. 사장은 각 본부장을 둘러보며 입을 열었다. "이번에 신설 부서를 만들기로 한 건 다들 알고 있죠? 그런데 문제는 기재부에서 직제를 따오지 못했어요. 결국 기존 정원을 조정해서 인력을 배정해야 하는 상황입니다. 좋은 안이 있습니까?"

표관리 본부장이 준비해 온 자료를 넘기며 단호하게 말했다. "데이터를 보면, 본부별로 인원 현황이 나와 있습니다. 업무량 대비 여유 인력을 고려하면 조정이 가능합니다. 저는 판매본부에서 일부 인력을 배정하는 게 합리적이라고 봅니다." 남보원 본부장이 바로 반발했다. "판매본부는 올해 해야 할 일이 산더미입니다. 정원을 줄일 수 없습니다. 오히려 더 늘려야 해요. 신설 부서가 필요하다면 표관리 본부장님이 직접 기재부에 가서 정원을 따오세요."

배다산 본부장이 분위기를 다독이며 말했다. "다들 본부 운영이 중요한 건 이해합니다. 하지만 조직 전체를 보면, 각 본부에서 인원 비율에 따라 조금씩 조정하는 게 가장 현실적이지 않을까요? 어느 한쪽만 희생하는 건 불공평합니다." 사장이 깊은 한숨을 쉬며 모두를 바라보았다. "이런 식으로 각자 자기 입장만 고수하면 협의가 어렵습니다. 우리는 같은 조직 안에서 일하는 팀입니다. 서로의 입장을 충분히 듣고 조율해야 합니다."

조경영 부장이 고개를 끄덕이며 정리를 시도했다. "서로 조금씩 양보하면 해결이 될 것 같습니다. 우선, 신설 부서의 핵심 업무를 다시 한번 정리하고, 어떤 본부에서 가장 관련성이 높은지 살펴보죠. 그리고 추가 업무 부담을 줄이기 위해 업무 프로세스를 조정하는 방법도 고민해 보면 좋겠습니다."

표관리 본부장이 고개를 끄덕였다. "데이터를 기반으로, 논리적으로 설득하는 것이 중요하군요. 저는 우리 본부에서 할 수 있는 조정안을 다시 정리해 보겠습니다." 남보원 본부장이 팔짱을 끼며 말했다. "좋아요. 하지만 판매본부가 손해 보는 방식은 안 됩니다. 우리가 할 수 있는 최소한의 조정안을 만들어 오겠습니다."

배다산 본부장이 미소 지으며 말했다. "그럼, 본부별로 조정 가능 인원을 검토해서 다음 회의에서 다시 논의하는 것으로 합의할까요?" 사장이 고개를 끄덕이며 마무리했다. "좋습니다. 오늘 논의된 내용을 정리해서 공유해 주세요. 다음 회의에서 최종 결정을 내립시다. 모두 수고했습니다. 각자 정리한 조정안은 회의 전까지 공유 바랍니다."

회의가 끝난 후, 기정연 부장이 조경영 부장에게 말했다. "오늘 논의 과정을 보니, 결국 경청하고 조율하는 게 핵심이네요. 처음엔 자기주장만 하던 사람들이 결국 대화를 통해 타협점을 찾았잖아요." 조경영 부장이 미소 지으며 답했다. "맞아요. 직장에서는 단순히 말하는 능력보다 잘 듣고, 효과적으로 표현하며, 갈등을 조율하고, 상대를 설득하는 능력이 훨씬 더 중요하죠. 오늘 회의가 그걸 보여준 좋은 사례였어요."

멘토링, 부담 없이 제대로 하는 법

　회의실에는 어색한 침묵이 흘렀다. 올해 공채 신입사원이 배치될 예정이라는 소식에 멘토를 정해야 했지만, 아무도 선뜻 나서지 않았다. 조경영 부장이 먼저 입을 열었다. "멘토링과 후배 지도는 단순한 업무 전수가 아닙니다. 조직의 지속적인 성장과 세대 간 화합을 위한 중요한 과정이에요. 누가 멘토를 맡으면 좋을까요?"

　참석자들은 서로 눈치를 보기 시작했다. 그러다 탁고민이 한숨을 쉬며 말했다. "솔직히 제가 입사했을 때 멘토 역할을 맡았던 선배님은 워낙 바빠서 특별히 해주신 게 없었어요. 그냥 간단한 업무 설명이 전부였죠. 다들 바쁜데 시간을 내기가 쉽지 않잖아요." 차용필이 고개를 끄덕였다. "나도 작년에 멘토를 맡았을 때 처음엔 부담스러웠어요. 그런데 막상 해보니까 신입직원에게 재무 업무를 가르치면서 내 업무도 다시 정리하게 되고, 리더십을 키우는 기회가 되더라고요. 멘토링은 단순한 지식 전달이 아니라 후배가 스스로 성장할 수 있도록 돕는 과정이더라고요."

　안태남이 팔짱을 끼고 말을 이었다. "그런데 요즘 신입직원들이 선배한테 쉽게 다가오지 않아요. 우리 때는 궁금한 게 있으면 무조건 찾아가서 물어봤는데, 요즘 친구들은 인터넷 검색부터 하더라고요. 아무래도 선배에게 말을 거는 게 더 어렵고 부담스럽게 느껴지는 것 같아요. 멘토링이 제대로 효과를 보려면 좀 더 체계적인 시스템이 필요해요. 예를 들어, 신입 입사 후 3개월간 1:1 멘토링을 시행하고, 멘토에게 소정의 인센티브를 지급하면 동기부여도 될 것 같은데요?"

차용필이 피식 웃으며 말했다. "역시 안 과장은 인센티브를 좋아하는군. 하하하. 그런데 인센티브가 있으면 좀 더 적극적으로 나설 직원들도 있을 거야."

탁고민이 손을 들며 말했다. "그런데 선배님들, 솔직히 멘토링이 부담되는 이유 중 하나가 시간을 내기 어렵다는 거잖아요. 그래서 직접 가르치는 대신, 업무 매뉴얼을 영상으로 제작해서 제공하면 어떨까요? 신입사원은 기본 내용을 영상으로 학습하고, 추가 질문만 멘토에게 하면 되는 방식이요. 이렇게 하면 선배들의 부담도 줄고, 신입도 더 적극적으로 배울 수 있을 것 같아요."

모두 고개를 끄덕였다. "좋은 아이디어네요. 그러면 이렇게 하는 게 어떨까요? 신입직원 배치 후 3개월간 1:1 멘토링을 운영하면서, 동시에 매뉴얼 영상도 제작해서 활용하는 거죠. 그리고 멘토 역할을 맡은 직원들에게는 적절한 보상을 제공하는 겁니다." 차용필이 한마디 덧붙였다. "좋아. 그럼, 멘토링 담당자는 지원받아서 정하는 걸로 하고, 영상 제작은 실무 경험이 많은 직원들이 협업해서 만들면 되겠네."

이렇게 신입직원들이 더 원활하게 적응할 수 있는 멘토링 프로그램이 점차 구체화하기 시작했다.

업무 자동화와 디지털 역량

사무실, 월요일 아침. 기정연은 자료가 급하다는 표정으로 탁고민을 바라본다. "탁 대리, 각 사업장에서 보낸 보고서들 다 취합됐어?" "아직 정리 중입니다. 이메일로 온 걸 하나씩 열어보고 표에 입력하고 있는데, 시간이 꽤 걸리네요." "저번 주부터 계속 그거만 하는 거야?" "그러게 말입니다. 중간중간 자료가 맞지 않아 다시 확인하느라 시간이 오래 걸리네요! 자동으로 취합되게 할 수 있으면 좋겠지만, 우리 회사는 아직 공유 문서 시스템도 없고, 자동화 도구도 안 쓰잖아요."

기정연이 한숨을 쉬며 고개를 저을 때, 차용필이 끼어든다. "탁 대리, 그게 그렇게 간단한 문제가 아니야. 나는 20년 동안 엑셀과 액세스로 통계 자료를 정리해 왔어. 그런데 요즘 RPA(Robotic Process Automation)인가 뭔가를 도입하면 자동으로 돌아간다며? 그럼, 내 역할은 뭐가 되겠냐고." "차장님, 그건 역할이 줄어드는 게 아니라 더 중요한 일에 집중할 기회를 만드는 거죠. 반복 작업은 RPA가 하고, 차장님은 데이터 분석과 전략 수립 같은 핵심 업무에 집중하시면 되잖아요."

차용필이 팔짱을 끼고 고민하는 표정을 짓는다. "그렇게 쉽게 말할 일이 아니야. 내가 엑셀 마스터로 인정받은 게 몇 년인데... 이제 와서 자동화라니." "차장님이 RPA까지 익히시면, 진정한 '데이터 마스터'가 되시는 거예요. 후배들에게 자동화 기술도 가르쳐 주실 수 있고요." 차용필이 고개를 끄덕이며 잠시 고민한다. "그렇긴 한데... 기정연 부장님처럼 오랜 경험이 있는 분들이 갑자기 자동화 기술을 배우기 시작하면, 불편하지 않을까?

새로운 걸 배운다는 게 쉽지 않잖아."

기정연이 팔짱을 끼며 말한다. "나는 그게 불편하다기보다는, 그저 효율을 중시하는 게 나랑 맞지 않는다고. 내가 지금까지 잘 해왔고, 변하지 않아도 될 일을 굳이 바꿀 필요가 있나 싶다. 자동화에 너무 의존하는 건 오히려 조직에 혼란을 일으킬 수 있어." 탁고민이 한숨을 쉬며 말한다. "하지만 부장님, 이제 시대가 바뀌었잖아요. 디지털 역량을 강화하지 않으면 점점 뒤처질 수밖에 없어요. 최근에 회사에서 도입한 '업무 자동화와 디지털 역량 강화 프로그램'도 바로 그 이유로 시작된 거예요."

"그 프로그램이 뭐 그렇게 중요한데? 나도 30년 가까이 이 자리에서 일하면서 특별한 불편함을 느낀 적 없었어." "부장님, 그 프로그램은 단순한 기술 습득이 아니라, 회사가 계속 경쟁력을 갖추기 위한 필수적인 변화예요. RPA, 데이터 분석, AI 이런 기술들이 이제 업무에 기본적으로 필요해요." 차용필이 고개를 끄덕이며 말한다. "일단 기정연 부장님께서도 배워보시고, 그게 정말 필요하지 않다고 느끼면 그때 멈추면 되잖아요."

기정연이 여전히 고개를 저으며 말한다. "음... 그건 그렇겠지만, 내가 늙어서 이제 막 배우기 시작한다는 것도 좀 찝찝하고... 그러면 나는 이 자리에서 무엇을 해야 할까?" "부장님이 하실 일은 계속해서 회사의 큰 그림을 그려가는 거죠. 자동화가 확실히 필요한 부분이라면, 그걸 도입하는 전략을 제시하는 거죠. 새로운 기술을 배우는 것도 좋지만, 부장님의 경험이 더 중요한 거잖아요."

기정연이 잠시 침묵하며 생각에 잠긴다. "...하긴, 변화는 어쩔 수 없는 거니까. 다들 그렇게 변해가고 있으니까. 하지만 내가 이 나이에 굳이 또

업무 자동화와 디지털 역량

디지털 기술을 배우는 게 맞는지 모르겠다." 탁고민이 약간 웃으며 말한다. "부장님, 그래도 한 번 해보시면 확실히 다른 점이 느껴지실 거예요. 그렇게 새로 배운 걸 후배들에게 전수하는 것도 멋진 일이 될 거고요."

기정연이 고개를 저으며 피식 웃는다. "알았어, 한 번 시도해 볼게. 다만 내가 배우는 과정에서 자꾸 물어보면, 직원들이 오히려 귀찮아할 수도 있겠네." 셋은 함께 웃으며 새로운 도전에 대한 기대감을 나눈다.

조직에서 살아남기: 사내 정치와 눈치의 기술

내년 주요 사업안을 둘러싼 회의실은 미묘한 긴장감이 감돌았다. 주요 사업으로 선정되면 예산이 배정되고, 해당 부서의 입지도 강화된다. 당연히 물밑 작업이 치열하게 오가는 상황이었다.

차용필 차장은 사업 우선순위를 정하는 문서를 앞에 두고 깊은 고민에 빠졌다. 실질적으로 중요한 사업을 반영해야 하지만, 표관리 본부장의 기조도 무시할 수 없었다. 게다가 사업소장들의 로비도 점점 거세지고 있었다. 그의 모습을 지켜보던 조경영 부장이 피식 웃으며 물었다. "차 차장, 내년 주요 사업안 정리는 어떻게 되어가나?" 차용필은 잠시 멍한 표정을 짓다가 조심스럽게 입을 열었다. "부장님, 사업 우선순위를 정하는 게 쉽지 않습니다. 다 중요한 사업 같고, 사업소마다 몇 번이고 부탁하는 사업들도 있어서…" 그의 말끝이 흐려지자, 조경영이 의미심장하게 되물었다. "표관리 본부장님이 어떤 가이드라인이라도 주셨나?"

그 순간, 표관리 본부장이 회의실에 들어왔다. 두 사람은 순간 바짝 긴장했지만, 본부장은 여유로운 태도로 자리에 앉으며 말했다. "두 사람, 왜 그렇게 어렵게 생각하나? 사내 정치라는 게 원래 있는 법인데." 차용필이 조심스럽게 물었다. "본부장님, 사내 정치가 꼭 필요한 겁니까?" 표관리 본부장은 여유롭게 미소 지었다. "사내 정치는 긍정적인 면과 부정적인 면이 있지. 우선 좋은 점부터 말해볼까? 네트워킹이 강화돼서 사업 추진력이 높아지고, 다양한 부서가 협력할 기회도 생긴다."

조경영이 고개를 끄덕였다. "맞습니다. 예산을 배정받으려면 우선 회사 내에서 사업에 대한 공감대부터 형성해야 하니까요." 표관리 본부장은 손가락을 까닥이며 말을 이었다. "바로 그거야. 하지만 부정적인 면도 있어. 줄서기와 파벌 싸움이 시작되면 오히려 조직의 생산성을 갉아 먹지. 정치가 지나치면 본질보다 관계가 우선이 되니까."

차용필이 깊은 한숨을 쉬었다. "그렇다면 저는 어떻게 해야 할까요? 사업의 실효성을 우선으로 해야 합니까, 아니면 정치적 고려를 해야 합니까?" 표관리 본부장은 잠시 그를 바라보다가 의미심장하게 말했다. "네가 판단해서 안을 만들어 봐. 단, 정치도 현실이고, 실효성도 현실이야. 가장 중요한 건, 균형을 잡는 거다." 차용필은 입을 다물고 문서를 다시 내려다봤다. 현실과 이상 사이에서 줄타기해야 하는 순간이 다가오고 있었다.

표 본부장이 자리를 뜨자, 그는 조경영을 바라보며 깊은 한숨을 내쉬었다. "부장님, 이러다 사업의 우선순위를 하나도 못 정하겠습니다." "야, 너 오늘 점심 약속 있어?" "아니요, 왜요?" "남 사업소장이 너랑 밥 먹자더라." "...하아, 진짜 눈치 보다가 점심시간도 날아가겠네요." 둘은 허탈한 웃음을 터뜨리며 다시 사업안을 바라보았다. 사내 정치란 결국 눈치싸움이라는 걸 다시 한번 깨달으며.

MZ세대와 기성세대, 공감의 시작

사무실 한쪽에서 기정연이 팔짱을 낀 채 탁고민을 바라보고 있었다. 탁고민의 컴퓨터 화면에는 사내 메신저 창이 여러 개 떠 있었고, 휴대전화 카톡 알림도 끊임없이 울리고 있었다. 그는 키보드를 빠르게 두드리며 동시에 여러 사람과 소통하고 있었다. 기정연은 신기하다는 듯 중얼거렸다. "참, 요즘 애들은 이렇게 일하는구먼." 옆에서 이를 지켜보던 안태남이 피식 웃었다. "부장님, '요즘 애들'이라고 하시면 안 됩니다. 탁 대리는 우리 회사 미래를 책임질 인재라고요." 탁고민은 살짝 미소를 지으며 메신저 창을 하나 닫았다. "제가 뭘요? 그냥 효율적으로 일하는 거죠."

기정연은 팔짱을 풀고 다가와 탁고민의 화면을 유심히 들여다봤다. "근데 너, 이게 다 누구랑 하는 대화야?" 탁고민은 손가락으로 창을 하나씩 가리키며 설명했다. "이건 재무팀이랑 예산 조율하는 거고, 이건 기술팀이랑 진행 상황 체크, 이건 영업팀이랑 일정 조율… 그리고 이건 그냥 동기랑 커피 한잔하자는 이야기죠." 기정연이 놀란 표정으로 물었다. "이렇게 다 온라인으로 하면 오해도 많고, 놓치는 것도 많지 않아?" 탁고민은 고개를 저었다. "아뇨, 오히려 더 정확해요. 메신저는 기록이 남으니까 헷갈릴 일이 없고, 필요한 정보만 빠르게 주고받을 수 있잖아요."

기정연은 여전히 이해되지 않는다는 얼굴이었다. "그래도 직접 만나서 이야기하면 더 확실하지 않나? 난 사람 얼굴 보고 이야기해야 감이 오던데." 안태남이 거들었다. "부장님, 저도 처음엔 메신저보다는 만나서 이야기하는 게 낫다고 생각했어요. 근데 요즘처럼 업무량 많고 속도가 중요한 시대에는 이렇게 소통하는 게 더 빠르고 편할 때가 많아요." 탁고민이 웃으며 덧붙였다. "사실, 자리에서 대화하는 게 편한 것도 있죠. 굳이 이리저리 돌아다닐 필요도 없고, 한 번에 여러 사람과 이야기할 수도 있고요."

기정연은 턱을 쓰다듬으며 생각에 잠겼다. "그러니까, MZ세대는 빠르고 효율적인 걸 중요하게 여긴다는 거네." 탁고민이 고개를 끄덕였다. "맞아요. 기성세대분들은 대면 소통을 더 신뢰하는 반면, 저희는 디지털로도 충분히 신뢰를 쌓을 수 있다고 생각하거든요." 기정연은 천천히 고개를 끄덕였다. "음, 이해는 간다. 하지만 문제는, 이렇게 온라인 소통만 하다 보면 정작 중요한 관계가 약해지는 거 아니냐는 거지." 안태남도 동의했다. "맞아요. 메신저가 편하긴 해도, 감정을 담아서 이야기하긴 어렵죠. 때로는 직접 만나야 해결되는 일도 있으니까."

탁고민이 생각하는 듯 잠시 멈췄다가 말했다. "그건 인정해요. 그래서 저희도 중요한 이야기는 직접 만나서 해요. 다만, 사소한 업무는 굳이 얼굴 볼 필요 없이 해결하는 거죠." 기정연이 고개를 끄덕이며 말했다. "그래서 이게 중요한 거지. 서로 소통 방식을 잘 맞춰야 한다는 거. 내가 예전엔 직급이 높으면 직접 만나서 이야기하는 게 확실하다고 생각했는데, 요즘은 오히려 빠르고 정확하게 일 처리를 할 수 있는 디지털 방식이 효율적이라는 점은 인정해. 하지만 그런 방식을 쓰다 보면, 말 못 할 감정들이 쌓일 수 있어." 탁고민은 잠시 생각에 잠겼다. "맞아요. 그래서 저희도 온라인과 오프라인을 적절히 결합하려고 노력하고 있어요. 중요한 회의나 감정이 실린 대화는 얼굴을 보고 하죠."

기정연은 한숨을 쉬며 말했다. "결국 균형이 필요하다는 거네. MZ세대든 기성세대든 서로 적절히 맞춰가야겠어. 너무 한쪽에 치우치면, 장기적으로 서로의 감정을 제대로 이해하기 어려울 테니까." 탁고민이 씩 웃으며 말했다. "맞아요, 부장님. 그러니까 이제 저한테 '요즘 애들'이라고 부르지 마시고, '디지털 커뮤니케이션 전문가'라고 불러주세요." 안태남이 웃음을 터뜨렸다. "탁 대리, 너무 앞서가는 거 아니야?" 기정연도 웃으며 자리를 떴다. "그래, 뭐. 시대가 변했으면 나도 변해야지. 근데 난 아직도 얼굴 보고 이야기하는 게 더 편하긴 하다." 탁고민과 안태남은 서로를 바라보며 웃었다.

기성세대와 MZ세대의 차이는 분명 존재하지만, 결국 중요한 건 서로를 이해하고 조화롭게 소통하는 방법을 찾는 것이었다.

강의 노트
① 공공기관의 발전과 개혁정책: 시대에 따라 변화해 온 공공의 얼굴

공공기관은 단순한 행정의 보조 조직이나 정책 집행 기구에 머무르지 않는다. 그것은 국가와 사회가 직면한 문제에 대응하며, 변화하는 시대적 요구에 맞춰 자신의 역할과 운영 방식을 끊임없이 조정해 온 '공공의 실천 장치'라고 할 수 있다. 우리나라 공공기관의 발전 과정은 곧 국가 발전사와 궤를 같이하며, 그 변화의 궤적은 사회적 필요, 경제 상황, 정치적 기조 등에 따라 다채롭게 전개됐다.

▣ 혼돈기(1945~1961): 제도 없는 시대의 국가 기반 구축

해방 이후부터 1960년대 초까지는 공공기관의 제도적 기반이 형성되던 시기였다. 일제 강점기에 일본이 소유하고 운영하던 주요 산업체나 기반 시설을 넘겨받아야 했고, 이를 토대로 국가의 기본적 기능을 수행하는 기관들이 속속 정비되었다. 전매청, 체신청, 철도청 등이 대표적이며, 이들 기관은 당시 국가 경제와 행정의 '골격'을 이루는 역할을 했다. 국민의 생활에 필수적인 물자와 서비스(담배, 우편, 철도 교통 등)를 안정적으로 공급하는 것이 무엇보다 중요한 과제였고, 이 시기에 공공기관은 국민 생존권과 국가 정체성을 복원하는 수단이기도 했다.

▣ 태동기(1961~1979): 산업화를 위한 공기업 설립의 전성기

1960년대 이후 본격적으로 추진된 경제개발 5개년 계획은 국가가 직접 산업화를 주도하는 방식으로 설계되었다. 이 시기에 공기업은 단지 행정의 도구가 아닌, 산업화의 핵심 엔진으로 자리 잡게 된다. 정부는 도로, 전력, 통신, 항공 등 인프라를 중심으로 공기업을 대거 설립했으며, 한국전력공사(1961), 한국도로공사(1969) 등이 바로 이 시기의 성과다. 대규모 자본이 요구되는 사업을 민간이 감당하기에는 역부족이었던 시점에서, 공공기관은 사실상 '국가기업'으로 기능하며 민간 부문이 성장할 수 있는 기반을 마련했다. 이처럼 정부는 공공기관을 통해 전략산업을 직접 육성함으로써, 후발국 산업화의 경로를 열어갔다.

▣ 정비 1기(1980~1993): 민영화의 첫걸음을 떼다

1980년대에 접어들며 정부는 공공부문 비대화에 대한 우려를 인식하고 공공기관의 체질 개선을 시도하게 된다. 이 시기는 민영화가 '정책적 대안'으로 부상한 초기 단계였다. 정부는 일부 금융기관(한일은행, 제일은행, 서울신탁은행 등)과 포항제철 등 산업체의 지분을 민간에 매각하여 효율성을 높이고자 했다. 그러나 이 시기의 민영화는 전면적 개혁이라기보다 상징적 조치에 가까웠으며, 실질적인 민영화의 핵심 논의는 이후 외환위기 전후로 본격화한다.

▣ 민영화기(1993~2003): 시장주의 전면화와 대규모 구조조정

1997년 외환위기는 우리나라 공공기관 개혁의 분기점이었다. 국제통화기금(IMF)의 요구에 따라 정부는 방만한 공공부문 구조를 대대적으로 재편하기 시작했고, 그 핵심은 민영화였다. 한국통신(KT), 포스코, 담배인삼공사(KT&G), 한국종합화학 등이 이 시기에 민영화되었으며, 공기업은 점차 '국가 주도'에서 '시장 친화'로 전환하는 국면을 맞았다. 경영 효율성과 재무 건전성 확보가 최우선 과제로 설정되었고, 공공기관도 성과와 경쟁을 중시하는 방식으로 운영 체계를 재설계하게 된다.

▣ 정비 2기(2003~2008): '완전 민영화'에서 '관리 중심'으로

노무현 정부 시기에는 민영화 일변도에서 벗어나 공공성과 효율성의 균형을 모색하는 기조가 강화되었다. 2007년 『공공기관의 운영에 관한 법률』이 제정되었고, 공공기관의 경영정보를 시민에게 공개하는 '알리오(ALIO)' 시스템이 구축되면서 투명성과 책임성이 한층 강조되었다. 이 시기는 '공공기관을 팔지 않고 고친다'라는 방식으로 접근한 시기로, 민영화가 어려운 기관의 경우 자율성과 책임을 높이는 경영 방식이 실험되기 시작했다.

▣ 고도화기(2008~2016): 효율성 중심의 구조조정과 성과주의 강화

이명박·박근혜 정부는 공공기관의 비효율성과 부채 문제를 지적하며 '선진화', '정상화'라는 명목으로 대대적인 구조조정을 단행했다. 공공기관의 기능을 조정하고 성과연봉제를 도입했으며, 부채 감축과 조직 슬림화가 주요 정책 방향이었다. 이 과정에서 공공기관 종사자들과의 갈등, 특히 노동조합의 저항도 있었지만, 정부는 민간 경영 기법을 적극 도입함으로써 경영 마인드의 전환을 시도했다. 다만 이 시기의 개혁은 효율성을 지나치게 강조한 나머지 공공성 약화라는 비판도 동시에 제기되었다.

◾ 공공성 강화기(2017~2022): 사회적 가치 중심으로의 전환

문재인 정부는 공공기관을 다시 한번 공공정책의 중심 도구로 위치시키고자 했다. 이 시기의 가장 큰 변화는 '사회적 가치 실현'을 공공기관의 핵심 평가 기준으로 삼았다는 점이다. 비정규직의 정규직화, 지역 균형 발전, 환경과 안전 문제 등 국민 생활의 질을 높이는 과제가 중점적으로 추진되었다. 공공기관은 단순히 효율적인 운영체계를 갖춘 조직을 넘어서, 국민 삶의 질을 책임지는 '사회적 주체'로서의 역할이 강조되었다.

공공기관 개혁은 일회성 조치로 끝나서는 안 된다. 공공성과 효율성이라는 이중 과제를 동시에 달성하기 위해선, 장기적인 관점에서 조직의 정체성을 확립하고, 내·외부 이해관계자의 신뢰를 쌓아야 한다. 특히 부채 증가에 대한 철저한 관리와 실질적인 재무 구조 개선이 필요하며, 불필요한 기능은 민간에 이양하고 공공기관 본연의 역할을 명확히 해야 한다. 무엇보다도, 국민에게 신뢰받는 공공기관이 되기 위해서는 경영의 투명성, 정보 공개, 사회적 책임 강화 등 실질적인 개혁 과제가 반드시 병행되어야 한다.

※ 공기업 이해를 위한 '강의 노트'는 '한국 공기업의 이해(이상철)' 교재에 나오는 내용과 저자가 대학교에서 강의에 사용한 자료를 정리했다.

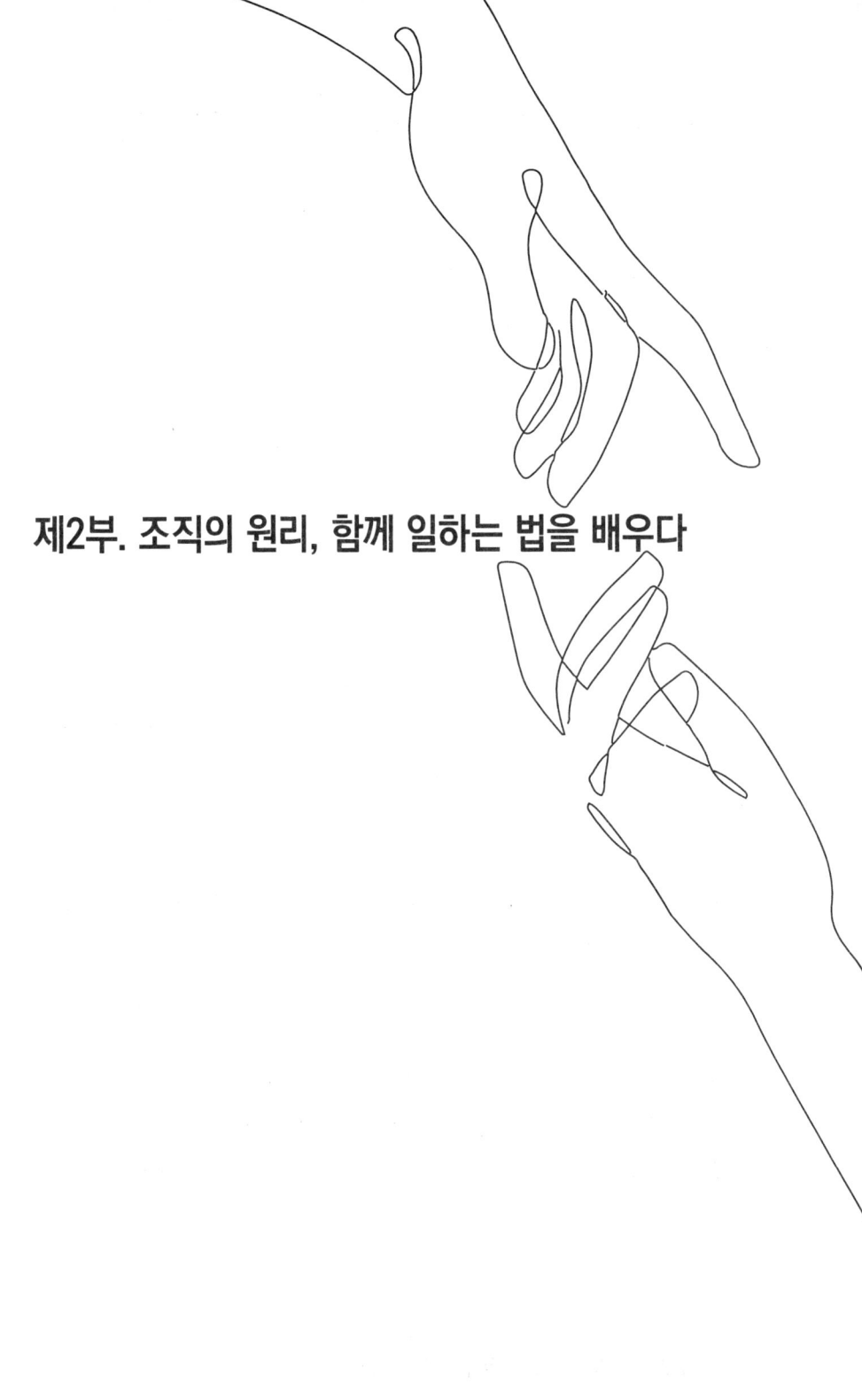

제2부. 조직의 원리, 함께 일하는 법을 배우다

제2부. 조직의 원리, 함께 일하는 법을 배우다

> ☞ 조직이 어떻게 운영되고 관리되는지 이해하고, 실무자들이 효과적으로 일하는 법을 익힌다.

"조직은 사람이 만든다. 하지만 운영은 원칙이 만든다."
회사 생활이 단순히 개인의 업무 수행으로 끝나는 게 아니다. 하나의 조직이 원활하게 운영되려면 규칙과 시스템이 필요하고, 보이지 않는 협업이 필수적이다.

어떤 회식이 좋은 회식일까? 회의는 어떻게 하면 짧고 효과적으로 끝낼 수 있을까? 법인카드는 어떻게 써야 문제없이 정산될까? 조직을 운영하는 수많은 원칙과 관행이 있지만, 제대로 알지 못하면 예상치 못한 상황에 맞닥뜨리게 된다.

또한, 각종 행사나 복지, 내부결재 시스템, 홍보 전략까지—이 모든 요소가 조직 운영의 일부다. 하지만, 이 과정에서 '책임은 누가 질 것인가?'라는 문제가 항상 따라다닌다.

이 장에서는 조직 운영과 관리 업무의 다양한 측면을 현실적으로 들여다보고, 실무에서 피할 수 없는 상황들에 대한 해결책을 고민해 본다. 조직을 더 원활하게 운영하고 싶다면, 이 장을 주의 깊게 읽어보자.

탁상에서 막힌 일, 네트워크로 뚫는다

오후 늦은 시간, 사무실 안. 회의실에서는 표관리 본부장, 배다산 본부장, 기정연 부장, 차용필 차장이 모여 있었다. 목적은 하나. 사장을 설득하는 것. 사장은 기관장 모임 참석 여부를 고민하고 있었지만, 이들은 이번 만큼은 꼭 가야 한다고 확신했다.

"정부 기관과 협업으로 상당 부분 일이 진행됐는데, 마지막 인허가가 발목을 잡고 있습니다." 기정연이 난감한 표정으로 말했다. "이번 주 기관장 모임에 그 정부 기관장이 참석한다고 하던데?" 배다산이 의미심장하게 던진 한마디에 모두의 시선이 집중됐다. "네, 그래서 사장님이 그 자리에서 한마디만 해주시면 일이 훨씬 수월하게 풀릴 가능성이 큽니다." 기정연이 간절한 눈빛으로 덧붙였다.

표관리 본부장이 심각한 얼굴로 말을 이었다. "문제는 사장님 일정이 이미 꽉 차 있다는 거예요. 그런데 기관장 모임에서 네트워크를 잘 활용하면 실무자 선에서는 해결하기 어려운 문제도 쉽게 풀립니다." 차용필도 거들었다. "맞아요. 실무자끼리 아무리 협의해도 해결이 안 되는 문제들이 있죠. 기관장끼리 '한마디' 하면, 그 아래 단계에서는 저항 없이 진행되는 경우가 많습니다."

그때, 사장실 문이 열리며 정한길 사장이 등장했다. "무슨 이야기들인가?" 배다산이 나서며 말했다. "사장님, 이번 주 기관장 모임 참석 건입니다. 기술부서에서 인허가 문제로 애를 먹고 있어서, 사장님께서 정부 기관장에게 직접 말씀해 주시면 큰 도움이 될 것 같습니다." 정한길이 눈썹을 찌푸리며 손목시계를 흘깃 봤다. "음... 이미 중요한 일정이 잡혀 있어서 고민이군. 이 일정도 쉽게 미룰 수 있는 게 아닌데..."

회의실에 일순 긴장감이 감돌았다. 표관리 본부장이 조심스럽게 입을 열었다. "사장님, 이번 기관장 모임은 단순한 친목 자리가 아닙니다. 비공식적인 네트워크를 강화할 기회입니다. 직접 대화를 나누면 공식적으로 공문 보내는 것보다 훨씬 빠르게 해결될 수도 있습니다." 기정연도 간절한 눈빛으로 거들었다. "사장님께서 직접 말씀해 주시면, 실무자들이 몇 달을 씨름해도 풀지 못하는 문제가 해결될 수도 있습니다."

정한길이 깊은 한숨을 쉬며 고민에 빠졌다. 비서실장이 다가와 일정을 확인하며 조용히 말했다. "사장님, 기존 일정도 꼭 참석하셔야 하는 자리입니다. 두 곳을 모두 가시는 건 현실적으로 어렵습니다." 사장은 팔짱을 끼고 한참을 생각하다가 결정을 내렸다. "좋아. 기관장 모임에는 표관리 본부장이 대신 참석하도록 하지. 대신 내가 직접 메모를 정리해 줄 테니, 꼭 전달하도록 하시오."

표관리 본부장이 고개를 끄덕였다. "알겠습니다. 필요한 이야기를 하고 오겠습니다." 기정연은 약간 아쉬운 표정을 지었지만, 그래도 기관장급 네트워크를 활용할 수 있다는 점에서 안도했다. 차용필이 미소를 지으며 말했다. "어차피 네트워킹은 투자 아니겠습니까? 이번 기회를 잘 살려두면 앞으로도 이런 문제 해결이 훨씬 쉬워질 겁니다."

정한길이 고개를 끄덕이며 말했다. "좋다. 대신 나도 정부 기관장과 따로 연락해서 분위기를 만들어 놓겠네. 이번 기회, 잘 살려보도록 하시오."

정한길의 결정이 내려지자, 회의실 분위기는 잠시 정리되는 듯했지만, 여전히 모두의 머릿속에는 해결되지 않은 인허가 문제가 맴돌고 있었다. 표관리 본부장은 메모를 받아들고 생각에 잠겼고, 조경영은 회의 자료를 정리하며 이번 일정이 어떻게 전개될지를 예측하고 있었다. 현장을 잘 아는 배다산 본부장은 조심스럽게 한마디 덧붙였다. "이번 모임에서 분위기만 잘 이끌어도, 그다음 스텝이 한결 수월해질 겁니다. 괜히 실무에서 힘만 빼지 말고, 흐름을 만들어야 해요."

이렇게 해서 기관장 모임 참석자는 조정되었고, 실무자들이 해결하지 못했던 인허가 문제는 새로운 돌파구를 찾을 기회를 얻게 되었다.

경조사에서 기부 화환과 실용적인 대안 찾기

퇴근 시간이 가까워진 늦은 오후, 책상 위에는 오늘 들어온 경조사 안내장이 몇 장 놓여 있었다. "요즘 환절기라 그런지 상을 당하신 분들이 많네요. 조화를 보내야 하는데, 솔직히 너무 형식적인 것 같기도 하고…" 탁고민이 안내장을 들여다보며 말했다. "그렇긴 하지. 근데 장례식장에 조화가 없으면 또 허전해 보이잖아. 상주로서는 '내가 사회생활을 안 했나?' 싶을 수도 있고." 조경영이 고개를 끄덕였다.

"지난번 본부장님 승진하셨을 때도 화분 엄청 많이 왔었죠. 한동안 로비가 식물원 같았어요. 근데 결국 관리가 안 돼서 다 버려졌잖아요. 그거 보고 진짜 아깝다는 생각 들었어요." 차용필이 한숨을 쉬며 말했다. "그러게. 요즘 환경 생각해야 한다고 하는데, 이 화환 문화도 고민 좀 해봐야겠어." 조경영이 팔짱을 끼고 생각에 잠겼.

탁고민이 폰을 꺼내며 말했다. "얼마 전에 사회복지단체에서 기부 화환 얘기 들었어요. 화환이나 화분 대신 기부를 하면 기부 증서를 보내주는데, 그게 행사장에 전시되기도 하고요. 장례식장에서도 활용할 수 있다고 하더라고요." "기부 화환? 그게 뭐지?" 차용필이 흥미로운 듯 물었다.

"기부하면 '당신을 축하하며, 혹은 위로하며 의미 있는 기부를 했습니다'라는 증서를 보내주는 방식이에요. 받는 사람도 부담 없고, 화환 처리 문제도 없고요. 기부금은 사회복지 기금으로 조성돼서 도움이 필요한 곳에 쓰이고요." "괜찮네. 친환경적이고, 실속도 있고." 조경영이 고개를 끄덕였다.

"근데 어르신들은 그런 거 어색해하지 않을까요? '이 사람이 나한테 화환 하나 안 보냈네?'라고 섭섭해할 수도 있고." 차용필이 현실적인 문제를 지적했다. "그래서 기관별로 적절한 방식을 조율해야죠. 보여줄 필요가 있는 곳엔 화환을 보내되, 내부적으로는 기부 화환을 선택하는 거예요. 실제로 기업 중에는 아예 직원들 경조사에 기부 형태로 하는 곳도 많아지고 있어요."

"기부도 좋은데, 다른 실용적인 방법도 있지 않을까?" 조경영이 고민하다가 덧붙였다. "예를 들면 꽃 대신 책을 기부하는 건 어때? 축하나 추모의 의미로 도서관이나 복지시설에 책을 기증하면, 화환보다 더 오래 의미를 남길 수 있잖아." "그거 괜찮네요. 특히 승진이나 개업 축하할 때 책을 기부하면 그 사람의 이름으로 기념도 되고, 문화적으로도 좋은 영향을 줄 수 있을 것 같아요." 탁고민이 반겼다.

"그리고 화환 대신 '공기정화 식물' 같은 걸 보내는 것도 괜찮을 것 같아요. 사무실에서 오래 두고 키울 수 있는 식물이라면 버려지는 일도 줄고, 건강에도 좋고." 차용필이 새로운 아이디어를 보탰다. "좋네. 그럼, 우리가 시범적으로 실천해 볼까? 앞으로 경조사 때는 기부 화환, 책 기부, 공기정화 식물 같은 실용적인 방법을 활용하는 거야." 조경영이 정리하며 말했다. "좋아요! 다음번에 실무적으로 검토해서 제안해 볼게요. 다들 동참하시면 좋겠네요." 탁고민이 미소를 지었다.

그날 이후, 사내에서는 기부 화환과 실용적인 대체 방안에 대한 논의가 조금씩 시작되었다. 작은 변화가 모이면, 언젠가 더 큰 문화로 자리 잡을지도 모른다.

블라인드에서 본 이야기, 해우소에서 들은 이야기

점심시간이 지나고 사무실 구석에서 다시 한번 직원들이 삼삼오오 모여 이야기를 나누고 있었다. 커피잔을 들고, 조금씩 웃음소리가 터져 나오기도 하고, 때로는 진지한 표정으로 의견을 나누기도 했다. "야, 블라인드 봤어? 우리 사업장에서 직원끼리 싸워서 고소까지 했다고 하더라니까." 안태남이 톡톡 튀는 목소리로 말을 꺼냈다. "고소? 무슨 일이죠?" 탁고민이 흥미를 보이며 몸을 살짝 앞으로 기울였다. "몰라, 그냥 올라왔던데? 익명이니까 누가 쓴 건지 알 수 없지만, 꽤 구체적이었어. 사내에서 싸운 거면 큰일 아니야?" 안태남은 뭔가 비밀을 알게 된 것처럼 신이 난 얼굴로 말했다.

"근데 그거 사실 맞아?" 차용필이 고개를 저으며 말문을 열었다. "블라인드에 올라오는 글이 다 진짜는 아니잖아요. 그냥 소문일 수도 있어." 탁고민은 팔짱을 끼고 생각에 잠겼다. "그거 말이에요. 얼마 전에 저도 이상한 소문을 들었었어요. 누가 누구랑 사귄다더라고요. 근데 해우소에 가서 이야기해 보니까 전혀 사실이 아니었어요. 현장에서 확인까지 했죠." "해우소?" 안태남이 눈을 동그랗게 떴다. "그야말로 정보의 금광 아닙니까?"

기정연이 조용히 커피 한 모금 마시고 입을 열었다. "해우소는 블라인드랑 다르지. 블라인드는 익명이니까 아무 말이나 올려도 되지만, 해우소는 직접 얼굴 보고 대화하는 자리가 아닙니까. 적어도 누가 무슨 이야기를 하는지 알고 듣는 거니까요." 차용필도 맞장구쳤다. "맞아요. 블라인드는 종종 불만의 배출구가 되기도 하지만, 그 안에서 검증되지 않은 소문들이 퍼지는 게 문제예요. 해우소에서는 대화가 자연스럽게 필터링되죠. 말하는 사람을 직접 알 수 있잖아요."

탁고민은 고개를 끄덕이며 말을 이었다. "맞아요. 사실 저도 내가 마음에 두고 있는 여직원의 연애사에 대한 블라인드 내용을 봤거든요. 그랬다가 해우소에서 정보교환하고 본인에게 확인했는데, 완전히 달랐어요. 다행히 오해였죠." 어깨를 으쓱하며 미소를 지었다. "그럼, 너도 소문의 피해자였네?" 안태남이 웃으며 말했다. "앞으로는 블라인드보다는 해우소가 더 믿을만하겠네."

기정연이 이야기를 정리하며 마무리했다. "블라인드는 신중하게 봐야 해. 유용할 때도 있지만, 확인되지 않은 소문이 사람을 곤란하게 만들 수 있어. 해우소처럼 서로 얼굴 보고 이야기하면서 정보의 진위를 가리는 게 중요해." 탁고민은 활짝 웃으며 고개를 끄덕였다. "맞아요. 결국 중요한 건 사실 확인이죠. 앞으로는 더 신중하게 정보를 받아들여야겠어요!"

이 대화는 그들의 일상적인 점심시간의 한 장면이었다. 그날도 해우소에서 나온 진실이 블라인드보다 더 신뢰할 만한 소식통임을 깨달은 직원들은 각자 자리에 돌아가면서도 마음 한편에서 소통의 방식에 대해 다시 한 번 생각해 보게 되었다.

점심시간이 끝나갈 무렵, 안태남은 자리로 돌아와 슬쩍 휴대전화를 꺼냈다. 그는 블라인드 앱을 열어 이것저것 살펴보다가 키득거리며 글쓰기 버튼을 눌렀다. "우리 회사 해우소에서 극비 정보가 오간다고 함. 차장님들 몰래 인사이동 정보도 공유되고, 연애설도 검증된다는데…ㅋㅋ 믿거나 말거나." 안태남은 짧은 글을 올리고 피식 웃었다. "이거 보면 또 다들 난리 나겠지?" 그는 장난스러운 표정으로 화면을 내려다보다가, 문득 아까 기정연의 말이 떠올랐다. "블라인드는 신중하게 봐야 해. 확인되지 않은 소문이 사람을 곤란하게 만들 수 있어."

순간적으로 고민이 스쳤지만, 그는 곧 "에이, 그냥 재미로 보는 거지. 어차피 누가 쓴 건지도 모르는데 뭐."하고 대수롭지 않게 넘겼다. 몇 분 뒤, 다시 블라인드를 확인한 그는 벌써 몇 개의 댓글이 달린 걸 보고 슬쩍 미소를 지었다. "헐, ㅋㅋ 해우소가 정보통로였음?" "우리 회사는 탕비실인데 ㅋㅋㅋ" "아니 근데 진짜야? 아니면 또 누가 지어낸 얘기야?" 안태남은 코끝을 긁적이며 속으로 중얼거렸다. "이런 거 하나 올리면 사람들 반응이 참 빠르다니까." 그러나 그가 모르는 사이, 해우소에서 커피를 마시던 누군가는 이 소문을 또 다른 형태로 변형해 이야기하고 있었고, 하루가 지나자 '해우소 인사 정보 설'이란 소문이 공공연히 돌고 있었다.

공동 주최, 이름은 남기고 책임은 피하고?

사무실 회의실, 오전 10시. 회의 테이블에 둘러앉은 직원들 사이에 미묘한 긴장감이 흘렀다. 조경영은 행사 기획안을 손에 들고 차용필과 인사과장을 번갈아 보았다. "이번 취업 공동 설명회, 정말 중요한 행사입니다. 우리 기관을 알릴 좋은 기회이기도 하고요." 조경영이 힘주어 말했다.

인사과장은 팔짱을 끼고 고개를 저었다. "솔직히 요즘 같은 시대에 꼭 이런 행사가 필요할까요? 공고만 내도 지원자가 넘쳐나는데 말입니다. 형식적인 이벤트에 불과한 것 아닌가 싶네요." 차용필이 눈썹을 살짝 치켜올리며 거들었다. "공고만으로 충분하다고요? 그럼, 우린 그냥 앉아서 지원자가 몰려오기만 기다리자는 건가요? 경쟁률이 높다고 해도 우리 기관에 정말 적합한 인재를 찾는 게 더 중요하지 않을까요?"

인사과장은 한숨을 쉬며 물컵을 들었다. "굳이 말하자면, 예산 낭비 같다는 거죠. 준비하는 데 시간도 많이 들고요. 솔직히, 이런 행사에 오는 사람들은 원래 지원하려던 사람들 아닙니까?" 조경영이 미소를 지으며 서류를 탁자에 내려놓았다. "그건 너무 단편적인 시각입니다. 취업 공동 설명회는 단순히 지원자 모집이 아니라, 우리 기관의 이미지를 만드는 자리예요. 다른 기관들과 네트워크를 형성할 기회이기도 하고요."

차용필도 맞장구쳤다. "맞습니다. 특히 요즘 MZ세대는 조직의 분위기와 문화를 중요하게 생각하잖아요. 우리가 얼마나 열린 기관인지 직접 보여주는 기회가 될 수도 있죠."

그러나 논의가 본격적으로 행사 주관 문제로 넘어가자, 분위기가 달라졌다. "그런데 말입니다, 주최 기관을 어떻게 할 건가요?" 인사과장이 슬쩍 물었다. "언론 보도가 중요하니까, 주관 기관을 잘 정해야겠죠." 차용필이 목소리를 낮추며 말했다. "아, 물론 주최는 중요한데… 우리가 단독으로 주최하는 것보다는 공동 주최 형식이 좋지 않을까요? 여러 기관이 참여하는 행사이니 우리만 내세우기보단 자연스럽게 협업하는 게 낫겠죠."

조경영이 미묘한 미소를 지으며 덧붙였다. "맞아요. 주최 기관으로 너무 앞에 나서면 책임도 커지고, 실무 부담도 늘어나니까요. 하지만 언론에는 우리 기관의 역할이 확실히 주목받도록 조율하는 게 중요합니다." 인사과장이 고개를 끄덕였다. "그렇죠. 너무 앞에 나서면 귀찮은 일이 많아지니까요. 대신 행사장에서 우리가 주축인 것처럼 보이게 연출하면 어떨까요? 발표 순서나 주요 연사 배정을 신경 써서 말입니다."

차용필이 말했다. "결국 '빛나는 건 우리, 일하는 건 공동 주최'라는 전략이군요." 조경영도 웃으며 맞장구쳤다. "정확합니다. 실무 부담은 최소화하면서도 기관의 홍보 효과는 극대화하는 방향으로 가야죠." 인사과장이 만족한 듯 말했다. "좋습니다. 그렇게 조율해 봅시다. 하지만 예산과 일정은 꼭 타이트하게 관리해야 합니다." 조경영이 환하게 웃으며 말했다. "물론입니다. 그럼, 성공적인 행사 준비를 위해 다들 힘을 모읍시다!"

이렇게 해서 취업 공동 설명회는 공식적으로 추진되었다. 단순한 채용 홍보를 넘어 기관의 이미지를 높이고, 네트워크를 확장할 기회로 만들기 위한 준비가 시작되고 있었다. 행사 주관을 두고 미묘한 수싸움이 오갔지만, 결국 모두가 원하는 방향으로 조율되는 것이야말로 공공기관 행사 준비의 묘미였다.

회식의 진화, 다채로운 소통의 장

퇴근 30분 전, 사내 메신저에 공지가 하나 떴다.
[공지] 내일 저녁 7시, 전체 회식 있습니다. 참석 여부 댓글 부탁드립니다!
"또 회식이야?" 탁고민은 속으로 중얼거렸다. 사무실 여기저기서 반응이 터져 나왔다. "와, 오랜만이다! 맛있는 거 먹겠네." "아, 근데 내일 운동 가야 하는데..." "점심 회식이면 좋을 텐데."

탁고민은 부장실로 향했다. "부장님, 직원들 의견을 좀 모아봤는데요. 점심 회식이 좋겠다는 의견도 많습니다." 기정연 부장이 고개를 끄덕였다. "음, 점심이면 가볍게 할 수는 있겠지. 그런데 회식이 너무 가벼우면 팀워크를 다지기가 어렵지 않겠나?" 안태남이 옆에서 끼어들었다. "요즘은 브런치 회식, 스포츠 회식도 인기래요. 꼭 저녁에 술 마시는 회식만 있는 게 아니라니까요." 기정연이 한숨을 내쉬었다. "하아... 나 때는 말이야, 회식 하면 당연히 고깃집 가서 소주 한 잔씩 해야 진짜 친해졌는데." 탁고민이 조심스럽게 말했다. "그러니까요, 부장님. 요즘은 술을 강요하는 분위기도 없어지고, 회식 스타일도 많이 바뀌었어요. 점심 회식으로 해도 괜찮지 않을까요?"

기정연이 고민하던 끝에 결론을 내렸다. "그럼, 이렇게 하자. 공식적인 회식은 점심으로 하고, 저녁에는 원하는 사람끼리 2차로 가는 걸로."

다음 날 점심, 직원들은 깔끔한 한정식집에서 함께 식사했다. 분위기는 화기애애했고, 점심이라 부담 없이 참석한 직원들도 많았다. 하지만 기정연은 뭔가 아쉬운 듯했다. 그런데 점심 회식이 끝나고도 몇몇 직원들이 남아 있었다. "부장님, 저녁에 간단하게 한잔하시죠?" 기정연이 활짝 웃었다. "그래! 이게 진짜 회식이지!"

저녁 회식 자리는 예상보다 활기찼다. 평소 회식을 부담스러워하던 젊은 직원들도 자연스럽게 참석했는데, 막상 분위기가 무르익자, 생각보다 적극적으로 어울렸다. 건배사 시간이 되자, 기정연 부장이 젊은 직원들에게 건배사를 시켜 보았다. 어색한 침묵이 흐르는가 싶더니, 예상외로 젊은 직원들이 자신 있게 마이크를 잡았다. "자, 제가 짧고 강력하게 가겠습니다!" 탁고민이 웃으며 말했다. "오늘도 고생 많으셨습니다! 업무는 스마트하게, 회식은 즐겁게! 한잔합시다!" 다른 젊은 직원들도 저마다 재치 있는 건배사를 준비해 와 분위기를 더욱 띄웠다. 기정연은 놀란 듯 손뼉을 쳤다. "이야, 요즘 젊은 친구들 생각보다 준비 많이 했네! 아주 좋아!"

회식이 끝난 후, 몇몇 젊은 직원들은 자연스럽게 모여 2차를 논의했다. "아까 그렇게 회식 싫다더니, 결국 2차 가는 거야?" 안태남이 웃으며 물었다. "아니, 그래도 분위기 좋았잖아요. 어색한 자리일 줄 알았는데 생각보다 재밌었어요." 탁고민이 멋쩍게 웃었다. 결국 젊은 직원끼리 따로 2차를 가면서, 형식적인 회식과는 다른 자유로운 분위기에서 더 친밀해졌다. 기정연 부장은 직원들이 떠나는 모습을 보며 흐뭇하게 웃었다. '이렇게 하면 세대 차이도 자연스럽게 조율할 수 있겠네.'

조직의 방향을 제시하는 취임사, 화합을 이끄는 건배사

사무실 한쪽에서 조경영이 커피를 한 모금 마시며 한숨을 쉬었다. "아휴, 사장님 취임식 때 생각하면 아직도 진땀이 나네." 옆에 앉아 있던 차용필이 고개를 갸웃했다. "그때 무슨 일이라도 있었습니까?"

조경영이 고개를 끄덕이며 말을 이어갔다. "취임사 초안을 작성하라고 해서, 기존 자료 손봐서 만들었는데, 사장님께서 완전히 새롭게 해달라고 하시더라고. '방향성이 다르다'라며. 결국 밤새워서 다시 썼지, 뭐야. 그때 얼마나 정신없었는지 모른다니까. 퇴고만 세 번은 넘게 했지. 쓰고 지우고를 반복하다 보니 결국 밤을 꼴딱 새웠어."

차용필이 잠시 생각하며 물었다. "그럼, 사장님이 원하는 건 어떤 취임사였나요?" 조경영이 커피잔을 내려놓으며 고개를 끄덕였다. "사실 취임사는 대개 전통적인 방식으로 가는 경우가 많아. 첫 부분은 취임 소회를 말하면서 전임자의 노고를 언급하고, 그다음엔 중점적으로 추진해야 할 당부사항을 말하는 게 일반적이지. 그런데 사장님은, 그걸 너무 공식적인 말투로 쓰지 말고, 직원들이 공감할 수 있는 현실적인 메시지를 담으라고 하셨다니까."

기획차장이 웃으며 끼어들었다. "맞아요. 요즘 직원들은 긴 연설보다는 짧고 핵심적인 메시지를 선호하거든요. 특히 MZ세대는 딱딱한 연설보다는 실제 변화와 실천이 담긴 내용을 원하죠. 그런 점에서 사장님 말씀대로 가는 게 맞을 수 있어요."

조경영이 고개를 끄덕이며 설명을 이어갔다. "그렇지. 전통적으로 취임사라면, 첫 번째로 취임 소회를 말하고 전임자의 공로를 언급하면서 인사를 드린 뒤, 두 번째로는 앞으로 우리가 중점적으로 추진해야 할 것들을 이야기하거든. 예를 들어, 본연의 업무에 충실하면서 성과를 내는 것, 그리고 소통과 화합을 강조하고, 청렴과 공정성도 꼭 짚어야지. 마지막 부분에서는 '제가 솔선수범하겠다', '직원들의 협조가 필요하다'라면서, 간부들과 직원들의 협조를 당부하는 말로 마무리해야 하는 거지." 차용필이 웃으며 물었다. "그럼, 건배사는 어떻게 하셨나요?" "그건 당연히 준비했지!" 조경영이 자랑스럽게 대답했다.

"사장님이 직접 준비하신다고 하셨지만, 그럴 리가 있겠나? 미리 대비는 해야지. 건배사는 단순히 술 한 잔의 의미가 아니라, 그 조직의 분위기를 만드는 중요한 순간이거든. 잘못하면 분위기가 얼어붙을 수도 있고, 서로 소통하는 데 방해가 될 수도 있으니까."

기획차장이 고개를 끄덕이며 덧붙였다. "맞아요. 예전엔 '우리는 하나다!' 같은 구호가 일반적이었지만, 요즘은 짧고 임팩트 있는 메시지가 더 와닿아요. 너무 딱딱한 건배사는 오히려 부담스러울 수 있죠. '주경야독(낮은 약한 술, 밤은 독한 술)!' 같은 간결하고 친근한 메시지가 더 효과적일 때가 많아요."

조경영이 웃으며 말했다. "그렇지. 근데 우리 사장님, 평소에 말씀을 많이 하시니까 건배사도 긴 거 하시겠지? 했는데, 의외로 '화향백리(花香百里), 주향천리(酒香千里), 인향만리(人香萬里)!' 딱 이렇게 간단하게 하시더라고. 그게 또 분위기를 확 살렸지. 사람들이 '아, 이건 뭔가 다르네' 하는 느낌을 받았을 거야."

차용필이 웃으며 말했다. "역시 사장님의 스타일이네요. 그래도 미리 준비해 두셨으니까 당황하지 않으셨겠네요?" "그렇지." 조경영이 흐뭇한 표정으로 커피잔을 내려놓으며 말했다.

"취임사와 건배사는 단순한 형식이 아니라 조직의 분위기를 만드는 중요한 순간이야. 모든 직원이 마음속으로 공감할 수 있는 메시지가 담겨야 하거든. 그게 바로 조직이 앞으로 나아갈 방향을 결정하는 순간이니까. 이런 중요한 행사에서 준비를 철저히 하지 않으면, 그게 바로 조직의 분위기에도 영향을 미치게 돼."

기획차장이 맞장구쳤다. "네, 그렇죠. 다음에는 더 신선하고, 직원들이 더 공감할 수 있는 메시지를 담아 보겠습니다." 조경영이 커피를 마저 마시며 한마디 더 했다. "그래, 결국 중요한 건 조직원들이 공감할 수 있어야 한다는 거야. 변화하는 시대에 맞춰, 우리도 변해야 하고, 그게 진짜 조직의 힘을 키우는 거지."

사소한 실수가 큰 문제로? 내부결재의 핵심 원칙

사무실 한쪽에서 서류를 정리하던 탁고민이 활짝 웃으며 기정연의 자리로 다가갔다. "부장님, 매년 하던 대로 용역업무 대행업체랑 계약 완료했습니다. 계약서 내용 확인하시고 결재 부탁드립니다." 기정연이 서류를 넘겨보며 고개를 갸웃했다. "계약 완료…? 잠깐, 너 이거 벌써 계약했다고?" "네. 매년 같은 업체랑 하는 거라 형식적인 절차만 남았다고 생각했습니다."

기정연이 순간 눈을 감았다가 떴다. 깊은 한숨이 따라 나왔다. "형식적인 절차? 그 업체 요즘 일 엉망인 거 알고는 있어? 내가 이번에는 다른 업체로 바꿀 계획이었어." 탁고민이 순간 얼어붙었다. "아… 그런 계획이 있으셨군요. 저는 그냥 늘 하던 대로 하면 되는 줄 알고…"

기정연이 서류를 툭 내려놓으며 한 손으로 이마를 짚었다. "그래서 계약 먼저 하고 결재를 올렸다고?" "네…" 그때, 근처에서 이 상황을 지켜보던 차용필이 슬쩍 끼어들었다. "야, 너 혼자 북 치고 장구 치고 다 했네? 내부결재라는 게 왜 있는 건데? 계약을 먼저 해버리면, 그게 승인된 계약이 되냐?" 탁고민이 민망한 표정으로 서류를 쥐고 주섬주섬 뒷걸음쳤다. "아니, 저는 그냥… 매년 하는 거니까 당연히 되는 줄 알고…"

기정연이 책상을 툭툭 두드리며 말했다. "네가 당연히 된다고 생각하는 게 제일 위험한 거야. 내부결재라는 건 절차야. 계약이 확정되려면, 기안 올리고, 결재 돌리고, 승인받고, 시행문까지 나와야 해. 그게 끝나야 계약을 진행하는 거지." 탁고민이 당황하며 파일을 뒤적였다. "그런데 부장님,

내부결재랑 시행문이 다르게 작성된 것 같은데요?"

기정연이 눈을 가늘게 뜨며 파일을 받아서 들었다. "어디 보자... 기안문에는 '계약 검토 후 변경 가능'이라고 되어 있는데, 시행문에는 '계약 확정'이라고 적혀 있네?" 차용필이 피식 웃으며 말했다. "야, 이거 말장난하는 것도 아니고... 내부결재랑 시행문 내용이 다르면 혼선 생기는 거 몰라?" 탁고민이 당황해서 변명을 늘어놓았다. "아니, 내부결재 올릴 때는 혹시 변경될 수도 있을 것 같아서 그렇게 적었는데, 시행문 작성할 때는 계약이 확정된 거라 보고 작성한 거거든요."

기정연이 한숨을 쉬며 고개를 저었다. "그게 문제야. 내부결재와 시행문은 이어지는 문서야. 내부결재가 확정된 후에야 시행문을 작성하는 거고, 내용도 일관되게 맞아야 해. 너처럼 따로 작성하면, 나중에 문제 생겼을 때 뭐가 맞는 건지 헷갈려." 차용필도 맞장구쳤다. "맞아. 내부결재 문서랑 시행문이 다르면, 법적으로도 문제가 될 수 있어. 예를 들어 내부결재 문서에는 '비용 조정 가능'이라고 되어 있는데 시행문에는 '확정된 금액 지급'이라고 적혀 있으면 어떻게 될 것 같아?"

탁고민이 머리를 긁적이며 작게 중얼거렸다. "어휴... 결국 계약을 다시 해야 하는 거네요?" 기정연이 단호하게 고개를 끄덕였다. "당연하지. 업체에 연락해서 상황 설명하고, 내부결재 다시 받고, 새로운 계약서 작성해. 이번 건 내가 선처해 주지만, 다음엔 이런 식으로 진행하면 안 돼." 탁고민은 눈을 깜빡이며 작게 중얼거렸다. "이거, 선처 안 받았으면 야근 각이네..." 회의실 한쪽에서 피식, 작은 웃음이 터졌다. 차용필이 웃으며 한마디 덧붙였다. "그래도 다행이네. 이게 바로 돈이 오가는 계약이거나 법적으로 걸릴 일이라도 있었으면 더 큰 일 날 뻔했어."

사소한 실수가 큰 문제로? 내부결재의 핵심 원칙

탁고민이 깊은 한숨을 내쉬며 고개를 숙였다. "알겠습니다... 앞으로는 내부결재 먼저 올리고 계약 진행하겠습니다." 기정연이 고개를 끄덕이며 마무리했다. "잘 기억해 둬. 내부결재는 단순한 서류 작업이 아니라, 회사가 책임지고 결정하는 과정이야. 그리고 시행문은 그 결정이 공식적으로 확정됐다는 의미야. 절차를 지키는 게 곧 리스크를 줄이는 길이라고."

탁고민이 서류를 들고 자리로 돌아가며 중얼거렸다. "아... 이래서 다들 절차 절차 하는 거였구나..."

회의록부터 보고서까지, 문서 작성 실전 가이드

사무실 한쪽에서 탁고민이 모니터를 바라보며 머리를 긁적였다. 그의 화면에는 어딘가 어색한 보고서가 띄워져 있었다. "음... 보고서 양식을 어디서 찾지? 그냥 기안문 형식으로 써도 되려나?" 옆에서 엑셀을 정리하던 차용필이 들은 척하며 화면을 힐끗 봤다. "야, 그거 기안문 아니야? 보고서는 그 형식으로 안 써."

탁고민이 황급히 창을 닫으며 멋쩍게 웃었다. "아, 그래요? 그냥 뭐 비슷한 줄 알고..." 차용필이 한숨을 쉬며 팔짱을 꼈다. "비슷하긴 한데, 목적이 다르잖아. 기안문은 내부 승인받을 때 쓰는 거고, 보고서는 분석이나 현황 정리해서 보고하는 거고. 당연히 형식이 다르지."

탁고민이 고개를 끄덕이며 중얼거렸다. "음... 그러면 회의록은요?" 그 순간, 근처에서 서류를 정리하던 조경영이 말을 툭 던졌다. "탁 대리, 위원회 개최한 뒤에 회의록 작성했어?"

탁고민이 당황한 표정으로 눈을 깜빡였다. "회의록도 작성해야 합니까?" 조경영이 순간 말을 잇지 못하고 눈을 감았다 뜨더니, 한숨을 쉬며 탁고민을 바라봤다. "당연하지. 회의라는 게 그냥 모여서 떠들고 끝나는 게 아니잖아. 중요한 결정이 나왔으면 그걸 기록으로 남겨야지."

차용필이 옆에서 끼어들었다. "맞아. 문서마다 다 용도가 다르니까 형식도 다 다른 거야. 보고서는 상황 분석이랑 결론이 중요하고, 기안문은 승인받을 내용이 명확해야 해. 이메일은 간결해야 하고, 회의록은 뭐가 논의 됐고, 누가 뭘 하기로 했는지가 정리돼야 하고."

탁고민이 한숨을 쉬며 머리를 긁적였다. "아... 종류가 너무 많네요. 그냥 다 통합하면 안 되나?" 조경영이 피식 웃으며 고개를 저었다. "그렇게 하면 읽는 사람이 헷갈리지. 그래서 문서 작성할 때 형식을 통일하는 게 중요해. 여백, 글씨체, 글씨 크기, 줄 간격, 항목 부호 같은 걸 회사 기준에 맞춰서 써야지. 그래야 문서를 받아보는 사람도 읽기 편하고, 작성하는 사람도 실수 안 하고."

탁고민이 끄덕이며 메모했다. "좋은 문서는 짧고 간결해야 한다... 시각적으로 읽기 쉽게 한다... 오타 확인하고 피드백도 받는다..." 차용필이 고개를 끄덕이며 맞장구쳤다. "맞아. 작성하고 나서 한번 읽어 보면 어색한 문장도 보이고, 오타도 보이고, 문맥이 안 맞는 부분도 보이거든. 그거 수정하고, 필요하면 상사한테 피드백도 받고."

조경영이 마지막으로 덧붙였다. "그리고 제일 중요한 건, 회사에 이미 잘 만들어진 공식 양식이 있으면 그걸 쓰는 거야. 괜히 네가 처음부터 만들려고 하지 말고. 필요하면 공유 폴더나 사내 시스템에서 찾아봐." 탁고민이 자리에서 일어나며 다짐했다. "알겠습니다! 이제부터는 문서 작성도 체계적으로 해보겠습니다!"

차용필이 키보드를 두드리며 중얼거렸다. "좋아. 그러면 회의록부터 써서 결재 올려 봐." 탁고민의 손이 멈칫했다. "네? 바로요?" 조경영이 피식 웃으며 한마디 던졌다. "습관은 바로 들여야지."

작년 회의록을 그대로 올리다?

얼마 후, 탁고민이 회의록을 작성해 결재를 올렸다. 조경영이 화면을 보며 고개를 갸웃했다. "음? 이거 뭔가 이상한데…" 차용필도 다가와 내용을 훑어보더니 눈을 크게 떴다. "야, 이거 작년 회의록이잖아?"

탁고민이 당황하며 모니터를 확인했다. "아, 네. 작년에 작성된 걸 참고해서 작성했어요. 근데 뭐가 문제죠?" 조경영이 깊은 한숨을 내쉬며 파일을 가리켰다. "너, 참고한 게 아니라 그냥 작년 거 베껴 온 거잖아. 여기 회의 날짜 봐. 작년 날짜 그대로야."

탁고민이 화들짝 놀라며 화면을 다시 봤다. "아…! 아차, 날짜를 안 바꿨네요." 차용필이 팔짱을 끼고 쓴웃음을 지었다. "그것만이 아니야. 여기 안건도 작년이랑 똑같아. 심지어 참석자 명단도 작년 그대로네? 올해는 참석자가 바뀌었잖아."

탁고민이 식은땀을 흘리며 재빨리 수정하려 했다. "아이고… 이거 큰일 날 뻔했네요." 조경영이 단호한 목소리로 말했다. "회의록은 공식 문서야. 회의에서 무슨 이야기가 오갔는지, 어떤 결정이 내려졌는지 정확하게 기록해야 하는 거라고. 이렇게 대충 작년 거 베껴서 올리면, 나중에 문제 생겼을 때 어떻게 책임질 건데?"

차용필도 한마디 보탰다. "맞아. 작년에 논의된 내용이랑 올해 논의된 내용이 다를 수도 있는데, 그대로 올리면 잘못된 정보가 공식 문서로 남는 거라고." 탁고민이 한숨을 쉬며 고개를 끄덕였다. "네, 알겠습니다. 회의록도 그냥 참고만 하고, 다시 꼼꼼하게 작성해야겠네요."

조경영이 고개를 끄덕이며 마무리했다. "맞아. 문서 작성은 정확성이 생명이다. 다시 제대로 정리해서 올려." 탁고민은 깊은 반성을 하며 새 문서를 열었다. "알겠습니다... 이제부터는 진짜 꼼꼼하게 작성하겠습니다!"

연말 간담회, 대화의 장인가 형식적인 행사인가?

사무실 공기가 무겁다. 연말이 다가오면서 회계 결산, 인사 발령, 예산 편성 등 각종 업무가 쏟아지고 있었다. 직원들의 얼굴엔 피로가 역력했고, 특히 차용필은 머리가 지끈거렸다. "아, 진짜... 바빠 죽겠는데 간담회까지 해야 해?" 차용필이 한숨을 쉬며 책상에 서류를 내려놓았다.

그때 총무과장이 슬쩍 다가와 말을 걸었다. "차장님, 연말이라 다들 정신없죠? 근데 이번 간담회 준비 저희가 맡아야 해서요. 뭐 특별히 준비해야 할 거 있습니까?" 차용필이 고개를 절레절레 저었다. "내가 묻고 싶은 말이 그거야. 아니, 도대체 이 바쁜 시기에 간담회를 왜 하는 거야? 그냥 점심때 밥 한 끼 간단하게 먹으면 안 되나? 상품권 하나씩 주고, 기념품이라도 주면 더 좋아할 것 같은데?"

마침, 지나가던 조경영이 말을 듣고 걸음을 멈췄다. "간담회를 단순히 밥 먹는 자리라고 생각하면 곤란하지." 차용필이 짜증 난 듯 고개를 들었다. "아니, 연말이면 정산 마감, 인사이동, 예산 짜기... 할 게 산더미인데, 굳이 간담회까지 해야 합니까?" "이건 단순한 행사가 아니라, 한 해를 정리하는 중요한 자리야. 특히 올해는 조직 개편도 있었고, 내년 방향성도 정리해야 하잖아." 총무과장이 맞장구쳤다. "맞아요. 게다가 인사 이동하는 직원들도 있고, 송별회까지 겹치면 얼굴 볼 기회가 거의 없죠."

차용필이 여전히 못마땅한 얼굴로 턱을 괴었다. 설마 또 PPT 만들어서 보고하는 건 아니겠죠?" 조경영이 피식 웃었다. "그럴 리가. 공식적인 보고 같은 건 최소화하고, 서로 편하게 이야기할 수 있는 분위기를 만드는 게 중요해." 총무과장이 메모하며 물었다. "그러면 구체적으로 어떤 준비를 해야 할까요?" "우선, 직원들이 자유롭게 대화하는 시간을 늘리고. 내년에 뭘 개선할지 같이 얘기할 수 있도록 유도해야지." 차용필이 여전히 시큰둥한 얼굴로 중얼거렸다. "그럼, 결국 '올해 어땠나요? 내년에 뭘 하면 좋을까요?' 이거죠? 다들 뻔한 얘기만 할 텐데…"

조경영이 씩 웃으며 덧붙였다. "그래서 분위기가 중요해. 형식적인 느낌이 들면 다들 조용히 있다가 끝나니까. 분위기를 좀 풀어주면 자연스럽게 좋은 아이디어도 나올 수 있어." 총무과장이 다시 질문했다. "혹시 아이스브레이킹 같은 거 넣을까요? 작년에는 부서별 한 줄 소감 같은 거 했던데…" "그것도 괜찮지. 근데 너무 부담 주면 안 돼. 가볍게 올해 업무하면서 가장 기억에 남는 순간이라든가, 서로 감사했던 일 같은 걸 공유하는 식으로." 차용필이 팔짱을 끼고 고민하더니 결국 고개를 끄덕였다. "음… 뭐, 그렇게까지 한다면야. 그래도 난 솔직히 밥 먹고 헤어지는 게 최고라고 봅니다." 조경영이 빙그레 웃으며 등을 툭 쳤다. "그래, 그러니까 밥은 꼭 맛있는 걸로 준비해."

총무과장이 웃으며 대답했다. "그건 걱정하지 마십시오. 분위기 좋게 만들려면, 결국 음식이 제일 중요하니까요." 차용필이 웃으며 중얼거렸다. 대신 올해는 연설 길게 안 하는 걸로 합시다." 조경영이 고개를 끄덕이며 한마디 덧붙였다. "좋아, 대신 차장은 건배사 준비해." 순간 차용필이 얼어붙었다. "…에이, 부장님 그건 아니죠!" 총무과장의 웃음소리가 사무실에 울려 퍼졌다. 한편, 차용필은 아직도 연말 간담회 대신 상품권을 받는 상상을 하고 있었다. 상품권으로 삼겹살을 사서 집에 가 가족들과 구워 먹는 장면이 머릿속을 맴돌았다.

법인카드, 편안함과 부담감 사이

　사무실 한쪽 구석에서 탁고민이 반짝이는 카드 한 장을 만지작거리고 있었다. 얼핏 보면 평범한 카드 같지만, 이건 바로 법.인.카.드! "차장님, 법인카드 들고 있으면 참 마음이 편안합니다." 탁고민이 흐뭇한 표정으로 말했다. 차용필이 웃으며 고개를 들었다. "어이, 탁 대리. 네가 무슨 얘기 할지 다 안다." "뭔데요?" "법인카드만 있으면 대패삼겹살 대신 꽃등심 먹을 수 있어서 좋다고 하려는 거 아냐?" 탁고민이 멋쩍게 웃으며 카드를 손끝으로 휙 돌렸다. "뭐, 대충 맞긴 한데... 아니, 법카 들고 있으면 외부 행사 같은 데 가서도 '내가 회사 소속이다!'라는 소속감이 확 생기잖아요?"

　차용필이 헛웃음을 지으며 눈을 가늘게 떴다. "소속감? 네가 말하는 소속감이 '회삿돈으로 좋은 거 먹을 수 있다'라는 뜻이면 큰일인데." 그때 지나가던 조경영이 대화를 들었는지 슬쩍 끼어들었다. "탁 대리, 요즘 혼자 자취한다고 밥 제대로 못 먹고 다니나 보네?" "아닙니다! 그냥 법인카드가 있으면 뭘 먹을까 고민하는 폭이 넓어지는 느낌이라서요."

　차용필이 한숨을 쉬며 팔짱을 꼈다. "그런 마인드로 쓰다가 문제 생기는 거야. 법카는 업무용으로 쓰라고 있는 거지, 탁 대리 외식 수준 올리라고 있는 게 아니라고." 탁고민이 급히 손을 내저었다. "알죠, 알죠! 개인 용도로 쓰면 안 되는 거! 하지만 회식이나 출장 같은 업무 관련 지출에는 부담 없이 쓸 수 있으니까 좋잖아요?" "그렇긴 하지. 그런데 법카는 양날의 검이라는 걸 명심해야 해."

탁고민이 눈을 동그랗게 떴다. "양날의 검이요?" "들고 있으면 마음이 편한데, 문제는 책임도 따라온다는 거지. 사용 이유가 명확해야 하고, 승인 없이 막 쓰면 안 된다는 거야. 승인 없이 썼다가는 사유서 쓰는 걸로 하루 날려야 해." 조경영이 맞장구쳤다. "예전에 차용필 차장도 법카 분실해서 사유서 쓴 적 있지 않나?" 차용필이 헛기침하며 얼굴을 살짝 돌렸다. "...그건 예외적인 상황이었고." "그래 놓고 탁 대리한테만 잔소리하는 거 보소~"

그리고 며칠 후, 사건 발생

그날은 부서 회식이 있는 날이었다. 고깃집에 모인 직원들은 오랜만에 삼겹살 대신 꽃등심을 구워 먹으며 흡족한 표정을 지었다. "와~ 이게 바로 법인카드의 위엄인가!" "오늘만큼은 가격 신경 쓰지 말고 맘껏 먹어!" 탁고민은 의기양양하게 카드 지갑을 꺼내 들었다. "자, 계산하겠습니다! 법카로 시원하게 긁어버릴게요!" 그리고 당당하게 카드를 내밀었다.

직원들은 "역시 법인카드 최고!"라며 손뼉을 쳤고, 탁고민은 뿌듯한 표정으로 카드를 긁었다. "네, 결제되었습니다!" 하지만 직원들이 식당을 나서려는 순간, 탁고민의 핸드폰에서 알림이 울렸.
[결제 알림] 328,000원 결제 완료 (○○고깃집)
그 순간, 탁고민의 얼굴에서 핏기가 사라졌다. "어...어? 잠깐만요..." 차용필이 의아한 얼굴로 물었다. "왜 그래?" 탁고민이 핸드폰 화면을 들이밀었다. "차장님... 저... 개인카드로 결제했어요." "...뭐???" 조경영이 한 박자 늦게 반응했다. "뭐?! 법카 아니었어?" "아니요... 제 개인카드였어요... 법카를 책상 서랍에 두고 안 가지고 왔나 봐요..."

순간 사무실에서보다 더 깊은 침묵이 흘렀다. 그리고 다음 순간, 차용필이 터져 나오는 웃음을 겨우 참으며 말했다. "...탁 대리, 법인카드의 편안함을 논하기엔 아직 멀었네." 조경영이 등을 툭툭 두드리며 웃었다. "야, 그래도 좋은 경험했다. 법인카드가 왜 양날의 검인지 제대로 알았잖아?" 탁고민은 텅 빈 표정으로 고깃집 영수증을 내려다보며 중얼거렸다. "꽃등심은... 역시 내 돈 주고 먹으니까 부담되네..." 차용필과 조경영은 서로 눈을 마주치고 웃었다. "역시, 법인카드는 편안함과 부담감이 공존하는 물건이야."

다음 날 아침. 탁고민은 출근하자마자 식은땀을 흘리며 조용히 움직였다. 우선 카드사에 전화를 걸어 개인카드 결제를 취소하고, 업체 측과 통화해 법인카드로 재결재 요청을 했다. 사무실을 오가며 영수증을 챙기고, 결재선 확인과 내부 보고서 수정까지 정신없는 하루가 이어졌다. 점심 무렵, 조경영이 슬쩍 다가와 말했다. "이제 진짜 법카 써본 거네?" 탁고민은 쓴웃음을 지으며 대답했다. "이렇게까지 생생하게 체험할 줄은 몰랐죠..."

체육행사, 모두가 즐길 수 있을까?

사무실 구석, 체육행사 기획 회의가 한창이었다. 탁고민이 손에 든 메모지를 바라보며 고민스러운 표정을 지었다. "음... 이번 체육행사는 어떻게 구성하는 게 좋을까요? 전 직원이 다 참여할 수 있는 경기를 해야 할지, 특정 종목을 정해서 집중적으로 할지 고민됩니다." 옆에서 자료를 보던 안태남이 고개를 끄덕였다. "난 다 같이 참여하는 게 좋다고 봐. 어차피 체육행사는 팀워크도 강화하고 직원들 사기도 올리는 목적 아니야? 너무 특정 종목으로 가면 관심 없는 직원들은 빠지게 될걸?"

차용필이 실소를 띠며 말했다. "그래도 작년처럼 '모두 참여' 분위기로 가면 운동 잘하는 직원들만 활약하고, 나머지는 그냥 구경만 하게 되잖아. 솔직히 나도 작년 행사 때 배구하다가 얼굴 맞아서 아직도 기억이 선명한데..." 조경영이 미소를 지으며 맞장구쳤다. "맞아. 작년엔 배구, 족구, 줄다리기... 다 부서 대항전이었는데, 결국 잘하는 직원끼리만 뛰고, 나머지는 응원만 했지."

탁고민이 메모지에 뭔가를 적으며 물었다. "그럼, 테니스 같은 걸로 할까요? 요즘 직원 중에 테니스 동호회도 생겼고, 관심 있는 사람이 많던데." 차용필이 팔짱을 끼고 고개를 저었다. "그건 또 너무 편향되지 않나? 테니스 좋아하는 사람은 재밌겠지만, 관심 없는 사람들은 전혀 참여 안 하겠지. 체육행사가 아니라 그냥 동호회 경기 보는 느낌이 될걸?"

안태남이 손을 흔들며 의견을 냈다. "그럼, 개인전보다 팀 경기를 많이 넣으면 어때? 팀 단위로 하면 못하는 사람도 같이 참여할 수 있잖아. 예를 들면 이어달리기 같은 거?" 조경영이 고개를 끄덕이며 맞받았다. "그거 괜찮다. 근데 또 너무 격한 경기만 하면 부상 위험이 있으니까, 안전한 종목도 고려해야지. 작년에 닭싸움 경기하다가 인대 늘어난 직원 있었잖아." 차용필이 말했다. "맞아요. 결국 체육행사 때마다 다치는 사람 꼭 한 명씩 나오더라. 나도 부상자 리스트에 올라갈 뻔했거든요."

탁고민이 끄덕이며 다시 메모지를 정리했다. "좋아요. 그러면 정리해 볼게요. 첫째, 운동 실력 차이가 너무 나는 종목은 피할 것. 둘째, 팀 경기 위주로 해서 참여율을 높일 것. 셋째, 부상 위험이 큰 종목은 신중하게 선택할 것. 괜찮나요?" 조경영이 만족스러운 표정으로 말했다. "좋아. 그리고 예산도 고려해야지. 경기할 장소랑 장비 대여, 기념품 같은 것도 준비해야 하니까."

차용필이 슬쩍 손을 들며 말했다. "그럼, 기념품은 작년처럼 텀블러 같은 실용적인 걸로 가죠?" 안태남이 머뭇거렸다. "그게 무난하긴 한데, 작년에 직원들 반응이 좀 미지근했잖아? 올해는 좀 더 재미있는 거 없을까?" 탁고민이 고민하다가 말했다. "경기마다 MVP 뽑아서 소소한 상품도 주는 건 어때요? 그럼, 다들 더 열심히 참여하지 않을까요?" 조경영이 손뼉을 치며 말했다. "좋아. 그럼, 부서별로 대표 종목 하나씩 정해서 참가하게 하고, 추가로 전 직원이 가볍게 할 수 있는 게임도 몇 개 준비해 보자. 이러면 다 같이 즐길 수 있겠지?"

차용필이 한숨을 쉬며 중얼거렸다. "후... 결국 이번에도 운동 못하는 사람은 구경만 하겠네." 안태남이 웃으며 말했다. "아냐, 차장님도 참여하셔야죠. 팀워크를 위해서!" 탁고민이 피식 웃으며 마무리했다. "좋아요. 올해는 진짜 모두가 즐길 수 있는 체육행사로 만들어봅시다!"

 체육행사가 끝난 후, 직원 몇 명이 삼삼오오 모여 배드민턴을 치기 시작했다. 처음엔 가볍게 치다가 점점 열기가 오르더니, 어느새 한쪽에서는 '내기 배드민턴'까지 벌어지고 있었다. "야, 이거 걸고 치는 거 아니야?" "밥 내기? 커피 내기?" 탁고민이 지나가다 그 모습을 보고 웃으며 말했다. "체육행사 끝났는데도 다들 참 열심히 하네."

 그러던 중, '퍽!' 하는 소리와 함께 누군가 비명을 질렀다. "으악!" 모두가 고개를 돌려보니, 차용필이 배드민턴공을 눈에 맞고 주저앉아 있었다. "차장님! 괜찮으세요?" 안태남이 다가가 걱정스럽게 묻자, 차용필이 한쪽 눈을 감은 채 울먹이는 목소리로 말했다. "아... 올해도 역시 체육행사 부상자가 나왔네..." 조경영이 한마디 했다. "이제 체육행사 부상자 한 명 나오는 게 전통이 됐나 보네."

 탁고민이 웃으며 말했다. "이러다 공식 프로그램에 '부상자 한 명 배출'을 추가해야 하는 거 아닌가요?" 안태남이 손뼉을 치며 거들었다. "내년부터는 '부상자 MVP'도 선정하는 걸로 하죠!" 차용필이 헛웃음을 지으며 말했다. "다음 체육행사 때는 보호장구부터 신청해야겠어요..." 그렇게, 체육행사는 부상과 함께 마무리되었다.

구내식당, 직영이냐, 외주냐 그것이 문제로다!

회의실 한쪽, 점심시간 직후라 그런지 다들 약간 나른한 표정이었다. 하지만 논의할 주제는 절대 가볍지 않았다. "자, 본론으로 들어가죠. 구내식당 계약 기간이 곧 만료되는데, 연장할지 아니면 직영으로 전환할지 결정해야 합니다." 조경영이 자료를 보며 말을 꺼내자, 표관리가 손가락으로 테이블을 두드리며 덧붙였다. "외주로 운영하니까 식당 직원 관리에 신경 쓸 일이 없어서 편하긴 해요. 인력 채용부터 급여 관리, 위생 점검 같은 걸 우리가 직접 할 필요가 없으니까요."

사장이 천천히 고개를 끄덕였다. "그렇겠지. 그런데 직원들 반응은 어때요? 현재 식당 서비스에 만족하는 편인가요?" 조경영이 한숨을 쉬며 대답했다. "음… 그게 문제입니다. 만족도 조사를 해보니까 의견이 갈리더라고요. 음식 맛이 일정하지 않다는 의견도 많고요. 특히 행사 때 메뉴 변경이 어렵다는 불만이 많았습니다. 특정 날은 사람들이 몰리는데, 식사 준비가 부족해서 혼잡해지는 문제도 있고요."

표관리가 팔짱을 끼고 고개를 저었다. "하지만 직영으로 하면 우리가 직접 관리해야 하는 문제가 생깁니다. 조리사와 직원도 직접 고용해야 하고, 급식 운영 전반을 우리가 책임져야 해요. 비용 부담도 만만치 않고요." 사장이 턱을 괴며 깊이 생각에 잠겼다. "그렇군요. 그런데 비용 문제는 외주 업체를 써도 마찬가지 아닙니까? 운영 적자가 나면 업체가 비용을 떠안아야 하는데, 그러다 보니 업체가 원가 절감을 위해 식재료의 질을 낮춘다는 얘기도 있던데요."

조경영이 고개를 끄덕이며 말을 이었다. "맞습니다. 식자재 품질 문제도 있고, 실제로 몇 달 전엔 반찬이 너무 부실하다고 직원들 불만이 많았어요. 비용 절감한다고 일부 메뉴 구성을 바꿨다가 항의가 많았죠." 이때 차용필이 조용히 듣고 있다가 슬쩍 끼어들었다. "사실… 직원 중에는 아예 다른 방향으로 가길 원하는 사람들도 있습니다."

모두 그를 바라보자, 차용필이 씩 웃으며 말을 이었다. "고급 식당처럼, 좀 더 질 높은 음식을 제공하는 곳을 원한다는 의견도 많았어요. 직장인들도 요즘은 점심 한 끼를 중요하게 생각하잖아요? 싸고 대량으로 만드는 급식이 아니라, 돈을 더 내더라도 제대로 된 음식을 먹고 싶다는 사람들이 꽤 있더라고요." 사장이 흥미로운 듯 눈썹을 들었다. "호오? 그 말인즉슨… 우리 구내식당을 외주화하되, 아예 프리미엄 급식 업체를 도입하자는 얘기인가요?"

차용필이 고개를 끄덕였다. "네. 지금처럼 대량 급식 위주가 아니라, 조금 더 개별 맞춤형 음식을 제공하는 방식이죠. 예를 들면 샐러드 전문 코너나, 고급 한식이나 양식이 나오는 시스템 같은 거요." 조경영이 턱을 쓰다듬으며 말했다. "그러면 단가가 확 오를 텐데, 직원들이 감당할 수 있을까?" 차용필이 미리 준비한 듯 자료를 펼쳤다. "일부 기업들은 이미 시행 중인데요. 기본 메뉴는 저렴한 가격으로 제공하고, 원하는 사람들은 추가 비용을 내고 프리미엄 메뉴를 선택하는 방식이더라고요."

표관리가 팔짱을 풀며 고개를 저었다. "그러면 결국 직원들 사이에 계층이 생길 수도 있습니다. 어떤 사람은 값싼 기본 급식을 먹고, 어떤 사람은 스테이크를 먹고… 이게 과연 조직 분위기에 좋을까요?" 사장이 미소를 지으며 테이블을 두드렸다. "재미있는 의견이네요. 사실 요즘 MZ세대 직원들은 개성과 선택권을 중요하게 여기니까, 단순 급식보다는 다양한 옵션을 원할 수도 있겠어요."

조경영이 고개를 끄덕였다. "그렇긴 한데, 그래도 현실적인 문제가 남아 있습니다. 직원 개개인의 만족도를 높이는 것도 중요하지만, 운영의 효율성과 비용 문제도 고려해야 하니까요." 사장이 잠시 생각에 잠겼다가 말했다. "좋아요. 그럼, 현실적인 대안을 정리해 봅시다. 첫째, 기존 외주 업체를 유지하되 계약 조건을 강화해서 음식 품질을 높인다. 둘째, 프리미엄 메뉴 선택 옵션을 검토해 보고, 실제 수요가 얼마나 있는지 조사한다. 셋째, 직원들의 의견을 지속적으로 반영할 수 있는 피드백 시스템을 도입한다. 정기적으로 의견을 수렴하고, 개선 사항에 실질적으로 반영될 수 있도록 절차를 마련하는 게 핵심이죠."

표관리가 고개를 끄덕이며 덧붙였다. "그리고 외주업체 선정 과정에서도 기준을 더욱 까다롭게 설정해야겠죠. 단순히 가격이 저렴한 곳이 아니라, 품질을 보장할 수 있는 업체를 선정해야 합니다." 조경영이 미소를 지으며 말했다. "그럼, 최종적으로는 외주는 유지하되, 운영 방식을 좀 더 세분화해서 접근하는 방향으로 가는 게 좋겠군요." 사장이 만족스러운 듯 말했다. "좋아요. 그러면 이 방향으로 구체적인 방안을 정리해 보죠. 직원 만족도와 운영 효율성, 두 마리 토끼를 잡을 방법을 찾아야겠어요."

회의실에 묘한 긴장감이 감돌았지만, 결국 모두가 납득할 만한 방향으로 논의가 흘러갔다. 이제 중요한 건 실천뿐이었다.

기념비에서 기념수까지, 회사 역사를 새기는 법

사장의 책상 위에는 '창립 60주년 기념비 건립 검토안'이라는 문서가 놓여 있었다. 사장은 자료를 훑어보며 고개를 끄덕였다. "올해가 창립 60주년이군요. 의미 있는 해인데, 뭔가 남길 만한 걸 해야 하지 않겠습니까?" 표관리는 기다렸다는 듯 대답했다. "맞습니다. 개인도 환갑 잔치를 하는데, 우리 회사도 기념비 하나쯤 세워야죠. 후대에도 회사의 역사를 알릴 필요가 있잖습니까?" 조경영이 고개를 끄덕이며 덧붙였다. "기념식을 하면서 기념비를 세우면 더 의미가 있겠죠. 그런데 위치를 어디에 할지가 고민입니다."

이때, 차용필이 조용히 자료를 살펴보다가 입을 열었다. "그런데 말입니다. 50주년 기념비도 이미 있지 않습니까? 같은 회사에서 10년마다 기념비를 세우면... 나중엔 사옥 주변이 기념비로 가득 차는 거 아닙니까?" 순간, 사장이 멈칫했다. "흠... 그러고 보니, 50주년 기념비는 그대로 두고 60주년 기념비를 또 세우는 게 맞는지 고민이 되긴 하네요." 표관리가 팔짱을 끼고 말했다. "그러니까, 기존 기념비를 재단장하는 것도 하나의 방법입니다. 기존 비석에 추가로 새기는 방식으로 가면 예산도 절감되고, 공간도 효율적으로 쓸 수 있죠." 조경영이 고개를 끄덕였다. "그렇긴 합니다만, 또 너무 간소하게 하면 기념의 의미가 퇴색될 수도 있습니다. 직원들도 이번에 뭔가 새로운 걸 기대하고 있을 텐데요."

사장이 깊이 생각하며 물었다. "그렇다면, 꼭 비석 같은 형태로 남길 필요가 있을까요? 기념물을 남기면서도 좀 더 실용적이거나 직원들에게 의미 있는 방향으로 할 수도 있을 것 같은데요." 그때 문이 벌컥 열리더니 한 사람이 들어왔다. "아, 사장님! 마침 회의 중이셨군요!" 바로 10년 전, 50주년 기념비를 세울 당시 사장이었던 전임 사장이었다. 그는 환한 얼굴로 들어와 한참 동안 자료를 보더니, 갑자기 뭔가 떠오른 듯 물었다. "그나저나... 50주년 기념비는 잘 있죠? 저도 이름 새겨져 있었는데!"

사장과 조경영, 표관리, 차용필. 네 사람은 순간적으로 눈을 마주쳤다. 그리고 아주 조용한 정적이 흘렀다. 조경영이 헛기침을 했다. "그게... 음... 예전 사옥 리모델링할 때... 잠시... 철거를..." 전임 사장의 얼굴이 굳었다. "뭐라고요? 철거...?" 표관리가 급히 손을 흔들었다. "아, 사라진 건 아닙니다! 정확히는... 보관 중입니다! 예, 보관!" 전임 사장은 눈을 가늘게 뜨며 되물었다. "...보관 중이요? 어디예요?" 차용필이 조용히 핸드폰을 뒤적였다. "어... 보자... 음... 창고 3번? 아니, 4번 창고?"

전임 사장이 헛웃음을 지으며 말했다. "그럼, 지금 제 이름이 적힌 기념비가 창고 구석에 먼지 쌓인 채 있다는 겁니까?" 사장이 머리를 긁적였다. "그게... 사옥 앞 공간이 협소해지는 바람에... 일단 보관한 상태로 남겨둔 건데... 아하하..." 전임 사장은 한숨을 쉬었다. "어휴... 내 이름도 역사 속으로 사라지는 건가. 그때 직원들이랑 얼마나 감격하면서 제막식을 했는데... 다 같이 손뼉 치고 사진도 찍고, 눈시울까지 붉히던 순간이었어요. 그런데 지금은 그렇게 쓸쓸하게 사라질 줄은 정말 몰랐네요..."

그 순간, 조경영이 번뜩이는 눈빛으로 말했다. "아! 그렇다면 차라리 이번 60주년 기념물과 함께 50주년 기념비도 복원해서 전시하는 건 어떨까요?" 표관리가 맞장구쳤다. "맞아요! 기존 기념비를 재단장해서 다시 세우면, 예전의 의미도 살리고 공간도 절약할 수 있죠!" 전임 사장은 흥미롭다는 듯 고개를 끄덕였다. "흠... 기념비를 없앤 건 좀 섭섭하지만, 그렇게라도 남긴다면 나쁘지 않겠군요."

사장이 분위기가 풀리는 걸 보고 빠르게 마무리를 지었다. "좋아요! 그럼, 50주년 기념비는 재단장해서 재설치하고, 60주년 기념물은 직원들이 참여하는 방식으로 가죠. 기념사진과 기념수(紀念樹) 아이디어도 함께 반영하고요." 차용필이 만족스럽다는 듯 말했다. "기념비는 남는 건데, 기념수는 자라는 거니까요. 직원들도 더 애착을 가질 것 같습니다." 전임 사장이 미소를 지으며 말했다. "좋군요. 이렇게 회사의 역사를 이어가는 것도 의미가 있겠어요. 근데 기념비 찾으면... 먼지는 좀 닦아주세요." 회의실에 웃음이 번졌다. 직원들에게도 역사와 현재가 공존하는 기념물이 더 의미 있게 다가올 것 같았다.

플래카드, 화려하게? 실용적으로? 그리고 철거는?

겨울이 다가오면서 회사에서는 대규모 기간제 채용을 준비 중이었다. 홍보를 어떻게 할지 고민하는 가운데, 인사팀에서 회의를 소집했다. "올해도 겨울철 대규모 현장 지원 업무 기간제 채용 홍보를 해야 하는데요. 우리 회사 플랫폼 시설을 활용해서 홍보도 하고, 주요 도로변에 플래카드를 설치하는 게 좋을 것 같습니다." 조경영이 자료를 넘겨보며 말했다. "좋은 방법이지. 그런데 플래카드 디자인이 너무 튀거나 화려하면 오히려 가독성이 떨어질 수도 있어. 내용을 명확하게 전달하는 게 제일 중요해." 차용필이 팔짱을 끼며 한마디 거들었다. "무엇보다 비용 대비 효과가 좋아야죠. 돈을 많이 들여서 화려하게 만들면 보는 사람들은 '멋지다' 하고 지나갈 수도 있지만, 정작 지원자 수가 늘어나지 않으면 의미가 없습니다."

인사과장이 웃으며 맞장구쳤다. "역시 재무팀다운 발상입니다. 하하. 하지만 너무 무난하게 만들면 사람들의 눈길을 끌지 못하는 것도 문제 아닙니까?" 조경영이 고개를 끄덕이며 의견을 정리했다. "그렇다고 너무 개성이 강하면 채용 공고인지도 모를 수 있어. 메시지는 간결하게, 배경은 눈에 잘 띄되 너무 과하지 않게 가는 게 좋겠어." 차용필이 자료를 보며 덧붙였다. "그리고 설치 위치별로 크기도 다르게 해야 합니다. 주요 도로변은 큰 걸로 가고, 사내 게시판 같은 곳에는 적당한 크기로 제작하는 게 합리적이죠."

인사과장이 고개를 끄덕이며 물었다. "그러면 문구는 어떻게 할까요? '○○인력 모집 중! 좋은 보수, 따뜻한 혜택' 이런 식으로 가면 어떨까요?"

조경영이 고개를 갸우뚱하며 의견을 냈다. "너무 감성적으로 가는 것보다는 실질적인 정보를 강조하는 게 나을 것 같아. 예를 들면, '겨울철 대규모 현장 업무 지원 인력 모집, ○○일까지 지원하세요!'처럼 마감 기한을 넣고, 혜택을 구체적으로 써 주는 게 더 효과적이지 않을까?" 차용필도 맞장구쳤다. "그게 좋겠네요. 그리고 '전화 한 통이면 바로 지원 가능' 같은 문구를 넣어서 접근성을 높이는 것도 고려해야 합니다."

인사과장이 자료를 정리하며 말했다. "좋습니다. 그러면 플래카드 디자인은 회사 이미지 컬러를 사용하면서도 가독성을 높이는 방향으로, 문구는 실질적인 정보 위주로 가는 걸로 정리하겠습니다." 조경영이 미소 지으며 마무리했다. "좋아. 역시 홍보는 예산과 실용성, 그리고 전달력을 함께 고려해야 해. 잘 준비해서 지원자 많이 받도록 하자고." 차용필이 농담조로 말했다. "그러려면 우리 회사에 지원하면 보람도 느끼고 보너스도 받고, 겨울 내내 몸도 단련된다고 강조해야겠군요?" 인사과장이 웃으며 응수했다. "좋습니다. '건강 챙기고, 보너스 받고!' 이런 문구도 추가해야겠네요. 자, 그럼, 디자인팀에 넘기기 전에 최종 정리 들어가겠습니다!" 회의실에는 유쾌한 웃음이 퍼졌고, 플래카드 홍보 방향도 깔끔하게 정리되었다. 남은 건 실수 없이 실행에 옮기는 일뿐이었다.

그리고 몇 달 후... 사무실에서 전화벨이 울렸다. 인사과장은 한숨을 쉬며 전화를 받았다. "네, 인사팀입니다. 아, 채용 문의요? 네? 겨울철 현장 지원 인력? ...아, 그런데 그 모집은 이미 한 달 전에 끝났는데요." 전화를 끊은 인사과장은 머리를 감싸 쥐었다. "아니, 도대체 왜 아직도 채용 문의를 하는 거야?" 조경영이 힐끔 바라보며 물었다. "혹시 플래카드 때문인가?" 인사과장이 답답한 표정으로 대답했다. "아니, 그렇겠어? ...아, 잠깐만. 설마 아직도 도로변에 걸려 있는 거야?"

차용필이 고개를 들며 맞장구쳤다. "음... 그러고 보니, 출근길에 아직 걸려 있던데?" 인사과장이 눈을 감았다가 다시 떴다. "아... 철거 계획을 안 세웠구나. 그냥 놔뒀구나...!" 조경영이 웃으며 말했다. "그러니까 철거도 예산 대비 효과적으로 계획했어야지." 차용필이 능청스럽게 덧붙였다. "뭐, 비용 절감 효과는 있었네요. 광고가 몇 달이나 더 나갔으니까."

인사과장이 헛웃음을 지으며 말했다. "그럼, 이제라도 철거 요청 넣어야겠네요. 그리고... 전화 문의하신 분께 '다음 기회에 지원해 주세요'라고 해야겠어요. 흐흐..." 회의실에는 허탈한 웃음이 퍼졌다. 홍보도 중요하지만, 마무리도 중요하다는 교훈을 얻은 순간이었다.

방송과 신문 인터뷰, PR과 홍보의 균형 잡기

홍보실은 전쟁터였다. 신년 방송 인터뷰 준비로 바쁜 와중에, 다음 주에는 신문 인터뷰까지 예정되어 있었다. 자료를 정리하느라 홍보팀 직원들의 손이 쉴 틈이 없었다. 사장과 주요 관계자들이 회의실에 모여 인터뷰 준비 회의를 시작했다. "자, 다들 아시다시피 다음 주에 신년 방송 인터뷰가 있습니다. 올해 우리 회사의 비전을 효과적으로 알릴 기회죠. 잘 준비해야 합니다."

사장이 자료를 훑어보며 고개를 들었다. "그런데 말이야, PR(Public Relations)과 홍보(Promotion, Publicty)의 차이가 뭔지 좀 헷갈려. 비슷한 개념 아닌가?" 홍보실장이 차분히 설명했다. "비슷해 보이지만 다릅니다. PR은 기업과 대중, 언론과의 관계를 장기적으로 구축하는 과정이고, 홍보는 특정 메시지를 효과적으로 전달하는 데 초점을 맞춥니다. 이번 인터뷰는 PR적인 요소와 홍보적인 요소가 함께 들어가야 합니다." "그러니까 PR은 피할 건 피하고, 알릴 건 알리는 거고, 홍보는 잘 알리자는 건가?" 사장의 농담에 회의실에서 웃음이 터졌다.

표관리가 고개를 끄덕였다. "신년 인터뷰는 단순한 홍보가 아니라 우리 회사의 이미지 구축에도 중요한 역할을 하겠네요. 언론과 관계도 한 번에 만들어지는 게 아니라 지속적으로 관리해야 하고요." 홍보실장이 동의하며 말했다. "맞습니다. 그래서 신년 인터뷰에서는 작년 성과와 올해 계획을 명확히 전달하고, 회사의 비전을 강조하는 게 중요합니다." 조경영이 자료를 보며 입을 열었다. "인터뷰 내용을 너무 형식적으로 구성하면 안 됩니다. 사람들은 감동을 주는 이야기, 변화와 발전을 느낄 수 있는 메시지를 원하니까요."

"그러면 기업의 사회적 책임 같은 부분도 언급하는 게 좋겠네요." "네, 그리고 직원들이 직접 참여하는 프로젝트도 강조하면 좋겠습니다. 내부 직원들도 이런 인터뷰를 보면 동기부여가 되거든요." 그때 홍보실장이 머리를 긁적이며 말했다. "그런데... 이게 끝이 아닙니다. 방송 인터뷰가 끝나면 바로 다음 주에 신문 인터뷰도 있습니다." 사장이 놀란 눈으로 물었다. "뭐? 신문 인터뷰도 있다고?" 차용필이 중얼거렸다. "이거 예산 문제도 그렇고, 인터뷰만 하다 한 달 다 보내겠는데요..."

홍보실장이 서둘러 설명했다. "사실 신문 인터뷰는 방송과는 또 다르게 준비해야 합니다. 방송은 짧고 임팩트 있는 메시지가 중요하지만, 신문 인터뷰는 더 깊이 있는 내용이 필요하거든요. 독자들이 더 많은 정보를 원하기 때문에 정확한 수치와 분석을 곁들이는 게 효과적입니다." 조경영이 맞장구쳤다. "그렇죠. 신문 기사는 활자로 남고, 사람들이 두고두고 볼 수 있으니까요. 여기서는 회사의 장기적인 전략과 철학을 강조하는 게 중요합니다."

사장이 팔짱을 끼고 고민하더니 말했다. "그럼, 방송은 감성을, 신문은 이성을 자극하는 방식으로 가야겠군." 표관리가 고개를 끄덕였다. "방송에서는 시청자들에게 한눈에 각인될 수 있도록 메시지를 간결하게 정리하고, 신문에서는 우리 회사의 역할과 목표를 더 깊이 있게 전달하는 방향으로 준비하면 되겠습니다." 차용필이 눈을 가늘게 뜨며 말했다. "그럼, 신문 인터뷰에서는 올해 예산 계획도 언급해야겠네요. 돈이 어디로 가는지 국민들도 궁금해할 테니까요."

홍보실장이 씩 웃으며 답했다. "그 부분은 미리 자료를 정리해서 사장님이 부담 없이 이야기할 수 있도록 준비하겠습니다." 그러자 차용필이 고개를 갸웃했다. "그런데 말입니다. 요즘 우리 회사가 기부 화환을 도입하면서, 외부에서도 관심이 많잖아요? 신년 인터뷰에서 이런 부분도 언급하는 게 어떨까요?" 사장이 흥미로운 듯 고개를 끄덕였다. "좋은 아이디어군. 기부 화환은 단순한 홍보가 아니라 기업 이미지에도 긍정적인 영향을 줄 테니까." 홍보실장이 메모하며 덧붙였다. "그렇다면 인터뷰에서 사회적 가치와 연계한 기업 활동을 강조하는 것도 좋은 방향입니다. 기부 문화 확산에 동참하는 기업의 역할을 이야기하면 긍정적으로 다가갈 겁니다."

조경영이 미소 지으며 마무리했다. "그럼, 인터뷰 핵심 메시지는 '성과와 계획', '직원과 함께하는 성장', 그리고 '사회적 가치 실현'으로 정리하면 되겠네요." 사장이 만족스러운 듯 고개를 끄덕였다. "좋아. 이렇게 방향을 잡고 준비해 봅시다. 신년 인터뷰가 회사의 긍정적인 이미지를 만드는 계기가 되도록!"

회의실 안에는 긴장감 속에서도 자신감이 감돌았다. PR과 홍보, 두 가지를 제대로 활용하면 단순한 인터뷰가 아닌 강력한 메시지가 될 수 있다는 걸 모두가 알고 있었다.

CI 변경, 비용과 효과를 따져봐야 할 이유

회의실에 묘한 긴장감이 흘렀다. 사장이 앞에 놓인 자료를 가볍게 두드리며 입을 열었다. "우리 조직이 생긴 이후로 단 한 번도 CI(Corporate Identity)를 바꾼 적이 없습니다. 이제 시대도 변했고, 대외적으로도 새로운 이미지를 만들어야 하지 않을까요?" 홍보실장이 고개를 끄덕이며 말을 받았다. "맞습니다. 최근 다른 공공기관들도 최신 트렌드에 맞춰 CI를 리뉴얼하고 있습니다. 시대에 맞게 세련되게 바꾸면 기관의 이미지도 훨씬 현대적으로 보일 수 있죠."

남보원 판매본부장이 팔짱을 끼며 툭 내뱉었다. "아니, 그런데 공공기관 CI라는 게 그렇게 중요합니까? 기업처럼 소비자를 상대로 장사를 하는 것도 아닌데, 굳이 바꿔야 하나요?" 표관리가 조용히 끼어들었다. "CI와 BI(Brand Identity)는 조직의 정체성과 브랜드 이미지를 구축하는 데 중요한 요소입니다. 다만, 공공기관의 경우 CI 변경이 실질적으로 어떤 효과를 가져올지 자세히 따져봐야겠지요." 차용필 차장이 고개를 갸우뚱하며 물었다. "CI야 기업 로고 같은 거라고 보면 이해가 되는데, BI는 또 뭘 말하는 건지 감이 잘 안 옵니다."

홍보실장이 설명을 이어갔다. "CI는 기관의 정체성을 상징하는 로고와 색상, 디자인 요소 등을 포함한 개념이고요. BI는 특정 사업이나 서비스, 즉 대중과 직접 연결되는 브랜드의 정체성을 뜻합니다. 쉽게 말하면, 기업의 얼굴이 CI라면, 기업이 고객에게 제공하는 브랜드가 BI라고 보시면 됩니다." 차장이 여전히 잘 이해가 안 된다는 표정을 짓자, 홍보실장이 예시를 들었다. "예를 들어 농○을 생각해 보세요. '농○'이라는 회사의 로고는 CI입니다. 반면 '새○깡' 같은 개별 브랜드의 로고는 BI죠. 그러니까 CI는 회사의 이미지를 통합하는 것이고, BI는 그 회사가 제공하는 제품이나 서비스에 대한 정체성을 말하는 거예요." 차장이 고개를 끄덕였다. "아, 그러니까 회사의 간판이 CI고, 회사에서 만드는 제품 브랜드가 BI라는 거군요?" 홍보실장이 웃으며 맞장구쳤다. "네, 맞습니다!"

조경영 부장이 자료를 넘기며 한숨을 쉬었다. "그런데 CI를 바꾸려면 비용이 꽤 들 겁니다. 로고 디자인뿐만 아니라 간판, 서류 양식, 웹사이트, 유니폼까지 다 바꿔야 하잖아요. 그런 예산이 지금 우리에게 있나요?" 차장이 그 말을 듣고 재빠르게 덧붙였다. "그러게요. CI 변경하면 돈이 얼마나 들지 먼저 계산부터 해야 하는 거 아닙니까?" 사장이 고개를 끄덕이며 홍보실장을 바라봤다. "예산 문제는 어떻게 생각하고 있습니까?"

홍보실장이 신중하게 대답했다. "맞습니다. 예산이 가장 큰 문제죠. 하지만 CI를 단번에 전면 개편하는 게 아니라, 점진적으로 교체하는 방법도 고려할 수 있습니다. 기존 디자인을 크게 바꾸지 않고 현대적인 감각을 살리는 정도라면 비용 부담도 줄일 수 있습니다." 남보원이 여전히 납득이 가지 않는다는 듯 손을 흔들었다. "아니, 그렇게까지 돈 들여서 바꿀 필요가 있나요? 우리가 새 제품을 파는 것도 아니고, CI 바꾼다고 국민들이 관심을 가질까요?" 표관리가 조용히 한마디 덧붙였다. "CI는 단순한 로고가 아니라 기관의 철학과 방향성을 담는 상징입니다. 시대가 변하면서 기관의 역할도 변화하고 있죠. CI를 적절하게 조정하면 기관의 발전과 변화를 효과적으로 알릴 수 있습니다."

그때 차장이 다시 손을 들었다. "잠깐만요. CI를 바꾸면 BI도 바꿔야 하나요?" 홍보실장이 잠시 생각하더니 답했다. "꼭 그런 건 아닙니다. 하지만 CI가 바뀌면 BI와의 일관성이 중요해지죠. 예를 들어 CI에서 색상이나 서체가 바뀌면, 기존 BI와 조화를 이루도록 조정하는 게 필요할 수도 있습니다." 남보원이 툭 끼어들었다. "그럼, BI도 바꿔야 하는 거네요. 그러면 돈이 더 들겠네?" 조경영 부장이 다시 자료를 살폈다. "BI까지 건드리면 비용이 더 늘어나는 건 사실입니다. 다만, 기존 BI가 지금의 트렌드와 잘 맞는다면 굳이 변경할 필요는 없겠죠."

사장이 손을 들어 흐름을 정리했다. "결국 이렇게 보면 되겠군요. CI를 바꾸되, BI까지 건드릴지는 실무적으로 검토해야 한다. 기존 BI가 유지될 수 있다면 유지하고, 조정이 필요하면 최소한의 비용으로 개선한다. 맞습니까?" 홍보실장이 고개를 끄덕였다. "네, 그렇게 접근하는 게 현실적인 방법일 겁니다." 남보원이 팔짱을 풀며 한숨을 쉬었다. "알겠습니다. 하지만 예산 낭비가 되지 않도록 확실히 따져보시죠." 사장이 미소를 지으며 마무리했다. "결국 CI 변경이 단순한 디자인 작업이 아니라, 우리가 국민과 소통하는 방식의 변화라는 거죠. 예산과 실효성을 충분히 고려하면서, 점진적인 개편 방향을 모색해 봅시다."

회의실 안에 잠시 정적이 흘렀다. CI와 BI를 바꾸는 일이 단순한 디자인 변경이 아니라 조직의 정체성과도 연결된 문제라는 점을 모두가 실감하는 순간이었다.

조직과 사회가 함께 성장하는 사회공헌

점심시간이 끝난 후, 탁고민 대리는 커피 한 잔을 들고 자리로 돌아왔다. 경영평가 지표를 훑어보던 그는 고개를 갸우뚱했다. "사회공헌 활동?" 공공기관이 하는 일 자체가 사회공헌 아니었던가? 도로를 놓고, 전기를 공급하고, 공공서비스를 제공하는 것 자체가 국민을 위한 일이잖아? 그런데 또 사회공헌을 따로 해야 한다니...

혼잣말하던 탁고민이 갑자기 옆자리의 차용필을 불렀다. "차장님, 이것 좀 보세요. 사회적 책임 부문이 경영평가 지표에 포함됐네요. 공공기관이 하는 일 자체가 사회공헌인데, 또 따로 사회공헌 활동을 해야 하나요?" 차용필 차장이 문서를 살펴보며 고개를 끄덕였다. "그러게요. 사실 저도 예전엔 비슷한 생각을 했는데, 요즘은 좀 다르게 봅니다." "어떻게요?" "기업들도 그냥 장사만 하면 되지, 왜 기부하고 봉사 활동하는지 생각해 보면 이해가 될 겁니다. 사회공헌 활동은 기업 이미지뿐만 아니라 직원들의 자부심을 높이는 데도 중요하거든요."

그때 지나가던 조경영이 말을 보탰다. "맞아. 이제 국민들이 단순히 '공공기관이 일을 잘한다'라는 것만으로 만족하지 않거든. 기대 수준이 더 높아진 거지." 탁고민이 여전히 이해가 가지 않는다는 얼굴로 되물었다. "그래도 공공기관인데, 사회공헌을 따로 해야 할 정도로 부족한가요?" "부족하다기보단, 방향이 달라진 거지. 예전엔 공공기관이 본업만 잘하면 된다고 생각했는데, 이제는 '어떤 방식으로 사회적 가치를 창출하는가?'까지 평가받고 있어."

차용필이 고개를 끄덕이며 말을 이었다. "그렇죠. 저는 단순히 기부하는 것보다, 우리 조직의 전문성을 살려서 봉사활동이나 기술 지원 프로그램 같은 걸 하면 더 효과적일 것 같아요." 탁고민이 생각에 잠기더니 말했다. "예를 들면 어떤 게 있을까요?" 조경영이 미소를 지으며 답했다. "우리가 가진 기술이나 자원을 활용하는 거야. 예를 들어 기술부서에서 퇴직을 앞둔 선배들이 지역 중소기업이나 스타트업을 대상으로 기술 컨설팅을 해주는 것도 좋은 사회공헌이지." 탁고민이 눈을 반짝이며 맞장구쳤다. "아, 그러면 의미도 있고 우리 전문성도 살릴 수 있겠네요!"

그때 지나가던 기정연이 대화를 듣고 끼어들었다. "나는 이렇게 생각해. 사회공헌이 단순히 좋은 일 하는 걸로 끝나는 게 아니라, 우리가 해결해야 할 민원과도 연결될 수 있다고 봐." 탁고민이 의아한 표정을 지었다. "어떤 식으로요?" "예를 들어, 민원이 자주 발생하는 지역 주민들을 대상으로 봉사활동을 하거나 설명회를 열어서 신뢰를 쌓으면, 자연스럽게 갈등이 줄어들겠지. 그렇게 되면 우리 일하기도 더 편해지고." 조경영이 웃으며 맞장구쳤다. "그거 좋은 접근이네. 우리가 일방적으로 하는 게 아니라, 지역사회와 더 소통할 수 있는 계기가 되는 거지." 탁고민이 고개를 끄덕이며 중얼거렸다. "사회공헌 활동이 단순히 돈을 기부하는 게 아니라, 조직과 지역사회가 더 나은 관계를 맺는 방법이 될 수도 있겠네요."

그때 어디선가 들려오는 익숙한 목소리. "야, 너희 사회공헌 이야기하고 있어?" 안태남이 커피를 들고 다가오며 히죽 웃었다. "그러면 내 얘기를 빼놓을 수 없지." 탁고민이 의아한 얼굴로 물었다. "과장님도 사회공헌 활동 열심히 하세요?" "하, 열심이라기보단... 겨우겨우 점수 채운 경우지." "점수를 채운다고요?" "그럼~ 평소엔 대충 넘겼는데, 나중에 그게 다 기록으로 남는다는 말 듣고 얼마나 당황했는지 몰라."

"몰랐어? 사회공헌 활동 포인트가 승진 요소에 포함돼 있어. 실적만 좋다고 올라가는 게 아니더라고." 탁고민이 놀란 얼굴로 차용필을 쳐다봤다. 차용필이 고개를 끄덕였다. "맞아요. 일정 시간 이상 봉사활동을 해야 포인트를 받을 수 있어요. 요즘은 승진심사 때 사회공헌 활동 이력도 중요하게 봐요." 안태남이 한숨을 쉬며 말을 이었다. "나는 그걸 몰랐다가 승진 직전에서야 알았지, 뭐야. 급한 마음에 주말마다 여기저기 나가서 점수 채우느라 얼마나 고생했는데."

조경영이 웃으며 물었다. "그럼, 뭘 했는데?" "처음엔 봉사활동이라고 하면 멋있는 거 해야 할 줄 알고 다 찾아봤거든? 그런데 주말에 시간이 안 맞는 거야. 그래서 결국… 결국?" 안태남이 웃으며 말했다. "환경미화 봉사. 그것도 한 달 동안 공원 쓰레기 줍기." 탁고민이 웃음을 터뜨렸다. "과장님이 쓰레기 줍는 모습, 상상이 안 가는데요?" "웃지 마라. 나는 처음에 낙엽 줍는 거면 될 줄 알았어. 근데 한겨울이라 낙엽이 아니라 온갖 생활쓰레기들이더라."

기정연이 말했다. "그래도 의미 있는 일 했네." "그렇긴 하지. 하고 나니까 뿌듯하긴 하더라. 하지만 미리 알았으면 우리 조직 특성에 맞는 활동을 했을 거야. 그냥 점수 맞추려고 하는 게 아니라, 진짜 의미 있는 걸 해야지." 탁고민이 고개를 끄덕였다. "과장님 덕분에 하나 배웠네요. 저도 사회공헌 활동을 단순히 평가 항목이 아니라, 우리 조직과 지역사회가 상생할 수 있는 방향으로 고민해 봐야겠어요." 안태남이 흐뭇한 표정으로 탁고민의 어깨를 툭 쳤다. "좋았어. 이제 너도 나처럼 봉투 들고 공원 청소 가는 거야?" 탁고민이 황급히 손을 저었다. "아뇨, 저는 좀 더 전략적으로 고민해 볼게요!" 그러자 안태남이 킥킥 웃으며 말했다. "전략 좋지! 청소 구역은 내가 전략적으로 정해줄게."

모두가 웃음을 터뜨리며 커피를 마셨다. 사회공헌 활동이란 단순한 기부나 점수 채우기가 아니라, 조직과 사회가 함께 발전할 수 있는 중요한 과정이라는 걸 새삼 느끼는 순간이었다.

정보는 짧고, 소통은 실시간으로!

　점심시간이 지나고, 경영진 회의실에 하나둘씩 사람들이 모였다. 사장이 먼저 입을 열었다. "최근 직원들 사이에서 경영진이 어떤 활동을 하는지 더 알고 싶어 한다는 이야기를 들었습니다. 우리가 하는 일이 직원들에게 어떻게 전달되는지가 중요한데, 어떤 방법이 좋을까요?" 표관리 본부장이 바로 말을 받았다. "이미 회의자료를 정리해서 공유하고 있습니다. 그런데 문제는 사무실 직원들은 쉽게 볼 수 있지만, 현장 직원들은 접근이 어렵다는 거죠. 실시간으로 정보를 전달하는 게 쉽지 않아요."

　배다산 본부장은 팔짱을 끼며 고개를 저었다. "경영진의 활동에 관심이 있으면 누구든 찾아보면 되는 거 아닙니까? 우리가 별도로 소통 채널을 만드는 게 꼭 필요할까요? 그 시간에 실무를 더 챙기는 게 낫다고 봅니다." 그러자 남보원 본부장이 손을 들고 나섰다. "저는 다르게 생각합니다. 내부 직원 만족도도 중요한 요소예요. 직원들이 '우리 회사가 어떻게 돌아가는지' 알고 싶어 한다면, 우리가 정보를 적극적으로 제공해야죠. 사장님이 조직을 위해 다양한 활동을 하고 계시는데, 그걸 알릴 필요가 있습니다."

　"그렇다면 구체적으로 어떤 방법이 있을까요?" 사장이 관심을 보였다. 조경영 부장이 스마트폰을 만지작거리며 말했다. "요즘 긴 글이나 영상은 직원들이 잘 안 보더라고요. 차라리 짧은 영상, 그러니까 '쇼츠' 같은 걸 만들어보면 어떨까요? 주요 회의 내용을 짧게 요약해서 1~2분짜리 영상으로 올리는 거죠." 사장이 고개를 끄덕였다. "좋은 아이디어네요. 하지만 영상만으로 충분할까요? 직원들이 직접 경영진과 대화할 수 있는 공간도 있으면 좋을 것 같은데요."

표관리 본부장이 걱정스러운 표정을 지었다. "직원들이 직접 질문하는 공간이라면, 관리가 필요할 겁니다. 익명성이 보장되면 비판적인 의견이 많아질 수도 있고, 실명제라면 참여율이 낮아질 수도 있어요." 배다산 본부장이 다시 나섰다. "저는 이런 게 걱정됩니다. 직원들이 사장님과 직접 소통할 수 있는 채팅방 같은 게 생기면, 정말 필요한 이야기보다는 사소한 질문이나 불만이 넘칠 가능성이 큽니다. 감당이 되겠습니까?" 남보원 본부장이 웃으며 맞받아쳤다. "배 본부장님, 그렇다고 직원들과의 소통을 막아둘 수는 없잖아요? 오히려 직접 소통할 기회를 주면, 직원들이 조직에 대한 신뢰를 더 가질 수도 있습니다. 그걸 잘 운영하는 게 중요하죠."

사장이 팔짱을 끼고 고민하는 표정을 지었다. "정리해 보면, 짧은 영상으로 회의 내용을 공유하고, 직원들이 직접 질문할 수 있는 소통 창구도 마련하는 게 필요하다는 거군요." 조경영 부장이 고개를 끄덕였다. "네. 그리고 실시간 방송도 고려할 수 있죠. 중요한 경영 현안을 다루는 회의는 직원들이 볼 수 있도록 생방송하고, 주요 내용을 따로 정리해서 공유하면 접근성이 좋아질 겁니다."

표관리 본부장이 한숨을 내쉬었다. "영상 제작, 생방송, 채팅방 운영... 업무가 늘어나는 건 아닌지 걱정되네요." 남보원 본부장이 자신만만한 표정을 지었다. "업무라고 생각하지 말고, 직원들의 만족도를 높이는 투자라고 봅시다. 내부 직원들이 회사를 신뢰하고 소속감을 느끼면, 결국 우리 성과로 돌아올 겁니다. 기분 좋아진 직원들이 자발적으로 회식도 잡고, 안태남 과장한테 먼저 말도 걸고요."

사장이 미소를 지으며 마무리하려던 순간, 조경영 부장이 손을 들었다. "그런데 한 가지 중요한 문제가 남아 있습니다." 사장이 흥미로운 표정을 지었다. "어떤 문제죠?" "소통 채널을 만든다고 해도, 직원들이 정말 만족하는지 어떻게 확인하느냐는 거죠. 아무리 좋은 의도로 만든다 해도, 직원들이 반응이 없거나, 오히려 불편해하면 의미가 없습니다." 표관리 본부장이 맞장구쳤다. "그렇죠. 만든 후에 피드백을 받아야 하는데, 그냥 몇몇 직원들한테 물어볼 수는 없잖아요. 전사적으로 의견을 모을 방법이 필요합니다."

배다산 본부장이 팔짱을 풀고 생각에 잠겼다. "음... 설문조사를 하면 어떨까요? 정기적으로 직원들에게 소통 채널이 도움이 되는지 묻고, 개선할 점을 찾는 겁니다." 남보원 본부장이 고개를 저었다. "설문조사도 좋지만, 너무 형식적이면 반응이 안 좋을 겁니다. 차라리 소통 채널 내에서 '이 콘텐츠 어땠나요?' 같은 간단한 피드백 버튼을 두면 어떨까요? 클릭 한 번이면 의견을 줄 수 있게요." 조경영 부장이 손뼉을 쳤다. "좋은 아이디어네요! 그리고 댓글 기능도 추가하면 어떨까요? 직원들이 의견을 자유롭게 남길 수 있도록요."

표관리 본부장이 다시 걱정스러운 표정을 지었다. "자유롭게 남길 수 있는 건 좋은데, 너무 과열되거나 감정적인 댓글이 많아지면 관리가 어렵지 않을까요?" 사장이 생각에 잠기더니 말했다. "그러면 일정 기간마다 오프라인 간담회를 열어보는 건 어떨까요? 온라인 소통 채널을 운영하면서, 직접 만나서 이야기하는 자리도 마련하는 겁니다. 직원들이 온라인에서 못한 말들을 직접 하면서 신뢰를 쌓을 수도 있겠죠."

배다산 본부장이 고개를 끄덕였다. "좋네요. 결국 중요한 건 직원들이 체감할 수 있어야 한다는 거니까요." 남보원 본부장이 활짝 웃었다. "좋습니다. 그러면, 요약하자면 ① 짧은 영상으로 정보 제공, ② 실시간 소통 채널 운영, ③ 간단한 피드백 기능 추가, ④ 정기적인 간담회로 직접 소통. 이 네 가지 방향으로 가는 거군요?" 사장이 만족스럽게 고개를 끄덕였다. "맞습니다. 시범 운영을 해보고, 피드백을 반영하면서 개선해 나갑시다. 우리 조직의 내부 만족도를 높이는 일이 결국 회사의 성과로 돌아올 테니까요."

회의실에는 활기가 돌았다. 경영진들은 단순히 정보를 전달하는 것이 아니라, 직원들이 실질적으로 체감할 수 있는 소통을 만들기 위해 다시 한 번 머리를 맞대기로 했다.

소모품 관리, 절약과 효율의 균형 맞추기

 연말이 다가오자, 총무과 사무실은 소모품 정리와 예산 집행 문제로 분주했다. 오래된 책상과 의자 교체를 검토하고 있었지만, 직원들의 요구와 예산 사이에서 적절한 균형을 찾기가 쉽지 않았다. "부장님, 오래된 의자랑 책상을 교체하려고 하는데, 직원들 요청이 꽤 많습니다." 조경영 부장이 고개를 끄덕이며 물었다. "어느 정도 규모야?" "의자 20개, 책상 15개 정도요. 특히 몇몇 직원들은 책상이 멀쩡한데도 바꿔 달라고 하는데… 그냥 새 걸 쓰고 싶어서 그런 것 같아요."

 "흠… 진짜 불편한 직원들 위주로 해야겠지?" "그렇죠. 문제는 멀쩡한 책상을 교체해달라는 직원들이 더 적극적이라는 겁니다. 정말 필요한 사람이 누구인지 판단하는 게 어렵네요." 조경영 부장이 팔짱을 끼고 생각에 잠겼다. "그러면 이렇게 하자. 먼저 구입 연도랑 상태를 종합적으로 판단해서 우선순위를 정해. 그리고 수리가 가능한 건 고쳐서 계속 쓰는 걸로 하자." "그럼, 수리 가능 여부도 확인해야겠네요." "그래야지. 괜히 멀쩡한 거 버리고 새로 사는 건 낭비야."

 옆에서 듣고 있던 차용필 차장이 헛웃음을 지으며 말했다. "다들 참 욕심 많네요. 외근이 잦은 직원들은 하루 종일 사무실에 있는 것도 아닌데, 의자가 그렇게 중요할까요?" 총무과장이 한숨을 쉬었다. "그런 말 했다가 직원들한테 찍힙니다. 의자가 편해야 업무 효율이 오른다고 하더라고요." "그럼, 나는? 난 하루 종일 숫자랑 씨름하는데, 내 의자는 바꿔주나요?" "차장님 의자는 아직 멀쩡하잖아요." "그래, 내 것도 아직은 쓸 만한데,

요즘 왜들 그렇게 새 걸 원할까."

며칠 후, 총무과 직원이 와서 보고했다. "과장님, 지난주에 요청하신 직원들 책상, 의자 교체 완료됐습니다." "오, 잘했어. 근데 가장 적극적으로 요청했던 김 대리는 어때? 좋아하겠네?" 총무과 직원이 머뭇거리며 말했다. "어... 김 대리님이 계속 외근 중이셔서요. 한 번도 안 앉아보셨어요." "뭐?" 총무과장이 황당한 얼굴로 되물었다. "그럼 새 책상, 새 의자만 덩그러니 사무실을 지키고 있다고?" "네. 깨끗한 상태 그대로입니다."

차용필 차장이 키득거리며 말했다. "그래서 제가 말했잖아요. 외근이 잦은 직원들은 사무실에 잘 있지도 않다고. 그럼, 이건 뭐야? 사무실에 전시해 놓으려고 바꿔준 건가?" 조경영 부장이 눈살을 찌푸렸다. "김 대리 언제 돌아와?" "어... 내일도 외근이고, 모레는 출장이라 다음 주쯤에야 올 것 같습니다." 총무과장이 한숨을 푹 내쉬었다. "하아... 그러니까, 멀쩡한 거 버리고 새것 사야 한다고 그렇게 조르더니, 정작 본인은 쓸 시간도 없었다는 거네?" "네, 뭐... 현재로서는 그렇습니다."

차용필 차장이 웃으며 말했다. "그러면 김 대리한테 의자가 편한지 불편한지 직접 물어볼 수도 없겠네요? 한 번도 안 앉아봤으니까." "이거 진짜... 예산을 제대로 써야겠다 싶네요." 조경영 부장이 고개를 끄덕였다. "그러니까, 예산도 마찬가지야. 무조건 아낀다고 좋은 게 아니고, 무조건 새 걸 산다고 좋은 것도 아니야. 필요한 곳에 제대로 써야 한다는 거지."

그렇게 말하곤 프린터기 쪽을 돌아보았다. 그런데 차용필 차장이 프린터기와 씨름하고 있었다. "뭐야, 또 종이 걸렸어?" 차용필 차장이 이면지를 프린터에 넣어 출력하려다가 종이가 걸려 난처한 표정을 짓고 있었다.

"아, 진짜! 아끼려다 이럴 줄 알았어." 총무과장이 키득거리며 말했다. "차장님, 절약도 좋지만, 적당히 하셔야죠. 그러다 프린터 망가뜨리면 새로 사야 할 수도 있어요." 차용필 차장이 인상을 찌푸렸다. "뭐든지 균형이 중요하단 거지? 너무 아끼면 손해 보고, 너무 쓰면 낭비고." "그러니까요. 책상과 의자도 그렇고, 종이도 그렇고, 필요한 곳에 적절히 써야죠."

조경영 부장이 고개를 끄덕이며 정리했다. "다음부터는 이런 일 없도록 진짜 필요한 곳에 예산을 잘 쓰자. 그리고 직원들한테도 납득할 만한 설명을 해줘야 해. 그러면 불만이 덜할 거야." 총무과장이 깊게 고개를 끄덕였다. "네, 부장님. 다음부터는 더 신중하게 하겠습니다."

소모품과 비품 교체, 그리고 절약. 어느 것 하나 쉬운 일이 아니었지만, 결국 중요한 것은 합리적인 소비와 균형을 맞추는 것이었다.

전산 관리, 클릭 한 번의 실수와 유혹

"귀하의 신용카드 연체가 있습니다." 남보원은 모니터를 보며 인상을 찌푸렸다. "이게 뭐야? 카드 연체? 난 그런 거 없는데…" 순간 찜찜한 기분이 들었지만, 혹시라도 착오가 있나 싶어 무심코 클릭했다. 그런데 그 순간, 화면이 깜빡이더니 컴퓨터가 이상하게 느려졌다. "뭐야, 이거?" 파일들이 하나둘씩 자동으로 열리더니, 마우스가 말을 듣지 않았다. 불길한 예감이 스쳐 지나갔다.

사무실 한쪽에서 자료를 정리하던 안태남이 남보원의 표정을 보고 다가왔다. "본부장님, 무슨 일 있으세요?" "이상한 메일이 와서 열었는데, 갑자기 컴퓨터가 멈추고 이상하게 돌아가네. 마우스도 안 움직이고." 안태남이 모니터를 보더니 눈이 커졌다. "설마… 방금 무슨 메일이었어요?" "카드 연체 어쩌고 하는 건데." 안태남이 입을 틀어막았다. "본부장님! 혹시 스미싱(smishing) 아닙니까?"

"스미싱? 그게 뭐야?" "사기 문자나 메일을 보내서 링크를 클릭하게 만든 다음, 악성코드를 심거나 개인정보를 빼가는 해킹 기법이에요! 얼른 전산실에 연락해야 해요!" 남보원이 급히 전화기를 들었다. "여보세요! 전산실이죠? 내 컴퓨터가 이상해. 바이러스 걸린 거 같아!" 전산과장이 다급한 목소리로 대답했다. "본부장님! 일단 전원을 끄고, 인터넷 선을 뽑아주세요!" "인터넷 선? 요즘 다 와이파이 쓰잖아! 뭘 뽑으라는 거야?" 안태남이 재빨리 남보원의 책상 뒤로 가서 랜선을 찾았다. "여기요, 본부장님! 컴퓨터 뒤쪽에 꽂혀 있는 이 선이 유선 인터넷이에요. 지금 빼겠습니다!"

그는 곧바로 랜선을 뽑았다.

 몇 분 후, 조경영 부장이 사무실로 들어오며 상황을 파악했다. "무슨 난리야? 무슨 문제 생겼어?" 남보원이 땀을 닦으며 말했다. "아니, 그냥 카드 연체라고 해서 클릭했는데... 갑자기 컴퓨터가 먹통이 돼서." 조경영 부장이 한숨을 쉬었다. "아이고... 본부장님, 요즘 사기 메일 얼마나 많은데! 클릭하기 전에 한 번 더 확인하셨어야죠!" "그러게. 근데 난 이런 거 처음 당해봐서..." 전산과장이 노트북을 들고 와 점검을 시작했다. "다행히 바로 차단하셔서 심각한 피해는 없을 것 같습니다. 그래도 혹시 모르니까 데이터 백업 확인하고, 보안 점검 한 번 하겠습니다."

 "이거 만약 내가 아무 조치도 안 했으면 어떻게 됐을까?" "아마 회사 시스템이 감염돼서 중요 자료가 유출되거나, 랜섬웨어에 걸려서 모든 파일이 암호화될 수도 있었겠죠." 남보원이 얼굴이 하얘졌다. "이거 생각보다 심각한 문제였네... 앞으로 조심해야겠어." 조경영 부장이 고개를 끄덕였다. "맞아. 회사 전산 관리가 얼마나 중요한데. 특히 보안 사고 한 번 터지면 공공기관은 신뢰 문제가 걸려서 더 심각해져." 전산과장이 컴퓨터를 점검하며 덧붙였다. "앞으로 외부에서 오는 의심스러운 메일은 절대 클릭하지 마시고, 모르는 링크도 함부로 누르지 마세요. 그리고 보안 교육도 정기적으로 받으시는 게 좋겠습니다."

 남보원이 머쓱한 얼굴로 말했다. "알겠어... 다들 그만 웃고! 앞으로 전산 보안 교육 다 같이 받는 걸로 하자. 나만 이런 실수할 순 없지 않겠어?" 안태남이 키득거리며 말했다. "본부장님이 직접 사례가 되어주셨네요. 직원들 교육할 때 실감 나겠어요!" "너 웃지 마! 너도 조심해!"

그렇게 한바탕 소동이 끝난 뒤, 남보원은 뭔가 찜찜한 얼굴로 다시 메일함을 열었다. "어라? 이건 뭐지?"

제목: "축 당첨! 유럽 여행 10박 11일 무료 여행권!"

남보원의 눈이 번쩍 뜨였다. "이야... 이게 웬 횡재야?" 그는 한참을 고민했다. "아니야, 설마 또 사기겠지? 근데... 진짜 당첨된 걸 수도 있잖아? 내 이름으로 왔는데?" 그는 마우스를 살짝 올려놓고 클릭할까 말까 고민하다가, 조경영 부장의 불호령이 떠올랐다. "무조건 클릭하기 전에 확인하랬지요..."

그 순간, 옆에서 안태남이 힐끗 화면을 보았다. "본부장님, 설마 또 클릭하시려고요?" 남보원이 흠칫 놀라며 화면을 얼른 가렸다. "아니야! 그냥... 확인만 해보려던 거야!" 안태남이 눈을 가늘게 뜨며 말했다. "혹시 여행 가고 싶으신 거 아니죠?" "아니, 그냥... 혹시 모르니까... 너라면 안 눌러 보겠어?" "전 당연히 안 누르죠. 본부장님, 아까 바이러스 걸렸던 거 벌써 잊으셨어요?" "그, 그렇긴 한데..." 그때, 전산과장이 지나가다 메일 제목을 보고 정색했다. "본부장님, 지금 그거 누르시면 전산실에서 바로 호출합니다."

남보원이 황급히 마우스를 치우며 쿨하게 말했다. "흥, 누가 누른대? 난 그런 거에 안 속아!" 안태남이 웃으며 말했다. "다행이네요. 혹시 모르니까, 앞으로 본부장님 메일은 전산실에서 필터링해 드릴까요?" "됐거든! 나도 이제 조심할 거야!" 남보원이 단호하게 말했다. 그러나 그는 속으로 생각했다. "에이, 그래도 혹시 모르니까... 몰래 확인해 볼까?" 그 순간, 전산과장이 옆에서 다시 말했다. "본부장님, 지금 또 이상한 생각 하셨죠?" 남보원은 손을 머리에 올리며 웃었다. "아, 내가 너무 솔직했나?"

이번 사건을 계기로 회사 내 보안 교육이 더욱 강화되었고, 남보원도 스미싱과 해킹 메일에 대해 철저하게 대비하기 시작했다. 클릭 한 번의 실수가 어떤 위험을 초래할 수 있는지 뼈저리게 느낀 하루였다.

여름, 온도계의 전쟁

사무실 문을 열자마자 시원한 바람이 훅 끼쳐왔다. "어라? 오늘 에어컨 왜 이렇게 일찍 틀었지?" 조경영이 사무실을 둘러보며 중얼거렸다. 평소라면 한참을 더 더워야 에어컨이 가동되는데, 오늘은 벌써 서늘했다. 그때, 한쪽에서 탁고민이 땀을 닦으며 다가왔다. "부장님! 드디어 시원한 사무실이 완성됐습니다!" "...뭔 소리야? 오늘 에어컨을 네가 틀었어?" "아뇨, 규정상 온도 기준을 넘어야 에어컨이 켜지잖아요. 그래서 온도계를 가장 더운 곳으로 옮겼죠."

조경영이 눈을 가늘게 뜨며 물었다. "그럼, 원래 온도계가 어디 있었는데?" "창가 근처였어요. 바람도 통하고, 비교적 시원한 곳이었죠." "그걸 어디로 옮긴 거야?" 탁고민이 자랑스럽게 웃으며 손을 뻗었다. "저기요!" 조경영이 손가락 끝을 따라 시선을 옮겼다. 사무실 한쪽, 복사기와 프린터가 몰려 있는 공간. "...설마 복사기 옆이냐?" "네! 프린터랑 복사기가 돌아가면 열이 장난 아니거든요. 제가 가서 서 있어 보니까 여기가 사무실에서 제일 덥더라고요. 그래서 온도계를 여기다 두고, 사진 찍어서 설비과장님께 보냈어요!"

조경영이 어이없다는 듯 탁고민을 쳐다봤다. "너... 정말 필사적이구나." "부장님, 전 여름철이 너무 힘들어요. 겨울엔 껴입으면 되지만, 여름은 벗어도 한계가 있잖아요!" 그때, 설비과장이 들어오며 한숨을 쉬었다. "탁대리, 너 또 이상한 짓 했지?" "아니에요! 정당한 방법으로 에어컨을 틀게 한 거예요!" 설비과장이 핸드폰을 꺼내 사진을 보여줬다. 온도계가 프린터

위에 덩그러니 놓여 있는 모습이었다. "이거 네가 보낸 사진 맞지?" 탁고민이 당당하게 고개를 끄덕였다. "네, 사무실에서 제일 더운 곳을 찾아서 온도를 측정했죠!"

설비과장이 한숨을 쉬며 머리를 긁적였다. "탁 대리야... 온도계는 건물의 평균적인 온도를 측정할 수 있는 위치에 둬야 해. 그래야 모든 직원에게 공평한 기준이 적용되지." "근데 저는 더위를 유독 많이 타서... 저한테 기준을 맞춰주시면 안 되나요?" "그러면 다른 직원들은 춥다고 난리 나겠지. 작년에도 에어컨 온도 낮췄다가 감기 걸렸다고 항의 들어왔잖아." 조경영이 웃으며 거들었다. "탁 대리는 여름엔 사무실에서 제일 시원한 자리로 옮겨야 할 판이네."

설비과장이 팔짱을 끼고 말했다. "탁 대리, 조금만 참아. 올해 냉난방기 교체 예산이 반영됐어. 조만간 에너지 효율 좋은 최신 설비로 바꿀 거야." 탁고민이 눈을 반짝였다. "진짜요? 그럼, 온도 조절이 더 자유로워지나요?" "그렇지. 지금처럼 극단적으로 더운 곳만 측정해서 억지로 에어컨 틀 필요 없이, 전반적인 온도를 더 세밀하게 조정할 수 있어." 조경영이 고개를 끄덕이며 말했다. "장기적으로 보면 초기 투자 비용이 들어가도 전기료 절감 효과가 크겠네." 설비과장이 미소를 지으며 덧붙였다. "그렇죠. 전력 사용량도 줄어들고, 직원들도 만족할 테니까요." 탁고민이 환하게 웃으며 말했다. "그럼, 다음 여름엔 온도계를 옮기지 않아도 되겠네요!" 설비과장이 단호하게 대답했다. "맞아. 그러니까 그때까진 얌전히 있어."

그때, 탁고민의 휴대전화가 울렸다. 신설 기관에 근무하는 동기에게서 온 전화였다. "어, 동기야! 뭐? 너희 기관은 올여름이 처음이라 냉난방 기준이 없다고?" 조경영과 설비과장이 슬쩍 탁고민을 쳐다봤다. "야, 그러면 지금 기준 확실하게 잡아둬야 해. 여름엔 에어컨을 풀가동해서 '우리는 원래 이 정도는 틀어야 한다'라고 기준을 높여놔야 해. 그래야 내년에도 넉넉하게 틀 수 있다고!"

설비과장이 헛웃음을 지었다. "이 친구, 아주 장기적인 전략까지 세우네." "그럼! 여름엔 더울 때 기준을 높여야 겨울에도 난방을 넉넉하게 쓸 수 있는 거라니까요!" 조경영이 웃으며 물었다. "너, 이걸 혼자만 알고 있을 때는 괜찮았는데, 이제 신설 기관까지 컨설팅하는 거야?" 탁고민이 당당하게 말했다. "네! 냉난방 생존 전략, 전국적으로 퍼뜨릴 겁니다!" 설비과장이 혀를 끌끌 차며 말했다. "제발 우리 회사 기준부터 제대로 지켜." "네, 네~" 하지만 탁고민은 이미 동기에게 신설 기관의 에어컨 온도를 22도로 맞추라고 조언하는 중이었다.

그렇게 탁고민의 여름 생존 전략은 실패로 돌아갔지만, 전국의 신설 기관에서는 새로운 냉난방 기준이 만들어지고 있었다. 여름은 여전히 길고 더웠지만, 적어도 탁고민은 사계절 내내 따뜻한(?) 사무실을 꿈꾸며 오늘도 전략을 짜고 있었다.

경비아저씨의 직함 고민

출근길, 사무실 입구에서 경비아저씨가 신문을 넘기고 있었다. 차용필은 자연스럽게 인사를 건넸다. "아저씨, 안녕하세요?" "오, 차장님! 오늘도 출근이 빠르십니다!" 가볍게 웃으며 지나가려는데, 뒤에서 작은 한숨이 들렸다. 고개를 돌려보니 경비아저씨가 괜히 신문을 정리하며 투덜거렸다. "요즘은 인기가 없네, 없어…"

차용필이 걸음을 멈췄다. "아저씨, 무슨 일 있어요?" "아, 아닙니다. 별 거 아니에요. 차장님은 늘 잘 챙겨주시니까요. 근데 요즘 누구는 너무 편애를 받는 것 같아서 말이죠." "네?" 경비아저씨가 힐끔 건물 안을 가리켰다. 그 끝엔, 탁고민이 청소 아줌마 옆에서 허리를 숙이며 뭔가를 건네고 있었다. "여사님, 손 시리실까 봐 장갑 샀어요!" "아이고, 탁 대리. 뭘 이런 걸 다 사 와요?" "아니에요! 겨울엔 손이 따뜻해야 일할 맛이 나죠!" "우리 대리는 사람이 참 정이 많아!"

그 장면을 보고 있던 경비아저씨가 한숨을 내쉬었다. "여사님, 여사님… 참 좋은 호칭이야." 차용필이 웃음을 참지 못했다. "아저씨, 설마 질투하시는 거예요?" "질투라니, 그런 건 아니고…" 그러더니 신문을 접으며 푸념을 늘어놓았다. "처음엔 '청소 아줌마'였다가, 어느새 '청소 여사님'이 됐잖아. 근데 나는 여전히 '경비아저씨'야. '경비 선생님'도 아니고, '경비 여사님'도 아니고, 그냥 경비아저씨!" 차용필은 웃음을 터뜨렸다. "아저씨, '경비 여사님'은 좀 그렇잖아요." "그러니까! 나도 좀 품격 있는 호칭이 필요하다고! '경비 팀장님'이라든가, '보안 책임자님'이라든가!"

차용필이 장난스럽게 고개를 끄덕였다. "그럼, 아저씨 말고 '경비님'이라고 부를까요?" "음... 경비님... 나쁘지 않네?" 그때, 멀찍이서 탁고민이 다가왔다. "아, 차장님 여기 계셨군요!" 경비아저씨는 그를 보자마자 바로 표정을 굳혔다. "탁 대리, 나한테 할 말 없나?" "네? 무슨 말씀이세요?" "청소 여사님한테만 장갑 챙겨주고, 나는?" 탁고민이 머리를 긁적이며 눈치를 봤다. "아, 그게... 아저씨는 경비실에서 계시니까 따뜻할 줄 알았죠..." "그래? 그러면 됐어!"

경비아저씨가 휙 돌아서자, 차용필이 슬쩍 한마디 했다. "탁 대리, 큰일 났어. 아저씨 서운해하신다." "에이, 설마요?" "진짜야. 아까도 '경비아저씨'라는 호칭이 너무 평범하다고 한숨 쉬시던데?" 탁고민은 순간 당황한 듯 식은땀을 흘렸다. "그럼... 어떻게 불러드려야 하죠?" "경비 팀장님?" "보안 책임자님?" "안전 수호자님?" 셋에서 이런저런 직함을 고민하는 사이, 경비아저씨가 천천히 돌아서며 입꼬리를 올렸다. "좋아. 내일부턴 '경비대장님'으로 불러." 탁고민이 당황하며 소리쳤다. "네?? 대장님이요?" "왜? 별로야?" "아니... 멋있긴 한데... 너무 위엄이 넘치잖아요." "좋아, 그러면 '경비 교수님' 어때?" "교수님은 좀..."

그때, 청소 여사님이 지나가며 웃으며 한마디 했다. "그냥 '경비 선생님'이 제일 낫겠구먼. 깔끔하니 딱 좋네!" 경비아저씨가 만족스럽게 고개를 끄덕였다. "그래, 그럼 이제부턴 '경비 선생님'으로 불러!" 그날 이후, 사무실에서는 '경비아저씨' 대신 '경비 선생님'이라는 호칭이 정착되었다. 이후 탁고민은 매일 아침 문을 열고 들어오며 이렇게 인사했다. "청소 여사님, 오늘도 고생 많으십니다!" "경비 선생님, 오늘도 멋지십니다!" 그 모습을 보며 차용필이 흐뭇하게 미소를 지었다.

경비아저씨의 직함 고민

효율적인 회의, 길게 할 필요 있나요?

사장이 테이블을 두드리며 입을 열었다. "회의 많은 조직치고 잘되는 조직은 없다는 말도 있잖아... 우리 회의, 좀 많지 않나? 조경영이 헛기침하며 눈치를 봤다. "그러게요... 요즘은 회의 없는 날이 오히려 드문 것 같습니다." "그렇다고 회의를 안 할 수도 없고. 어떻게 하면 효율적으로 할 수 있을까?"

표관리가 기다렸다는 듯이 노트를 펼쳤다. "우선, 회의 전에 미리 안건을 명확하게 정리해야 합니다. 그리고 총회의 시간과 개인별 발표 시간을 정해두어 불필요한 말이 안 나오게 해야죠." 이 말을 듣던 회의 담당 직원의 표정이 밝아졌다. 하지만 남보원이 팔짱을 끼고 고개를 저으며 말을 이었다. "그것도 중요하지만, 난 회의 후 실행이 더 중요하다고 봅니다. 논의만 하다가 끝나면 의미가 없어요. 회의 끝나면 바로 실행 계획이 나와야죠!" 회의 담당자의 표정이 다시 조금 어두워졌다.

조경영이 끄덕이며 덧붙였다. "그리고 중요한 회의는 회의록을 작성해서 보관하고, 내용을 요약해서 참석자들에게 공유하는 게 어떨까요?" 회의 담당자의 입술이 굳어지기 시작했다. 사장이 고개를 끄덕이며 메모했다. "좋아, 그러면 정리해 보자. 첫째, 회의 전에 안건을 정리하고 발표 시간을 정한다. 둘째, 회의 후엔 실행 계획을 확실히 정해서 공유한다. 셋째, 중요한 회의는 회의록을 남긴다. 이 정도면 되겠지?"

표관리가 한 가지를 더 추가했다. "그리고 마지막으로, 회의 시간 자체를 줄입시다. 필요 이상으로 길어지는 게 가장 큰 문제니까요." 남보원이 웃으며 손을 들었다. "좋아요. 그러면 첫 번째 실험으로, 오늘 이 회의는 여기서 끝내는 걸로 하죠?" 이 말을 듣자마자 회의 담당자의 얼굴이 환하게 밝아졌다. 사장이 시계를 보더니 만족스럽게 고개를 끄덕였다. "좋다! 다들 해산!" 그렇게 역대 가장 짧고 효율적인 회의가 끝났다.

법무 자문, 경험과 절차 사이

사무실에 긴장감이 감돌았다. 입찰공고안을 두고 의견이 엇갈리면서 분위기가 묘하게 흘렀다. "이거 입찰 참가 제한 너무 강한 거 아닙니까? 기준이 과하게 엄격하면 참가업체가 아예 없을 수도 있겠어요." 차용필이 서류를 보며 말했다. "작년에도 비슷한 조건으로 진행했는데, 아무 문제 없었어." 기정연이 단호하게 답했다. "공사 일정이 빠듯한데, 이런 걸로 지연되면 곤란해." "그래도 법무팀에 한 번 확인해 보는 게 좋을 것 같은데요?" 조경영이 조심스럽게 의견을 냈다. "입찰 참가 제한은 중요한 사안이라 법적으로 문제 될 가능성을 최소화해야 합니다."

기정연은 한숨을 쉬며 손을 내저었다. "아니, 도대체 왜들 이러는 거야? 법무팀에 묻기만 하면 뭐든지 해결되나? 경험적으로 전혀 문제 될 게 없다니까." 그러나 차용필은 포기할 생각이 없었다. "부장님, 경험이 중요하다는 거 압니다. 하지만 법이 바뀌었을 수도 있고, 혹시 놓친 부분이 있을 수도 있잖아요. 큰일 나기 전에 한 번 확인해 보자는 겁니다." 기정연은 머리를 긁적이며 툭 던졌다. "그렇게 법무팀 찾아가면, 한참 질질 끌다가 '결국 책임은 실무자가 진다'라는 말만 듣고 올 텐데." 조경영이 웃으며 거들었다. "그래도 최소한 '우린 확인했다'라는 명분은 생기잖아요. 일이 터지고 나서 '몰랐다'라고 하는 것보다야 낫죠."

기정연은 여전히 미심쩍은 표정이었지만, 결국 서류를 밀어놓았다. "됐어, 됐어. 그냥 알아보든가 해. 근데 한 가지만 명심해. 이거 법무팀에 보냈다가 기한 못 맞추면, 책임 너희들이 져야 해." 탁고민이 작은 목소리로 중얼거렸다. "책임은 결국 다 같이 지는 거 아닌가…" 차용필이 활짝 웃으며 서류를 챙겼다. "그럼, 법무팀에 다녀 오겠습니다!"

며칠 뒤, 법무팀에서 답변이 도착했다. "입찰공고(안) 내 참가 제한 요건이 법률상 위배 요소가 있어 재공고해야 함." 이메일을 확인한 차용필이 기정연을 바라봤다. "부장님… 보셨죠?" 기정연은 모니터를 뚫어져라 쳐다보았다. 눈을 몇 번 깜빡이더니, 화면을 손으로 툭툭 쳤다. "이거… 진짜 재공고해야 한다고?" 탁고민이 고개를 끄덕였다. "네, 법무팀에서 확답을 줬습니다. 만약 이대로 진행했다면 입찰 무효 가능성이 컸다고 하네요."

기정연은 황당한 표정으로 모니터를 바라보다가 입술을 삐죽 내밀었다. "아니, 작년에도 이렇게 했다고. 그땐 문제없었는데…" 조경영이 어깨를 으쓱하며 말했다. "법이 바뀌었거나, 작년에 운이 좋았던 거겠죠. 어쨌든 지금은 이게 맞는 절차니까요." 기정연은 깊은 한숨을 내쉬었다. "하… 결국 다시 공고 올려야겠네. 공사 일정 또 밀리겠구먼." 그러면서 혼잣말처럼 중얼거렸다. "이럴 땐 경험도 소용없네…"

탁고민이 씩 웃으며 말했다. "그러게요, 법무팀이 괜히 있는 게 아니었네요." 기정연은 눈을 가늘게 뜨며 탁고민을 쳐다봤다. "너 지금 좀 즐기는 것 같지 않냐?" 탁고민은 황급히 고개를 저었다. "아니죠, 전혀요! 그냥… 음, 예방이 중요하다는 걸 다시 배우게 되었다는 뜻입니다!" 기정연은 투덜거리며 자리에서 일어났다. "됐어, 됐어. 재공고 작업 들어가자고. 그래도 다음부턴 내 경험보다 법부터 확인하는 게 낫겠군." 차용필이 미소를 지었다. "이게 바로 '경험'이죠, 부장님." 기정연은 헛웃음을 터뜨렸다. "됐다, 됐어. 일이나 하자고!"

재택근무와 유연근무제, 누구를 위한 제도인가?

점심시간이 지나고, 사무실에는 커피 향이 은은하게 퍼졌다. "차장님, 저도 유연근무제 하고 싶어요. 방법이 없을까요?" 탁고민이 간절한 눈빛으로 차용필을 바라봤다. 차용필은 커피를 한 모금 마시며 천천히 입을 열었다. "있긴 한데... 너 육아휴직 쓸 거야?" "아니요, 아직 결혼도 안 했는데요?" "그럼, 안 돼." 탁고민은 깊은 한숨을 내쉬며 의자에 기대어 몸을 늘어뜨렸다. "아, 그러니까요. 꼭 애를 낳아야만 유연근무를 할 수 있는 건가요? 저도 재택근무나 유연근무제 하고 싶다고요!"

차용필은 어깨를 으쓱했다. "그러면 결혼부터 하든가. 국가에서도 저출산 문제로 고민이 많으니까 너 같은 젊은이들이 빨리 결혼해서 애 낳아주면 서로 좋은 거 아니냐?" "유연근무 하려고 결혼한다고요? 와... 이게 현실이구나." 조경영이 한숨을 쉬며 말을 거들었다. "재택근무든 유연근무든 핵심은 성과 측정이야. 회사로서는 '집에서 놀지 않고 일을 제대로 하는가?'가 가장 중요한 문제거든." 탁고민이 억울한 듯 고개를 흔들었다. "아니, 집에서도 일 잘할 자신 있어요! 요즘 같은 시대에 꼭 사무실에 앉아서 일해야 합니까? VPN도 있고, 클라우드도 있는데요."

차용필이 씩 웃으며 말했다. "그럼, 너 재택근무 하면서 하루 종일 유튜브 보고 게임을 하면 어떡할 건데?" "아니, 제가 왜 게임을 해요? 업무 시간에! 전 일할 자신 있다니까요." "그래, 넌 일할 수 있다고 치자. 근데 너 집에 있는 동안 네 동료들은? 너 빠진 자리 메꾸느라 업무 더 늘어나면 동료들이 너를 곱게 볼까?" 탁고민이 순간 말문이 막혔다. "그... 그건..."

이때 표관리 본부장이 지나가다 말을 걸었다. "헝가리에서는 말이지, 육아뿐만 아니라 재택근무와 유연근무를 더 넓게 적용하고 있더라. 주 4일 근무제 도입도 하고, 원격근무를 기본 옵션으로 두기도 하고." 탁고민이 눈을 반짝이며 물었다. "헝가리는 육아가 아니어도 유연근무가 가능해요?" "그래. 거긴 업무 효율성을 높이기 위해 재택과 유연근무를 장려해. 직무별로 성과 기반으로 관리하면서, 출퇴근 시간도 자율적으로 조정할 수 있고." 조경영이 고개를 끄덕이며 거들었다. "그렇지. 헝가리는 유럽에서 저출산 문제도 해결하고 노동 생산성도 높이기 위해 정책을 적극적으로 개편했거든. 그런데 우리는 아직 육아 중심으로만 유연근무가 돌아가고 있어."

탁고민이 표관리 본부장을 향해 손을 번쩍 들었다. "그러면 우리 회사도 헝가리식 모델을 도입해야 하지 않을까요?" 표관리 본부장이 짧게 웃으며 말했다. "그렇게 되려면 우선 성과 측정 시스템이 탄탄해야 해. 그리고 직원들이 '유연근무 한다고 일을 대충 하는 게 아니다'라는 신뢰를 얻어야 하고." 차용필이 다시 말을 이었다. "결국, 시스템이 갖춰져야 한다는 거지. 그냥 '하고 싶다'라는 마음만 가지고는 안 돼. 그리고 우리나라 문화상, 아직 재택이나 유연근무에 대한 신뢰도가 낮은 것도 문제야." 탁고민이 의자에 털썩 기대며 투덜거렸다. "하아… 결국 먼 미래의 이야기군요."

조경영이 웃으며 말했다. "그런데 넌 연애는 하냐?" "아… 그게 제일 문제네요." 탁고민은 멀리 창밖을 바라보며 혼잣말처럼 중얼거렸다. "역시… 유연근무는 먼 미래의 이야기인가…"

훈련은 훈련일 뿐? 실제 재난에서 살아남는다!

사무실 안. 배다산이 팔짱을 끼고 안전 매뉴얼이 빼곡한 서류 뭉치를 내려다봤다. "이게 다 재난 대응 매뉴얼이라고? 양은 엄청나네. 근데 이게 실제로 효과가 있는지는 의문이야." 기정연이 한숨을 쉬며 대답했다. "그래서 이번 안전한국훈련을 좀 더 현실적으로 준비했죠. 국민체험단과 안전 취약계층까지 포함해서 진행하기로 했고요." 탁고민이 눈을 반짝이며 끼어들었다. "훈련 중간에 예상치 못한 상황을 일부러 만든다면서요? 막길이 막히고, 예상치 못한 화재가 발생하고 그런 거요." 기정연이 씩 웃으며 고개를 끄덕였다. "맞아. 실제 상황에선 변수가 많잖아. 계획대로만 하면 무용지물이 될 수도 있으니까." 배다산이 팔짱을 풀고 책상을 톡톡 두드렸다. "좋아. 훈련이 실전에 도움이 돼야지. 그런데 실제 재난이 일어나면 다들 훈련처럼 침착하게 대응할 수 있을까?"

그러던 그때.
"화재 발생! 화재 발생! 모든 직원은 즉시 대피하시기를 바랍니다!"
회의실이 순간 얼어붙었다. 탁고민이 눈을 크게 뜨고 말을 더듬었다. "이... 이거... 훈련 아닌가요?" 기정연이 무전기를 집어 들며 굳은 얼굴로 대답했다. "아니야. 진짜 화재야!" 순간 모두 일제히 일어나 대피를 준비했다. 기정연이 평소 훈련했던 대로 침착하게 지시했다. "전원 지정된 대피로로 이동하세요! 엘리베이터는 절대 사용하지 말고!" 탁고민이 허둥지둥하며 외쳤다. "아니 근데... 진짜로 이런 일이 일어날 줄은 몰랐어요!" 배다산이 침착하게 고개를 끄덕이며 말했다. "그러니까 훈련이 중요한 거지. 준비했던 대로 하면 돼!"

직원들은 혼란에 빠질 법도 했지만, 몇 주 전 안전한국훈련 때 했던 매뉴얼을 떠올리며 침착하게 움직였다. 장애인 직원들은 미리 지정된 담당 직원들이 도와 대피했고, 각 층의 대피 유도 담당자들도 신속하게 움직였다. 탁고민이 놀라서 기정연을 바라봤다. "부장님, 우리가 했던 훈련이랑 진짜 상황이랑 똑같아요!" 기정연이 진지한 표정으로 대답했다. "그래, 훈련을 실전처럼 했더니 실전도 훈련처럼 대처할 수 있는 거야."

한참 후, 화재는 다행히 큰 피해 없이 진압되었다. 알고 보니 전기 합선으로 인해 창고에서 불이 난 것이었다. 사태가 마무리되고, 직원들이 안도의 한숨을 쉬며 사무실로 돌아왔다. 배다산이 헛기침하며 입을 열었다. "이번 사건으로 확실해졌어. 매뉴얼이랑 훈련이 현실적이면 실제 재난에서도 그대로 활용할 수 있다는 거." 탁고민이 감탄하며 고개를 끄덕였다. "진짜 훈련 덕분에 다들 당황하지 않고 대피할 수 있었어요." 기정연이 의미심장하게 웃으며 말했다. "그래서 내가 훈련을 철저히 해야 한다고 했잖아? 앞으로도 현실적인 훈련을 계속해야겠어."

배다산이 깊이 고개를 끄덕이며 한마디 덧붙였다. "그리고 하나 더. 매뉴얼 속 담당자도 현실적으로 업데이트해야겠어. 우리 조직이 살아남으려면 말이야." 탁고민이 웃으며 말했다. "그러니까요. 매뉴얼 보니까 담당자가 몇 년 전에 퇴직한 분이던데… 오늘 같은 날 그런 분이 담당이었다면 어쩔 뻔했어요?" 기정연이 농담처럼 말했다. "그럼, 그분도 훈련의 일부가 됐겠지. '퇴직자 담당자 찾기 미션' 같은 걸로 말이야." 탁고민이 웃으며 손을 내저었다. "아, 이제 훈련도 쉽게 못 하겠어요. 진짜 같은 훈련이 아니라, 훈련이 진짜가 되어 버렸으니까요!" 배다산이 크게 웃으며 마무리했다. "그래, 우리가 하는 일이 결국 모두를 살리는 거야. 다음 훈련도 제대로 준비해 보자고!"

강의 노트
② 공공재와 준정부조직: 공동의 이익을 위한 제도의 설계도

공공재의 개념과 역할을 살펴보고, 공공기관이 어떻게 형성되었으며 이를 관리하기 위한 제도와 분류 기준이 어떻게 발전해 왔는지 살펴보자. 또한 공공기관의 발전 방향과 개선 과제에 대해서도 논의한다.

▣ 공공재의 개념과 특성

이를 위해 먼저, 공공재가 무엇인지 그 개념과 특성을 이해할 필요가 있다. 공공재는 국민 전체의 복지 증진과 사회의 지속 가능성을 위해 필요한 재화와 서비스를 말한다. 이러한 공공재는 '비경합성'과 '비배제성'이라는 두 가지 중요한 특성을 갖는다. 먼저, 비경합성이란 어떤 개인이 재화를 소비하더라도 다른 사람의 소비 가능성이 줄어들지 않는 성격을 의미한다. 예를 들어, 한 사람이 가로등 불빛을 이용한다고 해서 다른 사람이 그 빛을 덜 사용할 수 있게 되는 것은 아니다. 비배제성이란 특정 개인이나 집단이 그 재화를 이용하지 못하도록 배제할 수 없는 성격을 말한다. 다시 말해, 비용을 내지 않았더라도 누구나 이용할 수 있는 특성이 있다는 것이다.

이러한 공공재의 특성 때문에 시장에서는 자발적으로 공급되기 어렵다. 공급자가 비용을 회수할 수 없으므로 민간 부문에서는 수익성이 없어 기피 대상이 된다. 따라서 공공재는 정부가 직접 제공하거나, 공공기관을 통해 공급하는 방식이 일반적이다. 이 과정에서 정부는 국민의 공동 이익과 사회적 효율성을 고려해 공공재의 공급을 조정하고 관리한다.

▣ 재화의 유형과 구분: Savas의 재화 분류

공공재를 이해하는 데 있어 미국의 행정학자 E.S. Savas가 제시한 재화 분류 기준은 매우 유용하다. 그는 재화를 '경합성'과 '배제성'이라는 두 축을 기준으로 표와 같이 네 가지로 나누었다.

<Savas의 재화 분류 내용>

재화 유형	경합성	배제성	예
민간재	O	O	자동차, 스마트폰
공유재	O	X	공원, 산림자원 (무분별한 채취 방지 필요)
요금재	X	O	전기, 수도, 유료 고속도로
공공재	X	X	가로등, 국방, 치안

첫째는 민간재로, 경합성과 배제성이 모두 존재하는 대표적인 시장 재화이다. 자동차, 식료품, 스마트폰처럼 한 사람이 소비하면 다른 사람이 소비할 수 없고, 비용을 내야만 이용할 수 있는 재화가 이에 해당한다. 둘째는 공유재이다. 이는 경합성은 있으나 배제성은 없는 재화로, 공원이나 어장, 산림자원 등이 이에 해당한다. 이용자 간 경쟁이 발생하며, 관리가 이루어지지 않으면 자원의 고갈로 이어질 수 있다. 셋째는 요금재로, 배제성은 있지만 경합성은 낮은 재화이다. 예를 들어 수도나 전기, 유료 고속도로는 비용을 내야 사용 가능하지만, 여러 사람이 동시에 이용할 수 있다. 마지막으로 공공재는 경합성도 없고 배제성도 없는 재화이다. 국방, 치안, 가로등처럼 모두에게 동일하게 제공되며 이용자를 통제할 수 없는 재화들이 여기에 포함된다.

▣ 공공재 개념의 정책 사례: 경부고속도로의 건설

우리나라에서는 공공재적 성격을 지닌 사회기반시설 공급의 대표 사례로 경부고속도로 건설을 들 수 있다. 1960년대 후반 박정희 대통령은 서독을 방문했을 때 아우토반을 보고 자극받아, 산업화의 기반 조성과 물류 효율화를 위해 고속도로 건설의 필요성을 절감하였다. 이후 1967년 말 고속도로 건설계획 조사단이 구성되었고, 예산은 최종적으로 330억 원으로 책정되었으나 실제로는 약 430억 원이 투입되었다. 1970년 7월 7일, 서울과 부산을 잇는 경부고속도로가 개통되면서 이동 시간이 15시간에서 5시간으로 단축되었고, 국가 산업 발전과 지역 균형 발전에도 크게 이바지했다. 이 도로는 공공재로서의 성격을 강하게 띠고 있었기 때문에 민간기업이 독자적으로 추진하기는 어려웠고, 정부가 직접 주도하여 공급한 대표적인 사례였다.

▣ 시장 실패와 공공재의 필요성

공공재는 이처럼 사회 전체의 이익을 위하지만, 시장 원리에 맡겨둘 때 여러 가지 문제가 발생할 수 있다. 가장 대표적인 시장 실패 중 하나는 무임승차 문제이다. 공공재는 비용을 지급하지 않아도 누구나 이용할 수 있기 때문에, 사람들이 자발적으로 비용을 부담하려 하지 않는 경향이 있다. 이는 민간의 공급 유인을 떨어뜨리며, 결과적으로 공공재의 공급이 부족해지는 결과를 낳는다. 또한 외부효과도 중요한 문제다. 외부효과란 어떤 경제 활동이 제삼자에게 의도치 않은 이익이나 피해를 주는 현상을 말한다. 예를 들어 공원 조성이나 백신 접종은 긍정적인 외부효과를 만들어내며, 반대로 공장 매연이나 소음은 부정적인 외부효과를 초래한다. 이러한 외부효과를 조정하기 위해 정부는 세금을 부과하거나 보조금을 지급하는 정책을 활용한다. 마지막으로, 도로, 철도, 전기와 같은 공공 인프라가 민간에 의해 독점되었을 경우 불완전 경쟁이 발생할 수 있으며, 이는 요금 인상과 같은 부작용으로 이어질 수 있다. 이 때문에 정부는 공공서비스를 직접 운영하거나 공기업을 통해 관리하기도 한다.

▣ 공공기관의 설계와 제도적 진화

공공재를 제공하는 주체로서의 공공기관은 정부의 정책을 실제로 집행하고 국민에게 서비스를 제공하는 조직이다. 우리나라에서는 『공공기관의 운영에 관한 법률』에 따라 공기업, 준정부기관, 기타공공기관으로 나뉘며, 각각의 재무 규모, 사업 성격, 경영 방식에 따라 관리 기준도 달리 적용된다. 공공기관은 정부의 출자나 출연, 예산 지원을 통해 운영되며, 공공서비스의 공급과 정책 수행에서 핵심적인 역할을 한다.

한편, 공공기관은 단지 서비스 제공에 머무르지 않고, 지속 가능한 경영과 국민 신뢰 확보를 위한 구조적 개선이 요구된다. 이를 위해 먼저 공공성과 효율성 간의 균형을 유지해야 하며, 불필요한 기능을 정비하고 민간과의 역할 분담을 통해 중복을 줄여야 한다. 요금 안정화와 서비스 품질 유지도 중요한 과제이며, 특히 부채 관리와 재정 운영의 투명성을 높이는 것이 필요하다. 아울러 대규모 인프라 투자 시에는 민간 자본을 유치하고, 사업 구조를 혁신적으로 설계하여 공공성과 효율성을 동시에 확보하는 방안이 요구된다. 마지막으로 디지털 기술을 적극 도입하여 행정의 혁신을 이끌고, 빅데이터와 인공지능(AI)을 활용한 스마트 행정 체계를 구축하는 것도 중요한 과제가 되고 있다. 전자정부 시스템을 강화함으로써 국민의 행정 접근성을 높이고, 정책 수립의 정확성과 실행력을 높이는 것이 공공기관의 미래 지향적 발전 방향이라 할 수 있다.

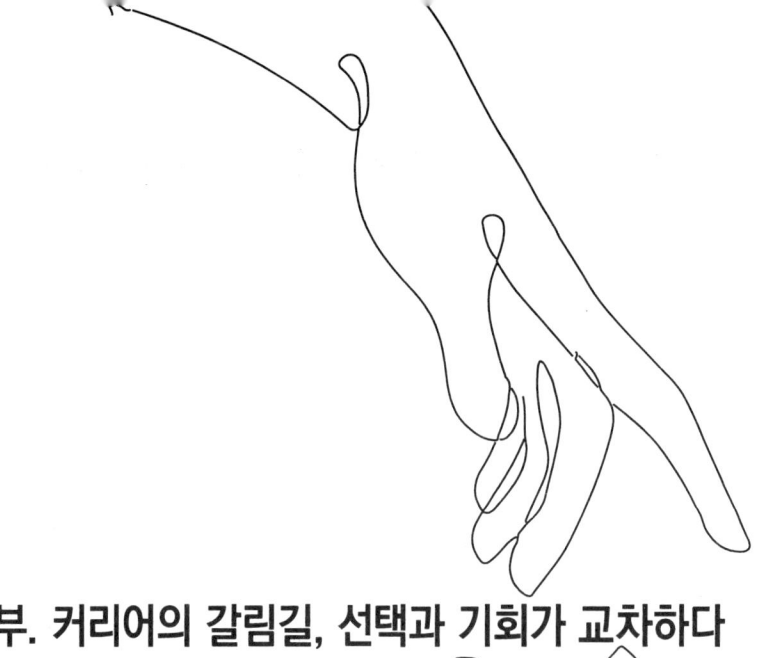

제3부. 커리어의 갈림길, 선택과 기회가 교차하다

제3부. 커리어의 갈림길, 선택과 기회가 교차하다

> ☞ 채용, 승진, 평가, 보직 이동 등 공공기관에서의 커리어 경로를 고민하고 전략적으로 활용한다.

"조직은 움직인다. 그 속에서 우리는 어떻게 자리 잡을 것인가?"

회사가 커지고 변화할수록 사람도 변한다. 새로운 조직이 생기고, 누군가는 보직을 바꾸고, 누군가는 승진을 꿈꾼다. 하지만 그 과정이 언제나 공정하고 만족스러울까?

조직 개편이 발표되면 어디선가 '밥그릇 싸움'이라는 말이 들려오고, 승진심사를 앞두고는 실력보다 '운'이 더 중요하다는 푸념이 나온다. 한편, 채용 과정에서도 공채와 지역인재 전형, 무기계약직과 기간제 채용 등의 문제로 고민이 끊이지 않는다.

또한, 징계와 포상, 노사협의회, 비상근무, 출장 같은 제도들도 직원들의 일상에 큰 영향을 미친다. 근태 관리의 원칙과 유연성 사이에서 갈등이 생기고, 성과급 지급 기준을 두고 논란이 반복된다.

이 장에서는 조직 내 인사제도와 근무 환경을 둘러싼 현실적인 문제들을 살펴보고, 그 안에서 우리가 어떻게 살아남을지 고민해 본다. 변화 속에서 내 자리를 지키고 성장하는 방법을 함께 찾아보자.

조직 신설, 쉽지 않은 길

 회의실 공기가 묵직했다. 새로운 지역에 사업장을 신설하기 위한 TF 조직 구성 논의가 한창이었다. "자, 이제 본격적으로 시작해 봅시다." 조경영 부장이 자료를 펼치며 말했다. "신설 조직을 만들려면 기본부터 짚고 가야죠. 가장 먼저 필요한 게 뭘까요?" 탁고민 대리가 조심스럽게 손을 들었다. "음... 조직이니까, 사람부터 뽑아야 하지 않을까요?" "그게 제일 중요한 요소이긴 하지." 차용필 재무차장이 고개를 끄덕였다. "하지만 사람만 있다고 되는 게 아니야. 직제에 반영돼야 정원을 확보할 수 있고, 그래야 인사 발령도 가능하지. 그리고 예산이 있어야 조직이 돌아가고." 기정연 기술부장이 메모를 정리하며 덧붙였다.

 "공간 문제는 어떻게 할까요? 새 건물을 짓는 건 현실적으로 어렵잖아요." "맞습니다." 조경영이 동의하며 말했다. "일단 기존 조직 내에서 공간을 활용하고, TF팀을 성장시킨 후 정식 조직으로 전환하는 방향이 가장 현실적이에요." 탁고민이 뭔가 이해가 안 된다는 표정을 지었다. "그런데 기존 조직이랑 역할이 겹치는 부분은 없을까요? 혹시 기존 직원들이 TF 조직을 견제하거나 협조를 안 해주지는 않을지 걱정돼요."

 기정연이 웃으며 대답했다. "새로운 지역에 사업장을 신설하는 거라 기존 조직과 직접적으로 겹칠 일은 없을 거야. 하지만 '왜 우리가 새로운 조직을 지원해야 하느냐'라는 불만은 나올 수 있겠지. 그래서 기존 조직과 TF 조직 간 협력 체계를 미리 만들어야 해." 차용필이 고개를 끄덕였다. "예산 문제도 마찬가지야. 초기에는 기존 예산을 활용할 수 있지만, 결국 별도 예산을 확보해야 TF 조직이 독립적으로 운영될 수 있어. 그러려면 성과를 보여줘야 하고."

탁고민이 한숨을 쉬며 말했다. "와... 조직을 만드는 게 이렇게 복잡한 거였군요. 저는 그냥 '사람 뽑고 일 시작하면 되는 거 아닌가?' 했는데... 고려해야 할 게 많네요." 그때, 조경영이 의미심장한 미소를 지으며 말했다. "근데 말이야, 탁 대리." "네?" "너 요즘 인사팀에서 네 이름 오르내리는 거 몰랐어?" 탁고민이 눈을 깜빡였다. "제가요? 왜요?" 차용필이 피식 웃으며 한마디 덧붙였다. "TF 조직 인사 발령자 명단에 네 이름이 있던데?" "뭐요?! 제가요?! 언제요?! 왜요?!"

탁고민이 당황해서 물어보자, 기정연이 담담하게 말했다. "아직 확정은 아니지만, 네가 다재다능한 인재라 적임자로 거론되고 있는 것 같아." 탁고민은 얼굴이 새하얘졌다. "저... 저는... 저는 아직 미숙해서 신설되는 TF 조직을 감당할 준비가 안 됐습니다! 아니, 그보다 왜 저한테 한마디도 없이 제 이름이 오르내리는 거죠?!" 조경영이 씩 웃으며 말했다. "공식 발표 전에 미리 알았으니까 다행이지. 어때? 기회가 오면 잡아야지?" "아니요, 안 잡고 싶습니다! 저는 여기서 조용히 제 일을 하고 싶어요!"

그날 오후, 탁고민은 곧장 인사팀으로 향했다. 그는 인사 팀장을 붙잡고 필사적으로 호소했다. "제발요. 저는 원래 자리에서 최선을 다하고 싶은 사람입니다. 제 적성은 안정적인 환경이에요. 조직 신설 같은 큰 프로젝트는 저랑 안 맞아요. 팀장님, 저 정말 자신이 없어요. 아, 그리고 제가 요즘 건강이 좀 안 좋아서... 스트레스받으면 탈이 날 수도 있거든요..." 인사 팀장이 어이없다는 표정을 지으며 말했다. "그렇게까지 TF 가기 싫어요?" "네! 저보다 더 열정 넘치고 적합한 분들이 많잖아요!" "그래도 네가 유력

후보 중 하나인데…" 탁고민은 필사적으로 읍소했다. "팀장님, 저한테 한 번만 기회를 주세요. 아니, 기회 말고 제발 평범한 일상을 주세요!"

결국, 인사팀에서는 TF 조직 배치를 재검토하기로 했다. 하지만 그날 이후로도 탁고민은 혹시라도 이름이 다시 오르내릴까 봐 사무실 문을 열 때마다 두리번거리며 긴장하는 모습을 보였다. 이 모습을 본 조경영이 웃으며 말했다. "탁 대리, 그렇게까지 도망 다닐 필요는 없어. 조직 신설이 꼭 힘들기만 한 건 아니야. 네가 나중에 생각이 바뀌면 말해. 언제든 환영이니까." 탁고민은 쓸쓸한 미소를 지었다. "네… 생각이 바뀔 일은 없을 것 같은데요…"

조직 개편? 누구 밥그릇이냐의 문제지!

사장이 회의실을 둘러보며 말했다. "이번 조직 개편은 국민안전단과 정보통신단을 신설하는 방향으로 진행합니다. 각 본부에서 협력해 주시길 바랍니다." 그러자 표관리 본부장이 단호하게 말했다. "국민안전단 신설은 시기적으로 적절한 판단입니다. 하지만 조직 개편이 원활하게 이루어지려면 기존 조직과의 업무 조정이 필요합니다." 배다산 본부장이 고개를 끄덕이며 덧붙였다. "기존 인력과 예산을 고려해야 합니다. 새로운 조직이 기존 조직과 역할이 겹치지 않도록 조율해야겠죠."

남보원이 팔짱을 끼고 말했다. "근데... 국민안전단, 어디에 소속될 겁니까?" 조경영 부장이 슬쩍 사장을 쳐다봤다. "맞습니다. 안전 관련 조직이면 관리본부 소속이 될 수도 있고, 실질적인 대응을 고려하면 생산본부 쪽으로 가야 할 수도 있고..." 순간 회의실의 분위기가 미묘해졌다. 표관리 본부장이 손을 내저으며 말했다. "국민안전단은 관리본부에서 총괄하는 게 맞습니다. 안전관리 시스템을 구축하고 운영하는 건 관리의 영역입니다." 배다산 본부장이 바로 반박했다. "아닙니다. 국민안전단은 실무 중심 조직입니다. 실제 현장에서 대응하려면 생산본부 쪽에 둬야 합니다." 남보원이 헛기침하며 끼어들었다. "국민안전단만 중요한 게 아닙니다. 정보통신단도 큰 조직인데, 이건 판매본부가 관리해야 합니다. 요즘 재난 대응은 신속한 정보 공유가 핵심입니다. 우리가 최전선에서 데이터를 실시간으로 활용해야 하죠."

표관리 본부장이 정색했다. "아니, 정보통신단이 판매본부 소속이 되면 대응보다는 마케팅에 집중되는 거 아닙니까?" 남보원이 바로 맞받아쳤다. "그럼, 관리본부에 두면 보고서만 작성하는 조직이 될 겁니다. 현장 감각 없이 문서만 들여다보다가 끝나겠죠." 사장이 기침하며 분위기를 정리했다. "각 본부가 적극적으로 의견을 내주셔서 감사합니다. 하지만 조직 개편은 본부별 밥그릇 싸움이 아니라, 회사 전체 운영을 위한 것입니다."

그러자 기정연 부장이 능청스럽게 말했다. "하지만 사장님, 모든 조직 개편에는 밥그릇 싸움이 따르지 않습니까? 솔직히 말씀드리죠. 여기 있는 모든 본부장님, 자기 조직이 줄어드는 건 싫고 새로운 조직을 자기 본부에 넣고 싶으신 거 아닙니까?" 배다산과 남보원이 동시에 말했다. "그럴 리가요!" 하지만 표정은 딱 걸린 사람이었다. 조경영 부장이 웃으며 말했다. "이게 바로 조직과 인사는 별개라고 하면서도 현실적으로는 떨어질 수 없는 이유입니다. 조직 개편 자체보다도, 그 조직이 어디에 속하느냐가 다들 제일 중요한 거죠."

사장이 회의실을 둘러보며 말했다. "그러니 더욱더 냉정하게 판단해야 합니다. 조직 개편은 인사를 위한 것이 아니라 운영을 위한 겁니다. 누가 이끌고 어디에 속할지가 아니라, 어떻게 가장 효율적으로 운영할 수 있을지를 먼저 고민해야 합니다." 그러자 표관리 본부장이 조용히 말했다. "하지만 결국 인사이동이 있을 거 아닙니까?" 사장이 웃으며 말했다. "그건 나중 문제입니다. 자, 이제 조직 개편의 목적과 방향을 다시 한번 정리해 봅시다."

그때, 비서차장이 조심스럽게 서류를 내밀었다. "사장님, 국민안전단과 정보통신단 관련 검토 자료입니다. 그리고... 신설 조직의 최종 배치에 대한 보고서도 있습니다." 사장이 서류를 펼쳐 보며 입을 열었다. "아무래도 여러분의 의견을 종합해 본 결과... 국민안전단과 정보통신단은 기존 본부 소속이 아니라 사장 직속으로 두기로 했습니다." 순간 회의실이 얼어붙었다. 배다산이 어이없다는 듯 웃었다. "아니, 그러면 우리는 다 뭐한 겁니까?" 남보원이 황당하다는 듯 말했다. "우리가 이렇게 열띤 토론을 한 이유가... 결국 사장님 직속이요?"

표관리 본부장이 한숨을 쉬며 말했다. "아, 결국 조직 개편이 아니라 권력 개편이었군요." 사장이 손을 내저으며 말했다. "그게 아니라, 기존 본부에 두면 오히려 조직 간 마찰이 심해질 겁니다. 그래서 독립적인 운영이 가능하도록 직속 조직으로 두기로 했습니다." 기정연 부장이 웃으며 말했다. "음... 그러면 사장님도 밥그릇을 챙기셨군요?" 사장이 웃으며 말했다. "밥그릇이 아니라, 회사 운영을 위한 최선의 결정입니다. 각 본부에서는 협력해 주시길 바랍니다." 그러자 남보원이 팔짱을 끼고 말했다. "어차피 우리는 어디론가 가겠죠. 다만, 밥그릇이 줄지 않기만을 바랄 뿐입니다." 배다산이 피식 웃으며 맞장구쳤다. "결국 모든 조직 개편은 그렇게 마무리되는 거 아니겠습니까?"

사장은 헛기침하며 다시 말했다. "다들 조직 개편의 본질을 다시 생각해 주시길 바랍니다." 그러나 회의실을 나서는 순간, 본부장들은 여전히 각자 생각하고 있었다. "결국, 어떻게 하면 내 본부에 더 많은 걸 가져올 수 있을까?"

공채, 지역인재 전형의 딜레마

회의실 한쪽에 커피 향이 은은하게 퍼지고 있었다. 인사팀에서 전달한 신규 채용자 명단을 훑어보던 표관리 본부장이 깊은 한숨을 쉬었다. "또 이 지역 출신이 많네요. 이번에는 절반 이상이 특정 지역 대학 졸업생들이네." 조경영 부장이 고개를 끄덕였다. "네, 이전 공공기관이다 보니『혁신도시 조성 및 발전에 관한 특별법』따라 지역인재 채용이 필수라 그렇습니다. 법 취지는 좋은데, 특정 지역에 너무 편중되는 문제가 있죠."

탁고민이 옆에서 눈을 끔뻑이며 물었다. "근데 그게 큰 문제인가요? 어차피 다 공정하게 시험 보고 들어온 거잖아요." 표관리 본부장이 서류를 톡톡 두드리며 말했다. "그렇긴 한데, 문제는 지역 편중이 심해지면서 인력 수급의 불균형이 발생하고 있다는 거야. 예를 들어, A지역 출신은 많은데 다른 지역에서 근무할 사람이 부족해지는 거지."

안태남이 거들었다. "맞아요. 특히 비(非)연고지 근무를 기피하는 직원들이 늘어나고 있어요. 당장 ○○지역 사무소만 해도 신규 직원 중에 희망자가 없어서 전보 신청을 받기도 했잖아요." 탁고민이 곰곰이 생각하더니 한마디 던졌다. "그럼, 지역 배분을 좀 더 다양하게 하면 안 되나요? 예를 들어, 특정 지역이 아니라 전국의 지방대학 졸업생들을 대상으로 하면 좀 더 균형이 맞지 않을까요?" 조경영이 손뼉을 쳤다. "바로 그거야! 사실『지방대학 및 지역 균형 인재 육성에 관한 법률』에 따르면 지방대학 졸업생 전체를 지역인재로 볼 수 있어요. 하지만 이전 공공기관은 특별법이 우선 적용되니까, 특정 지역 출신만 지역인재로 인정되죠."

그때, 안태남 과장이 웃으며 말했다. "뭐, 지역인재 채용제도가 없었으면 탁 대리는 애초에 입사도 못 했겠지만." 탁고민이 눈을 크게 떴다. "뭐요?! 아니, 저는 실력으로 붙었거든요!" "그래, 그래. 실력도 있었겠지." 안태남 과장이 장난스럽게 눈을 찡긋했다. "그래도 지역인재 전형 덕을 본 것도 부정할 순 없잖아?" 탁고민이 억울한 표정으로 조경영 부장을 바라봤다. "부장님, 이거 명예훼손 아닙니까?" 조경영 부장이 웃으며 고개를 저었다. "뭐, 제도 덕을 본 건 맞을 수도 있지. 근데 중요한 건, 입사하고 나서 어떻게 하는지야. 들어와서 잘하는 사람이 진짜 인재지, 시험 한번 잘 본다고 되는 게 아니거든."

탁고민이 한숨을 쉬며 중얼거렸다. "그래도 사람 자존심이 있지... 나도 나름대로 공부 열심히 해서 들어왔는데..." 안태남 과장이 어깨를 툭 치며 장난스럽게 말했다. "그래, 그래. 너무 기죽지는 마. 어차피 우리도 지역인재 전형 덕을 본 사람들 꽤 많으니까." 탁고민이 못 이긴 듯 씁쓸하게 웃었다. "하아... 알겠습니다. 근데 나중에 술자리에서 이 얘기 꺼내시면, 저 삐질 겁니다." 안태남 과장이 깔깔 웃으며 말했다. "알았어, 알았어. 근데 너 술 잘 마시지도 못하잖아?" 탁고민이 고개를 푹 숙였다. "하... 이래서 술자리에서도 조용히 있어야 한단 말이야..."

표관리 본부장이 그들을 보며 살짝 웃더니 다시 본론으로 돌아왔다. "자, 장난은 여기까지 하고, 그러면 이 문제를 해결할 방법을 고민해 봅시다. 지방대학 졸업생을 대상으로 채용을 확대하면, 지역인재 채용 취지도 살리고 인력 불균형 문제도 어느 정도 해소할 수 있을 테니까요." 탁고민이 여전히 못마땅한 표정으로 중얼거렸다. "근데 법 개정이라는 게 하루 아침에 되는 것도 아니잖아요."

안태남 과장이 웃었다. "그러니까 우리끼리라도 먼저 대안을 논의하는 거지. 일단 내부적으로 문제점을 명확히 정리하고, 합리적인 개선 방안을 마련한 다음, 관련 부처나 국회에 의견을 전달하는 방식으로 추진할 수 있어요." 조경영 부장이 현실적인 대안을 제시했다. "법 개정은 장기적인 과제고, 단기적으로는 신규 채용자를 지역별로 일정 부분 할당해서 다양한 지역에서 정착해 오래 근무할 수 있도록 기반을 마련해 주는 방안을 고려해 볼 수도 있죠. 예를 들면, 지역별로 일정 인원은 지방대학교 출신으로 채용하고, 채용된 지역에 의무복무 기간을 둔다거나, 특정 지역 근무 시 추가 가산점을 줘서 전보 신청 시 우선순위를 조정하는 방식도 있을 겁니다."

탁고민이 살짝 웃으며 말했다. "그렇게까지 해야 특정 지방으로 가려는 사람이 생긴다는 것도 좀 씁쓸하네요." 안태남 과장이 한숨을 쉬며 고개를 끄덕였다. "맞아요. 근데 이게 현실이에요. 지역 간 균형을 맞추면서도 인재들이 다양한 곳에서 기회를 얻을 수 있도록 하는 게 중요한데, 아직 갈 길이 멀죠." 표관리 본부장이 마지막으로 정리했다. "좋아요. 오늘 논의한 내용을 바탕으로, 내부적으로 단기 해결책과 장기적인 방향성을 정리해 봅시다. 법 개정이 어렵다면, 내부 규정이라도 보완해서 조금이라도 균형을 맞추는 방안을 고민해 봐야겠어요."

회의가 끝나고도 탁고민은 자리에서 일어나지 못했다. '내가 정말 지역 인재 전형으로 입사했다면, 지금 저 논쟁을 어떻게 받아들였을까?' 그는 창밖을 바라보며 혼잣말처럼 중얼거렸다. "회사도 사람도, 생각보다 단순하지 않네…"

무기계약직·기간제 채용, 그리고 보훈 전형의 딜레마

오전부터 인사팀 사무실이 어수선했다. 인사과장이 컴퓨터 앞에서 머리를 긁적이며 한숨을 내쉬고 있었다. 마침, 보고서를 들고 지나가던 조경영 부장이 그 모습을 보고 다가왔다. "인사과장, 채용 진행은 잘 돼가?" 인사과장이 고개를 들며 피곤한 표정으로 답했다. "아, 부장님... 무기계약직·기간제 채용은 일정대로 진행 중인데, 문제는 보훈 전형입니다." "보훈 전형?" "네, 이번에 1명을 채용해야 하는데, 지원자가 없어서 재공고해야 해요. 애초에 응시자가 있었으면 일반 채용과 같이 진행했을 텐데, 이러다 또 일정 밀리게 생겼습니다."

조경영 부장이 고개를 갸웃하며 물었다. "무기계약직 일반전형은 경쟁률이 높은데, 보훈 전형은 왜 이렇게 낮지?" 인사과장이 깊은 한숨을 내쉬었다. "보훈 전형 대상자가 취업할 수 있는 곳이 많아서 그래요. 본인이 원하는 곳을 골라서 취업할 수 있는 상황이라 우리 같은 데는 잘 안 오려고 하죠. 하지만 우리로선 인원을 못 채우면 경영평가에 영향이 크니까 어떻게든 채우려고 하고 있고요." "공정성도 유지하면서 채용 절차를 더 효율적으로 만들 방법이 없을까?" "음... 지금은 무기계약직은 무기계약직대로, 계약직은 계약직대로 따로 채용하는데, 유사한 직종을 묶어서 한 번에 진행하면 절차를 줄일 수 있습니다. 그리고 재공고할 때 심사위원 숫자를 조정하는 것도 방법이고요."

조경영 부장이 팔짱을 끼고 고개를 끄덕였다. "좋아. 보훈 전형 1명 뽑는데 외부 심사위원이 서류전형 1명, 면접전형 2명이나 필요한 건 좀 부담스럽긴 하지. 지원자가 없어서 재공고를 내는데, 심사위원은 그대로 두면 시간과 비용이 낭비될 수밖에 없으니까." 인사과장이 끄덕이며 말을 이었다. "그렇죠. 심사위원들 모시는 것도 일이에요. 그리고..." 말하다 말고 인사과장이 헛웃음을 터트렸다. "왜?"

"사실... 지난번에 어렵게 보훈 전형으로 한 명 채용했거든요? 근데..." 조경영 부장이 뭔가 불길한 예감을 느끼고 찡그렸다. "설마...?" 인사과장이 민망한 듯 머리를 긁적였다. "네. 딱 일주일 근무하고 그만뒀습니다." 조경영 부장의 입이 떡 벌어졌다. "아니, 한 명 뽑는데 서류 심사하고 면접 보느라 난리를 쳤는데, 일주일 만에 퇴사했다고?" "네... 첫 주 월요일에 출근해서 금요일에 퇴사 의사를 밝혔어요. 다른 기관에서 더 좋은 조건을 제시했다고 하더라고요."

조경영 부장이 헛웃음을 지었다. "아니, 이거 뭐... 면접 준비하는 시간보다 오래 근무할 인재는 뽑지 못하는 거 아냐?" "그러니까요. 부장님, 저 진짜 채용하다가 체할 것 같아요." "그러면 점심 먹으면서 해결책 좀 고민해 보자. 이러다 인사팀에서 채용하다가 먼저 퇴사하겠어." 인사과장이 피식 웃으며 자리에서 일어났다. "좋아요. 오늘 점심 반찬은 '보훈 전형 채용의 허무함'으로 하죠." 두 사람은 가벼운 한숨과 웃음을 섞으며 구내식당으로 향했다.

체험형 인턴, 멘토의 허탈함이란

사무실 한쪽에서 탁고민 대리가 멍한 표정으로 모니터를 바라보고 있었다. 기껏 체험형 인턴 활용 계획을 짜고, 업무를 가르쳐주며 멘토 역할을 열심히 했는데… 인턴이 이직을 해버렸다. 그것도 6개월 계약 기간이 끝나기도 전에 다른 공공기관 체험형 인턴으로 옮긴다는 이유로 떠나버린 것이었다. 탁고민 대리는 한숨을 내쉬며 책상에 턱을 괴었다.

그때 안태남 과장이 커피를 들고 다가오며 말을 걸었다. "야, 탁 대리. 무슨 일 있어? 요즘 분위기가 가라앉았네?" 탁고민 대리가 시큰둥한 얼굴로 말했다. "그 체험형 인턴 말이에요. 내가 멘토 한다고 엄청 신경 썼거든요? 근데 딱 3개월 있다가 다른 공공기관으로 간대요." 안태남 과장이 웃으며 의자에 털썩 앉았다. "아, 그래서 기분이 안 좋았구나. 그래도 뭐… 그 친구한테 좋은 기회가 생긴 거잖아?"

탁고민 대리가 억울한 표정으로 말했다. "좋은 기회다 생각하는데, 내 노력은 뭐가 되는 거예요? 멘토 역할 처음이라 진짜 열심히 알려줬다고요. 보고서 쓰는 법, 내부 시스템 사용하는 법까지 다 가르쳐줬는데… 이직한다고 하니까 너무 허무해요." 그때 지나가던 기정연 부장이 대화를 듣고는 웃으며 다가왔다. "탁 대리, 체험형 인턴 활용 계획 세운다고 고생 많았는데, 결국 떠났구나?" 탁고민 대리가 힘없이 고개를 끄덕였다. "네… 부장님. 애써 가르쳐놨더니 바로 다른 공공기관으로 가버렸습니다. 그냥 말이라도 '덕분에 많이 배웠습니다!' 이러고 가면 몰라요. 마지막에 '여기보다 저쪽이 더 괜찮은 것 같아서요' 이러는데… 아, 이거 완전 배신감."

기정연 부장이 웃으며 말했다. "이직 시장에서 체험형 인턴도 경쟁력이 있는 거지. 여러 공공기관을 돌아다니면서 더 좋은 기회를 찾는 경우가 많아. 우리 회사에서 경험을 쌓고, 다른 데로 가는 거야 흔한 일이라고." 탁고민 대리는 한숨을 쉬며 말했다. "부장님, 저 진짜 처음이자 마지막으로 멘토 역할 한 겁니다. 다시는 안 해요. 애써 가르쳐봤자 다 떠나버리는데, 뭐 하러 그렇게 신경 씁니까?" 안태남 과장이 배를 잡고 웃으며 말했다. "야, 너 진짜 정들었나 보다. 원래 체험형 인턴은 계약 기간 끝나면 대부분 떠나. 어차피 계속 일할 사람이 아니었잖아?"

탁고민 대리가 툴툴대며 말했다. "그럼, 진작 얘기라도 해주던가요. '저 다른 데로 갈 생각이 있습니다' 그랬으면 처음부터 정을 덜 줬을 거 아니에요. 나는 막 '이 친구가 우리 회사에 정착하면 좋겠다.' 싶어서 신경 많이 썼다고요!" 기정연 부장이 웃으며 말했다. "그래도 너 덕에 좋은 경험 쌓았겠지. 네가 잘 가르쳐줬으니까 어디 가서도 잘할 거야." 탁고민 대리가 푸념하듯 말했다. "네, 부장님. 근데 솔직히… 나중에 진짜 공채로 합격해서 돌아오기라도 하면, 커피 한 잔은 사야죠?" 안태남 과장이 웃으며 맞장구쳤다. "그럼~ 오면 밥까지 사야지! 그러니까 너무 섭섭해하지 마."

탁고민 대리는 투덜대면서도 결국 웃고 말았다. 이직 소식에 허탈하긴 했지만, 그래도 자신이 가르친 것이 누군가에게 도움이 되었다는 생각이 들었다. 다음번에 또 멘토를 맡게 된다면…? 글쎄, 이번보다는 덜 정을 주게 되겠지.

보직 이동, 좋은 기회일까? 큰 함정일까?

점심시간이 되자 안태남 과장이 식판을 들고 조경영 부장 앞자리에 털썩 앉았다. 평소처럼 활기차게 인사할 줄 알았던 안 과장이 왠지 오늘은 심각한 표정이다. "부장님, 저 이번에 보직 이동 대상자 되는 거 아닙니까?" 조경영 부장이 숟가락을 들다 말고 흥미로운 표정으로 물었다. "왜? 이동하고 싶어?" "아뇨, 그러니까... 이동을 시킬 것 같아서요." "소문 들었구나?" 안태남 과장은 한숨을 쉬었다. "네, 인사과장 자리랑 재무과장 자리 비는 거 맞죠? 근데 저랑 안 맞는 거 아시잖아요. 저는 밖에서 사람들 만나고, 현장에서 뛰는 게 맞지... 인사나 재무는 너무 정적인 업무 아닙니까?"

조경영 부장이 웃으며 말했다. "근데 너도 이제 슬슬 생각할 때 됐다. 보직 이동 한 번쯤은 해야 경력관리에도 도움 된다. 요직이니까 잘해두면 나중에 승진에도 유리하고." "그건 알죠. 근데 저 가면 완전 적응 못 할 걸요? 숫자랑 씨름하는 재무? 사람 이력 관리하는 인사? 생각만 해도 답답한데요?" 그때 인사과장이 옆에서 끼어들었다. "그래도 안 과장 같은 성격이면 인사도 나쁘진 않을걸요? 의외로 네트워크가 넓은 사람이 인사 업무에 유리할 때도 있어요." 안태남 과장이 황급히 손을 내저었다. "아니에요! 인사는 정리할 서류도 많고, 민감한 이슈도 많잖아요. 저 같은 성격이 했다가 말실수라도 하면 어쩌죠?"

"그래서 배우는 거죠. 재무도 마찬가지예요. 숫자만 다루는 게 아니라 예산 기획 같은 거 배우면 나중에 훨씬 유리할걸요?" 그때 지나가던 재무과장이 빙그레 웃으며 한마디 던졌다. "우리 부서로 오면 엑셀부터 다시 배워야 할 텐데... 준비됐어?" 안태남 과장이 손을 흔들며 황급히 말했다. "아, 아닙니다! 재무도... 인사도... 저는 아직 영업이 맞는 것 같습니다." 조경영 부장이 웃으며 숟가락을 내려놨다. "근데 말이야. 그렇게 버티다가 진짜 네 자리도 뺏길 수 있어." "네? 제 자리요?" "너 이동할 거로 생각해서 이미 네 후임 공모 준비하는 거 같은데?" 안태남 과장의 얼굴이 하얗게 질렸다. "아니, 아니... 그러면 저는 어디로 가라는 겁니까?"

인사과장이 능청스럽게 말했다. "뭐, 이제 선택해야죠. 새로운 보직으로 가느냐, 아니면 원래 자리마저 잃느냐." 안태남 과장은 고민에 빠진 얼굴로 숟가락을 휘적이며 중얼거렸다. "이거 완전... 좋은 기회인 줄 알았는데 함정 같은데요?"

며칠 뒤, 결국 안태남 과장은 현 보직을 유지하기로 했다. 그리고 점심시간, 그는 묵묵히 밥을 씹고 있었다. 조경영 부장이 그 모습을 보며 물었다. "왜? 결정하고 나니까 홀가분해?" "그럴 리가요..." 안태남 과장은 수저를 내려놓고 한숨을 쉬었다. "아니, 그런데... 인사과장 자리 결국 김 과장이 간다면서요?" "어, 그래. 너 그때 거절해서 기회가 간 거지."

안태남 과장은 이마를 '탁' 쳤다. "아니, 김 과장이면 저랑 승진 경쟁자잖아요!" 조경영 부장이 피식 웃었다. "그래서? 이제 와서 후회돼?" "아니, 처음엔 솔직히 안 맞아서 안 간 거였는데..." 안태남 과장은 씁쓸한 표정으로 고개를 저었다. "김 과장이 거기 가면... 나보다 한발 앞서가겠는데요?" 조경영 부장이 천천히 물을 한 모금 마시며 말했다. "그래서 보직 이동을 신중하게 고민해야 하는 거야. 승진은 보직 따라가니까." 안태남 과장은 헛웃음을 지으며 고개를 젓더니, 푸념처럼 중얼거렸다. "아, 이럴 줄 알았으면 그냥 인사과장 한 번 해볼 걸..."

근무평정, 결국은 내 점수가 중요하다?

점심시간, 구내식당 한쪽 테이블에서 안태남 과장, 영업부장, 기정연 부장, 탁고민 대리가 삼삼오오 모여 앉았다. 분위기가 묘했다. 밥을 먹어야 하는데, 다들 근무평정 얘기 때문에 입맛이 없어 보였다. "아, 이번 근무평정... 또 시작이네요." 탁고민 대리가 한숨을 쉬며 숟가락을 들었다. "왜? 신입이라 부담돼?" "네... 입사한 지 얼마 안 돼서 기대도 안 해요. 그냥 그런가 보다 하려고요."

기정연 부장이 고개를 끄덕였다. "뭐, 현실적으로 신입이 높은 점수를 받긴 어렵지. 문제는 평가가 공정하냐는 거야." 안태남 과장이 살짝 웃었다. "공정하긴요. 승진 대상자한테 점수 몰아주는 거 다 알면서. '올해는 누구 올려야 하니까 점수 좀 챙겨주자~' 이런 분위기 있잖아요?" 탁고민 대리가 고개를 끄덕였다. "맞아요. 특히 동료평가는 감정 섞여서 점수 주는 경우도 많다고 하던데요?" 기정연 부장이 씁쓸한 표정을 지었다. "그게 문제지. 동료평가는 원래 협업 능력과 조직 기여도를 보려고 만든 건데... 인기투표처럼 흘러가기도 해. '평소에 친한 사람'에게 좋은 점수 주고, 불만 있는 사람은 점수 깎이고."

탁고민 대리가 조심스럽게 끼어들었다. "그럼, 저 같은 신입은 그냥... 점수 들러리인가요?" 기정연 부장이 씁쓸한 표정을 지었다. "뭐, 신입은 점수가 크게 반영되는 것도 아니니까... 근데 문제는 너보다는 네 위에 있는 사람들이 더 고민일걸?" 안태남 과장이 허탈하게 웃으며 고개를 끄덕였다. "맞아요. 저 작년까지만 해도 '왜 승진자한테 점수 몰아줘야 하냐?'라고 불만 터뜨렸거든요?" 기정연이 웃으며 되물었다. "근데 왜 요즘은 조용해?" 안태남이 헛기침했다. "...내년 승진심사 준비해야 하잖아요."

탁고민 대리가 웃음을 참으며 물었다. "그러면...?" "부장님, 이번에는 저한테 점수 좀 몰아주시면 안 됩니까?" 영업부장이 들던 수저를 내려놓고 빵 터졌다. "야, 너 그동안 그렇게 불만 터뜨리더니... 이제는 네가 점수 받아야 하니까 처지가 바뀐 거야?" 안태남 과장이 민망한 듯 머리를 긁적였다. "아니, 그게... 세상일이 다 그렇잖아요? 직접 겪어보니까 점수가 중요하긴 하더라고요." 탁고민 대리가 웃으며 고개를 끄덕였다. "결국엔 자기 점수가 중요한 거네요?"

안태남 과장이 짐짓 진지한 얼굴로 말했다. "그래도! 나는 억울한 사람은 만들지 않을 겁니다! 점수는 공정하게, 하지만 저한테도 좀 신경 써주시면..." 영업부장이 혀를 찼다. "그래, 그래. 내년에 네가 승진 대상자 되면, 네 후배들도 똑같이 생각하겠지? '왜 승진자한테 점수 몰아주냐?'라고?" 안태남 과장이 멋쩍게 웃었다. "그때 가서 생각해 보죠. 일단 이번엔 제 점수부터..." 영업부장이 고개를 절레절레 흔들며 말했다. "이게 바로 근무평정의 민낯이지..."

승진심사, 인생사 새옹지마

승진심사 결과가 발표된 날, 회사 분위기는 묘하게 들떠 있었다. 승진한 사람들은 축하를 받고, 탈락한 사람들은 애써 태연한 척했지만, 표정이 말해주고 있었다. 기정연 부장은 책상을 정리하다 말고 한숨을 쉬었다. "어휴, 괜히 기대도 안 해야 했는데." 심사위원 중에 아는 얼굴이 없다는 걸 알았을 때부터 크게 기대하진 않았다. 그런데 막상 탈락하고 보니 마음 한구석이 허전했다.

그런데 더 황당한 건... "왜 아무도 전화가 없냐?" 예전엔 승진에서 탈락하면 그래도 몇몇 직원들이 "부장님, 아쉽네요." 하면서 연락을 해주곤 했는데, 이번엔 조용했다. 너무 조용했다. "하긴, 처음도 아니니까." 혼잣말하며 씁쓸한 미소를 지었다. 처음 승진 탈락했을 때는 위로 전화도 많이 오고, "다음엔 꼭 되실 거예요!" 같은 말도 들었는데... 이젠 다들 그러려니 하는 건가? "아니면 내가 인생을 잘못 산 건가?"

잡생각이 스멀스멀 올라오려던 찰나, 사무실 문이 벌컥 열렸다. "부장님, 괜찮으세요?" 안태남 과장이 걱정스러운 표정으로 다가왔다. "뭐가?" 기정연 부장이 시큰둥하게 묻자, 안태남 과장이 조심스럽게 말을 이었다. "그게... 이번에 승진 안 되셔서..." 기정연 부장은 웃으며 손을 저었다. "야, 이 나이에 승진 탈락했다고 울고불고하겠냐? 그냥 그런 거지, 뭐." "그래도... 연락 많이 왔죠?" 그 말을 듣는 순간, 기정연 부장의 표정이 묘하게 굳었다. '이놈이 괜히 건드리네.' 잠깐 머뭇거리다 대충 얼버무렸다. "뭐... 몇 통 왔지. 근데 뭐, 위로 전화 안 오는 게 더 편할 수도 있어."

안태남 과장이 눈을 동그랗게 떴다. "아니, 그래도 서운하실 것 같은데요?" 기정연 부장이 애써 태연한 척 웃었다. "처음이면 서운할 텐데, 이번이 처음도 아니잖아. 어차피 위로 전화 와봤자 '다음에 꼭 되실 거예요~' 같은 소리밖에 더 하겠어? 그냥 가만히 있는 게 속 편해." "그래도... 기분이 좀 그러시죠?" "아니라니까. 어차피 나보다 더 속 쓰린 사람도 많아."

그 순간, 조경영 부장이 옆을 지나가다 말을 걸었다. "기 부장님, 괜찮아요?" "아, 부장님까지 왜 그래요. 괜찮다니까요." 조경영 부장이 웃으며 옆에 앉았다. "아니, 근데 이번엔 진짜 조용하긴 하더라. 예전엔 승진 떨어지면 사무실이 장례식장처럼 무거운 분위기였는데." 기정연 부장이 헛웃음을 지었다. "맞아요. 근데 요즘은 다들 그냥... '그럴 수도 있지' 하고 넘기는 느낌이에요." 안태남 과장이 고개를 끄덕였다. "그러고 보니... 저도 예전엔 누가 승진 못 하면 위로라도 했는데, 요즘은 괜히 위로했다가 더 속상하게 할까 봐 조심스럽더라고요."

기정연 부장이 픽 웃었다. "그냥 다들 '남 걱정할 때가 아니다.' 싶은 거지." 조경영 부장이 고개를 끄덕였다. "맞아. 요즘은 다 자기 승진 챙기느라 정신없지." 잠깐 정적이 흐른 뒤, 기정연 부장이 혼잣말처럼 말했다. "뭐, 솔직히 말하면 서운하긴 해. 근데 전화 안 오는 게 더 속 편할 수도 있어." 안태남 과장이 눈을 동그랗게 떴다. "어째서요?"

기정연 부장이 웃었다. "위로 전화 오면 뭐 하나. '다음에 꼭 되세요' 이러는데, 그다음이 안 올 거 같으면 그냥 조용한 게 낫지." 조경영 부장이 크게 웃으며 장단을 맞췄다. "그렇지. 어설픈 위로보다 그냥 아무 말 없이 밥이나 사주는 게 낫죠." 기정연 부장이 턱을 괴고 말했다. "그래서, 밥 사줄 거요?" 조경영 부장이 웃으며 일어섰다. "갑시다. 승진 축하 밥은 못 사도, 승진 위로 밥은 살 수 있죠." 안태남이 자리에서 벌떡 일어났다. "그럼, 저도 껴도 됩니까? 위로받을 일은 없지만, 밥은 언제나 환영입니다." 기정연이 웃으며 말했다. "그래, 밥 앞에선 위로도 경쟁도 잠시 내려놓자고." 조경영이 맞장구쳤다. "딱 한 끼만, 조직이 아닌 사람으로 만나는 거지." 그렇게 셋은 가볍게 웃으며 자리에서 일어났다. 승진이든 탈락이든, 결국 사는 건 계속되는 거니까. 그리고, 그 일상에서 웃으며 걸어 나갈 수 있다면 그걸로 충분했다.

승진시험, 공부냐? 인맥이냐?

사무실 한쪽에서 안태남이 한숨을 푹 쉬었다. 책상을 마주하고 앉아 있던 탁고민이 눈썹을 꿈틀거렸다. "왜요, 과장님. 갑자기 분위기가 우울하신데요?" "아니, 고민이 좀 있어서." 탁고민이 웃으며 커피를 한 모금 마셨다. "설마... 승진시험이요?" 안태남이 고개를 끄덕였다. "부장님! 제가 승진시험을 준비할지, 승진심사를 준비해야 할지 고민입니다."

마침, 지나가던 조경영이 그 말을 듣고 끼어들었다. "선택의 갈림길에 선 거네. 근데 승진시험이냐, 승진심사냐... 이거 은근히 전략적으로 접근해야 한다?" 안태남이 머리를 긁적였다. "그래서 고민입니다. 시험은 혼자 열심히 하면 되는데, 심사는 인맥도 중요하잖아요. 저는 그쪽으로는 좀 약해서..." 조경영이 팔짱을 끼며 고개를 끄덕였다. "그래, 사람마다 스타일이 다르지. 인맥 관리보다 시험에 강한 사람이 있고, 반대로 시험은 약한데 조직 내 입지를 잘 다지는 사람이 있고. 안 과장은 어느 쪽인지 생각해 봐."

안태남이 깊은 고민에 빠졌다. "음... 올해는 심사 대상이 아니니까 시험을 치고, 내년에 심사를 준비하는 건 어떨까요? 사실 저도 어느 쪽이 제 체질인지 확신이 없어서..." 조경영이 턱을 괴고 생각에 잠겼다. "그 방법도 괜찮긴 한데, 하나 짚고 넘어갈 게 있어. 영업부에서 내년에 심사할 경쟁자가 없어야 가능하지." 안태남이 눈을 동그랗게 떴다. "네?" "만약 올해 다른 직원이 심사를 준비해서 떨어지면, 그 직원은 내년에 '재수생'이 되는 거야."

탁고민이 끼어들며 맞장구쳤다. "맞아요. 재수생이 되면 조직에서도 신경을 써줄 수밖에 없어요. 이미 한 번 떨어졌으니까, 다음에는 챙겨줘야 한다는 분위기가 있거든요." 조경영이 고개를 끄덕이며 말을 이었다. "그렇지. 내년에 승진심사 할 사람이 많아지면, 안 과장은 뒷순위로 밀릴 가능성이 커. 결국 올해 시험을 볼 거면 확실하게 붙어야 해." 안태남이 깊은 한숨을 쉬었다. "이게... 그냥 성실하게 일하면 승진되는 줄 알았는데, 은근히 전략 싸움이네요." 탁고민이 살짝 웃었다. "승진할 때 되면 모든 사람이 경쟁자로 보이는 시기니까요."

안태남이 다시 머리를 긁적였다. "하아... 시험공부 시작해야겠네요. 요즘 밤에 야근하고 피곤해서 집중도 안 되는데..." 조경영이 빙긋 웃으며 말했다. "그럼, 인맥 관리할래?" 안태남이 고개를 절레절레 흔들었다. "아뇨, 그냥 공부할게요." 탁고민이 킬킬 웃으며 한마디 던졌다. "시험이 쉬울까요, 인간관계가 쉬울까요?" 안태남이 깊은 한숨을 쉬었다. "둘 다 어렵네요, 진짜..."

며칠 후, 퇴근 시간이 지나도 안태남의 자리는 그대로였다. "어? 과장님, 아직도 안 가세요?" 퇴근하려던 탁고민이 물었다. "어, 나 도서관 가려고." "도서관이요?" "응, 승진시험 준비하려고. 집에서는 집중이 안 돼서." 탁고민이 감탄하며 손뼉을 쳤다. "역시 승진 앞에서는 열정이 달라지네요."

"이번에 확실하게 붙어야지. 인맥 관리하는 것도 어렵고, 공부하는 게 차라리 덜 피곤하더라." 조경영이 옆을 지나가다 웃으며 한마디 거들었다. "오~ 안 과장이 공부 쪽으로 방향을 잡았구먼?" "네, 부장님. 휴가도 틈틈이 내면서 공부하려고요." 탁고민이 깜짝 놀랐다. "헐! 휴가까지 쓰세요?" "승진시험 한 방이면 끝이니까. 기회 있을 때 확 잡아야지."

조경영이 흐뭇하게 웃으며 말했다. "좋아. 그러면 난 네가 합격하면 승진 축하 밥 한 끼 사주는 걸 기대해 보겠어." 안태남이 웃었다. "붙으면 사야죠. 대신 시험 끝나면 저 쉬엄쉬엄 일할 겁니다." 탁고민이 웃으며 농담을 던졌다. "과장님, 시험 붙으면 다음엔 또 뭐 준비하실 거예요? 고급 자격증?" 안태남이 손사래를 쳤다. "아니야, 아니야. 일단 이번 것만 붙고 생각하자. 나중 일까지 벌써 걱정하면 너무 피곤해!" 조경영과 탁고민이 웃으며 말했다. "맞아요. 우선 코앞에 닥친 시험부터 합격하고 나서 그다음 일을 생각하자."

징계, 피할 수 없는 순간이 오다

회의실 문이 닫히자마자 조경영이 무겁게 한숨을 쉬었다. "아, 진짜… 이거 그냥 둬도 되는 건가?" 옆에서 조용히 듣고 있던 차용필이 컵을 들어 물을 한 모금 마셨다. "또 누구 이야기죠?" "누구긴 누구야. 일은 엉망이지, 동료들이랑은 하루가 멀다고 싸우지. 진짜 다른 직원들까지 지쳐서 힘들어하는데, 징계 한 번 줘야 하는 거 아닌가 싶어서." 인사과장이 팔짱을 끼고 고개를 끄덕였다. "징계는 할 수 있습니다. 하지만 명확한 근거가 있어야 해요. 단순히 '문제가 많다'라는 느낌만으로 진행하면 나중에 더 골치 아파질 수도 있습니다."

조경영이 답답한 듯 손으로 책상을 두드렸다. "그러니까. 이게 공식적으로 '징계를 줘야 한다'라고 할 만큼 심각한 사안이냐, 그게 문제잖아." 차용필이 천천히 고개를 끄덕였다. "근거 확보가 관건이죠. 징계 요구권자가 요청할 순 있지만, 그 요청이 받아들여지려면 객관적인 자료가 필요해요. 단순히 '이 직원이 문제다'라고 주장하면 징계위원회에서 바로 반려할 겁니다." 조경영이 한숨을 푹 쉬었다. "그러니까! 근거 자료를 만들 방법이 쉽지 않다고."

인사과장이 노트를 펼치며 말했다. "지금까지 보고된 내용으로 보면, 근무 태만, 업무 실수, 동료들과의 마찰 이런 것들이 있는데, 공식적인 경고를 한 적은 없습니다." 조경영이 씁쓸하게 웃었다. "그게 문제지. 우리 같은 관리자들은 직원들 혼내는 것도 일이야? 괜히 감정 상할까 봐 어지간하면 참고 넘어가는데, 그러다 보니까 공식 경고도 거의 안 줬어." 차용필이 고개를 끄덕였다. "맞아요. 그런데 징계라는 건 결국 공식적인 기록이 남아야 진행이 되는 거잖아요. 지금 당장 '징계가 필요하다'라고 생각하셔도, 이 직원에게 공식적으로 문제를 지적하고 개선 기회를 준 적이 없으면 어렵습니다."

조경영이 머리를 긁적였다. "그럼, 지금부터라도 기록을 남겨야겠네." 인사과장이 고개를 끄덕였다. "네. 근무 태도 관련해서 구두 경고를 했으면 그걸 메모라도 해 두시고, 공식적으로 주의 조치를 한 번 하세요. 그리고 다른 직원들의 진술도 받아두면 도움이 될 겁니다." 조경영이 팔짱을 끼며 깊이 생각에 잠겼다. "그럼, 먼저 주의 조치부터 해야겠네. 근데 솔직히, 나도 징계까지 가고 싶진 않거든. 이 직원이 좀 정신 차리고 개선하면 좋겠는데..." 차용필이 웃으며 말했다. "징계의 목적이 처벌이 아니라 개선과 재발 방지라면서요? 그럼, 기회를 한 번 더 주는 것도 방법입니다. 다만, 이번에도 바뀌지 않으면 그땐 확실하게 가야겠죠."

조경영이 크게 한숨을 쉬며 고개를 끄덕였다. "그래, 그럼 이번 주 안에 한 번 불러서 정식으로 경고하자. 그리고 기록 남기고. 이제 와서 생각해 보니, 이런 문제 처리하는 것도 행정 전문가가 따로 필요할 것 같아." 인사과장이 빙긋 웃었다. "그러게요. 행정직이 따로 전문성이 없는 것 같아도, 이런 일 하나하나 다 따지다 보면 법과 규정이 얼마나 중요한지 알게 됩니다." 조경영이 헛웃음을 지었다. "그러니까. 이런 일 겪고 나니까, 행정도 아무나 하는 게 아니라는 걸 새삼 깨닫네." 차용필이 고개를 끄덕이며 덧붙였다. "그럼, 이제 정식으로 기록 남기고, 개선 기회 주고, 그래도 안 되면 징계 절차 들어가기로 하는 걸로 합시다."

그때, 인사과장이 휴대전화를 보고 눈을 동그랗게 떴다. "어... 부장님,

혹시 그 직원 말입니다. 지금 직장 내 폭행 사건에 연루됐다는 보고가 들어왔는데요?" 조경영과 차용필이 동시에 고개를 들었다. "뭐?! 폭행?" "네, 같은 팀 직원이랑 심하게 다퉜는데, 몸까지 밀치고 손이 올라갔다고 합니다. 피해 직원이 공식적으로 보고서를 제출했어요." 조경영이 헛웃음을 지었다. "...내가 진짜 이거 안 하려고 했거든? 근데 이건 안 할 수가 없네." 차용필도 한숨을 쉬며 고개를 끄덕였다. "이제는 징계위원회를 안 열 수도 없겠네요. 이 정도면 공식적으로 사안이 커진 겁니다."

조경영이 팔짱을 끼고 중얼거렸다. "아니, 우리가 이렇게까지 기회를 주려고 했는데... 스스로 판을 깔아주네." 인사과장이 다시 한번 보고서를 확인하며 말했다. "정식으로 절차를 밟아야 합니다. 직장 내 폭행은 징계 기준에서도 중대한 사안으로 보거든요." 조경영이 씁쓸하게 웃으며 말했다. "그래, 이쯤 되면 더 이상 참을 이유가 없지. 징계 절차 진행하자. 회사가 유치원도 아니고, 이런 일까지 방관할 순 없잖아?" 차용필이 웃으며 말했다. "징계의 목적이 처벌이 아니라 개선과 재발 방지라면서요? 그럼, 본인이 개선할 기회를 스스로 걷어찬 거죠." 조경영이 크게 한숨을 쉬며 고개를 끄덕였다. "좋아. 이번엔 확실하게 처리해 보자."

포상, 누구를 위한 것인가?

회의실 문이 닫히자마자 기정연이 팔짱을 끼고 한숨을 쉬었다. "올해 경영평가 가점 좀 챙겨야 하는데, 단체포상 받을 만한 게 뭐 없을까?" 안태남이 옆에서 슬쩍 끼어들었다. "부장님, 단체포상도 좋지만, 개인포상도 중요합니다. 특히 저는 과장 직급에서 포상이 없거든요. 혹시 모를 징계에도 대비해야 하고…" 기정연이 눈을 가늘게 뜨며 바라봤다. "…징계를 받을 걸 미리 대비한다고?" "아니, 그게 아니라! 뭐, 혹시라도요. 알잖아요. 개인포상이 있으면 징계 감경될 수도 있고."

그때 조경영이 고개를 저으며 끼어들었다. "야, 너는 포상을 보험처럼 생각하냐?" 탁고민이 고개를 끄덕이며 거들었다. "사실 포상이 꼭 실적 때문만은 아니긴 하죠. 저 같은 신입사원들은 경력에 한 줄 더 넣으려고 포상받고 싶기도 하고." 기정연이 팔짱을 풀고 의자에 기대며 중얼거렸다. "그렇긴 한데, 단체포상은 경영평가에 가점이 붙는다는 점에서 중요해. 올해 평가가 애매해서 이거 하나 받아두면 유리하거든." 조경영이 고개를 끄덕였다. "맞아. 단체포상은 조직 전체에 도움이 되지. 그런데 문제는 기준이 모호하니 직원들 처지에서 불만이 생긴다는 거야. 누구는 일 열심히 했는데 포상 안 받고, 누구는 슬쩍 껴서 받기도 하고."

탁고민이 손을 번쩍 들었다. "맞아요. 저도 예전에 팀 프로젝트 같이했는데, 포상받을 때는 주도한 사람만 이름 올라가고, 저는 빠졌거든요." 안태남이 고개를 끄덕이며 맞장구쳤다. "그게 문제야. 포상 기준이 명확해야 다들 이해하지. 그래야 '이번에는 안 받아도 다음에는 받을 수 있겠다'

라고 기대라도 하지." 기정연이 손가락으로 책상을 두드렸다. "그러니까... 어떻게 하면 다들 이해할 수 있는 기준을 만들까?" 조경영이 손을 내저으며 말했다. "그게 가능했으면 벌써 했겠지. 그나저나, 기 부장은 단체포상을, 안 과장은 개인포상을 원하는데, 방법이 없진 않아."

안태남이 눈을 반짝였다. "오, 어떤 방법이죠?" 조경영이 미소를 지으며 말했다. "팀 프로젝트 하나 제대로 만들어서, 단체포상으로 추진하면서도 개인 기여도를 명확하게 나누는 거야. 그러면 기 부장은 단체포상받고, 안 과장은 개인 공헌으로 이름 올릴 수 있겠지." 기정연이 고개를 끄덕이며 중얼거렸다. "...그럼, 팀원들도 불만이 없고, 우리도 필요한 포상을 챙길 수 있겠네." 탁고민이 손뼉을 치며 말했다. "그거 좋은데요? 팀워크도 살리고, 포상도 받고, 불만도 줄이고." 안태남이 팔짱을 끼며 웃었다. "역시 부장님, 승진하려면 이런 실적도 있어야겠죠?" 조경영이 웃으며 한 마디 던졌다. "너는 포상으로 승진 보험 들지 말고, 그냥 잘해서 승진해."

며칠 뒤, 드디어 포상 결과가 발표되었다. 기정연은 경영평가에 도움이 될 단체포상을 받았고, 안태남도 프로젝트 기여도를 인정받아 개인포상을 받게 되었다. 안태남은 흐뭇한 표정으로 포상 공지를 확인하다가, 문득 한 가지가 눈에 들어왔다. "어? 어...?" 탁고민이 옆에서 고개를 갸웃했다. "왜요? 포상받으셨잖아요!" 안태남이 허탈한 표정으로 화면을 가리켰다. "징계 감경 대상 포상이 아니잖아...?" 탁고민이 키득거리며 웃었다. "과장님, 결국 보험용으로 받은 거였어요?" 안태남이 한숨을 쉬며 중얼거렸다. "이럴 거면 그냥 단체포상에 끼어갈 걸..." 기정연이 웃으며 한 마디 던졌다. "그러니까 포상을 미리 대비하는 게 아니고, 그냥 잘해서 받는 거라니까."

노사협의회, 한마음인가 딴마음인가?

회의실 문이 닫히자마자 사장이 자리에서 몸을 앞으로 기울이며 물었다. "노사협의회 안건, 잘 진행되고 있어요?" 조경영이 살짝 미소를 지으며 고개를 끄덕였다. "네, 노동자 측 간사와 협의가 원활하게 진행되고 있습니다. 안건들도 실무부서에서 꼼꼼하게 검토 중입니다." 노동자 측 간사가 맞장구쳤다. "맞아요. 사실 협의가 너무 잘돼서 누가 사측 간사고, 누가 노동자 측 간사인지 헷갈릴 정도라니까요."

사장이 살짝 눈썹을 치켜올렸다. "그 정도라고?" 노조위원장이 웃으며 거들었다. "뭐, 보통은 노사가 맞부딪치기 마련인데, 이번엔 서로 양보도 잘하고 이견 조율도 자연스럽게 되더라고요." 표관리가 팔짱을 끼고 조용히 듣다가 입을 열었다. "협의가 잘됐다는 건 좋지만, 실제로 실행될 수 있는지도 중요합니다. 아무리 좋은 의견이 나와도 실무부서에서 불가능하면 의미가 없으니까요." 사장이 고개를 끄덕였다. "그렇지. 협의만 잘됐다고 다 끝난 게 아니니까. 구체적으로 어떤 안건이 논의됐지?"

조경영이 자료를 넘기며 설명했다. "이번에 직원들의 휴게 공간 개선과 대체 휴무 사용 활성화 방안이 주요 안건으로 올라왔습니다. 휴게 공간은 기존 공간 리모델링 비용이 문제고, 대체 휴무 사용은 각 부서의 업무 부담을 어떻게 조정할지가 핵심이죠." 표관리가 문서를 받아 들고 읽어보더니 고개를 저었다. "그래서 실무부서에서 난색을 보인 거군요. 휴게 공간 개선은 예산 문제, 대체 휴무 사용은 업무 조정 문제 때문이겠네요. 현장의 현실과 기대 사이에 틈이 크다는 얘기지요."

노동자 측 간사가 씩 웃으며 말했다. "그런데 이번엔 다행히 서로 이해관계가 맞아떨어지는 부분이 많아서요. 예산도 최소한으로 조정했고, 대체 휴무 문제도 업무 공백이 크지 않은 방향으로 협의했습니다." 사장이 팔짱을 끼고 조경영을 바라봤다. "그럼, 실무부서에서도 어느 정도 수용 가능하다는 건가?" 조경영이 한숨을 쉬며 말했다. "그게… 아직은 반반입니다. 문제는 최종 승인 과정에서 얼마나 조정될지가 관건이죠." 표관리가 고개를 끄덕였다. "결국 협의 이후가 더 중요하다는 거네요. 협의만 잘됐다고 끝나는 게 아니라, 그걸 현실적으로 풀어가는 과정이 필요하니까."

노조위원장이 미소를 지으며 말했다. "맞아요. 노사협의회는 그냥 말로 하는 게 아니라, 실제 변화를 만들어야 하니까요. 직원들도 협의회에서 나온 의견이 진짜로 실행될지 지켜보고 있습니다." 사장이 천천히 고개를 끄덕였다. "좋아. 그럼, 협의가 이뤄진 안건들이 실제로 실행될 수 있도록 실무부서와 다시 한번 조율해 봅시다. 협의회가 말뿐인 행사로 끝나면 직원들의 신뢰를 잃을 테니까." 조경영이 씩 웃으며 말했다. "네, 이번엔 노사가 한마음이라 그런 문제는 없을 겁니다." 표관리가 웃으며 덧붙였다. "그 한마음이 딴마음으로 변하지만 않는다면요."

사장이 잠시 침묵을 지키다가 결국 입을 열었다. "그나저나, 이번 분기에 중요한 안건 중 하나가 빠졌다는 소식을 들었어. 협의가 잘 됐다고 했는데, 어째서 그걸 놓쳤지?" 조경영이 어색하게 웃으며 말했다. "그게… 휴게 공간 개선과 대체 휴무 문제만 다뤄서, 다른 중요한 사항을 다음 분기로 미루기로 했습니다. 그 부분을 놓친 거죠." 표관리가 갑자기 팔짱을 풀며 말했다. "그래서, 중요한 건 결국 이 분기가 끝날 때까지 그걸 어떻게 '슬쩍' 건넬 수 있을지가 관건이네요. 직원들에게 제대로 설명하지 않으면, 다음 분기 회의 때 더 큰 파장이 일거든요."

노조위원장이 눈을 크게 뜨며 말했다. "맞아요. 협의는 잘 돼도, 나중에 중요한 걸 미뤘다고 직원들이 불만을 터뜨릴 수도 있으니까요." 사장이 고개를 끄덕이며 말했다. "알았습니다. 그럼, 다음 회의에서 그 미뤄진 안건을 제대로 다룰 수 있도록 준비합시다. 이번 분기 안에 결실을 봐야지." 조경영이 조금 안심하며 고개를 끄덕였다. "네, 이번엔 놓친 안건도 확실히 잡을 수 있게 하겠습니다." 표관리가 마지막으로 살짝 미소를 지으며 덧붙였다. "다음 분기엔 '한마음'이 아니라 '딴마음'이 되지 않도록 하세요. 그게 또 중요한 일입니다."

상생협의체, 협력인가 줄다리기인가?

노무차장은 회의실 한구석에서 머리를 감싸 쥐었다. 이게 협의체인지, 각자 할 말만 하는 자리인지 헷갈릴 지경이었다. 회의 시작 전까지만 해도 그는 기대에 부풀어 있었다. 이번 상생협의체에서는 직종별 대표들이 적극적으로 논의에 참여하고, 협력적인 분위기에서 합리적인 대안을 도출할 수 있을 것이라 믿었다. 하지만 현실은 예상보다 훨씬 험난했다.

"자, 다시 한번 확인해 보겠습니다." 노무차장은 메모를 들여다보며 말했다. "지금까지 나온 공통적인 안건으로는 사내 식당 개선, 휴게 공간 확충, 교육 지원 확대가 있습니다. 이 부분은 모든 직종 대표님께서 동의하신 사항이죠?" 노조 대표들이 고개를 끄덕였다. "좋습니다. 이제 직종별 이해관계가 있는 안건을 살펴볼까요?" "우리 직종이 가장 급합니다!" 순간, 회의실 분위기가 묘하게 얼어붙었다.

공통 안건에는 다들 찬성했지만, 여기서부터는 본격적인 줄다리기가 시작되는 순간이었다. 먼저 현장직 대표가 입을 열었다. "저희 현장직은 근무 강도가 높은 만큼, 특별근무비 예산을 더 많이 배정해야 합니다. 현재 3교대인데, 야간 근무 부담이 너무 큽니다. 야간 조를 줄이던지 예산을 더 배정하는 방안을 논의해 봤으면 합니다." 그러자 사무직 대표가 바로 반박했다. "그럼, 사무직 근무자들은 어떡합니까? 우리는 지금도 초과근무가 많아 특별근무비 예산이 부족한 상황인데, 교대 근무제만 조정하면 형평성 문제가 생길 수 있습니다! 현장직에 특별근무비를 더 많이 배정하면, 결국 사무직 예산이 줄어들지 않습니까?"

노무차장이 한숨을 쉬려는 찰나, 이번엔 기술직 대표가 끼어들었다. "형평성도 중요하지만, 우리 쪽은 장비 노후화가 심각한 수준입니다. 교대 근무제보다 장비 개선이 우선 아닙니까? 오래된 장비 때문에 작업 속도도 느려지고, 안전사고 위험도 커지고 있습니다." 이번엔 관리직 대표가 나섰다. "안전도 중요하지만, 우리는 인력이 부족해서 업무 과부하가 심각합니다. 신입 충원이 먼저 논의되어야 합니다. 기존 직원들이 과중한 업무를 떠안는 상황이 계속되면, 결국 이직률만 높아질 겁니다."

회의실이 아수라장이 되었다. 다들 자기 직종이 가장 급하다고 아우성쳤다. 노무차장은 속으로 '또 시작이군...' 하고 생각했다. "상생? 각자 살기?" 노무차장이 마른침을 삼키며 조심스럽게 물었다. "그러면... 우선순위를 정하는 건 어떨까요? 예산도 한정적이니, 각 직종이 공통으로 필요하다고 생각하는 안건부터 처리하고, 이후 순차적으로 다뤄보는 방향으로요."

하지만 그 말이 끝나기도 전에 각 직종 대표가 동시에 고개를 저었다. "그럴 수 없습니다!" "우리 직종이 가장 시급한 문제를 안고 있습니다." "형평성도 좋지만, 우선 해결해야 할 게 다 다르지 않습니까?" 노무차장은 한숨을 깊게 내쉬었다. 결국 공통 안건만 정리하고, 실질적인 협의는 못 했다는 거였다.

조경영이 씁쓸하게 웃으며 말했다. "뭐, 예상 못 한 건 아니었죠. 공통으로 합의되는 안건은 전부 '있으면 좋은 것'들이고, 정작 중요한 건 누가 더 이득을 보느냐의 문제니까요." 노무차장이 허탈하게 중얼거렸다. "결국 협의할 만한 실질적인 안건을 하나도 못 찾았네요... 이러다 협의체가 아니라 '각자 살기 협의체' 되는 거 아닙니까?" 표관리가 그 말을 듣고 웃었다. "이러다 '각자도생 협의체'로 바뀌는 거 아닙니까?"

 노조 대표들도 머쓱하게 웃으며 서로를 쳐다봤다. 노무차장이 다시 입을 열었다. "일단 오늘 논의된 내용을 정리해서 다시 전달하겠습니다. 그리고 직종별 안건을 사전에 조율할 수 있도록 노력해 주세요. 이러다가는 협의체가 아니라 끝없는 평행선 토론회가 될 겁니다." 노조 대표들이 고개를 끄덕이며 회의실을 나갔다. 조경영이 노무차장의 어깨를 툭 쳤다. "다음 회의 땐 좀 나아질까?" 노무차장이 깊은 한숨을 쉬며 말했다. "나아지긴요. 이게 상생협의체인지, 줄다리기 대회인지도 모르겠네요."

산업 안전보건 협의체, 형식인가 실질인가?

"여기 계신 모든 분이 산업 안전보건 협의체의 중요성을 잘 알고 계실 겁니다. 하지만…" 회의실 한가운데서 노무차장이 말끝을 흐렸다. 이미 참석자들의 표정에서 분위기가 읽혔다. '또 형식적인 회의인가?' '이거 하면 뭐가 달라지나?' 이런 생각이 가득한 얼굴들이었다.

표관리가 팔짱을 끼며 한숨을 쉬었다. "협의체를 꾸리는 건 좋은데, 과연 이게 실질적인 변화를 끌어낼 수 있을까요? 솔직히 말씀드리면, 이전 협의체 회의들에서도 많은 의견이 나왔지만, 정작 바뀐 건 거의 없었습니다." 조경영이 고개를 끄덕였다. "맞습니다. 안전과 보건이 중요하다는 건 다 아는데, 현실적으로 업무에 부담을 주지 않으면서 실행하는 게 어렵죠. 안전 절차를 강화한다고 하면 현장에선 '일이 더 느려진다'라고 하고, 보건 관련 조치를 강화하면 '업무가 늘어난다'라고 불만이 나옵니다. 그렇다고 안 할 수도 없고… 난감하죠."

노무차장이 한숨을 쉬었다. "그래서 오늘은 형식적인 보고 말고, 진짜 실질적인 방안을 도출하는 걸 목표로 삼고 싶습니다. 우선, 보건과 안전 분야에서 현장에서 가장 시급한 문제부터 짚어볼까요?"

"이전 협의했던 거, 다 됐나요?" 회의 후, 노무차장은 보건관리와 안전관리 대행 관계자들과 함께 현장을 둘러보기로 했다. 몇 개월 전 협의체에서 결정된 사항들이 제대로 실행되고 있는지 확인하는 자리였다. "계단 쪽 미끄럼 방지 장치 설치는 다 완료됐죠?" 노무차장이 묻자, 안전관리 담당자가 당당하게 대답했다. "네, 지난번 협의 때 확정된 사항이라 조치됐을 겁니다."

그런데 막상 계단에 도착하자, 모두의 표정이 굳어졌다. 계단은 여전히 미끄러웠다. 미끄럼 방지 장치는커녕, 작업 흔적조차 없었다. 안전관리 담당자가 기침하며 머리를 긁적였다. "어... 이거 분명히 설치됐다고 보고받았는데..." 노무차장이 얼굴을 찌푸렸다. "이게 '설치됐다'라는 거면, 혹시 투명 미끄럼 방지인가요? 눈에 안 보이는 미끄럼 방지?"

조경영이 한숨을 내쉬며 계단을 내려가 보았다. "아니, 그냥 미끄러워 보이는데요? 이거 누가 확인한 겁니까?" 안전관리 담당자가 황급히 핸드폰을 꺼내 담당업체에 전화를 걸었다. "네? 아, 아직 작업 전이라고요? 예? 예산 문제로 잠시 보류 중이라고요? 아니, 그럼 회의 때 보고는 왜 다 됐다고 한 겁니까?"

노무차장이 팔짱을 끼고 한숨을 쉬었다. "이래서 사람들이 협의체를 '탁상행정'이라고 하는 겁니다. 현장은 그대로인데, 서류상으로는 완료. 이런 식이면, 우리가 아무리 회의해도 뭐가 바뀌겠습니까?" 안전관리 담당자가 머리를 긁적이며 변명을 늘어놓았다. "아, 그게... 예산이 확정 안 된 상태에서 진행하려다 보니..." 조경영이 고개를 절레절레 흔들었다. "예산 문제라면 미리 공유라도 했어야죠. 우리는 이미 다 된 줄 알고 있었잖습니까. 만약 사고라도 났으면, 이 책임은 누가 집니까?"

"실질적인 해결책을 찾아봅시다." 보건관리 담당자가 조심스럽게 말했다. "특정 직종은 정기검진도 받고 특수건강검진도 받아야 해서 근무 일정 조정에 대한 애로사항이 많습니다. 일단 특수건강검진 문제는 정기검진을 받을 때 업무 조정이 가능하도록 시스템을 만드는 게 중요합니다. 예를 들어, 검진 예약을 할 때 자동으로 근무 일정이 조정되도록 하면 어떨까요? 이렇게 하면 '일이 많아서 못 간다'라는 핑계가 줄어들 겁니다."

조경영이 고개를 끄덕였다. "그거 괜찮네요. 그리고 안전 문제는... 안전 수칙을 지키는 직원에게 실질적인 혜택이 돌아가도록 하는 방법도 고려해볼 필요가 있습니다. 예를 들어, 안전 준수율이 높은 부서에 인센티브를 주는 방식은 어떻습니까? 규제만 강조하는 게 아니라, 안전을 지키는 게 실질적으로 도움이 된다는 인식을 심어줘야 합니다." 안전관리 담당자가 손뼉을 쳤다. "좋습니다! 그렇게 하면 직원들도 '안전을 지키는 게 이득'이라는 걸 피부로 느끼게 될 겁니다."

노무차장이 미소를 지으며 정리했다. "좋습니다. 오늘은 단순히 '안전이 중요하다'라는 말만 반복하는 게 아니라, 구체적인 실행 방안을 정리할 수 있었네요. 앞으로 협의체가 '형식적인 자리'가 아니라, 실제로 변화를 만들어가는 자리라는 걸 보여줍시다!" 회의실을 나서며 표관리가 조경영에게 중얼거렸다. "이번에는 정말 뭔가 바뀔까요?" 조경영이 씩 웃으며 대답했다. "적어도 '회의만 하고 끝났다'라는 말은 안 나오겠죠."

비상근무, 이제는 '줄 서기' 경쟁?

"오늘 비상근무 대상자 명단 확인해 보자." 기정연이 안경을 고쳐 쓰며 말했다. 그러자 기다렸다는 듯 탁고민이 손을 번쩍 들었다. "저요! 제 하고 싶습니다!" 기정연이 웃으며 고개를 저었다. "너 또냐? 너만 계속하면 문제 생긴다." "아니, 저 정말 괜찮습니다. 언제든 호출해 주세요!"

탁고민은 의욕이 넘쳤다. 비상근무비 덕분에 소소하게 재테크도 하고 있었고, 솔직히 일할 사람 없다고 불려 나오는 것보다야 먼저 자원해서 가산점 받는 게 낫다는 계산도 있었다. 그때, 한숨 섞인 목소리가 들려왔다. "아... 나 이번에도 못 했네..." 모두 고개를 돌렸다. 안태남이 팔짱을 낀 채 씁쓸한 표정을 짓고 있었다. 기정연이 눈썹을 치켜세웠다. "왜? 너도 비상근무하고 싶었어?" 안태남이 고개를 끄덕였다. "당연하죠. 특별근무비랑 대체 휴무 시간 챙겨야 하는데, 어제저녁에 핸드폰을 잠깐 놓고 있어서 비상호출을 못 받았어요. 그래서 결국 다른 사람이 출근했더라고요. 아... 내 근무비와 휴무 시간..."

탁고민이 키득거리며 말했다. "아, 그거구나. 예전에는 비상근무 시키면 도망가는 분위기였는데, 이제는 '전화 한 통 못 받아서 못 나갔다'라고 아쉬워하는 세상이 됐네." 기정연이 팔짱을 끼고 고개를 저었다. "그래서 문제야. 비상근무는 '하고 싶다고' 하는 게 아니라, 진짜 필요한 인원만 배치해야 하는 거야. 근데 요즘은 보상이 커지면서 '누가 먼저 호출받느냐'가 경쟁이 돼버렸어."

조경영이 맞장구쳤다. "맞아, 비상근무는 필요 최소한의 인원이 투입돼야 하는데, 요즘은 책임 문제 때문에 필요 '최대한'의 인원을 다 출근시키는 비효율이 발생하고 있어. 그 와중에 비상근무 하려는 사람은 더 많아지고... 이거 원." 기정연이 헛웃음을 지었다. "그럼, 이거 출근 못 한 사람들끼리 '대기 순번제'라도 만들어야 하나?" 안태남이 심각한 얼굴로 말했다. "그거 좋은데요?" '비상근무 웨이팅 리스트' 만들어서, 이번에 못 한 사람 우선으로 다음 근무 배정하는 거... 어때요? 합리적이지 않습니까?"

탁고민이 손뼉을 치며 맞장구쳤다. "와, 과장님 진심이네! 근데 그럼 출근을 못 하면 '패자부활전'이라도 있나요?" 조경영이 웃으며 말했다. "야, 그럼 그날 밤 '비상호출 오기만' 기다리는 직원들 생기겠네. 비상근무 대기조가 아니라 '비상근무 로또조'가 되겠어." 기정연이 고개를 끄덕이며 한숨을 쉬었다. "옛날에는 비상근무 시키면 다들 피하려고 했는데, 이제는 못 해서 아쉬워하는 직원까지 생긴 이 현실... 정말 세상이 변했어."

휴일 당직, 정말 의미 없을까?

　토요일 오전. 사무실은 텅 비어 있었고, 기정연은 커피 한 잔을 들고 하품했다. "아무 일도 안 하는 이 당직... 과연 의미가 있는 걸까?" 휴일에도 당직을 서야 한다는 게 영 마뜩잖았다. 그때, 사무실 문이 열리더니 탁고민이 힐끗 고개를 내밀었다. "부장님, 심심하시죠? 커피라도 한 잔 더 드릴까요?" "휴일인데 뭔 일로?" 탁고민이 옆에 앉으며 장난스럽게 말했다. "솔직히 이거 필요 없다고 생각하시죠?" "딱 걸렸네. 넌 어떻게 알았냐?" "저도 같은 생각이거든요. 비상사태 발생 확률 1%도 안 되는데, 그거 대비해서 매주 누군가는 당직을 서야 한다? 너무 비효율적이지 않습니까?"

　그때, 사무실 문이 또 열렸다. 조경영이 커피를 들고 들어오며 고개를 끄덕였다. "하지만 혹시라도 일이 생기면, '왜 당직 근무자를 안 뒀냐?'라고 난리 나겠지." 탁고민이 고개를 갸웃했다. "그럼, 이런 건 어때요? 진짜 급한 상황이 생기면 비상 연락망으로 호출하는 방식. 굳이 여기 앉아서 시간만 보내지 않아도 되잖아요?" 기정연이 한숨을 쉬었다. "그게 합리적이긴 한데, 우리 조직이 '효율성'보다는 '책임' 중심이라 그런 변화가 쉽지 않아. 형식보다 실질이 중요하단 인식이 자리 잡기 전까진 말이지."

　그때, 안태남이 헐레벌떡 뛰어 들어왔다. "부장님! 혹시 대신 근무 가능할까요? 저 대체 휴무 시간이 필요해서요!" 모두 웃음을 터뜨렸다. "이거 봐. 이제는 당직 근무도 '원하는 사람'이 나오는 시대가 됐다니까?" 조경영이 팔짱을 끼고 말했다. "그래도 책임자는 있어야 비상조치를 할 수 있지 않겠어? 안태남, 너 그냥 대체 휴무 얻으려고 그러는 거 아니냐?" 안태남이 능청스럽게 웃었다. "아니, 제가 일할 준비가 완벽하게 되어 있어서요. 게다가 저 당직 전문가 아닙니까?"

기정연이 한숨을 쉬며 말했다. "그래, 네 열정은 인정한다. 하지만 말이야… '일을 안 하는 근무'가 과연 의미가 있는지 다시 생각해 봐야 하는 거 아닐까?" 조경영이 커피를 한 모금 마시며 고개를 끄덕였다. "그러게요. 우리는 지금 '비상 상황이 발생할 수도 있다'라는 이유만으로 매주 휴일을 반납하는데, 정작 아무 일도 안 생기면 '시간 낭비'인 거잖아요. 이거… 정말 맞는 걸까요?"

모두가 고개를 끄덕이며 휴일 당직의 의미에 대해 다시 고민하던 그때.
삐—삐—삐—!
갑자기 경보음이 울렸다. "설마…?" 기정연이 황급히 CCTV를 확인하더니 얼굴이 굳어졌다. "건물 3층에서 화재 발생!" "뭐요?!" 탁고민이 허둥지둥 창밖을 내다봤다. 건물 외벽에서 희미한 연기가 올라오고 있었다.

조경영이 다급하게 외쳤다. "소방서에 신고해야겠어!" "내가 전화할게!" 조경영이 급히 전화하는 사이, 기정연은 침착하게 비상조치 매뉴얼을 떠올렸다. "이럴 때는… 전기 차단이 우선이다!" 그는 빠르게 누전 차단기를 확인하러 뛰어갔다. 3층으로 가는 계단을 오르는데, 연기가 점점 더 짙어졌다.

"모든 직원은 즉시 대피하십시오!"
경보음과 함께 건물 내 방송이 흘러나왔다. 하지만 기정연은 멈추지 않았다. 전기실로 들어가 차단기를 내리려는데, 거기서 스파크가 튀는 걸 발견했다. "이건 그냥 단순 화재가 아니야. 전기 누전으로 불이 난 거야!" 그는 빠르게 메인 전원을 차단했다. 그리고 소방서에서 출동한 대원들이 도착할 때까지 대피 경로를 안내하며 침착하게 상황을 통제했다.

20분 뒤—소방대원이 나와 보고했다. "초기 조치가 빨라서 불이 크게 번지지는 않았습니다. 전원 차단이 없었으면, 건물 전체로 불이 번졌을 수도 있었습니다."

모두 기정연을 바라봤다. 탁고민이 감탄하며 말했다. "부장님... 아니, 소방관님! 이야~ 이런 경험이 있으니까 바로 대처하시는군요!" 조경영도 씩 웃으며 말했다. "오늘만큼은 휴일 당직이 필요했다는 걸 인정해야겠어." 기정연이 머리를 긁적이며 말했다. "그래도 말이지... 이런 일이 매주 일어나는 것도 아니잖아? 좀 더 효율적인 방법이 필요해."

조경영이 고개를 끄덕이며 말했다. "당직의 필요성은 인정하지만, 그렇다고 매번 의미 없는 근무를 할 필요는 없겠죠. 오늘 같은 경우만 대비하면 되니까요." 안태남이 아쉬운 표정으로 말했다. "아... 저는 오늘도 근무해서 대체 휴무 챙길 생각이었는데!" 모두 폭소를 터뜨렸다. 탁고민이 장난스럽게 말했다. "과장님, 우리 회사가 당직 전문 직원 뽑으면 딱 맞는데요?" 기정연이 피곤한 듯 커피를 한 모금 마시며 말했다. "그래, 다다음 주에도 내가 또 당직이야. 혹시라도 또 이런 일이 생기면... 그땐 네가 좀 대신해 줄래?" 안태남이 활짝 웃으며 손을 들었다. "대신 당직? 그거라면 언제든 환영이죠!"

출장, 꼭 필요한 걸까?

사무실이 분주한 오전, 안태남은 가방을 정리하며 자리를 정리하고 있었다. 그러자 영업부장이 눈살을 찌푸리며 다가왔다. "안 과장, 이번엔 어디 가려고 그래?" "현장 확인이 필요한 사항이 있어서 출장 좀 다녀오겠습니다." 영업부장은 팔짱을 끼고 한숨을 쉬었다. "또 출장? 사무실에서도 충분히 처리할 수 있는 일 같은데? 요즘 들어 출장 간다면서 사무실 밖에 있는 시간이 더 많은 것 같은데?"

"부장님, 현장 확인이 중요합니다. 직접 가서 봐야 문제도 파악할 수 있고, 협력업체와 관계도 다질 수 있죠." "그래, 근데 출장을 그렇게 자주 가야 해? 출장 갔다 온 다음에 뭘 해결했다는 보고도 제대로 없고." "어... 특별한 문제 없어서요." "그럼, 굳이 갈 필요가 있던 출장 맞아?"

그때 남보원이 지나가다 말을 들었는지, 대화를 멈추고 안태남을 바라보았다. "출장 이야기인가? 안 과장, 지난번 출장 갔다 온 결과는 어떻게 됐어?" "네, 별문제 없이 잘 마무리되었습니다." "그래? 그런데 나는 출장 갔다 오면 간단한 사항이라도 보고를 기대하는데, 들은 게 없네?" 안태남이 머쓱하게 웃었다. "아, 그게... 별다른 이슈가 없어서 굳이 말씀드릴 필요가 없다고 생각했습니다."

남보원이 팔짱을 끼고 천천히 고개를 끄덕였다. "출장이라는 게 단순히 '가는 것' 자체가 중요한 게 아니잖아. 출장을 가서 뭔가 얻어오고, 해결한 걸 공유해야 의미가 있는 거지. 근데 출장 갔다 와서 아무런 보고도 없으면… 그 출장, 꼭 필요했던 걸까?"

안태남이 입술을 깨물었다. 영업부장이 거들었다. "맞아요. 출장도 업무의 일부지만, 목적과 결과가 있어야 하는 거죠. 자칫하면 출장이 아니라 '출장 다니기'가 목표가 될 수도 있어요." 안태남이 고개를 끄덕였다. "알겠습니다. 앞으로 출장 다녀오면 꼭 간단하게라도 보고드리겠습니다."

남보원이 미소를 지었다. "좋아. 그리고 출장도 좀 선택과 집중을 해보자고. 정말 필요한 출장만 가는 게 더 효율적이잖아?" 영업부장이 씩 웃으며 덧붙였다. "출장도 중요하지만, 사무실에서 할 수 있는 일은 사무실에서 하는 게 좋겠지? 요즘 사무실에서 '출장 왕'이라고 부른다는 소문이 있던데?" 안태남이 당황하며 웃었다. "출장 왕이라뇨. 이제부터 보고도 확실히 하고, 꼭 필요한 출장만 가겠습니다." 남보원이 만족한 듯 고개를 끄덕였다. "좋아, 출장 왕님. 근데 이번 출장… 다시 생각해 보는 게 어때?" 안태남이 멈칫하더니, 가방을 다시 내려놓았다.

출장 중, 뜻밖의 만남

그렇게 출장 가는 횟수를 조절하겠다고 다짐했지만, 이번 출장은 정말로 필요한 일정이었다. 그래서 안태남은 계획대로 현장으로 이동했다. 업무를 마치고 돌아가는 길, 근처 카페에서 커피 한잔하며 정리를 하고 있는데… 낯익은 얼굴이 문을 열고 들어왔다. "…어?" 안태남은 얼어붙었다. 그곳에는 조금 전까지 출장에 대해 잔소리하던 영업부장이 서 있었다.

영업부장도 안태남을 보자 순간 멈칫했다. "안 과장…?" 서로 어색하게 눈이 마주쳤다. 영업부장이 커피를 주문하며 물었다. "여긴 무슨 일로?"

"아, 출장 업무 마치고 잠깐 정리 좀 하려고요…" "그래?" 영업부장은 고개를 끄덕였다. "그런데 말이야… 여기, 네 출장 목적지에서 한참 떨어진 곳 같은데?"

안태남이 입술을 꾹 다물었다. "아, 그게… 협력업체 담당자를 만나러… 겸사겸사…" 영업부장이 피식 웃었다. "나는 미팅 때문에 업무 외출 나온 거거든? 그런데 너는 출장 중인데 왜 여기 있는 거야?" 안태남은 진땀을 흘렸다. "…아, 그러니까요… 출장 중에도 이동할 수 있는 거죠, 뭐."

"그렇지. 근데 네가 출장지에서 외출 나온 나를 만난다는 게 좀 웃기지 않냐?" 순간 둘 사이에 묘한 침묵이 흘렀다. 영업부장은 커피를 받아 들고 자리로 가며 말했다. "안 과장, 출장 다녀오면 보고 잘하라고 했지?" "네…?" "그 보고서에 출장 중 만난 인물: 영업부장이라고 적어놔." 안태남은 커피를 삼키다 목이 막혔다. "풋…! 부장님, 그건 좀…!"

영업부장이 크게 웃으며 말했다. "출장 왕님, 출장도 좋지만 어디 다니는지는 조심해야겠어!" 그렇게 출장에 대한 새로운 교훈(?)을 얻은 안태남이었다.

근태 관리, 원칙과 유연성 사이에서

사내 메일이 왔다. 아침 회의가 끝난 후, 사무실 여기저기서 웅성거리는 소리가 들렸다. 조경영이 보낸 "근태 관리 철저"가 원인이었다. "이번 주 외부기관 점검이 있다더니, 역시 바로 나오네." "점검할 때만 이러는 거 아냐?" "원래 근태 관리야 중요한 거지. 근데 너무 빡빡하게 하면 더 스트레스인데…"

안태남은 옆자리에서 메일을 읽고 한숨을 쉬었다. "아니, 나 어제 야근했잖아. 오늘은 좀 늦게 와도 되지 않나?" 옆에서 차용필이 태연하게 서류를 넘기며 말했다. "출근 시간은 출근 시간이죠. 야근했다고 출근 늦게 하면, 일찍 출근한 사람은 퇴근 일찍 해도 되나요?" 안태남이 눈을 가늘게 뜨며 맞받아쳤다. "아니, 차장님. 그러면 야근한 사람은 손해 아닌가요? 일한 만큼 보상이 있어야 공평한 거 아닌지?" "그럼, 근태 기록상 야근한 날은 다음 날 출근 시간을 조정해도 된다는 공식 규정이 있나요?" "그런 건 없죠. 근데 상식적으로…"

그때 조경영이 지나가다가 두 사람의 대화를 듣고 걸음을 멈췄다. "안 과장, 또 불만 있나?" 안태남이 움찔하며 고개를 들었다. "아, 부장님! 그게 아니고… 어제 늦게까지 일했으니까 오늘 아침에 좀 늦게 왔다고 뭐라 하면 억울하잖아요." 조경영이 팔짱을 끼며 고개를 끄덕였다. "그래, 야근한 사람 입장에선 그렇게 생각할 수도 있지. 근데 회사의 공식적인 출근 시간은 정해져 있고, 근태 관리는 그런 걸 기준으로 해야 해." "그렇지만…" "야근이 많다면, 그걸 줄일 방법을 고민하는 게 맞아. 늦게까지 일한 만큼 다음 날 여유를 주는 방식은 근태 관리가 아니라 업무 조정으로 해결할 문제야. 네가 생각하는 보상은 근태가 아니라, 추가 근무 수당이나 대체 휴무로 가야지."

안태남이 고개를 갸웃했다. "근데 대체 휴무 쓰려고 하면 바쁘다고 못 쓰게 하는 경우도 있잖아요." 조경영이 웃으며 말했다. "그럼, 근태 문제가 아니라 업무 배분 문제가 있는 거지. 그걸 바로잡는 게 네가 싸워야 할 전선이야. 근태 관리랑 업무 피로도 문제를 헷갈리지 말라는 거야." 안태남이 잠시 생각에 잠겼다. 그러자 차용필이 조용히 한마디 덧붙였다. "그래도 출근 시간 맞춰 오는 게 제일 속 편합니다. 괜히 불평하다가 점검 대상자로 찍히면 곤란하잖아요?" 안태남이 헛웃음을 지었다. "그러니까 차장님은 원칙대로 사는 게 습관이 된 거죠. 저는 아직 자유를 포기 못 해서 그렇습니다." 조경영이 피식 웃으며 자리로 돌아갔다. "자유도 좋지만, 점검 기간엔 조용히 있는 게 이득일걸?" 안태남은 결국 고개를 끄덕이며 자리로 돌아갔다. "좋습니다. 그럼, 저는 오늘도 묵묵히 출근 체크하겠습니다." 사무실에 잔잔한 웃음이 퍼졌다. 근태 관리는 엄격하지만, 일의 균형을 맞추는 문제는 또 다른 이야기였다.

한편, 회사 정문 앞

노무차장은 외부기관 점검을 앞두고, 직원들의 출근 시간을 직접 확인하기로 했다. "오늘만큼은 내가 먼저 나와서 철저하게 점검해야지!" 그렇게 단단히 각오하고 일찍 나왔는데... 출근길, 자동차가 갑자기 퍼져버렸다. "이게 뭐야?! 오늘같이 중요한 날에..." 급히 보험사를 부르고 차량을 맡겼지만, 예상보다 시간이 더 걸렸다. 결국 회사 도착은 출근 시간보다 10분 늦어버렸다.

정문으로 들어서는데, 마침 비슷한 타이밍에 누군가 들어오는 모습이 보였다. "어? ...본부장님?" 표관리 본부장이었다. 본부장도 어딘가 난감한 표정이었다. "노무차장? 웬일이야?" "아, 제가... 오늘 출근 점검을 하려고 했는데 차가 고장이 나서... 10분 늦었습니다." "...나도 차 문제로 늦었는데." 두 사람은 순간 말없이 눈이 마주쳤다.

묘한 어색함 속에서, 본부장이 헛기침했다. "흠, 뭐... 누구나 예상하지 못한 사정이 있을 수 있는 거지." "예, 그렇죠. 그렇죠. 하하..." 두 사람은 동시에 고개를 끄덕였다. 그러나 정문에서 직원들이 출근하는 모습을 지켜보던 본부장이 문득 중얼거렸다. "근데... 우리도 이렇게 늦을 때가 있는데, 직원들한테 너무 빡빡하게 굴면 안 되는 거 아닌가?" 노무차장은 침묵했다. 오늘 아침 그의 굳은 결심이, 차 한 대 때문에 한순간에 무너지고 있었다.

채용 검진, 필요하지만 부담스럽다?

사내 회의실, 채용 검진 논의. "올해 신규 채용자들, 채용 검진 일정 다 잡았죠?" 조경영이 서류를 넘기며 물었다. 보건관리자는 고개를 끄덕였다. "예, 일정대로 진행 중입니다. 다만, 특수검진이 포함된 직군에서 불만이 좀 나오고 있습니다." 탁고민이 기다렸다는 듯 말했다. "맞아요. 신규 직원들 사이에서 말이 많아요. 검진 항목도 많고, 절차도 번거롭다고요. 특히 특수검진 대상자들은 '이거 꼭 해야 하냐?'라는 반응이 많습니다."

조경영이 손가락으로 책상을 툭툭 두드리며 생각에 잠겼다. "채용 검진이야 기본적인 절차지만, 검진 항목이 많아지면 부담이 커지긴 하지." 보건관리자가 단호하게 반박했다. "하지만 검진을 철저히 해야 직원 건강을 미리 챙길 수 있습니다. 특히 특수검진은 향후 직무 수행 중에 발생할 수 있는 건강 문제를 예방하는 중요한 과정입니다."

탁고민이 씁쓸한 표정으로 중얼거렸다. "그게 중요한 건 알겠는데요... 새로 들어오는 직원들 입장에서는 '회사 오자마자 건강 진단부터 받으면서 부담을 느껴야 하나?'라는 마음인 거죠." 조경영이 고개를 끄덕였다. "그래, 나도 예전에 채용 검진 받을 때 별로 기분이 좋진 않았던 기억이 있어. 신체검사야 그렇다 쳐도, 여기저기 불러 다니면서 검사받는 게 은근히 스트레스더라고."

갑자기 분위기가 가라앉았다. 탁고민이 머뭇거리다 조심스레 말을 꺼냈다. "그나저나... 이번에 채용된 신입 중 한 명, 검진에서 이상 소견 나와서 결국 불합격 처리됐던 거 아세요?" 조경영이 눈썹을 찌푸렸다. "뭐? 누군데? 우리가 뽑은 사람 맞아?"

"기술직 지원했던 사람인데, 최종 합격까지 됐다가 검진에서 폐 이상소견이 나왔어요. 병원 가보라고 했는데, 추가 검사 결과가 안 좋았나 봐요. 결국 최종 입사가 취소됐어요." 보건관리자가 안타까운 표정을 지었다. "이럴 때가 가장 곤란합니다. 회사에서는 건강 이상이 있으면 채용을 진행하기 어렵고, 본인으로서는 이미 합격한 상태에서 탈락하는 거니까요. 게다가, 본인도 몰랐던 건강 문제를 검진에서 처음 알게 되면 충격이 크죠."

조경영이 한숨을 내쉬었다. "진짜 안타깝네. 그래도 회사는 어쩔 수 없지. 직무 수행 중 문제가 생기면 더 큰 일이니까." 탁고민이 고개를 끄덕였다. "맞아요. 근데 본인이 너무 억울해하더라고요. '합격까지 했는데, 건강 때문에 꿈을 접어야 하냐?'라고요."

보건관리자가 조심스럽게 말했다. "그래도 검진 덕분에 미리 발견한 거잖아요. 어쩌면 오히려 다행일 수도 있어요. 만약 모르고 일을 시작했다가 나중에 더 큰 건강 문제가 생기면 본인도 곤란할 테니까요." 조경영이 한숨을 쉬며 말했다. "그래도 이건 참 어렵다. 검진이 필요한 건 알지만, 이런 경우를 볼 때마다 씁쓸하네."

건강검진? 난 괜찮아!

사무실 곳곳에 건강검진 일정 안내 포스터가 붙었다. 직원들에게는 매년 돌아오는 익숙한 행사지만, 반응은 제각각이었다. 어떤 직원은 별생각 없이 넘어가지만, 어떤 직원들은 검진 일정과 업무 충돌을 걱정했다.

"건강검진은 직원 복지이자 투자입니다." 조경영 부장이 직원들을 모아 놓고 설명을 시작했다. "우리 건강이 곧 회사의 생산성과 연결되잖아요. 그러니까 검진 잘 받고, 혹시라도 문제 있으면 미리 조치할 수 있도록 합시다. 건강이야말로 우리 조직의 가장 중요한 자산입니다."

"맞는 말씀이긴 한데요..." 남보원이 턱을 괴고 말했다. "솔직히 작년이랑 별 차이도 없고, 매번 같은 검사 받는 느낌입니다. 정기적인 건강검진이 꼭 필요한가 싶어요." 차용필이 고개를 끄덕이며 맞장구쳤다. "그래도 가서 피검사 한번 하고 수면내시경 맞을 때 그 몽롱한 느낌이 나쁘진 않죠."

"아니, 나는 그게 싫어요!" 남보원이 손사래를 쳤다. "어차피 난 건강 하나는 자신 있습니다. 피곤해도 에너지 넘치고, 감기도 안 걸리고, 밥도 잘 먹고, 운동도 나름하고! 괜히 찝찝하게 건강검진 받을 필요 있나요?" 보건관리자가 씩 웃으며 말했다. "그렇게 말씀하시는 분들이 꼭 결과 보고 놀라시더라고요." "내가? 설마!" 남보원이 호탕하게 웃었다. "걱정하지 마세요. 내 건강은 내가 제일 잘 알아요!"

그렇게 올해도 마지못해 건강검진을 받은 남보원. 그리고 며칠 뒤, 그는 초조한 얼굴로 사무실에 돌아왔다. "본부장님, 왜 그렇게 안절부절못하세요?" 차용필이 눈치를 챘다. 남보원이 한숨을 푹 쉬었다. "...검진 결과 나왔는데, 초기 간암이라네." 사무실이 순간 정적에 휩싸였다. "네?! 진짜요?" 조경영이 놀란 눈으로 쳐다봤다.

남보원이 어색하게 웃었다. "에이, 말도 안 되지. 난 건강 하나는 자신 있었는데... 근데 병원에서 그러더라고. 다행히 초기에 발견돼서 치료하면 완치 가능하다고." 보건관리자가 조용히 말했다. "그래서 건강검진이 중요한 거예요." 남보원은 그제야 심각한 표정을 지었다. "정기검진이 없었으면, 난 아마 몇 년 더 몰랐을 거예요. 그때는 이미 늦었겠죠?" "그렇죠." 보건관리자가 고개를 끄덕였다. "이게 단순한 형식 절차가 아니라, 진짜 건강을 지키기 위한 과정이니까요."

남보원이 고개를 숙였다가, 다시 특유의 호탕한 미소를 지었다. "좋아요. 이제부턴 내가 직원들한테 건강검진 꼼꼼히 계획적으로 받으라고 잔소리 좀 해야겠네요!" 그 말을 듣고 있던 차용필이 웃었다. "본부장님, 이제 건강검진 홍보대사 하셔야겠네요."

그날 이후, 남보원의 건강검진에 대한 태도는 180도 바뀌었다. 그리고 사무실에서는 새로운 전설이 생겼다. "건강검진은 귀찮아도 꼭 받아라. 안 그러면 남보원처럼 된다!"

외부 용역? 결국 다 나한테 물어보잖아요!

회의실의 분위기는 다소 긴장감이 감돌았다. 최근 회사가 도입한 외부 보건관리 용역에 대해 직원들의 반응과 실효성에 대한 논의가 뜨거웠기 때문이다. 표관리 본부장이 먼저 말을 꺼냈다. "자, 보건 관리 용역을 도입하면서 비용 절감 효과는 확실히 있지만, 현장에서 필요한 세심한 관리가 부족할 수 있다는 우려가 있습니다. 실제로 현장 상황에 맞게 관리가 잘 이뤄지고 있는지 불안한 점이 있어요."

보건관리자가 이에 응답했다. "맞습니다. 용역을 통해 보건 관리를 하는 것은 비용 면에서 효율적이에요. 그리고 전문적인 기관의 지원을 받을 수 있는 점이 크죠. 하지만 직원들이 건강 문제에 대해서는 용역 담당자보다는 사내 보건 관리자에게 문의하는 경우가 많아요. 결국 용역을 도입해도, 우리가 처리해야 하는 일이 많다는 거죠."

탁고민 대리는 고개를 끄덕이며 말했다. "그게 문제죠. 용역을 통해 관리한다고 해서 직원들이 실질적인 도움을 받는 건 아닙니다. 직원들이 용역 담당자에게 불편함을 느끼거나, 상담을 주저하는 경우가 많습니다. 결국 우리 사내에서 문제를 해결해야 하는 경우가 많아집니다."

차용필 차장이 웃으며 말했다. "용역이 비용 절감 효과가 분명하지만, 실질적으로는 사내 보건관리자가 대부분의 상담을 맡는 상황이 계속되면, 용역 도입의 장점이 잘 드러나지 않는 거죠. 겉으론 외주지만, 속은 여전히 내부 인력에 의존하고 있는 셈이에요."

보건관리자가 입을 열었다. "그렇다면 결국 외부 용역의 장점이 퇴색될 수 있다는 점이 문제입니다. 직원들이 외부 용역 담당자에게는 잘 접근하지 않아요. 사내에서 익숙한 얼굴을 찾아서 문의하게 되죠. 그럼, 결국 보건 관리 효율성이 떨어질 수밖에 없어요."

표관리 본부장이 고개를 끄덕이며 말했다. "그렇다면 우리가 해야 할 일이 바로 그 점을 해결하는 거죠. 직원들이 용역을 통해 제공되는 서비스에 대해 신뢰하고 편하게 상담할 수 있게 하는 게 중요합니다. 그렇지 않으면 용역을 도입한 의미가 사라지죠."

조경영 부장이 한숨을 쉬며 말했다. "저도 그 점이 걱정이네요. 외부 용역이 도입되었지만, 실질적으로 직원들이 외부 지원을 잘 활용하지 못하고 있는 현실을 보면, 어떻게 해야 할지 모르겠습니다. 직급이 높은 사람들만 잘 활용하고, 대다수 직원은 여전히 사내 보건 관리자에게 의존하는 것 같아요."

차용필 차장이 농담을 섞어 말했다. "저도 가끔 보건 관리자에게 '우리 직원들이 왜 용역에 문의하지 않냐?'라고 물어본 적이 있죠. '다들 사내에서 처리하려고 하지 않나요?'라는 답을 들었어요. 결국 직원들이 불편함을 느끼는 부분이 크다는 거죠."

탁고민 대리가 손을 들며 말했다. "그렇다면, 외부 용역의 장점을 제대로 살리기 위해서는 직원들에게 그 서비스의 장점과 효율성을 적극적으로 알려야 해요. 적극적인 홍보와 함께, 실제로 용역을 어떻게 활용할 수 있는지에 대한 안내도 중요합니다."

보건관리자가 말했다. "맞아요. 직원들이 용역의 효율성을 느끼려면, 그들의 질문이나 불편을 해소할 수 있는 체계가 마련돼야 해요. 그리고 외부 용역의 전문가들도 직원들의 관점에서 신뢰를 쌓을 수 있도록 꾸준한 소통이 필요합니다. 시간이 걸리겠지만, 차츰 직원들이 불편함을 덜 느끼게끔 돕는 게 우선입니다."

표관리 본부장이 결론을 내리듯 말했다. "그럼, 직원들이 용역의 장점을 느낄 수 있도록 홍보하고, 사내 보건관리자와 용역 사이의 협력을 강화하는 방향으로 가봅시다. 비용 절감도 중요하지만, 직원들의 실질적인 만족도를 높여야 합니다."

모두 고개를 끄덕이며 동의했다. 그렇게 외부 용역과 사내 보건관리자 간의 협력을 통한 효과적인 보건 관리 시스템을 구축하는 방안이 논의되었다.

성과급? 도대체 기준이 뭐야!

회의실 문이 닫히자마자 분위기가 묘하게 흘렀다. 성과급 지급 기준을 두고 열린 회의였지만, 이미 각 부서장의 표정에서부터 의견 차이가 선명했다. "성과급은 직원들의 동기 부여를 위해 꼭 필요합니다. 하지만 평가 기준이 공정하지 않으면, 오히려 조직 분위기가 나빠질 수도 있어요." "맞아요. 결국 '누가 얼마나 받느냐'가 핵심인데, 불만이 생기지 않게 하려면 기준이 명확해야 합니다."

"그래서 기준을 만들면 되잖아요? 실적을 수치로 평가하면 됩니다. 예를 들어, 우리 판매본부는 매출이 명확한 기준이 될 수 있죠. 더 많이 팔면 더 많이 받는 거, 이게 제일 공정하지 않나요?" "그렇게 단순하면 얼마나 좋겠어요. 하지만 모든 부서가 판매본부처럼 수치로 평가할 수 있는 건 아닙니다. 예를 들어, 관리본부나 기술부서는 실적을 어떻게 정량화할 건가요?"

"그렇다고 막연하게 '기여도' 같은 걸 평가하면 더 혼란스럽죠. 모호한 기준이 되면, 결국 평가자가 주관적으로 점수를 매길 수도 있잖아요." 그 순간, 현장 근로자들의 성과급 문제를 두고 고민하던 사람이 입을 열었다. "우리 생산팀은 솔직히 성과급이 있어도 큰 차이를 못 느낍니다. 어차피 차등이 크지 않다 보니, 직원들이 성과급을 신경 쓰기보다는 기본급이 더 중요한 상황이에요."

"그럼, 현장 근로자들은 성과급에 관한 관심이 별로 없다는 건가요?"

"그렇다기보다는, 어차피 받는 금액이 비슷하니까 동기 부여가 안 되는 거죠. 차라리 업무 환경을 개선해 주는 게 더 동기 부여가 될 수도 있어요." 이 말을 듣던 사람이 깊은 한숨을 내쉬었다. "맞아요. 사실 간부급들은 성과급 차등 폭이 크니까 신경을 쓸 수밖에 없어요. 성과 관리에 조금만 소홀해도 연봉에 영향이 크니까요. 하지만 현장 근무자들은 차등이 미미하다 보니, 성과보다는 조직 분위기를 더 중요하게 여깁니다."

"그게 문제예요. 저는 나름대로 현장 직원들에게 동기 부여를 하려고 하는데, 성과 평가 얘기를 하면 '그거 해봤자 뭐 얼마나 차이 나겠어요?'라는 반응이 돌아오니… 솔직히 회의감이 들 때가 많습니다." "그렇다고 성과급 차등 폭을 더 키우면, 또 다른 불만이 나올 수도 있지 않겠어요?" "그러니까요. 어차피 어느 쪽이든 다 만족할 방법은 없겠죠. 결국 중요한 건 공정한 기준을 만들고, 직원들이 받아들일 수 있도록 설명하는 거예요."

회의실 안이 조용해졌다. 결국 핵심은 명확한 평가 기준과 직원들의 납득이었다. 성과급을 통해 동기를 부여하려면, 그 기준부터 투명하게 만들 필요가 있었다. "좋습니다. 그러면 평가 기준을 세분화하고, 직원들에게 미리 충분히 설명하는 걸로 방향을 잡죠." "동의합니다. 그래야 성과급이 보상과 동기 부여 역할을 제대로 할 수 있을 테니까요."

회의가 끝나자, 참석자들은 각자의 생각을 정리하며 회의실을 나섰다. 하지만 속으로는 한 가지 공통된 고민이 남아 있었다. "그래도 누군가는 불만을 가질 텐데…"

퇴직 후, 우리는 어디로 가야 할까?

"퇴직 후에도 회사를 완전히 등지는 게 아니라, 필요한 지원을 받을 수 있으면 좋겠습니다. 하지만 너무 간섭하면 부담이 될 수도 있고요." 회의가 시작되자마자 논의의 핵심이 던져졌다. 오늘의 주제는 퇴직 후 커리어 패스. 하지만 막상 퇴직을 앞둔 사람과 아닌 사람 사이에서 온도 차이가 있었다.

"맞습니다. 회사가 퇴직 후 커리어를 지원하는 건 좋은데, 지금 직원들의 업무에 방해가 되면 곤란하겠죠. 결국 현재 직원들의 성과가 더 중요한 문제 아닐까요?" "그렇다고 퇴직 후를 무작정 개인 책임으로만 돌리는 건 회사 이미지에도 좋지 않습니다. 요즘은 퇴직 후 경로를 얼마나 체계적으로 지원하느냐가 기업의 경쟁력이기도 합니다."

"흠... 다 좋은 말씀이긴 한데, 저는 솔직히 퇴직 후 뭘 해야 할지 감이 안 옵니다. 이런 이야기를 듣고 있으면 더 막막해지는 것 같기도 하고요." 한참 동안 듣고 있던 기정연 부장이 입을 열었다. "저도요. 사실, 저는 다른 직원들에게는 언제나 멘토처럼 퇴직 후 경로를 상담해 주고 있는데... 정작 제 진로는 아직 생각도 못 했어요." 기정연 부장은 쓸쓸하게 웃으며 말을 이었다. "그렇게 다른 사람들을 도와주면서도 정작 내 길을 찾을 만한 사람은 주변에 없으니, 혼자서 허탈해지네요."

회의실이 잠시 조용해졌다. 기정연 부장은 항상 후배들에게 퇴직 후 준비에 대해 진지하게 조언하곤 했지만, 막상 자신은 그럴 시간이 부족했다.

"그럴 수도 있지. 사실 퇴직이 가까워지면 자연스럽게 고민이 생기기 마련이야. 근데 일찍부터 생각해 두면 선택지가 많아져. 예를 들면, 나 같은 경우엔..." 한 사람이 말을 이었다. "퇴직 후에도 회사의 인프라를 활용할 수 있으면 좋겠어. 기술적인 경험을 살릴 수 있도록 프로젝트를 연계한다든지, 멘토링 프로그램을 운영하는 것도 방법이지. 이렇게 하면 퇴직자들도 기회를 얻고, 회사도 경험 있는 인력을 활용할 수 있잖아?"

"그러면 너무 회사에 얽매이는 느낌이 들지 않을까요? 퇴직했으면 자유롭게 새로운 길을 찾을 수도 있어야 하는데요." "자율성을 존중하는 건 중요해. 하지만 갑자기 혼자 힘으로 모든 걸 해야 한다고 하면 부담이 클 거야. 그러니까 회사가 다양한 선택지를 마련해 주는 게 핵심이야. 단, 강요는 하면 안 되지." "선택지라... 예를 들면 어떤 게 있을까요?"

"경력 전환 교육, 재취업 지원, 창업 멘토링 같은 게 있을 수 있겠지. 요즘은 컨설팅을 받아서 자기 경력을 재정비하는 사람들도 많고." "아, 그런 지원이 있으면 좋겠네요. 근데 너무 직무 중심으로만 가면 좀 지루할 것 같아요." "그렇지. 그래서 오히려 은퇴 후 삶의 질을 높이는 프로그램도 필요해. 퇴직하면 그냥 돈 버는 문제만 중요한 게 아니야. 사람들과의 관계, 취미, 건강 관리 같은 것도 중요하지."

"결국 회사가 할 일은 다양한 지원을 제공하되, 그걸 강요하지 않는 거군요." "정확히 말하면, 직원들이 미리 선택할 수 있도록 안내하는 거지. 퇴직 후 '이제 뭘 해야 하지?' 하고 멍하니 있는 게 아니라, 퇴직 전 미리 준비할 수 있도록, 관련 제도를 사전에 안내하고 직원 각자가 자신의 상황에 맞춰 실행할 수 있게 지원하는 것이 조직의 역할이지."

회의가 마무리될 무렵, 처음에 막막함을 느꼈던 사람이 작은 목소리로 말했다. "음… 지금까지는 퇴직이 너무 먼 이야기처럼 들렸는데, 이제는 조금씩 준비해야겠다는 생각이 드네요." 기정연 부장은 그 말을 듣고 혼자 속으로 생각했다. "나도 이제 준비해야지… 그런데 진짜 뭐부터 해야 할지…정보통 안태남 과장한테 물어볼까?"

퇴직 후의 길은 한 가지가 아니었다. 중요한 건, 각자에게 맞는 길을 찾을 수 있도록 회사가 유연한 지원을 제공하는 것이었다. 기정연 부장 역시 그 지원을 통해 자신의 새로운 길을 찾을 수 있을지, 그 가능성을 조심스레 기대해 보기로 했다.

성장의 길, 직무순환제를 어떻게 활용할 것인가?

회의실에 앉아 있던 사람들은 모두 직무순환제와 경력 개발에 대해 의견을 나누고 있었다. 분위기가 조금씩 무겁게 흘러가자, 조경영 부장이 천천히 입을 열었다. "제가 생각할 때는... 일은 조직이 하는 게 아니라 사람이 하는 거라고 봐요. 결국, 직원들이 성장해야 조직도 성장하니까요. 그래서 경력 개발을 지원하려고 몇몇 직원들을 자주 보직 변경시키고, 다양한 경험을 쌓게 하려고 했죠."

사장이 고개를 끄덕였다. "그런데 그런 방침을 지속하다 보면, 아무래도 효율성 문제나 업무 능력 저하가 있을 수 있겠네요?" 조 부장은 살짝 머리를 긁적이며 한숨을 쉬었다. "그게 문제였어요. 처음엔 경력 개발이라는 좋은 취지로 시작했지만, 막상 너무 자주 보직을 변경하다 보니 오히려 직원들이 각 업무에 대한 전문성을 쌓는 데 한계가 생기더라고요. 실무에서 중요한 능력이 필요한 부서에서는 오히려 업무 능력이 떨어지는 느낌을 받게 됐죠."

탁 대리가 신기한 표정으로 말했다. "그렇군요, 부장님. 경력 개발을 돕기 위해서 여러 경험을 쌓게 하려고 하셨던 건데, 그게 되레 독이 된 셈이네요?" 조 부장이 씁쓸하게 웃으며 말했다. "네, 그런 셈이에요. 그래서 경력 개발과 직무순환의 조화가 정말 중요하다고 생각하게 됐어요. 직원들이 다양한 경험을 쌓는 것도 좋지만, 그 경험을 통해 실제 업무에 적용할 수 있는 시간이 필요하다는 걸 깨달았죠. 경험만 많고 정착할 기회를 못 주면, 결국 사람만 지치게 되더라고요."

표 본부장이 미소를 지으며 말했다. "이제 그 점을 인식하셨군요. 너무 자주 변화하는 것보다, 직원들이 자기 분야에서 확실히 능력을 쌓고 나서, 추가적인 경험을 쌓는 게 더 바람직할 것 같아요. 한 직무에 오래 머물러야 전문성이 쌓이니까요." 배 본부장이 동의하며 말했다. "맞아요, 결국 직원들이 각자 자신이 맡은 업무에 대해 전문성을 키울 수 있도록 지원하는 것이 더 중요합니다. 경력 개발을 돕는 것도 중요하지만, 실무에서 능력을 발휘할 수 있도록 하는 게 우선이죠."

탁 대리가 궁금한 듯 말했다. "그럼, 부장님은 이제 직무순환제에 대해 어떻게 생각하시나요?" 조 부장이 진지한 표정으로 답했다. "경력 개발을 위해 직무순환제를 도입하는 건 중요하지만, 그 빈도와 시점을 잘 맞춰야 한다는 걸 깨달았어요. 각 부서의 특성을 고려하고, 직원들이 실제로 성장할 수 있는 기간을 제공하면서도, 너무 자주 바뀌지 않도록 신경 써야겠죠."

사장이 고개를 끄덕이며 말했다. "그렇다면 이제, 경력 개발과 직무순환제를 균형 있게 운영할 방법을 고민해야겠네요. 직원들이 성장할 수 있도록 하면서도, 각 부서의 효율성을 유지할 수 있는 방법을 찾아야 할 시점입니다." 조 부장이 미소 지으며 말했다. "네, 바로 그거죠. 경력 개발도 중요하지만, 업무에 대한 전문성과 실무 능력을 함께 키울 수 있는 방향으로 가는 것이 핵심인 것 같아요." 탁 대리는 고개를 끄덕이며 말했다. "그럼, 직무 변경도 좀 더 신중하게, 계획적으로 이루어져야겠네요. 너무 자주 바뀌면 오히려 혼란스러울 수도 있으니까요."

모두가 고개를 끄덕이며, 경력 개발과 직무순환제의 조화가 이루어질 방안을 찾기 위해 다시 한번 깊은 고민에 빠졌다.

복지와 스트레스 관리, 두 마리 토끼를 잡는 법

회의실에서 직원 복지와 스트레스 관리에 대해 한창 이야기가 오가고 있었다. "복지 혜택을 강화하고 싶긴 한데, 그게 정말 실질적인 도움이 될지 걱정이 돼요. 직원들이 많은 혜택을 누리면서 만족할 수 있는 부분은 분명히 있지만, 그로 인한 조직 운영의 부담도 만만치 않거든요." 표 본부장이 우려를 표했다.

"그렇긴 하죠. 복지혜택을 늘리면 단기적으로는 좋을 수 있지만, 너무 지나치면 오히려 업무 집중도가 떨어질 수도 있어요." 조경영 부장이 중간에서 의견을 내었다. "하지만 복지만큼 중요한 게 스트레스 관리예요. 직원들이 너무 과중한 업무에 시달리면, 아무리 좋은 복지 시스템이 있어도 그게 다 무의미해지지 않겠어요?"

"맞아요, 맞아요." 배다산 본부장이 거들며 말했다. "현장에서 일하는 직원들은 복지나 스트레스 관리가 제대로 이루어지지 않는다고 느낍니다. 현장 근무 강도는 점점 늘어나는데, 그런 상황에서 충분한 휴식이나 지원이 없다면, 아무리 복지가 좋아도 결국 직원들의 피로만 쌓여요. 더 많은 지원이 필요합니다."

탁 대리가 그제야 입을 열었다. "저도 복지 시스템에 대해서는 기대가 많았어요. 그런데, 사실 좀 답답한 점이 있어요." "답답한 점이라니?" 표 본부장이 물었다. "최근에 회사에서 직원 복지와 스트레스 관리를 위한 설문조사를 한다고 해서 참여했거든요. 처음에는 '잘 되겠지!' 싶었는데…

막상 설문지를 보니 너무 길고, 내용이 중복되고... 결국엔 설문하면서 오히려 스트레스를 받았어요." 탁고민 대리가 눈살을 찌푸리며 말했다.

"중복된 내용?" 배다산 본부장이 궁금한 듯 물었다. "네! 예를 들어, '업무가 과중하다'라는 항목이 여러 번 나왔어요. 그걸 반복적으로 체크해야 하는 상황에서, '이건 이미 대충 알겠다'라는 생각만 들더라고요. 그리고 문항이 너무 길어서... 설문 자체가 더 스트레스가 되는 느낌이었어요." 탁고민 대리가 한숨을 쉬었다.

"하하, 그럴 수도 있겠네요. 그거 완전 '스트레스 설문'이네요." 조경영 부장이 웃으면서 말했다. "그렇다면 어떻게 개선할 수 있을까요?" 탁고민 대리는 조금 진지하게 말을 이어갔다. "솔직히 말하면, 설문지를 더 간단하고 명확하게 만들었으면 좋겠어요. 문항도 짧고 간결하게, 꼭 필요한 내용만 딱 다뤄서 직원들이 실제로 도움이 되는 피드백을 낼 수 있도록요."

"그렇죠, 설문이 직원들에게 부담이 되면 아무리 좋은 목적이 있어도 그 효과가 반감되죠." 표 본부장이 고개를 끄덕이며 말했다. "그럼, 복지 혜택도 더 효과적으로 관리할 수 있을 것 같아요. 직원들이 불편한 점을 더 쉽게 말할 수 있게 되면, 실제 개선에도 더 도움이 될 거고요." 배다산 본부장이 그 말을 듣고 한마디 덧붙였다. "실제로 직원들이 설문에 참여하면서 느낀 스트레스나 부담을 진지하게 반영해야 합니다. 복지 혜택을 제공하는 것도 중요하지만, 그것을 개선하려는 방법이 제대로 이루어지지 않으면 오히려 역효과가 날 수 있죠."

탁고민 대리는 한숨을 쉬며 말했다. "설문을 통해 나의 의견을 낸다고 생각했는데, 오히려 더 피곤해지다니... 그럴 때마다 더 많은 피로감을 느껴요." "그렇죠, 그게 결국 '피드백을 위한 스트레스'로 돌아오는 거죠." 조경영 부장이 고개를 끄덕였다. "그럼, 우리가 할 일은 직원들의 의견을 정확히 듣고, 그들이 느끼는 부담을 최소화하는 방향으로 개선하는 거예요. 설문 조사도 짧고 간단하게 하되, 중요한 내용만 뽑아내는 방식 말입니다. 그래야 부담도 줄고 참여율도 높아지니까요."

"맞아요." 표 본부장이 결론을 내렸다. "복지와 스트레스 관리에 대한 시스템이 진정으로 효과를 발휘하려면, 직원들이 느끼는 '부담'을 최소화하고, 실질적인 변화를 끌어내는 게 가장 중요합니다." 탁고민 대리는 좀 더 긍정적인 표정을 지었다. "그렇다면 이제 설문을 다시 받으면 조금 더 편하게 느낄 수 있을까요? 너무 길고 복잡하지 않다면, 정말 좋은 피드백을 낼 수 있을 것 같아요." "그럼요. 이제 설문이 직원들의 스트레스를 더는 방향으로 개선된다면, 진짜 효과적인 복지와 스트레스 관리가 될 겁니다." 조경영 부장이 미소 지으며 말했다.

회의는 점차 마무리 단계에 접어들었고, 복지와 스트레스 관리 시스템에 대한 개선 방안이 구체화되고 있었다. 직원들이 실질적으로 느끼는 스트레스가 줄어들고, 복지 혜택이 더 효과적으로 작용할 수 있는 방법을 찾기 위한 노력은 계속될 것이다.

강의 노트
③ 지배구조: 공공기관 운영의 '운전대'와 '안전띠'

"누가, 어떻게 의사결정을 내리는가?" 이는 단순한 조직의 운영 방식 그 이상을 의미한다. 특히 공기업처럼 국민의 세금과 공공 권한을 위임받아 운영되는 조직에서는, 잘 설계된 지배구조가 곧 공공성과 책임의 기준이 된다. 지배구조가 허술하면 정실 인사, 부패, 방만 경영과 같은 문제가 발생하고, 이는 고스란히 국민의 부담으로 돌아온다. 반대로 체계적인 지배구조는 투명한 의사결정과 책임 있는 경영을 가능하게 하며, 공공기관이 신뢰받는 조직으로 기능할 수 있도록 돕는다. 이러한 맥락에서 지배구조는 단순한 '운영 매뉴얼'이 아니라, 조직이 공공성과 효율성을 조화롭게 실현하는 핵심 장치라 할 수 있다. 이제 우리는 지배구조가 어떤 개념과 구조로 이루어져 있으며, 공기업의 경우 어떤 특수성을 갖는지 살펴보고자 한다.

▣ 지배구조의 개념과 중요성

지배구조(Governance)란 조직의 의사결정이 이루어지는 체계와 틀을 의미한다. 단순한 운영 규칙을 넘어, 책임과 권한의 분배를 통해 조직의 지속 가능성과 투명성을 확보하는 데 중요한 역할을 한다. 이는 국가와 기업, 공공기관 등 모든 조직에 공통으로 적용되는 개념으로, 특히 공공성과 효율성이 동시에 요구되는 공기업의 경우, 지배구조는 조직 운영의 핵심 중 하나로 간주한다.

국가 차원의 지배구조는 입법부, 행정부, 사법부 간의 권력 분립과 견제 시스템을 중심으로 작동하며, 이를 규정하는 최상위 규범이 바로 헌법이다. 최근 우리 사회에서도 헌법 개정 논의가 활발하게 이루어지고 있으며, 특히 대통령

제의 권한 집중을 완화하고 책임총리제나 이원집정부제와 같은 새로운 거버넌스 체계를 도입하자는 주장이 제기되고 있다. 이처럼 국가의 지배구조 논의는 정치제도의 방향성과도 밀접하게 맞물려 있다.

▣ 기업 지배구조(Corporate Governance)의 개요

기업 영역으로 넘어오면, 지배구조는 '기업 지배구조(Corporate Governance)'라는 개념으로 구체화한다. 기업의 의사 결정권이 누구에게 있으며, 그것이 어떻게 견제되고 감시되는지를 설명하는 구조로, 일반적으로 내부 지배구조(Internal Governance)와 외부 지배구조(External Governance)로 구분된다.

▣ 내부 지배구조의 구성

내부 지배구조는 조직 내부에서 이루어지는 통제와 감시 체계다. 주주총회, 이사회(BOD), 경영진(CEO 및 임원진), 감사기구가 중심을 이룬다. 주주총회는 기업의 최고 의사결정기구로서, 경영 전략을 승인하고 이사회를 구성한다. 이사회는 경영진을 감독하는 핵심 기구로, 사내이사와 사외이사, 감사위원회로 구성된다. 특히 사외이사의 독립성과 전문성은 이사회가 경영진을 제대로 견제할 수 있도록 하는 데 매우 중요하다.

경영진은 기업의 일상적인 운영과 전략 실행을 담당하는데, 최근에는 성과에 따라 보상이 달라지는 구조가 일반화되면서, 스톡옵션이나 성과급 제도가 도입되었다. 이러한 제도는 경영진의 책임 의식을 높이는 데 기여하는 동시에, 독단적 경영을 견제하는 수단이 되기도 한다. 감사기구는 내부감사와 외부감사로 나뉘며, 회계 부정과 경영 비리를 방지하는 안전장치로 기능한다. 특히 감사위원회의 독립성과 감사인의 윤리성은 감사제도의 실효성을 높이는 데 결정적인 역할을 한다.

◘ 외부 지배구조의 작동 메커니즘

외부 지배구조는 조직 외부의 다양한 이해관계자가 기업을 감시하고 견제하는 구조를 의미한다. 정부는 법과 제도를 통해 공정한 시장 질서를 유지하고, 회계의 투명성과 기업 간 경쟁의 공정성을 확보한다. 공정거래위원회는 담합이나 불공정 거래를 감시하며, 금융감독원은 회계 부정이나 금융 부실을 점검하는 역할을 맡고 있다.

또한 기관투자자, 특히 국민연금과 같은 연기금은 대규모 지분을 바탕으로 기업의 의사결정에 영향을 미친다. 의결권 행사 지침(stewardship code)의 도입으로 책임 있는 주주권 행사가 강조되면서, 기업의 지속가능성과 지배구조 개선을 요구하는 사례도 늘고 있다. 한진그룹의 지배구조 개편 과정에서 국민연금이 적극 개입한 사례는 이를 잘 보여주는 대표적인 예다.

◘ 금융기관과 일반 주주의 역할

금융기관은 기업의 주요 자금 조달 창구로서, 대출 심사와 재무 평가를 통해 경영진을 간접적으로 통제할 수 있다. 이는 특히 재무 건전성이 위협받을 때, 금융기관이 대출 회수나 조건 변경 등을 통해 실질적인 영향력을 행사할 수 있음을 보여준다. 아울러 일반 주주와 행동주의 투자자들은 주총에서의 의결권 행사나 언론을 통한 여론 형성 등을 통해 기업의 책임 경영을 촉구한다. 특히 최근 ESG(환경·사회·지배구조) 경영의 확산으로 인해 언론과 시민단체의 감시도 더욱 강화되는 추세다.

▣ 공기업 지배구조의 설계 원칙과 개선 방향

공기업의 경우, 사기업과 유사한 지배구조를 갖추고 있지만, 결정적인 차이는 정부가 실질적인 소유자라는 점이다. 공기업의 내부 지배구조는 주주총회(정부), 이사회, 기관장, 감사기구 등으로 구성되며, 외부 지배구조로는 국회, 국민, 언론 등이 견제 임무를 수행한다. 이처럼 공기업은 다양한 공공성과 정치적 영향력을 고려해야 하므로, 보다 복잡하고 다층적인 지배구조를 갖게 되는 특징이 있다.

정부는 공기업의 기관장과 이사를 임명하고, 기획재정부는 공공기관 경영정보 공개 시스템(알리오)을 통해 기관의 경영실적을 공개한다. 또한 국회는 국정감사와 결산 심의를 통해 공기업의 운영 실태를 점검하며, 국민은 여론과 시민사회의 활동을 통해 간접적인 감시자 임무를 수행한다.

공기업의 지배구조를 효과적으로 운영하려면, 경영진의 자율성과 책임성을 동시에 보장하는 제도적 장치가 필요하다. 임명직 기관장의 책임경영을 유도하려면 성과 중심의 평가 시스템과 임기 보장, 이해충돌 방지를 위한 사전 검증 절차가 함께 마련되어야 한다. 동시에 이사회의 전문성과 독립성을 강화하고, 감사제도의 실효성을 높이는 개혁도 병행되어야 한다.

결국 공기업의 지배구조는 단순한 조직의 틀이 아니라, 공공성과 책임, 투명성과 자율성을 어떻게 균형 있게 설계하느냐에 달린 문제다. 지속 가능한 공공기관 운영을 위해서는 제도적 형식에 머물지 않고 실제로 작동하는 '살아있는 구조'가 되어야 한다. 지배구조는 곧 그 조직의 신뢰를 결정짓는 거울이기 때문이다.

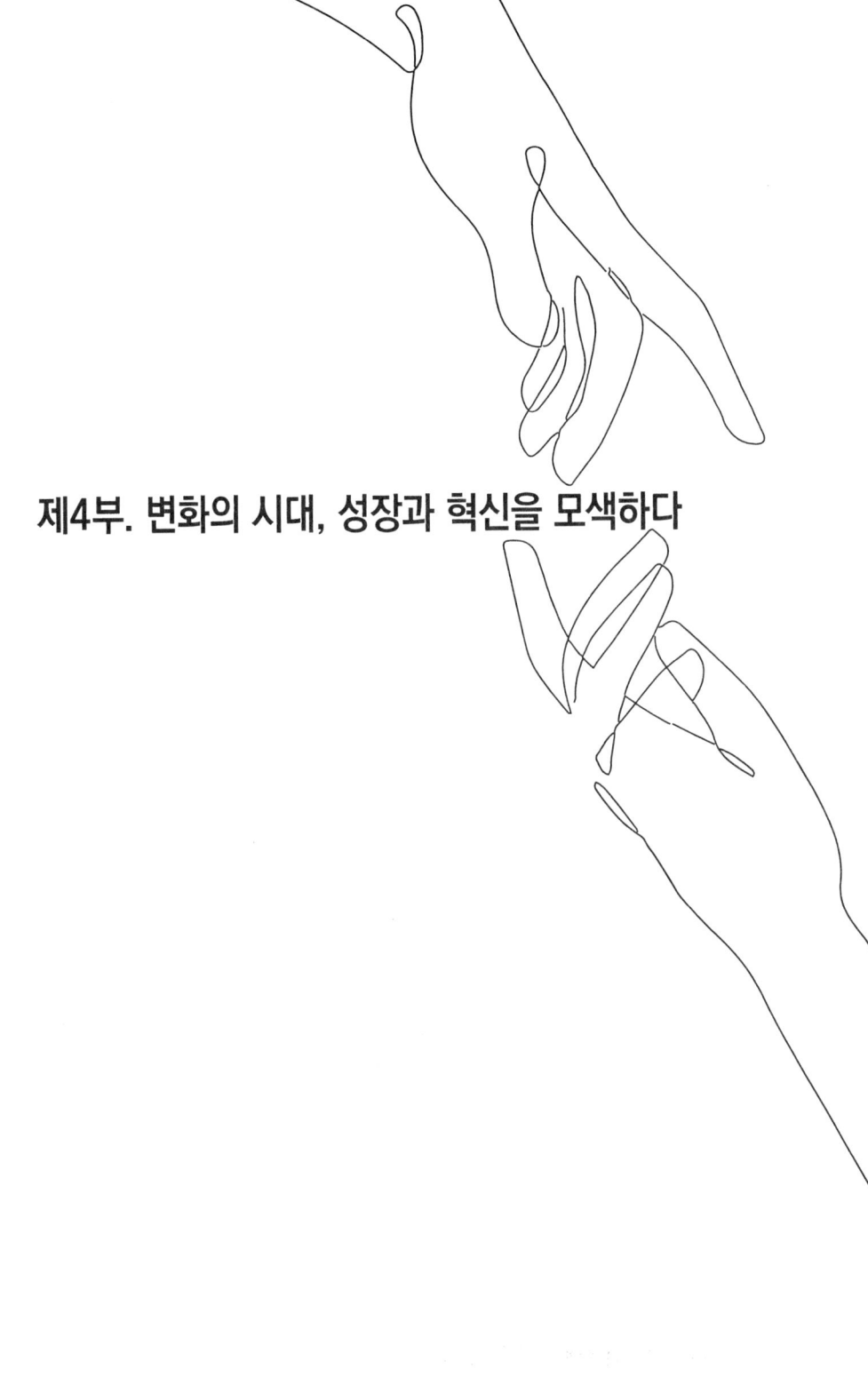

제4부. 변화의 시대, 성장과 혁신을 모색하다

제4부. 변화의 시대, 성장과 혁신을 모색하다

> ☞ 공공기관의 변화 속에서 살아남기 위한 혁신, 교육, 디지털 전환, 그리고 성장 기회를 찾아본다.

"공기업, 변화의 시대에 어떻게 나아갈 것인가?"

세상은 빠르게 변하고 있다. 그리고 공공기관도 예외는 아니다. 정부 정책의 변화, 디지털 전환, 조직 내 평가 제도의 개편, 신입사원들의 달라진 가치관까지—모든 것이 끊임없이 움직이고 있다. 하지만 변화가 항상 반가운 것은 아니다.

혁신을 외치지만 현실은 여전히 답답하고, 목표 관리를 강조하지만, 강요에 가깝다. 신입사원 교육을 강화해도 젊은 직원들은 쉽게 떠나고, 사내벤처를 장려하지만, 부담을 느끼는 직원들이 많다. 학습조직과 재교육은 중요하지만, 현실적으로 시간이 부족하다.

이 장에서는 조직의 성장과 발전을 위한 다양한 시도들, 그리고 그 속에서 직원들이 맞닥뜨리는 현실적인 고민을 다룬다. 변화의 소용돌이 속에서 우리 조직이 나아가야 할 방향은 무엇인지, 개인과 조직이 함께 성장하는 길은 어디에 있는지 함께 고민해 보자.

변화의 소용돌이 속에서, 길을 찾다

사장실에 모인 본부장들의 표정은 한 사람도 예외 없이 어두웠다. 국회에서 공공기관 개혁을 밀어붙이겠다는 소식이 퍼지면서, 내부의 긴장감은 날로 더해갔다. 언론은 '공기업의 비효율성'을 쏟아내며 공공기관을 집중적으로 비난했고, 시민단체는 '사회적 책임'을 운운하며 압박의 수위를 높였다. 하루가 멀다고, 외부에서 날아오는 비판과 압박에 사무실 분위기는 얼어붙었다.

사장이 무거운 표정으로 말을 꺼냈다. "다들 알다시피, 요즘 우리 기관을 둘러싼 환경이 심상치 않습니다. 국회에서는 공공기관 구조조정을 논의하고 있고, 정부는 예산 감축을 검토 중입니다. 언론도 연일 우리를 비판하고 있으니, 우리는 여유가 없습니다." 남보원이 한숨을 내쉬며 말을 받았다. "맞습니다. '세금 먹는 하마' 소리가 또 나올 줄은 몰랐어요. 이제 더 이상 국민의 눈치를 볼 수만은 없을 겁니다. 언론이 이렇게 계속 압박을 가하면, 결국 정부도 뭔가 조치를 할 수밖에 없죠." 표관리는 고민스러운 얼굴로 말했다. "그게 문제예요. 정부 정책과 법률이 바뀌면 우리도 운영 방식을 바꿔야 하는데, 너무 성과 위주의 방향으로 나가다 보면 내부 안정성이 흔들릴 위험이 큽니다."

그때, 조경영이 국회 자료를 훑어보며 설명했다. "최근 공공기관 혁신 방안에 대한 논의가 있는데, 핵심은 인력 구조조정과 민간 협력 확대입니다. 쉽게 말해, 정부는 우리가 민간기업처럼 운영되길 바라는 겁니다." 배다산이 팔짱을 끼며 고개를 저었다. "그나마 실무적으로 대응할 방법이 있으면 좋겠는데, 요즘 기술이 급변하고 경제도 불안정해서 기존 방식으로만 일하기가 너무 힘듭니다. 예산도 줄고, 인력 충원도 안 되고... 답답하네요."

사장은 조용히 그들의 의견을 들으며 고개를 끄덕였다. "그러니까 우리가 먼저 대응 전략을 세워야 합니다. 외부 환경이 변할 때마다 휘둘리지 말고, 우리가 주도권을 잡을 수 있도록 준비하고 대비해야 해요."

탁고민은 그 말을 곱씹으며 퇴근 후 대학 친구를 만나러 갔다. 친구는 정부 부처에서 일하는 공무원으로, 사회적 이슈에 항상 민감한 사람이었다. 카페에 앉자마자 친구가 먼저 말했다. "야, 너희 기관 요즘 바쁘겠네? 국회에서 공공기관 개혁한다고 난리더라." 탁고민은 놀란 표정으로 친구를 쳐다봤다. "뭐야, 너 어떻게 우리 기관 소식까지 다 알고 있어? 내부 직원 아니야?" 친구가 웃으며 커피를 한 모금 마셨다. "공공기관 이슈는 정부 내에서도 중요한 문제야. 우리도 관련 정책을 계속 검토하고 있어. 특히, 국회에서 너희 기관을 감사하겠다고 발표하면, 우리도 자료 찾고 질의 준비하느라 정신없거든."

탁고민은 얼굴을 찡그리며 말했다. "우리 내부도 난리야. 사장님이 회의에서 '변화에 휘둘리지 말고, 주도적으로 대응해야 한다'고 하셨는데, 솔직히 그게 그렇게 쉬운 얘기가 아니거든. 정부 정책도 계속 바뀌고, 언론은 계속 때리고..." 친구가 고개를 끄덕이며 말했다. "그럴 수밖에 없지. 정부는 공공기관을 효율적으로 바꾸려 하고, 국회는 국민 여론에 따라 더 강하게 몰아붙이고, 언론은 자극적인 기사로 계속 비난하잖아?" 탁고민은 얼굴을 찡그리며 말했다. "맞아, 요즘 언론에서 보면 우리 기관이 비효율의 상징처럼 나오더라. 내부적으로는 실적 압박이 점점 커지고, 밖에서는 '비효율의 온상'이라는 말을 듣고, 시민단체는 공공성이 부족하다고 비판하고, 노조는 구조조정을 반대하며 투쟁하고…"

친구가 웃으며 말했다. "공공기관이 원래 그런 거야. 정부, 국회, 언론, 시민단체, 노조, 경제 상황까지 모든 걸 신경 써야 하는 곳이지. 그냥 기업처럼 이익만 추구할 수 없고, 그렇다고 마냥 공공성만 강조할 수도 없고…" 탁고민은 잠시 생각에 잠기더니 고개를 끄덕였다. "맞다, 지난 회의 때 표관리 본부장님도 실적 관리 때문에 고민하시더라. 법이 바뀌면 평가 기준도 달라지고, 예산도 조정되니까 사업 방향도 흔들려서 힘들다고 하셨거든. 그런데 판매본부장은 매출을 최우선으로 해야 한다고 하고, 생산본부장은 품질과 공공성을 유지해야 한다고 하고…"

친구가 웃으며 말했다. "이게 바로 공공기관의 숙명이야. 정부 정책에 맞춰가면서도 기관의 본래 역할은 지켜야 하고, 그걸 민간기업처럼 단순히 이익만 추구해서 해결할 수 있는 문제가 아니야. 또 국제적인 변화도 무시할 수 없어. 탄소중립, 디지털 전환 같은 게 이제 국내뿐 아니라 세계적 흐름이잖아." 탁고민은 눈을 크게 뜨며 물었다. "맞아, 우리 기관에서도 탄소중립 사업을 해야 한다고 하는데, 이게 단순히 국내 정책만이 아니라 국제적인 흐름에 따른 거라면, 진짜 큰일이네?"

친구가 고개를 끄덕이며 말했다. "그렇지. 국제사회에서 탄소배출 감축은 중요한 쟁점이 되었고, 공공기관도 그에 맞춰 움직여야 해. 그렇지 않으면 해외 협력이 어렵고, 수출에도 문제가 생길 수 있어. 공공기관도 이제는 글로벌 환경을 고려해야 하는 시대야." 탁고민은 깊은 한숨을 쉬며 말했다. "하아… 우리 기관이 처한 외부 환경이 이렇게 복잡한 줄 몰랐어. 국회에서는 개혁을 밀어붙이고, 정부 정책은 계속 바뀌고, 언론은 비판하고, 시민단체랑 노조는 압박을 넣고, 국제사회도 규제를 강화하고... 이제 기업들이 공공기관과 협력을 요구하는 경우도 많아졌어. 디지털 전환 같은 걸 우리만 할 수 없으니까 민간 파트너를 찾아야 하거든."

친구가 고개를 끄덕이며 말했다. "정확해. 기술 발전 속도가 빨라지면서 공공기관도 기업과 협력해야 살아남을 수 있어. 예전에는 내부 시스템만 잘 운영하면 됐지만, 지금은 AI, 빅데이터 같은 기술을 도입해야 경쟁력을 갖출 수 있거든. 민간기업과의 협력이 필수야." 탁고민은 머리를 긁적이며 한숨을 쉬었다. "그러니까 공공기관이 그냥 가만히 있을 수 없다는 거네. 정부, 국회, 언론, 시민단체, 노조, 국제사회, 기업... 모든 걸 고려하면서 운영해야 한다는 거잖아." 친구가 미소를 지으며 말했다. "그래서 너희 사장님이 '변화에 휘둘리지 말고, 주도적으로 대응해야 한다'고한 거야."

그날 저녁, 탁고민은 처음으로 공공기관이 단순한 직장이 아니라, 더 큰 흐름 속에서 움직이는 조직이라는 걸 실감했다. 변화는 불가피하다. 하지만 그 변화를 어떻게 활용하느냐가 공기업의 미래를 결정할 것이다.

내부환경 변화, 균형 잡힌 혁신의 첫걸음

회의실 안은 조용했다. 잠시 전까지 이어졌던 웅성거림이 사장의 입을 여는 순간 사라졌다. 오늘 확대간부회의의 주제는 공공기관의 관료주의적 문화를 넘어서고, 효율성을 높일 방안을 찾는 것이었다. 사장이 먼저 말을 꺼냈다. "우리는 이제 조직 내부에서 무엇이 잘못되고 있는지, 왜 변화가 필요한지를 다시 한번 돌아봐야 할 시점입니다. 업무 프로세스와 성과 평가 방식부터, 부서 간 협업까지, 너무나 많은 부분에서 개선이 필요하죠. 특히, 이 관료적 문화는 우리 조직이 더 이상 앞으로 나아가지 못하게 하는 큰 장벽이 되고 있습니다."

배다산 본부장은 중간중간 고개를 끄덕이며 말했다. "사장님 말씀 맞습니다. 저는 조직이 계속해서 성과를 중시하는 문화로 나아가는 게 중요하다고 생각하지만, 그게 모든 걸 해결해 주는 건 아니죠. 단기 성과에만 집중하다 보면, 결국 직원들이 더 많은 일을 하도록 몰아붙이는 상황이 올 수 있어요. 문제는 그런 결과가 전체 효율성에는 큰 영향을 미치지 않는다는 겁니다." 사장은 그의 말을 듣고 고개를 끄덕였다. "맞아요. 그래서 이번에는 단기성과 지향적인 조직 운영 방안을 다시 점검해야 합니다. 더 이상 비효율적이고 관료적인 시스템에 묶여서는 안 됩니다."

이때 남보원 본부장이 손을 들었다. 평소 회의에서는 단도직입적으로 발언하는 그였지만, 오늘따라 뭔가 불편해 보였다. "저는 부서 간 협업이 중요하다고 생각하는데요. 사실, 각 부서가 독립적으로 일하다 보니 서로의 업무를 이해하기도 어려워요. 협업하려면 각 부서가 서로의 일을 제대로 이해하고 지원할 수 있는 구조가 필요하죠. 그런데 문제는 결정이 내려지는 과정에서 너무나 많은 절차와 단계가 필요하다는 거예요. 그 과정에서 시간이 너무 낭비되고, 결국 협업은커녕 오히려 충돌이 일어나죠."

그러나 그의 말보다 더 신경 쓰이는 건, 오늘 남보원 본부장의 복장이었다. 평소 격식 없는 옷차림을 즐기던 그가 정장 차림으로 등장한 것만으로도 직원들은 신기해했다. 게다가 아침부터 뭔가를 찾느라 부산스러웠다는 소문도 있었다. 조경영 부장이 슬며시 미소를 지으며 말을 건넸다. "남 본부장님, 오늘 분위기가 색다르십니다. 그런데… 혹시 넥타이는 무사히 찾으셨나요?" 회의실에서 가벼운 웃음이 터졌다. 남보원 본부장은 쑥스러운 듯 헛기침을 하며 넥타이를 만지작거렸다. "아, 그거 말이야… 집에서 찾느라 한바탕 소동이었어. 평소엔 거의 안 매다 보니 어디 뒀는지 기억이 안 나더라고. 한참 뒤져서 서랍 구석에서 먼지 쌓인 걸 하나 발견하긴 했는데, 이게 제대로 맨 건지 모르겠네." 그는 고개를 살짝 저으며 혼잣말처럼 중얼거렸다. "아침부터 이거 하나 때문에 진이 다 빠졌어."

배다산 본부장이 장난스레 거들었다. "요즘 우리 회사도 공식적인 자리에서 넥타이를 꼭 매야 하는 분위기는 아닌데요. 혹시 다음에는 좀 더 편한 차림으로 오시는 게 어떨까요?" 사장도 웃으며 맞장구쳤다. "조직문화를 개선하는 것도 중요하지만, 남 본부장님께서 먼저 공식 석상 복장을 유연하게 해주시는 것도 하나의 변화가 될 것 같습니다." 남보원 본부장은 투덜거리면서도 결국 살짝 웃었다. 덕분에 회의실 분위기가 한층 부드러워졌다.

사장은 다시 차분한 목소리로 회의 본론을 이어갔다. "맞습니다. 이번 기회에 내부 의사결정 구조를 점검하고, 신속한 승인 시스템을 도입해야 합니다. 불필요한 절차를 줄여서 보다 효율적으로 결정을 내릴 수 있도록 해야겠죠." 조경영 부장이 조심스럽게 말을 꺼냈다. "사장님, 저는 중간 관리자 입장에서 말씀드리고 싶습니다. 말씀하신 개선 방향은 정말 필요하지만, 현실적으로 제가 직면한 문제는 위에서 내려오는 방향과, 아래에서 올라오는 불만 사이에서 균형을 맞추는 거예요. '변화해야 한다'고 말하는 건 쉽지만, 실질적으로 이를 실행에 옮기는 건 정말 어렵습니다. 특히, 아래에서 불만을 제기할 때, 그 불만을 해결하는 데도 한계가 있거든요. 변화가 필요하다고 하지만, 그걸 실행할 수 있는 권한도 부족하고요."

사장은 고개를 끄덕이며 말했다. "그 부분은 중요한 문제예요. 중간 관리자는 사실상 변화를 끌어내기 위한 핵심적인 위치에 있죠. 그런데 권한이 부족하고 위아래의 압박을 동시에 받다 보니 그만큼 부담이 크죠." 이때 표관리 본부장이 말을 이었다. "저도 한 가지 고민이 있어요. 성과를 중요시하는 문화 속에서 그 결과를 수치로만 평가하려는 경향이 있는데, 그런 방식만으로는 사람들이 지속적으로 성장할 수 없습니다. 우리는 단기적인 수치뿐만 아니라, 장기적으로 조직의 발전을 도울 수 있는 다양한 지표를 고려해야 하죠. 특히, 사람들의 노력과 변화 과정에 대한 평가가 필요하다고 생각해요."

차용필 차장이 그 의견에 동의하며 덧붙였다. "그렇습니다. 성과 평가 방식을 개선하는 것도 중요한 문제입니다. 일률적인 평가 방식을 넘어 사람들의 역할이나 변화에 대한 과정을 인정하는 제도가 필요해요. 저는 그런 점에서 협업을 촉진할 수 있는 인센티브 제도나 TF팀 운영 같은 방법을 도입하면, 자연스럽게 변화가 일어날 수 있을 것 같아요." 회의는 점점 구체적인 개선 방안을 논의하는 방향으로 흘러갔다.

그러던 중 탁고민 대리가 조심스럽게 입을 열었다. "사장님, 사실 저는 우리 조직 내에서 경직된 회의 문화와 서열 중심의 문화에 대해 변화가 필요하다고 생각합니다. 예를 들어, 회의가 끝나고 모두가 직급별로 줄을 서서 밥을 먹는 모습이나, 그런 식으로 직급을 기준으로 대우받는 문화가 여전히 남아 있다는 게 사실 불편해요. 변화가 필요하다는 걸 모두 알고 있지만, 제힘으로 그런 문화를 바꾸기는 너무 어려운 것 같아요."

회의실은 잠시 침묵이 흘렀다. 모든 이들이 탁고민 대리의 말을 들으며 고개를 끄덕였다. 조경영 부장이 먼저 입을 열었다. "탁고민 대리 말에 공감해요. 사실, 이런 사소한 부분이지만, 조직의 문화에서 큰 영향을 미칩니다. 그런 문화를 바꾸지 않으면, 진정한 변화는 불가능할 겁니다." 사장은 고개를 끄덕이며 말했다. "맞아요. 우리가 하려고 하는 변화는 그런 작은 부분부터 시작해야 해요. 조직문화 혁신도 넥타이를 찾는 것처럼, 작은 변화부터 차근차근 이루어나가야 합니다." 남보원 본부장은 다시 넥타이를 만지작거리며 씩 웃었다. "좋습니다. 그럼, 저부터 변화에 적응해 보죠."

회의가 끝나고, 탁고민 대리는 마음속으로 다짐했다. 변화는 작은 것부터, 지속적으로 이루어져야 한다는 것을 깨달았다. 이제는 더 이상 주저하지 않고, 자신감을 가지고 첫걸음을 내디딜 준비가 되었다.

정부 정책과 공기업, 방향과 현실 사이에서

"정책이 바뀌면, 우리는 어디로 가야 하죠?"

사장실, 긴급회의. 사장은 탁자 위에 놓인 정부 정책 보고서를 넘기며 깊은 한숨을 내쉬었다. "이번 정책 변화로 인해 우리 공기업도 새로운 목표를 설정해야 합니다. 그런데 이게 말처럼 쉽지 않네요. 효율성도 챙겨야 하고, 정책 목표도 맞춰야 하고…" 그의 말이 끝나기가 무섭게, 표관리 본부장이 냉정한 목소리로 말을 받았다. "사장님, 정책에 맞춰야 하는 건 당연하지만, 실적 관리도 중요합니다. 정책이 바뀔 때마다 실무 현장에서 혼란이 생기는 게 문제죠. 목표는 큰데, 실제 성과로 연결되기가 어렵습니다. 현장에서는 방향보다 실행력이 더 절실하거든요."

배다산 본부장이 고개를 끄덕이며 맞장구쳤다. "정책 방향이 중요하다는 건 알지만, 현장에서 당장 급한 문제를 해결하는 게 우선입니다. 정책이 실무와 괴리되면 결국 실행이 어려워지는 경우도 많잖아요?" 남보원 본부장이 팔짱을 끼고 끼어들었다. "그렇죠. 특히 우리 판매본부 같은 경우, 정책 하나 바뀌면 영업 방식도 달라져야 하는데, 현실적인 대안 없이 '방향만 잡아라.' 하면 힘들어요." 사장이 손을 들어 대화를 정리하려 했다. "그러니까, 정책을 따르되, 우리가 실질적으로 수행할 수 있는 방법을 찾아야 한다는 거군요?" 모두가 고개를 끄덕였지만, 당장의 실적 압박과 빠른 정책 변화 속에서 명확한 해답을 내놓기는 어려웠다. 회의는 방향을 정하기보단, 복잡한 현실을 공유하는 데 그쳤다.

"정부 정책이 바뀌면, 우리는 뭐부터 해야 하죠?"

그때, 조경영 부장이 조심스럽게 입을 열었다. "사실 정책이 자주 바뀌면 우리도 거기에 맞춰 변해야 하는데, 실무자들이 혼란스러워하는 게 문제입니다. 정책 방향이 급격히 변할 때마다 업무 프로세스를 바꾸는 것도 쉽지 않죠." 기정연 부장이 고개를 끄덕이며 덧붙였다. "특히 기술부서는 더 문제입니다. 정책이 바뀌면 기존 시스템을 바꿔야 할 때도 있는데, 그것도 하루이틀 일이 아니거든요. 예산 문제도 걸려 있고요." 차용필 차장이 조용히 고개를 들었다. "예산이 핵심입니다. 정책이 바뀌면 새로운 프로젝트나 사업이 추가될 텐데, 결국 돈이 어디서 나오는지가 중요하죠. 기존 사업이 축소되거나 폐기될 수도 있고요."

사장이 잠시 생각에 잠겼다. "그럼, 정책 변화에 따른 예산 변동을 예측할 수 있도록 재무팀과도 긴밀히 협력해야겠군요." 차용필이 고개를 끄덕였다. "네, 그렇지 않으면 정책은 방향만 있고, 예산이 따라가지 못하는 상황이 생깁니다."

"정책이 바뀌면, 누가 바빠지는 거죠?"

홍보실장이 커피를 마시며 한숨을 내쉬었다. "정책이 홍보랑 사회공헌 활동을 강조할 때는 기자들이 줄 서서 인터뷰 요청하고, 행사 기획도 정신없이 돌아갔죠. 그런데 요즘은 정부가 홍보보다는 안전과 사고 예방에 방점을 찍다 보니, 저는 오히려 한가해졌어요. 기자들 덜 만나도 되고, 행사도 줄어서 속 편합니다."

그러자 기정연 부장이 묵직한 목소리로 푸념을 늘어놓았다. "그렇죠, 대신 이제 안전 쪽이 난리입니다. 정부에서 안전 강화를 밀어붙이니까, 기술부서에도 영향이 미쳤어요. 그런데 문제는… 저를 안전부장으로 보낸다는 소문이 돌고 있다는 겁니다." 모두가 깜짝 놀라 기정연을 쳐다보았다. "아니, 부장님 이제 은퇴 얼마 안 남으셨잖아요?" 기정연이 씁쓸한 표정을 지었다. "그러니까요. 이제 조용히 정년까지 가려고 했는데, 갑자기 안전부장으로 가라니… 말년에 이게 무슨 운명의 장난입니까?"

배다산이 웃으며 장난스럽게 말했다. "부장님, 시대가 부장님을 찾고 있습니다! 공기업 역사에 남을 '안전 개혁'을 이뤄 보시는 건 어떠세요?" "개혁은 무슨 개혁! 난 조용히 떠나고 싶다고!" 회의실이 웃음바다가 되었다. 하지만 모두 알고 있었다. 정책이 바뀌면, 누군가는 바빠지고, 누군가는 한숨을 돌린다는 것을.

"결론은, 현실과 정책의 균형 찾기?"

사장이 미소를 지으며 말했다. "결국, 정책과 실무의 균형을 맞추는 게 중요하군요. 정부 정책을 따르면서도, 공기업이 자체적으로 효율적인 운영을 이어갈 수 있도록 방법을 찾아야겠습니다." 조경영 부장이 고개를 끄덕이며 마무리했다. "그렇죠. 정책이 방향을 제시하면, 우리는 그걸 현실적으로 어떻게 실행할지 고민해야 하는 겁니다." 탁고민이 적은 목소리로 중얼거렸다. "그러니까… 결국 일은 우리가 다 해야 한다는 거네?" 모두가 웃음을 터뜨렸다. 정책은 위에서 오지만, 그걸 실행하는 건 결국 실무진이었다. 그리고 공기업의 역할은, 그 사이에서 균형을 맞추는 것이었다.

한 줄의 힘, 조직을 움직이는 비전과 슬로건

사무실 안, 한바탕 회의가 끝난 후에도 분위기는 여전히 무거웠다. "자, 그러니까 우리가 새로운 비전(Vision)과 슬로건(Slogan)을 만들어야 하는데, 핵심은 현실적으로 실천할 수 있어야 한다는 거지?" 배다산이 팔짱을 끼고 말했다. 현장을 중요시하는 그에게는 이런 추상적인 개념이 썩 달갑지 않았다. "그렇습니다. 직원들이 비전을 자기 업무에 적용할 수 있어야 의미가 있죠. 너무 거창하면 오히려 반감만 생길 겁니다."

표관리 본부장이 고개를 끄덕이며 덧붙였다. "맞아, 맞아. 우리야말로 '현실적이고 실천 가능한' 슬로건이 필요해. 작년에 만든 '도전과 혁신'이라는 슬로건 기억나?" 조경영이 웃으며 말했다. "기억납니다. 정작 직원들은 '도전하면 혼나고, 혁신하면 일이 두 배로 늘어난다'라고 했죠." 모두 폭소를 터뜨렸다. 사장도 어깨를 으쓱하며 인정하는 분위기였다.

그때 갑자기 탁고민이 조용히 손을 들었다. "저... 그런데 비전이랑 미션(Mission)이랑 핵심 가치(Core Value)는 정확히 뭐가 다른 건가요?" 순간 회의실이 조용해졌다. 표관리 본부장이 입을 열었다. "비전은 우리가 장기적으로 나아가야 할 방향, 미션은 그걸 달성하기 위해 우리가 해야 할 일, 핵심 가치는 그 과정에서 우리가 지켜야 할 중요한 원칙이야." "아... 그러면 슬로건은요?" "슬로건은 그 모든 걸 한 줄로 멋지게 요약한 문구지." 탁고민은 고개를 끄덕이며 노트에 열심히 필기했다.

그런데 다음 순간, 기정연 부장이 탁고민을 불렀다. "탁 대리, 우리 이번 회식 예약 좀 해줘." "네? 아... 네!" 탁고민은 당황했지만 일단 알겠다고 했다. 하지만 자리로 돌아온 후, 그는 고민에 빠졌다. '아니, 비전이니 미션이니 핵심 가치니, 정리하다가 갑자기 회식 예약이라니... 이게 무슨 연결고리지?'

탁고민은 노트에 끄적였다.
- 비전: 모두가 만족하는 최고의 회식
- 미션: 완벽한 회식 장소 예약과 즐겁게 식사할 수 있도록 준비
- 핵심가치: 빠른 예약, 합리적인 가격, 적절한 음주

'슬로건까지 만들어 볼까...? 맛과 우정을 더하다?'
그는 한숨을 쉬며 컴퓨터를 켰다. 회식 장소를 검색하는데, 문득 회식 자리에서 건배사를 해야 하는 건 아닌가 하는 불안감이 몰려왔다. '비전, 미션, 핵심 가치... 설마 이걸로 건배사 시키는 건 아니겠지? 아냐, 그래도 대비는 해야겠다.'

그는 메모장에 적어봤다. '비전! 멀리 보고, 미션! 최선을 다하고, 핵심 가치! 가치를 지킵시다!' 그러나 이내 고개를 저었다. '아, 이건 너무 촌스럽다...' 그렇게 회식 장소 예약을 하면서도 슬로건과 건배사 사이에서 고뇌하는 탁고민.

한편, 회의실에서는 사장이 말을 이었다. "그래서, 우리 새로운 비전과 슬로건, 현실적으로 가자고. 다 같이 고민해서 진짜 직원들이 공감할 만한 거로 만들어 봅시다." 탁고민이 건배사로 고민하고 있다는 걸 알면, 이 논의도 조금 달라지지 않았을까?

중기 경영계획, 이상과 현실 사이

정한길 사장이 회의실에 들어서며 힘차게 말했다. "우리 회사의 미래를 위해 중기 경영계획을 논의할 시간입니다! 앞으로 3~5년 동안 우리가 가야 할 방향을 설정하고, 실현할 수 있는 전략을 수립해야 합니다." 말이 끝나기가 무섭게 표관리가 자료를 넘기며 덧붙였다. "회사의 장기적 비전과 목표를 위해 필요한 전략을 정리해 두었습니다. 이를 기반으로 실행 방안을 논의했으면 합니다." 하지만 분위기는 그리 낙관적이지 않았다.

"음... 목표는 원대합니다." 조경영이 자료를 훑어보며 말했다. "하지만 이게 현실적으로 실행할 수 있을까요? 숫자는 그럴듯하지만, 실무진이 감당할 수 있어야 합니다." 배다산이 고개를 끄덕였다. "맞아요. 계획은 좋은데, 실질적인 지원이 없으면 무용지물입니다. 결국 일을 실행하는 건 우리 직원들인데, 자원 없이 어떻게 하라는 건가요?"

남보원이 손을 흔들며 말을 끊었다. "아니, 다들 너무 소극적인 거 아닙니까? 회사는 성장해야 합니다. 비전이 있어야 직원들도 목표를 가지고 움직이는 거죠." 기정연이 자료를 내려다보며 조용히 한마디 했다. "사실 말이지..." 모두의 시선이 기정연에게 쏠렸다. "내가 30년 전에 입사했을 때, 선배들이 나한테 뭐라고 했는지 아십니까?" 탁고민이 고개를 갸웃했다. "뭐라고 하셨는데요?" 기정연이 피식 웃으며 말했다. "이 조직은 곧 문 닫을지도 모르니 다른 회사를 알아보라고 하더군."

순간 회의실이 조용해졌다. 차용필이 슬쩍 웃으며 말했다. "그런데 아직 문 안 닫았네요?" 기정연이 고개를 끄덕였다. "그래, 결국 그때그때 중기 경영계획을 잘 짜고 실행했으니까, 우리가 아직 살아 있는 거겠지. 그렇다고 무조건 긍정적으로 볼 수는 없어. 당시 계획도 현실과 맞지 않으면 수정했고, 실무에서 감당할 수 있는 수준으로 조정해 왔지." 탁고민이 적은 목소리로 중얼거렸다. "그럼, 이번 계획도 결국 수정될 가능성이 크겠네요…"

기정연이 미소 지으며 말했다. "그렇지. 계획이라는 게 원래 그렇다. 하지만 계획이 없으면 방향을 잡을 수도 없어. 그래서 우리가 고민하는 거지." 사장이 팔짱을 끼며 말했다. "좋습니다. 그렇다면 현장에서 느끼는 문제점이 무엇인지 더 들어보죠." 탁고민이 눈치를 보다 조심스럽게 입을 열었다. "저 같은 대리는 사실 중기 경영계획이 뭔지 와닿지도 않아요. 목표가 크면 뭐 합니까? 결국 실행하는 건 우리인데, 현실적으로 업무가 더 늘어날 것 같아서 걱정입니다."

차용필이 고개를 끄덕이며 계산기를 두드렸다. "음… 계획을 실행하려면 자원이 필요합니다. 그런데 예산은 한정돼 있죠. 이대로라면 투자 대비 효과가 나올지 장담할 수 없습니다." 안태남이 웃으며 중얼거렸다. "결국 또 우리가 허리띠 졸라매야 한다는 뜻 아닙니까?" 탁고민이 맞장구쳤다. "그러니까요. 성과를 내야 한다고 해서 무조건 목표를 높이면, 실무자들은 그 목표를 맞추느라 허덕이겠죠."

사장이 분위기를 정리하려 하며 말했다. "그렇다면 중기 경영계획이 실현할 수 있도록 보완할 방법이 있을까요?" 배다산이 손을 들며 말했다. "우선 실무진과 협의하는 과정이 필요합니다. 계획을 세우기 전에 현장 의견을 먼저 듣고 조정해야 하죠." 조경영이 고개를 끄덕이며 덧붙였다. "맞습니다. 실행할 수 있는 목표를 세우는 것이 핵심입니다. 현재 자원과 인력으로 어느 정도까지 가능한지를 먼저 점검해야 합니다."

남보원이 팔짱을 끼고 말했다. "그래도 너무 현실에만 매이면 도전적인 목표를 세울 수 없지 않습니까?" 표관리가 한숨을 쉬며 말했다. "그래서 균형이 필요합니다. 이상적이면서도 현실적인, 실무와 경영진이 납득할 수 있는 계획을 만들어야 합니다."

기정연이 자료를 보며 중얼거렸다. "30년 전에도 이런 회의가 있었겠지. 그때도 '우리 회사 망한다'라는 소리 들었지만, 결국 여기까지 왔어. 이러다 또 30년 뒤엔 '우리 회사 살아남을까?' 하면서 회의하고 있겠지." 탁고민이 한숨을 쉬며 말했다. "그럼, 결국 이번에도 우리가 어떻게든 버텨야겠네요." 사장이 미소를 지으며 마무리했다. "좋습니다. 그럼, 실행 가능성을 고려한 조정안을 마련하고, 현장 의견을 반영해 다시 논의하도록 하죠. 이번엔 실현 가능성이 중요하니까요."

연간 업무계획, 목표만 있으면 다 되는 걸까?

"올해 목표는 이렇게 설정하는 게 좋을 것 같습니다."
회의실 스크린에 연간 업무계획이 띄워졌다. 깔끔하게 정리된 표와 그래프, 그리고 야심 찬 목표들이 빼곡했다. "목표는 좋습니다. 문제는 '어떻게' 달성하느냐죠." 차분한 목소리가 회의실을 가로질렀다.

"맞아요. 우리가 세운 계획이 현장에서 실행 가능한지 따져봐야 합니다. 매년 비슷한 문제를 겪고 있는데, 계획 자체는 멋진데 실행 과정이 너무 힘들어요." "그러니까요. 연간 계획을 세울 때 현실적인 부분을 고려해야 합니다. 지나치게 이상적인 목표를 세우면, 결국 연말에 가서 '이거 왜 안 됐냐?'라는 문제로 이어지거든요." 회의실에 일순간 정적이 흘렀다.

"그런데 저만 그런 건가요? 연간 계획이 나왔는데, 정작 제 업무랑 어떻게 연결되는지 잘 모르겠어요. 저한테는 그냥 '또 뭔가 해야 하나 보다' 정도로만 느껴집니다." "그럴 수도 있죠. 사실 연간 계획이 나오면, 그게 팀 단위, 개인 단위로 어떻게 연결되는지 명확해야 하는데... 그런 부분이 부족하면 직원들이 불안할 수밖에 없어요."

"연간 계획에 너무 쉬운 목표만 설정할 수도 없잖아요? 어느 정도 도전적인 목표를 세워야 직원들도 성장하는 거 아닙니까?" "그건 맞죠. 하지만 '도전적'과 '비현실적'은 다릅니다. 목표는 높지만, 달성할 수 있어야 의미가 있죠. 목표를 설정할 때 실현 가능성과 구체적인 실행 방안도 함께 고려해야 합니다."

그때 구석에서 조용히 있던 사람이 입을 열었다. "전 고민할 필요도 없어요. 매년 같은 계획을 세우고 있으니까요." 모두가 돌아봤다. "뭐라고요?" "제가 하는 업무는 새로울 게 없어요. 복리후생 운영, 경영공시 입력, 시설관리와 점검... 바뀔 게 없으니까 연간 업무계획도 큰 고민 없이 거의 그대로 복사해도 될 정도죠."

잠시 침묵이 흐르더니, 누군가 킥킥 웃음을 터뜨렸다. "그래서 올해도 작년과 똑같이 쓰셨다고요?" "그럼요! 연간 계획 수립에 고민이 필요 없어요. 작년에 썼던 거에서 연도만 바꿔 넣으면 되거든요. 효율적이지 않습니까?" "그걸 자랑이라고 하십니까...?" "자랑이랄 것까지는 없지만. 같은 걸 매년 쓰고도 아무도 문제 삼지 않는다면, 그건 완벽한 계획이라는 뜻 아닙니까?" 회의실이 웃음바다가 됐다.

"그런데 그렇게 보면, 업무계획이란 게 결국 현실과 맞아야 하는 거군요." "그렇죠. 아무리 멋진 계획을 세워도 실행할 수 있지 않으면 무용지물이니까요. 올해는 목표뿐만 아니라, 그 목표를 어떻게 실행할지도 같이 고민해야 할 것 같습니다."

회의가 마무리될 무렵, 한 사람이 조용히 중얼거렸다. "그래도 계획이 아예 없는 것보다는 낫죠. 안 그러면 뭐 해야 할지도 모르니까." 그 말에 모두가 가볍게 웃음을 터뜨렸다. 계획에 있는 목표가 중요하긴 하지만, 그 목표를 어떻게 현실적으로 실행할지가 더 중요하다는 사실을 다시 한번 깨닫는 순간이었다.

MBO, 목표 설정이냐, 목표 강요냐?

회의실이 긴장감으로 가득 찼다. 오늘의 주제는 'MBO(Management by Objectives)', 즉 목표 관리 방식이었다. 스크린에 'MBO 프로세스'라는 제목이 뜨자, 표관리 본부장이 차분한 목소리로 설명을 시작했다. "우리가 목표를 명확히 설정하고, 각 부서가 자율적으로 목표를 달성하는 방식입니다. 직원들이 스스로 목표를 세우고 그 과정을 관리하면 성과도 좋아지고, 동기 부여도 되겠죠."

배다산 본부장이 팔짱을 끼고 고개를 저었다. "좋은 말씀이긴 한데요. 목표를 설정하는 것도 중요하지만, 그게 현실에서 실행할 수 있는 목표냐가 더 중요합니다. 너무 이상적인 목표를 세우면 결국 '탁상행정' 아니겠습니까?" 표관리 본부장이 미묘한 미소를 지었다. "그래서 현실적인 목표를 설정하는 게 중요합니다. 무조건 높은 목표를 주는 게 아니라, 각 부서가 자체적으로 조정해서 실현할 수 있는 목표를 설정할 수 있도록 해야죠."

이때 남보원 본부장이 팔짱을 풀고 몸을 앞으로 기울였다. "그런데 말입니다. 목표라는 건 원래 조금 무리하게 잡아야 하는 거 아닙니까? 그래야 성장도 있고, 도전 정신도 생기는 거죠." 조경영 부장이 헛웃음을 지으며 맞받아쳤다. "그러다 목표 달성 못 하면 평가할 때 또 뭐라 하실 거잖아요. '왜 목표 못 이뤘냐'라고." 남보원이 눈을 가늘게 뜨고 말했다. "목표는 원래 좀 힘들어야 동기 부여가 됩니다." "그 힘든 목표 때문에 팀원들이 지쳐서 나가떨어지면요?" 남보원이 입을 다물었다. 그때 안태남 과장이 조용히 손을 들었다.

"그런데 매년 목표가 나오긴 하는데, 그게 제 업무랑 어떻게 연결되는지 솔직히 잘 모르겠어요. 목표가 너무 추상적이라 '이걸 내가 어떻게 달성하지?' 싶을 때가 많거든요." 배다산 본부장이 고개를 끄덕였다. "그러니까 목표만 던져놓고 '알아서 해라'하는 식이면 안 됩니다. 목표와 함께 구체적인 실행 계획도 마련해야죠. 안 그러면 다들 목표를 그냥 숫자로만 보게 됩니다."

그 순간, 안태남이 옆에서 작게 한숨을 쉬었다. '아, 난 이번에도 목표를 적당히 잡아야겠구나...' 사실 안태남은 항상 목표를 낮게 설정해서 무조건 달성하는 전략을 쓰는 사람이었다. 목표를 낮추면 스트레스받을 일도 없고, 평가 때도 '100% 달성'이라는 기록이 남으니 그게 최고였다. 게다가 내년에는 승진도 준비해야 하는데, 괜히 힘든 목표를 잡았다가 자신을 지옥으로 밀어 넣고 싶지 않았다.

그런데, 그때 남보원이 슬쩍 안태남을 보며 말했다. "안 과장, 이번엔 목표 좀 공격적으로 잡아보는 게 어떻겠어?" '견제구가 들어왔다...!' 안태남은 머리를 빠르게 굴렸다. "아, 네 본부장님. 저도 목표 설정을 신중하게 하고 싶습니다. 다만 현실적으로 달성할 수 있는 목표를 잡는 게 중요하지 않겠습니까?" 남보원이 눈을 가늘게 떴다. "현실적으로라... 근데 그 '현실적'이라는 게 너무 안전한 목표는 아니겠지?" "아, 물론이죠! 하지만 최선을 다해야 달성할 수 있는 목표라면, 정말로 최선을 다해야 합니다. 그렇다면 영업팀 전체가 오히려 더 효율적으로 움직일 수 있도록 전략적으로 접근해야 하지 않을까요?" "흠..." 남보원은 눈을 가늘게 뜨고 안태남을 노려봤다. '이 녀석, 말은 그럴듯한데 결국 자기 힘든 목표 맡기 싫어서 슬슬 피하려는 거 아냐?' 안태남은 속으로 땀을 흘렸다. '본부장님, 제발 넘어가 주세요. 그냥 작년 목표에서 숫자 조금만 올리고 싶어요...'

그때 차용필 차장이 키득거리며 중간에 끼어들었다. "뭐, 저는 고민할 필요도 없어요. MBO 도입되든 말든." 모두가 차용필을 쳐다봤다. "왜요?" "제 목표는 매년 똑같거든요. 작년 계획에서 연도만 바꿔도 충분합니다. 3년째 같은 목표 쓰는 중인데, 아직 아무 문제도 없었어요." 회의실이 순간 조용해졌다가, 여기저기서 웃음이 터져 나왔다. "그게 가능한 겁니까?" "가능하니까 하고 있죠. 숫자 관리, 예산 배분, 재무 보고… 달라질 게 없는 업무인데 새로운 목표를 만들 필요가 있나요?" 탁고민 대리가 신기한 듯 끼어들었다. "그럼, 차장님은 목표 고민을 안 하시겠네요?" "그럼요. 심지어 3년째 같은 목표로 평가도 잘 받고 있습니다. 이게 바로 완벽한 목표 설정 아닙니까?" 남보원이 어이없다는 듯 웃으며 말했다. "하아… 결국 목표라는 게 어떻게 잡느냐에 따라 다 다르다는 거군."

사장이 조용히 미소를 지으며 말했다. "오늘 이야기해 보니, MBO를 도입할 때 가장 중요한 게 뭔지 확실해지는군요." 모두가 그의 입을 바라봤다. "목표는 단순히 설정하는 게 아니라, 실행할 수 있는 계획과 공정한 평가가 따라야 한다는 것." 회의실이 고개를 끄덕이는 소리로 가득 찼다. MBO는 목표 설정이 아니라, 목표를 제대로 '이루는' 과정이 더 중요한 것이었다. 그리고 안태남은 속으로 기도했다. '제발, 본부장님이 너무 어려운 목표를 안 주시길…!'

조직업적 평가, 누구를 위한 공정성인가?

연말이 다가오면서 사내 회의실에 긴장감이 감돌았다. 오늘 회의의 주제는 조직업적 평가. 성과에 따라 부서별 보상이 달라지는 만큼, 모두가 예민할 수밖에 없었다. 사장이 회의를 시작하며 무거운 목소리로 말했다. "조직 전체의 성과를 평가하는 일이 쉽지 않습니다. 각 부서의 목표와 업무 특성이 다르다 보니, 평가의 공정성 문제가 항상 따라오죠."

표관리 본부장이 단호한 어조로 맞받아쳤다. "그런 이유로 더욱 명확한 평가 기준이 필요합니다. 조직업적 평가는 중요하지만, 부서별 실적을 단순히 비교하는 방식은 불공정할 수 있습니다. 예를 들어, 지원 부서와 영업 부서의 성과를 동일한 기준으로 비교할 수는 없잖아요?" 배다산 본부장이 고개를 끄덕였다. "맞습니다. 우리 생산본부는 계획된 목표를 차질 없이 수행했으면 된 거고, 영업부는 매출을 올리는 게 목표인데, 그걸 같은 기준으로 평가하는 게 과연 맞을까요? 부서 내 목표를 잘 달성한 걸로 충분히 평가받아야 합니다."

남보원 본부장이 이 말을 듣고 팔짱을 끼며 미간을 찌푸렸다. "그런 식으로 따지면 결국 모든 부서가 '우리는 최선을 다했다'라고 주장하면 끝나는 거 아닙니까? 평가라는 건 객관적인 숫자로 나타나야 공정성이 생기는 거죠." 조경영 부장이 한숨을 쉬며 끼어들었다. "문제는 우리가 따르는 평가지표 간에도 상충관계가 있다는 거예요. 예를 들어, 정부평가에서는 특정 실적을 중요하게 보는데, 내부 평가에서는 또 다른 지표를 중시한다면 현업에서는 대체 뭘 우선순위로 둬야 합니까?"

기정연 부장이 조용히 입을 열었다. "정부평가 지표를 관리하는 입장에서 말씀드리면, 정부가 요구하는 지표를 충족시키는 게 우리 기관의 존립과 직결됩니다. 문제는 지역 사무소에서도 이를 따라야 한다는 건데, 본사에서 부여하는 자체 지표까지 추가되면 과부하가 걸립니다." 탁고민 대리가 슬쩍 손을 들며 조심스럽게 말했다. "그러니까... 지역 사무소는 정부 지표 위주로 평가해야 한다는 말씀인 거죠? 본사 지표까지 관리하려면 업무 부담이 너무 크다는 의미고요." 기정연 부장이 고개를 끄덕였다. "맞습니다. 본사가 지역 사무소를 평가하는 항목이 너무 많습니다. 그러다 보니 오히려 본사 평가 대비 정부 평가 실적이 떨어지는 문제도 생기죠. 지역 사무소를 평가할 때 정부평가 중심으로 해야 하는 이유가 여기에 있습니다." 사장이 천천히 고개를 끄덕였다.

"그렇다면, 외부 요인으로 인해 성과가 저조한 부서는 어떻게 평가해야 할까요?" 모두가 잠시 침묵했다. 그때, 차용필 차장이 팔짱을 끼고 나지막이 말했다. "외부 요인... 예를 들면, 경기 불황으로 인해 영업 실적이 떨어진 경우를 말하는 거겠죠?" 남보원이 곧바로 반응했다. "네, 그렇습니다. 올해 영업팀이 힘들었던 게 딱 그거죠. 경기가 어려우니 실적이 떨어졌고, 평가에서 불리한 위치에 놓이게 됐습니다. 하지만 이건 우리가 못해서가 아니라, 시장 상황이 안 좋아서 그런 거 아닙니까?" 표관리 본부장이 차가운 미소를 지으며 말했다. "그럼, 그 논리라면, 실적이 좋아졌을 때는 '시장 덕분'이니까 영업팀 성과를 낮게 평가해도 되는 건가요?" 남보원의 얼굴이 굳었다. "그건 좀..."

조경영 부장이 중재에 나섰다. "핵심은 외부 요인이 있더라도, 내부적인 노력과 전략적 접근을 평가 기준에 포함해야 한다는 겁니다. 단순히 숫자로만 평가할 게 아니라, 그 과정에서 얼마나 효과적인 전략을 사용했는지도 고려해야 공정성이 확보됩니다." 안태남 과장이 조용히 한숨을 쉬며 속으로 생각했다. '평가 기준이 뭐든 간에, 결국 목표를 어떻게 설정하느냐가 관건이겠지… 올해도 낮게 잡았어야 했는데…'

그때 차용필 차장이 헛기침하며 말을 보탰다. "그런데요… 저는 말이죠. 숫자로 평가받는 부서가 차라리 부럽습니다." 모두의 시선이 차용필에게 쏠렸다. 그는 피곤한 얼굴로 노트북 화면을 가리키며 말했다. "이거 보세요. 정부평가 비계량 보고서 40페이지. 밤새도록 썼습니다. 숫자로 평가할 수 없는 것들은 다 서술형 평가인데, 이게 얼마나 고통스러운지 아십니까? '기관의 지속 가능성과 정책 방향성을 고려한 조직 운영의 효율성 분석' 같은 걸 써야 하는데, 그걸 어떻게 객관적으로 평가하죠?"

탁고민이 웃으며 거들었다. "차장님, 어젯밤에도 야근하셨죠?" 차용필이 한숨을 쉬었다. "야근이 문제가 아닙니다. 이 보고서가 끝이 아니에요. 심지어 평가자마다 보고서를 읽고 해석하는 방식도 다르다니까요. 숫자는 논란의 여지가 적지만, 비계량 평가서는 평가자의 '기분'에 따라 점수가 달라지는 게 현실입니다." 남보원이 웃었다. "결국, 숫자로 평가받든, 글자로 평가받든 불만은 생긴다는 거네요."

사장이 마지막으로 입을 열었다. "좋습니다. 정리하자면, ① 부서별 특성을 반영한 평가 기준을 수립하고, ② 정부평가 지표와 내부 평가 지표 간 상충을 해결하며, ③ 단순한 숫자 평가가 아니라, 전략적 접근과 노력을 반영한 평가 방식을 고려해야겠군요." 모두가 고개를 끄덕였다. 사장이 미소 지으며 마무리했다. "평가는 단순한 점수가 아니라, 회사의 미래를 결정하는 중요한 과정입니다. 오늘 논의를 바탕으로 더 나은 평가 체계를 마련해 봅시다."

회의실을 나서며 안태남이 조경영에게 속삭였다. "평가지표야 늘 바뀌지만, 결국은 평가 주도하는 부서나 힘 있는 부서가 유리한 게임 아닌가요? 예산 쥐고 사업 방향 짜는 데서 이미 판이 갈리잖아요, 안 그렇습니까? 부장님" 조경영이 잠시 웃으며 안태남을 바라보다가, 말끝을 흐렸다. "뭐... 네 말도 일리는 있어. 하지만... 꼭 그렇지만도 않거든. 결국 어떻게 보여주느냐가 더 중요할 때도 있어."

개인업적 평가, 공정한 기준이 가능할까?

연말이 다가오면 회사 분위기는 묘하게 달라진다. 연례행사처럼 찾아오는 개인업적 평가 시즌. 누군가는 기대에 차 있고, 누군가는 불안에 떨며, 또 누군가는 아예 관심을 끊었다. 회의실에서 조경영 부장이 무겁게 입을 열었다. "올해도 개인업적 평가를 진행해야 합니다. 하지만 평가 기준이 명확하지 않다는 지적이 많습니다. 조직의 목표 달성을 위해 개인 성과를 평가해야 하는데, 과연 지금 방식이 공정한지 고민이 많습니다."

기정연 부장이 고개를 끄덕이며 맞장구쳤다. "평가 기준이 일관되지 않으면 신뢰를 잃습니다. 같은 실적을 내도 부서마다 평가 방식이 다르면 문제가 되겠죠." 그때, 안태남 과장이 묘한 표정으로 말했다. "음... 근무평정에서는 높은 점수를 받았는데, 똑같은 실적을 쓴 개인업적 평가에서는 점수가 낮게 나왔네요. 이게 대체 무슨 차이인지 아시는 분?"

탁고민 대리가 킬킬 웃으며 말했다. "결론은 운칠기삼(運七技三) 아닙니까?" 안태남이 한숨을 쉬며 중얼거렸다. "그러게... 누군가는 근무평정에서 잘 받고, 누군가는 개인업적 평가에서 좋은 점수를 받는다고들 하던데, 난 한쪽에서만 잘 받았네. 조직에서 모두가 좋을 수는 없다는 걸 새삼 깨닫습니다."

조경영 부장이 고개를 끄덕였다. "이게 현실이죠. 그래서 평가 기준을 명확하게 설정하는 게 중요합니다." 기정연 부장이 덧붙였다. "맞아요. 개인업적 평가는 협업보다는 개인의 성과와 기여도를 보는 평가입니다. 근무평정이 조직 내에서의 협업과 태도를 보는 평가라면, 개인업적 평가는 조금 더 수치적인 부분을 따지는 경향이 있죠." 안태남이 쓸쓸하게 웃었다. "그러니까 팀워크를 강조한 나는 근무평정에서 점수를 잘 받았고, 개인 성과를 강조한 평가는 애매했다는 거군요."

차용필 차장이 헛기침하며 끼어들었다. "이봐요, 평가에서 모두가 만족하는 일은 없습니다. 그래서 평가 항목을 여러 개 두는 거죠. 하나만 하면 불공정하다고 난리 나니까." 탁고민 대리가 고개를 갸웃하며 물었다. "그럼, 평가가 여러 개 있는 건 '위험 분산 전략'인가요?" 차용필이 웃었다. "정확합니다. 근무평정에서 점수를 잘 받으면 개인업적 평가에서 부족해도 어느 정도 보완이 되고, 반대로 개인업적 평가가 높으면 근무평정에서의 부족함을 만회할 수 있죠. 어느 하나에만 의존하면 위험하니까 평가가 여러 개 있는 겁니다."

조경영 부장이 정리하듯 말했다. "좋습니다. ① 개인업적 평가와 근무평정의 차이를 명확히 하고, ② 평가 기준을 구체적으로 설정하며, ③ 피드백을 명확히 제공할 것. 이렇게 방향을 잡아보도록 하죠." 사장이 고개를 끄덕이며 마무리했다. "평가는 단순한 점수가 아니라, 직원들이 성장할 기회가 되어야 합니다. 오늘 논의를 바탕으로 더 나은 평가 체계를 만들어봅시다. 점수를 매기는 게 아니라, 방향을 잡아주는 게 평가의 진짜 의미니까요. 그래야 모두가 납득하고 성장할 수 있으니까요."

회의가 끝나고 나가면서 탁고민이 안태남에게 푸념했다. "평가가 많아서 위험이 분산된다는데… 제 점수는 왜 다 분산되어 낮은 걸까요?" 안태남이 웃으며 말했다. "그건 네가 전반적으로 부족하다는 뜻이지." 탁고민이 깊은 한숨을 쉬었다. '운칠기삼도 내겐 해당이 안 되는 건가…'

성과 경진대회, 경쟁인가 생존인가?

연말이 되자 사내 분위기가 심상치 않았다. 바로 연간 성과 경진대회 시즌! 성과를 인정받고 보상을 받을 기회지만, 분위기는 묘하게 전쟁터 같았다. 조경영이 회의실에서 입을 열었다. "올해도 연간 성과 경진대회를 진행합니다. 직원들의 노력을 인정하고, 우수한 성과를 거둔 사람에게 보상을 주는 방식이죠." 말은 좋지만, 다들 표정이 미묘했다.

"그런데…" 조경영이 말을 이었다. "너무 경쟁적으로 흘러가면 부작용이 생길 수 있습니다. 협력을 강조하는 조직에서 지나친 경쟁은 바람직하지 않겠죠." 기정연이 팔짱을 끼고 끄덕였다. "맞아요. 부서 간 협력이 중요한데, 이 대회가 괜히 경쟁심만 키우는 건 아닌지 걱정입니다. 하지만 성과를 낸 사람을 인정하는 건 필요하죠."

남보원이 특유의 자신감 넘치는 목소리로 말했다. "성과를 낸 사람이 보상을 받는 건 당연한 겁니다. 경쟁이 있어야 발전이 있죠!" 배다산이 고개를 저으며 한마디 했다. "성과를 내는 것도 중요하지만, 회사 전체의 분위기도 중요합니다. 성과에만 초점이 맞춰지면 협업이 깨질 수도 있어요."

그때 안태남이 조심스럽게 입을 열었다. "솔직히… 참여하고 싶긴 한데, 괜히 나섰다가 민망한 성적표 받으면 어쩌죠?" 탁고민이 킬킬 웃으며 거들었다. "아, 그거 저랑 똑같은 고민이네요. 괜히 참가했다가 평가 낮게 받으면 상처만 남는 거 아닙니까?" 차용필이 무표정하게 말했다. "평가는 냉정한 겁니다. 성과를 냈으면 인정받고, 못 냈으면 받아들이는 거죠."

안태남이 한숨을 쉬며 말했다. "그렇긴 한데… 지난번 개인업적 평가는 나쁘지 않았는데, 이번엔 또 어찌 될지 모르겠네요. 상사와 관계나 부서 내 정치가 영향을 미치는 건 아닐지 걱정돼요." '예선 탈락은 용납할 수 없다!' 안태남은 고민 끝에 혁신과제 자료를 준비하기 시작했다. 하지만 문제는… 예선에서 떨어질 가능성이 있다는 것! '좋아…! 이대로는 안 되지.' 안태남은 조직의 생리를 활용하기로 했다. 그렇게 '로비 작전'을 결심하고 본부장실을 찾았다.

그런데… "어? 너도 왔어?" 본부장실 앞에는 익숙한 얼굴들이 줄을 서 있었다. 각자 무언가를 들고 본부장과 독대하려 기다리는 모습이었다. "뭐야… 이 줄 뭐지?" 익숙한 동기, 선배들이 우르르 모여 있었다. 한 명이 헛기침하며 말했다. "혁신과제 발표, 예선 탈락하면 안 되잖아. 사전에 점수를 잘 받을 방안을 마련해야지." 또 다른 선배가 조용히 속삭였다. "솔직히 이거… 성과 내서 보상받으려는 것도 있지만, 승진 준비도 해야 하거든." 그 말을 듣고 안태남은 헛웃음을 지었다. '뭐야… 조직의 성과를 내는 직원들은 다 승진을 준비하는 사람들인가? 아니, 승진을 준비해야 성과를 내는 건가?'

탁고민이 뒤에서 툭 치며 말했다. "야, 여긴 줄을 서야 하는 시스템인가요? 나도 줄 설까요?" 안태남은 머리를 감싸 쥐었다. '…내가 성과 경진대회를 준비하는 건지, 승진 로비를 하러 온 건지 헷갈리네.' 그때 본부장실 문이 열리고, 한 직원이 만족스러운 표정으로 나왔다. 그리고 줄이 한 칸 앞으로 이동했다. 안태남은 씁쓸한 표정으로 줄을 따라 한 발짝 앞으로 나아갔다. '그래… 어쨌든 이 조직에서 살아남으려면 이게 현실이지.'

제안이 넘쳐난다!

회의실 문이 열리자마자 사장이 활기차게 말했다. "좋습니다! 우리 회사의 발전을 위해 직원들의 창의적인 제안을 적극적으로 받아들이겠습니다. 조직 혁신과 효율성 강화를 위해 좋은 아이디어를 모아보죠." 표관리가 서류를 정리하며 말했다. "사장님, 직원들이 안을 많이 내고는 있는데, 모든 제안을 실행할 수는 없습니다. 자원과 시간의 한계가 분명하거든요." 남보원이 팔짱을 끼고 웃으며 말했다. "그런데 제안의 절반 이상이 '업무 줄이기' 아니었습니까?" 회의실 안에서 웃음이 터졌다. "그럴 줄 알았어." 차용필이 웃으며 말했다. "점심시간 늘리자, 회의 줄이자, 보고서 형식 단순화하자… 그런 제안이 많았죠.?" 안태남이 고개를 끄덕이며 중얼거렸다. "저도 솔직히 업무 줄이자는 제안 하나 넣어볼지 고민했어요."

기정연이 고개를 절레절레 흔들며 말했다. "이러니 내가 30년 전에 '회사 오래 못 간다'라는 소리를 들었던 거야. 다들 회사의 미래를 고민하는 게 아니라 지금 힘든 것만 줄이려고 하니…" 배다산이 한숨을 쉬며 말했다. "하지만 실무에서는 제안이 현실과 너무 동떨어진 경우가 많습니다. 실행 가능성도 생각해야죠." 조경영이 자료를 보며 말했다. "맞습니다. 제안을 적극적으로 수용하는 것도 좋지만, 실질적인 성과로 이어지지 않으면 오히려 조직의 효율성을 해칠 수도 있습니다." 안태남이 작은 목소리로 말했다. "그럼, 결국 실현된 것만 받아들이겠다는 거군요…" 차용필이 숫자를 정리하며 말했다. "예산도 고려해야 합니다. 어떤 제안은 실행하는 데 큰 비용이 드는 경우도 있어요. 그럼, 다른 중요한 투자 계획을 줄여야 할 수도 있고요."

"우수 제안이 또?"

그때 차용필이 무언가를 보다가 갑자기 정색하며 말했다. "잠깐만요. 이거 뭐죠?" 모두가 그의 손에 들린 서류를 바라봤다. "무슨 문제라도?" 표관리가 물었다. 차용필이 서류를 흔들며 말했다. "이번에 우수 제안 사례로 채택된 내용 말입니다. 이거, 3년 전에도 똑같은 건이 선정됐었는데요?" 표관리가 고개를 갸우뚱하며 물었다. "어떤 제안이죠?" 차용필이 한숨을 쉬며 읽어 내려갔다. "업무 자동화 시스템 도입을 통한 현장 업무 간소화." 탁고민이 놀라며 말했다. "어? 그거 작년에도 비슷한 거 본 것 같은데요?" 조경영이 웃으며 말했다. "작년뿐인가요? 재작년에도 비슷한 내용이 있었어요." 차용필이 허탈한 표정으로 중얼거렸다. "그러니까요. 우수 제안으로 선정됐던 내용이 실효성이 없으니까, 사람들이 계속 비슷한 안을 내는 거죠."

배다산이 고개를 끄덕이며 말했다. "이런 게 문제입니다. 우수 제안이라고 뽑아놓고 확대 시행이 안 되면, 직원들이 계속 같은 문제를 제기할 수밖에 없어요." 차용필이 깊은 한숨을 쉬며 말했다. "하아... 제안은 제안일 뿐인가 봅니다. 이렇게 우수 제안으로 뽑아놓고도 제대로 확산이 안 되면, 직원들은 점점 '어차피 형식적일 거야'라고 생각하겠죠." 안태남이 끄덕이며 말했다. "그럼요. 저도 '업무 줄이기' 제안을 넣고 싶어도, 어차피 안 될 걸 아니까 그냥 참고 있잖아요." 남보원이 웃으며 말했다. "그래서 내가 업무 줄이기보다는 '성과급 인상' 같은 현실적인 제안을 하라고 했잖아?" 회의실 안에 다시 한번 웃음이 터졌다.

"제안을 실행하려면?"

사장이 팔짱을 끼고 말했다. "좋습니다. 그렇다면 효과의 지속성과 확산 가능성을 고려해 제안을 선별하는 시스템이 필요하겠군요." 표관리가 고개를 끄덕이며 말했다. "우선 현장에서 실질적으로 도움이 될 만한 제안을 우선 검토해야 합니다." 배다산이 손을 들며 말했다. "그리고 실무자들이 체감할 수 있는 변화여야 합니다. 그렇지 않으면 탁상공론으로 끝납니다." 남보원이 한마디 덧붙였다. "그렇죠. 그리고 성과가 명확한 제안을 우선 적용해야 합니다. '하면 좋을 것 같은' 것보다는 '하면 무조건 효과가 있는' 걸 먼저 해야죠." 안태남이 손을 번쩍 들었다. "그럼 '회의 줄이기' 제안은 어떻게 되나요?" 조경영이 웃으며 말했다. "그건 조직의 의사소통 문제와 연결되어 있어서 신중하게 접근해야겠지." 안태남이 풀이 죽은 표정으로 중얼거렸다. "하, 역시 쉽지 않네..." 기정연이 조용히 말했다. "하지만 이런 고민을 계속해야 우리가 30년 후에도 '회사 망한다.' 소리 안 듣고 계속 살아남을 수 있는 거야."

사장이 마무리하며 말했다. "좋습니다. 그럼, 확산할 수 있는 제안을 선별하고, 제안 등급과 포상은 확산 범위와 기간에 따라 차등을 두는 방안을 검토하죠. 그리고 성과에 대한 지속적인 피드백을 제공하는 시스템을 구축하도록 하죠." 안태남이 한숨을 쉬며 말했다. "이거 괜히 제안했나... 더 바빠지는 거 아닌가요?" 차용필이 웃으며 말했다. "그러게. 이러다 제안하지 않는 게 최고의 제안이 되는 거 아냐?" 회의실 안에 다시 한번 웃음이 터졌다.

학습조직, 다 좋은데... 시간이 없다고요!

사장이 회의실을 둘러보며 입을 열었다. "우리가 학습조직을 활성화해야 합니다. 변화하는 환경에서 살아남으려면 계속 배우고 성장해야죠." 표관리가 고개를 끄덕이며 말했다. "맞습니다. 직원들이 지속적으로 학습할 수 있는 환경을 만들어야 합니다. 업무와 학습을 자연스럽게 연결하는 방식이 필요해요." 남보원이 팔짱을 끼고 말했다. "그거야 좋은 말이죠. 그런데 학습이 결국 실적과 연결되지 않으면 투자만 하고 끝날 수도 있습니다. 구체적인 목표와 성과 측정 기준이 있어야 합니다." 배다산이 고개를 끄덕였다. "학습이 단순히 '좋은 것'에서 끝나면 안 됩니다. 현장에서 실질적인 도움을 줄 수 있어야 해요."

안태남이 손을 들었다. "솔직히 저 같은 실무자는 학습하고 싶어도 시간이 없습니다. 업무 끝나고 따로 공부할 여력이 안 돼요." 차용필이 웃으며 말했다. "그렇죠. 결국 야근하면서 공부하라는 소리 아니냐 이런 불만이 나올 수 있죠." 사장이 고개를 끄덕였다. "그럼, 학습을 일상 업무와 자연스럽게 연결하는 방안이 필요하겠군요."

이때 조경영이 헛기침하며 입을 열었다. "그래서 우리가 창안 소그룹을 만들려는 겁니다. 부서 간 협업을 통해 자연스럽게 학습하면서 실무 개선 아이디어도 도출하는 거죠." 안태남이 눈을 가늘게 떴다. "근데 말이죠... 그 창안 소그룹 모집 공고, 아무도 지원 안 했던데요?" '창안 소그룹, 또 하나의 회의인가?' 조경영이 멋쩍게 웃었다. "그래서... 재공고 냈습니다." 배다산이 웃으며 물었다. "아니, 학습이 중요하다고 그렇게 강조했는데,

왜 지원자가 없을까요?"

조경영이 한숨을 쉬었다. "예전엔 이런 거 하면 부서 간 교류도 되고, 다들 배우려는 의지가 있었는데… 요즘은 다들 '이거 하면 업무만 늘어나는 거 아닌가?'부터 걱정하더라고요. 시대가 변했나 봅니다." 남보원이 고개를 끄덕였다. "그럴 수도 있죠. 요즘 직원들은 '학습'이라는 말만 들어도 추가 업무를 떠올리는 것 같습니다." 안태남이 맞장구쳤다. "솔직히 그렇죠. '학습조직'이라고 하면 뭔가 신선할 것 같은데… 결국엔 '보고서 작성', '발표', '성과 보고'가 따라오잖아요. 차라리 야근 없는 날 제대로 쉬는 게 더 생산적인 학습 아닙니까?"

조경영이 고개를 저었다. "그런데 이렇게 가면, 서로 배우고 소통할 기회 자체가 사라지는 거예요. 부서 간 협업도 줄어들고, 자연스럽게 의견 교환할 기회도 없고… 예전엔 이런 모임이 조직을 단단하게 만들었는데, 지금은 점점 그런 기회가 사라지는 게 안타깝습니다."

예산 절감, 잘하면 칭찬? 잘못하면 감사?

사장이 회의실을 둘러보며 입을 열었다. "여러분, 올해도 예산 절감이 필요합니다. 하지만 단순한 비용 삭감이 아니라, 자원을 효율적으로 활용하는 방식이어야 합니다." 표관리가 메모를 보며 말했다. "맞습니다. 하지만 구체적인 절감 방안을 찾는 게 쉽지 않습니다. 무작정 줄였다가 성과까지 줄어버리면 조직 운영에 문제가 생길 수 있거든요." 배다산이 고개를 끄덕이며 덧붙였다. "그렇죠. 현장에서 꼭 필요한 자원은 유지하면서도 절감할 방법을 찾아야 합니다. 예를 들어, 노후 장비를 교체하지 않으면 유지비가 더 많이 들 수도 있어요." 남보원이 팔짱을 끼고 말했다. "그렇다고 예산 절감을 안 할 순 없죠. 현장에서도 '이건 꼭 필요하다'라고 주장하면, 줄일 수 있는 게 없을 겁니다. 비효율적인 부분을 찾아야 해요."

탁고민이 조심스럽게 손을 들었다. "음... 그 비효율적인 부분이... 우리가 타고 다니는 임차차량도 포함인가요?" 차용필이 가볍게 웃으며 말했다. "아, 임차차량 얘기 나오니까 말인데요. 예산 절감한다고 임차차량 연료비 지원을 줄인다는 얘기가 있던데요?" 배다산이 깜짝 놀랐다. "아니, 그럼 현장 점검은 어떻게 하라고요? 생산본부 직원들은 현장도 다녀야 하고, 협력업체도 가야 하는데요." 표관리가 서류를 넘기며 말했다. "그렇다고 예산을 무한정 유지할 순 없습니다. 대안이 있다면 좋겠네요." 남보원이 손을 흔들었다. "대안이라... 주차장에 운행하지 않고 있는 임차차량 많이 있습니다. 공용 차량을 도입하는 건 어떨까요? 부서별로 차량을 따로 유지하는 대신, 예약제로 운영하면 비용이 줄어들 겁니다." 탁고민이 고개를 갸웃했다. "그러면... 출근할 때도 예약하면 됩니까?" 차용필이 웃었다. "그건 택시라고 합니다." 회의실에서 웃음이 터졌다.

"우수사례? 감사 대상?"

그때, 차용필이 조용히 한숨을 내쉬었다. "저 말이 나와서 그런데요... 사실 제가 제출한 예산 절감 우수사례가 문제 되고 있습니다." 회의실이 조용해졌다. 사장이 눈썹을 살짝 올리며 물었다. "문제라고요?" 차용필이 머리를 긁적이며 말했다. "예, 제안 자체는 좋은 취지였는데... 감사팀에서 '이걸 다른 각도로 보면 감사 지적 사항이 될 수도 있다'라고 하더군요." 표관리가 놀란 얼굴로 되물었다. "아니, 어떻게 그런 일이? 예산 절감을 잘하면 우수사례고, 조금만 각도를 틀면 감사 대상이라니?" 배다산이 고개를 끄덕였다. "그러게요. 이런 분위기면... 직원들이 예산 절감 아이디어 내는 걸 더 조심하게 될 것 같은데요?" 탁고민이 중얼거렸다. "그러니까... 너무 참신하면 오히려 위험한 거군요?" 남보원이 팔짱을 끼고 말했다. "결국 예산 절감도 '안전한 선'에서 해야 한다는 거네요."

차용필이 고개를 끄덕이며 말했다. "그래서 지금 직원들이 예산 절감안을 내는 걸 망설이고 있습니다. '이거 잘못하면 감사받는 거 아냐?'는 분위기거든요." 사장이 깊은 한숨을 내쉬었다. "이건 고민이 필요하겠군요. 창의적인 절감 방안을 내도록 장려해야 하는데, 되려 위축되는 상황이라면 문제입니다." 표관리가 정리하며 말했다. "예산 절감도 중요하지만, 안전장치가 있어야 합니다. 직원들이 자유롭게 아이디어를 내면서도, 감사 리스크 없이 추진할 수 있도록 가이드라인을 명확히 해야겠어요."

탁고민이 속삭이듯 말했다. "그럼... 임차차량 연료비는... 어떻게 되는 겁니까?" 차용필이 의미심장한 미소를 지으며 말했다. "음... 아직은 안전한 선에서 유지될 거야. 하지만 누군가 '혁신적인 아이디어'를 내면... 그때는 모르지." 회의실에는 다시 한번 웃음이 퍼졌지만, 모두가 속으로 같은 생각을 했다. "예산 절감, 하되 조심해서 해야 한다." 모든 직원이 느끼고 있었다. 아무리 창의적인 아이디어라도 기준과 절차 없이 추진되면, 결국 누군가는 책임을 져야 한다는 것을. 결국 절감의 핵심은 단순한 숫자 조정보다, 실행 가능성과 리스크를 함께 고려하는 균형 잡힌 실천에 있었다.

일자리 창출, 이상과 현실 사이

회의실 공기가 미묘했다. 사장이 일자리 창출을 위한 방안을 논의하자며 주요 임원들을 소집했기 때문이다. "정부에서도 일자리 창출을 강조하고 있고, 우리 회사도 사회적 책임을 다해야 합니다." 사장이 입을 열었다. "하지만 단순히 숫자만 늘리는 것이 아니라, 지속 가능하고 회사에도 도움이 되는 방식이어야 합니다."

"일자리 창출 자체는 좋은 방향이지만, 현실적인 문제도 고려해야 합니다." 표관리 본부장이 단호한 목소리로 말했다. "기존 인력도 업무가 과중한데, 새 일자리를 만들려면 투자 비용과 인력 재배치 계획이 먼저 나와야 합니다." "그래서 신규 사업을 늘려야 합니다!" 배다산 본부장이 나섰다. "일자리 창출을 위해 단기적으로 부담이 되더라도, 장기적으로 보면 회사 성장에도 긍정적인 영향을 줄 겁니다." "사업 확대도 좋지만, 기존 사업부터 안정화하는 게 먼저 아닐까요?" 남보원 본부장이 손을 들어 의견을 냈다. "판매 현장에서는 오히려 일손이 부족합니다. 그런데 새 일자리를 만든다면서 기존 인력을 줄이거나 자원을 빼 가면 오히려 조직 운영이 흔들릴 수도 있습니다."

그때, 조경영 부장이 자료를 들고 말을 보탰다. "최근 몇 년간 채용 인원과 예산 변동을 분석해 봤습니다. 문제는 인력을 충원해도 몇 년 내 그 자리가 유지되지 못하고 사라지는 경우가 많다는 겁니다. 지속적인 일자리를 창출할 수 있으려면, 신규 채용뿐만 아니라 기존 인력의 역할도 재정비해야 합니다." "그러니까 기존 인력의 직무 전환이나 재교육도 고려해야 한다는 거네요?" 안태남 과장이 고개를 끄덕였다. "맞습니다. 새로운 일자리를 만든다고 해도 실질적인 일이 없으면 결국 구조조정으로 이어질 가능성이 큽니다." 조경영 부장이 심각한 표정으로 덧붙였다.

그러자 차용필 차장이 한숨을 내쉬었다. "일자리 창출이 중요하다는 건 알지만, 솔직히 재무적으로 보면 부담이 클 수밖에 없습니다. 정부 지원금이 있긴 하지만, 그것만 믿고 가기엔 위험하죠." "그럼, 현실적인 대안은 뭘까요?" 사장이 고민스러운 얼굴로 물었다. 탁고민 대리가 조심스럽게 손을 들었다. "외부 협업을 늘리는 건 어떨까요? 스타트업이나 중소기업과 협력하면 새로운 일자리를 만들면서도 비용 부담을 줄일 수 있을 것 같은데요." "그거 좋은 방법이네요." 표관리 본부장이 고개를 끄덕였다. "일자리 창출이 단순히 사람을 뽑는 게 아니라, 새로운 기회를 만드는 거라면 외부와 협력하는 것도 고려해야겠네요."

그때 조경영 부장이 헛웃음을 지으며 중얼거렸다. "참, 이게 쉽지 않더라고요. 외부 기관들과 협업 논의를 하다 보니까, 일자리 자체가 없는 게 아니라 일할 사람이 없는 경우도 많더군요." "무슨 뜻이죠?" 사장이 고개를 들었다. "힘든 일자리나 교통이 불편한 지역은 일자리가 있어도 지원자가 없습니다." 조경영 부장이 고개를 저었다. "한참 논의하다가 '그럼, 공공기관에서 만드는 일자리는 왜 지원자가 많을까?' 하는 생각이 들더라고요." "그야... 안정적이고 복지가 좋으니까?" 안태남 과장이 답했다. "그렇죠. 그런데 공공기관에서 만드는 일자리는 대체로 교통이 편리한 도심 지역이고, 업무 강도도 상대적으로 덜한 경우가 많잖아요." 조경영 부장이 의미심장한 눈빛을 보냈다. "그러니까 사람들이 몰리는 거고요. 하지만 정작 힘든 일자리나 외진 곳에 있는 일자리는 아무리 만들어도 사람이 안 가죠."

"어... 듣고 보니 그러네?" 배다산 본부장이 팔짱을 끼고 끄덕였다. "결국 일자리 창출도 근무 환경과 연결해서 생각해야겠네요." "맞습니다. 그러니까 단순히 일자리 개수를 늘리는 게 아니라, 사람들이 실제로 가고 싶어 하는 일자리를 만들어야 한다는 거죠." 조경영 부장이 말했다.

사장이 깊은 한숨을 쉬며 정리했다. "좋습니다. 일자리 창출 방안을 크게 세 가지로 나눠 봅시다. 첫째, 신규 사업 확장과 함께 필요한 인력을 확보한다. 둘째, 기존 인력의 재교육을 통해 직무 전환을 활성화한다. 셋째, 외부 협업을 통한 일자리 창출 가능성을 검토한다. 그리고..." 사장이 잠시 말을 멈추고 조경영 부장을 바라보았다. "넷째, 일자리의 '질'도 고려해야겠군요. 단순히 숫자만 늘릴 게 아니라, 사람들이 정말 원하는 일자리를 만드는 방향으로 가야겠습니다." 회의실이 잠시 조용해졌다가, 모두 고개를 끄덕였다. "좋습니다. 각 부서에서 구체적인 실행 계획을 마련해 봅시다." 사장이 결론을 내렸다. "일자리 창출, 숫자 채우기가 아니라 실질적인 변화가 되도록 해봅시다."

회의가 끝난 후, 조경영 부장이 혼잣말처럼 중얼거렸다. "일자리 창출이 이렇게 복잡한 일이었나? 그냥 사람 뽑는 게 아니라, 조직 전체가 움직여야 가능하구나..." 그리고는 피곤한 듯 커피를 한 모금 마셨다.

사내벤처, 혁신인가 부담인가?

회의실에 모인 임원들의 표정이 사뭇 진지했다. 사장이 이번 회의의 주제인 '사내벤처'라는 단어를 꺼내자, 다들 각자의 생각에 빠진 듯했다. "우리 회사도 드디어 사내벤처 프로그램을 도입하려 합니다." 사장이 운을 뗐다. "직원들이 직접 사업 아이디어를 내고, 그걸 회사가 지원하는 방식입니다. 혁신적인 성과를 내는 것도 목표지만, 무엇보다도 직원들에게 새로운 동기부여가 될 수 있다고 생각합니다."

"좋은 방향이긴 합니다만…" 표관리 본부장이 신중한 표정으로 말을 이었다. "기존 조직문화와의 융합이 쉽지 않을 겁니다. 안정적인 업무 환경을 유지하면서도 혁신을 추구하는 균형을 잡아야 하는데, 그게 가능할까요?" "그러게 말입니다." 남보원 본부장이 고개를 끄덕였다. "판매본부 입장에서도 신선한 시도라고 생각하지만, 사내벤처를 운영하려면 인력과 예산을 어떻게 조정할지가 문제입니다. 당장 현업에서도 사람 손이 부족한데, 직원들이 사업 아이디어를 개발하는 데 시간을 쏟으면 기존 업무에 차질이 생기지 않을까요?" 배다산 본부장이 팔짱을 끼고 한숨을 내쉬었다. "일단 직원들에게 동기부여가 될 수 있다는 점에서는 저도 찬성입니다. 하지만 문제는 '실제로 실행할 수 있는 아이디어'가 나올지 그것이 관건이죠. 단순히 흥미로운 아이디어가 아니라, 회사가 지속적으로 투자할 만한 사업이 나와야 하는데… 현실적으로 가능할까요?"

사장은 고개를 끄덕이며 질문을 던졌다. "그럼, 여러분이 생각하는 가장 큰 걸림돌이 뭡니까?" 잠시 정적이 흐르다가, 한 사람이 조심스럽게 입을 열었다. "솔직히… 저 같은 직원들에게는 도전하고 싶은 마음은 있어도, 현실적으로 쉽지 않습니다." 차용필 차장이 말했다. "지금 하는 업무도 버거운데, 사내벤처까지 병행하려면 부담이 너무 크죠. 성공에 대한 보장도 없고, 실패했을 때 후폭풍도 걱정됩니다." "맞아요." 탁고민 대리가 맞장구쳤다. "특히 저 같은 젊은 직원들은 이런 기회를 통해 뭔가 해보고 싶기도 한데, 실패하면 회사에서 찍히는 거 아닌가 하는 두려움도 있습니다. 실제로 실패해도 괜찮은 분위기가 조성되지 않으면, 선뜻 도전하기 어렵죠." 조경영 부장이 고개를 끄덕이며 말을 이었다. "사내벤처를 운영하는 다른 기업 사례를 조사해 봤는데요. 실패를 용인하는 문화가 없으면, 직원들이 위험을 감수하려 하지 않습니다. 결국 형식적으로만 운영되다가 흐지부지되는 경우가 많더군요."

사장이 생각에 잠긴 듯하다가 말했다. "결국 우리가 해결해야 할 과제가 명확해졌군요. 첫째, 사내벤처 프로그램이 기존 업무에 부담을 주지 않도록 조정해야 한다. 둘째, 단순한 아이디어 대회가 아니라 실질적인 성과로 이어질 수 있도록 내부 지원 체계를 갖춘다. 셋째, 실패를 용인하고 학습할 수 있는 문화를 만든다." 모두 고개를 끄덕였다. 그때 조경영 부장이 씁쓸한 표정으로 중얼거렸다. "근데 말이죠… 사내벤처 같은 새로운 시도가 항상 성공할 수는 없잖아요. 그래서인지 공공기관에서는 이런 걸 잘 안 하더라고요."

"왜 그렇다고 생각합니까?" 사장이 물었다. "음… 공공기관은 기본적으로 안정성을 중요하게 여기니까요. 새로운 시도를 해서 성공하면 좋겠지만, 실패하면 책임을 져야 하잖아요. 그러니 다들 도전보다는 안전한 길을 선호하는 거죠." "결국 조직문화의 차이군요." 배다산 본부장이 고개를 끄덕였다. "하지만 우리 회사는 민간기업과 정부 기관의 중간쯤에 있으니,

둘 사이의 균형을 맞춰야겠네요."

사장이 결론을 내렸다. "좋습니다. 이번 사내벤처 프로그램은 단순한 이벤트가 아니라, 진짜 혁신을 만들어내는 기회로 삼겠습니다. 실행 계획을 더 구체적으로 다듬어봅시다." 회의가 끝난 후, 차용필 차장이 커피를 마시며 혼잣말처럼 말했다. "음... 나도 한 번 사내벤처에 도전해 볼까? 아니면 그냥 조용히 있는 게 나으려나..." 탁고민 대리가 웃으며 한마디 덧붙였다. "그래도 도전해 보는 게 더 재미있지 않겠어요? 인생 한 방이잖아요!"

신입사원 교육 중 이탈 사건! 왜 떠나는가?

사장실에서 열린 신입사원 입문 교육 관련 회의. 교육 내용 개선을 논의하던 중 조경영 부장이 깊은 한숨을 쉬었다. "아니, 신입사원들이 교육받다 말고 사라진다니까요? 요즘 젊은 친구들, 도대체 왜 이러는 겁니까?" 배다산 본부장이 놀란 표정으로 물었다. "교육 도중에 퇴사한다고요? 무슨 일이죠?" 조경영 부장은 책상에 놓인 신입사원 명단을 보며 고개를 저었다. "확인해 보니, 급여랑 복지가 우리보다 좋은 것도 아닌데, 집 근처에서 다닐 수 있는 조직에 최종 합격해서 거기로 간답니다. 그쪽 신입사원 교육 일정이 곧 시작된다고요. 아니, 우리 회사에 애정을 가질 틈도 없이 떠나버리다니..."

탁고민 대리가 조심스럽게 끼어들었다. "솔직히... 이해가 가긴 합니다. 출퇴근만으로도 하루가 피곤한데, 가까운 직장이면 삶의 질이 확 달라지거든요." 차용필 차장이 팔짱을 끼며 고개를 끄덕였다. "요즘 젊은 친구들은 연봉이나 직급보다 '출퇴근 거리'와 '워라밸'을 더 따진다니까요. 저도 재테크 상담하다 보면, 연봉이 높아도 출퇴근이 힘들면 금방 지쳐서 이직 고민하는 경우가 많더라고요." 조경영 부장은 허탈한 표정으로 중얼거렸다. "내가 신입사원 때는... 회사가 집에서 몇 시간이 걸리든 그냥 다녔는데... 요즘 애들은 출근 시간이 1시간 넘어가면 고민한다고?" 배다산 본부장이 웃으며 말했다. "조 부장님, 시대가 변했죠. 예전에는 '일단 버티자'가 기본이었지만, 요즘은 '내가 행복할 수 있는 곳에서 일하자'가 기본이잖아요."

표관리 본부장이 회의록을 넘기며 현실적인 질문을 던졌다. "그렇다면, 신입사원 교육을 좀 더 매력적으로 만들 필요가 있겠네요. 교육을 받으면서 '아, 여기 남아야겠다'라는 생각이 들게끔 말이죠. 교육이 단순히 업무 설명이 아니라, 회사에 대한 소속감을 심어줄 수 있어야겠어요." 탁고민 대리가 손을 번쩍 들었다. "그럼요! 교육 과정에 우리 회사만의 장점을 적극적으로 강조하는 건 어떨까요? 예를 들면, 선배들과의 네트워킹 기회를 늘린다든가, 장기적으로 봤을 때의 성장 가능성을 보여주는 거죠." 사장이 고개를 끄덕이며 결론을 내렸다. "좋아요. 신입사원들이 우리 회사의 가치를 제대로 느낄 수 있도록 교육 내용을 좀 더 매력적으로 구성해 봅시다. 그리고... 출퇴근 거리 문제는 우리가 해결해 줄 수 없는 거니까, 다른 강점이라도 확실하게 어필해야겠네요."

조경영 부장은 여전히 씁쓸한 표정이었다. "그래도 이해가 안 돼요. 난 2시간씩 통근하면서도 회사에 남았는데..." 탁고민 대리가 장난스레 말했다. "그땐... 조 부장님도 젊었잖아요." 회의실에 웃음이 터졌다. 시대는 변했고, 신입사원들의 가치관도 달라졌다. 하지만 회사는 변화를 받아들이며 새로운 방식으로 그들과 소통해야 했다.

파견교육, 가야 할 사람 vs. 가고 싶은 사람

회의실에 모인 임원진과 중간 관리자들. 오늘의 주제는 '파견교육'이었다. 사장이 먼저 운을 뗐다. "우리가 외부 환경과의 접점을 늘려야 합니다. 직원들이 다른 조직에서 배우고 오는 경험이 중요해요. 하지만 솔직히, 파견교육의 질과 비용이 걱정이긴 합니다."

표관리 본부장이 고개를 끄덕이며 단호하게 말했다. "사장님, 저도 교육의 필요성은 인정합니다. 하지만 비용 대비 효과를 어떻게 검증할지가 문제입니다. 갔다 와서 '좋은 경험이었어요' 하고 끝나는 경우도 많잖아요?" 배다산 본부장이 웃으며 거들었다. "그렇죠. 특히 생산 현장은 실무 경험이 중요해서, 외부에서 배운다고 해도 당장 적용하기 어려운 부분이 있습니다. 그래도 다른 환경을 접하는 건 긍정적이긴 한데…" 탁고민 대리가 고개를 갸우뚱하며 중얼거렸다. "음… 사실 저도 파견교육 가보고 싶긴 한데, 갔다 와서 적용할 곳이 없으면 좀 애매하겠죠."

이때, 조경영 부장이 한숨을 쉬며 입을 열었다. "사실, 제가 이번에 파견교육 명단을 짜면서 고민이 많았습니다. 우리 기술팀의 기정연 부장님 같은 분이 가셔야 하는데, 단호하게 거절하셨거든요." 기정연 부장은 팔짱을 끼고 단호하게 말했다. "아니, 이제 몇 년 안 남았는데, 가서 뭐 합니까? 제가 거기 가서 뭘 배운다고요?" 조경영 부장이 눈을 가늘게 뜨며 대꾸했다. "부장님, 그런 생각이 문제입니다. 후배들에게 지식을 전수하려면 새로운 것도 배우셔야죠!" 기정연 부장이 고개를 절레절레 저었다. "아니, 난 여기서도 바쁜데 외부까지 가서 교육받고 올 시간이 없어요. 게다가 가

봐야 강의실에서 PPT만 보고 오겠지. 난 차라리 여기서 조용히 기술 전수나 하고 싶습니다."

조경영 부장이 한숨을 쉬며 말을 이었다. "반면에, 몇 해 전부터 파견 교육 좀 보내달라고 사정하는 사람이 한 명 있죠." 사장이 흥미를 보였다. "누굽니까?" 조경영 부장이 지그시 옆을 보았다. "우리 차용필 차장이요." 차용필 차장이 즉시 반응했다. "그럼요! 저 정말 가고 싶습니다. 사장님, 저 진짜 외부 교육이 필요합니다. 재무 트렌드는 빠르게 변하는데, 내부 교육으로는 한계가 있잖아요. 저도 글로벌한 시각 좀 갖고 싶습니다!" 표관리 본부장이 헛기침하며 말했다. "차 차장, 근데 문제는… 당신이 너무 바쁘다는 겁니다. 지금 팀에서도 당신 없으면 돌아가기 힘든 거 모르세요?" 차용필 차장이 억울한 표정을 지었다. "그럼, 저 없으면 안 돌아가는 구조 자체가 문제 아닙니까? 사람이 성장할 기회를 줘야지요!"

배다산 본부장이 웃으며 말했다. "그러니까 결론은, 가야 할 사람은 안 가고, 남아서 일해야 할 사람은 가려고 하고… 이게 참 아이러니한 교육이란 말이죠?" 사장이 고개를 끄덕이며 중재에 나섰다. "좋아요. 우선 파견 대상자를 선정할 때, '누가 가야 하는가'와 '누가 가고 싶어 하는가'의 균형을 맞추는 기준을 만들도록 합시다. 그리고, 파견교육을 갔다 온 직원은 반드시 내부에 공유하는 시간을 갖도록 하고, 일정 기간 후에 실제 적용된 사례를 체크하는 시스템도 마련합시다." 표관리 본부장이 수첩에 적으며 물었다. "그럼, 기정연 부장님은 이번에도 안 가는 걸로?" 기정연 부장은 시선을 피하며 중얼거렸다. "응, 나중에… 다음 기회에…"

차용필 차장은 간절한 눈빛으로 사장을 바라봤다. "그럼 저는…?" 사장이 빙긋 웃으며 말했다. "이번에는 가고 싶은 사람 위주로 보내 봅시다. 하지만 다녀와서 반드시 실무 적용 방안을 내야 합니다. 차 차장, 괜찮겠어요?" 차용필이 힘차게 고개를 끄덕였다. "네! 절대 후회하지 않으실 겁니다!" 그렇게 회의는 끝났고, 파견교육에 대한 새로운 기준이 정해졌다.

하지만 기정연 부장은 속으로 생각했다. '어차피 난 조용히 은퇴할 거니까, 파견교육 없이도 잘 버틸 수 있어.' 그리고 차용필 차장은 속으로 외쳤다. '드디어 나도 간다! 새로운 세상을 배우러!'

도서교육, 책만 읽으면 다 해결될까?

회의실 한쪽 벽에 커다란 포스터가 붙어 있었다. "한 달에 한 권! 함께 읽고, 배우고, 성장하자!" 사장이 책을 한 권 들고 씩씩하게 말했다. "이제는 지식을 쌓는 방식도 변화해야 합니다. 도서교육을 통해 직원들이 자기계발을 할 수 있도록 유도하려고 합니다. 하지만 과연 직원들이 얼마나 적극적으로 참여할지가 걱정이네요."

표관리 본부장이 팔짱을 끼고 말했다. "솔직히 책 읽는 거 좋아하는 직원들이 얼마나 될까요? 강제로 시킨다고 될까요?" 남보원 본부장이 고개를 끄덕이며 거들었다. "맞습니다. 우리 직원들, 책보다 차라리 실적 보고서를 읽는 걸 더 좋아하지 않겠어요?" 배다산 본부장이 웃으며 말했다. "그래도 책을 읽으면 사고가 넓어지긴 하죠. 특히 인문학 서적 같은 건 직장 생활에도 도움이 되잖아요?" 사장이 긍정적으로 고개를 끄덕였다. "맞습니다. 도서교육을 단순히 책만 읽고 끝내는 게 아니라, 실무에 적용할 수 있도록 도와줘야 해요. 그래서, 책을 읽고 난 뒤 후속 워크숍을 열 생각입니다."

그 순간, 기정연 부장이 나직이 말했다. "그러면 난 예외로 해주시죠." 모두가 기정연을 바라보았다. "왜요?" "이제 얼마 안 남았는데, 새로운 걸 배울 필요가 있을까요? 그 시간에 후배들한테 기술이나 더 가르치는 게 낫지 않겠어요?" 조경영 부장이 한숨을 쉬었다. "부장님, 새로운 걸 배우는 데 나이가 어디 있습니까. 후배들에게 지식을 전수하려면 본인도 새로운 지식을 쌓아야죠." 기정연이 고개를 절레절레 저었다. "나는 그냥 지금까지 쌓은 걸로 충분합니다. 책은 젊은 친구들이나 읽으라고 하세요."

그때, 차용필 차장이 손을 번쩍 들었다. "사장님! 저는 도서교육 적극 찬성입니다. 오히려 예전부터 이런 프로그램이 있었으면 좋겠다고 생각했어요." 사장이 흐뭇하게 바라봤다. "역시 차 차장은 자기 계발 욕구가 강하군요." 그런데 표관리 본부장이 한마디 했다. "그런데 차 차장, 바빠서 책 읽을 시간이 있습니까?" 차용필 차장이 당황하며 대답했다. "그... 그래서 근무 시간에 책 읽는 시간을 따로 마련하면 어떨까 싶어서요!"

그러자 남보원 본부장이 고개를 절레절레 저었다. "업무 시간에 책을 읽으라고요? 우리 회사에선 힘들죠. 실적 압박이 있는데 언제 책을 읽습니까?" 탁고민 대리가 조심스럽게 입을 열었다. "근데 솔직히, 책을 읽는 건 좋은데, 그걸 실무에 어떻게 적용하는지가 더 중요한 거 아닙니까? 읽고 끝나면 그냥 독서 모임일 뿐인데..." 배다산 본부장이 고개를 끄덕였다. "맞아. 도서교육을 하려면 책에서 배운 내용을 실제 업무에 적용하는 방법을 같이 고민해야 해요."

그때, 차용필 차장이 뭔가 떠오른 듯 노트북을 열고 교육 담당자에게 이메일을 쓰기 시작했다.

제목: 도서교육 포인트 관련 문의

내용: 안녕하세요, 교육 담당자님. 이번 도서교육과 관련하여 궁금한 점이 있어 문의드립니다. 혹시 교육 포인트를 활용하여 초등학교에 다니는 제 아이들 영어 교재를 구입해도 되는지 확인 부탁드립니다. 아이들도 교육을 받아야 하고, 결국 가정의 안정이 직장 생활에도 긍정적인 영향을 주지 않겠습니까? 답변 기다리겠습니다. 감사합니다.

조경영 부장이 차용필 차장의 화면을 보고는 황당한 표정을 지었다. "야, 이건 아니지! 회사 도서교육 포인트를 애들 영어 교재 사는 데 쓰겠다고?" 차용필 차장이 진지하게 말했다. "아니, 교육은 교육이잖아요. 어차피 배움은 평생 해야 하는 거고, 우리 회사가 가족 친화적인 기업을 추구한다면 이런 지원도 가능해야 하지 않을까요?" 배다산 본부장이 손뼉을 치며 웃었다. "어우, 차 차장. 당신은 진짜 현실적이야. 교육 혜택을 끝까지 활용하려는 자세, 인정합니다!"

사장이 고개를 젓더니 미소를 지으며 말했다. "우선, 회사의 도서교육은 직원들의 자기 계발을 위한 거니까... 가정 교육 지원까지 확대하는 건 좀 어렵겠죠?" 차용필 차장이 아쉽다는 표정을 지었다. "하긴... 그렇긴 하죠. 근데 혹시라도 나중에 복지 정책이 개선될 수도 있으니까, 아이디어 차원에서 제안해 본 겁니다!" 탁고민 대리가 웃으며 말했다. "차 차장님, 이왕이면 도서교육을 통해 '자녀 교육과 직장인의 자기 계발' 같은 책을 읽고 적용해 보는 게 어떠세요?" 차용필 차장이 고개를 끄덕이며 말했다. "그거 좋네요. 그러면 다음에 '직장인의 자녀 교육법' 같은 책도 리스트에 넣어주세요!" 회의실이 웃음으로 가득 찼다.

사장이 마지막으로 말했다. "좋아요. 그럼, 이번 달 시범 운영 후 피드백을 받고, 정식 프로그램으로 만들지 결정합시다." 기정연 부장이 속으로 생각했다. "어쨌든 난 빠져나왔다." 그리고 차용필 차장은 속으로 다짐했다. "회사 복지 정책도 결국은 제안하는 사람이 바꿔 가는 거야. 포기하지 않는다!" 도서교육, 과연 직원들에게 도움이 될까? 이제 막 시작된 실험이 흥미롭게 전개되고 있었다.

필수 vs. 선택교육, 뭐가 더 중요할까?

사장실 회의실, 교육 제도 개선 논의 중. "자, 다들 앉으셨죠? 오늘 논의할 주제는 필수교육과 선택교육의 균형입니다." 사장이 노트를 펼치며 운을 뗐다. "필수교육은 기본 역량을 위한 필수 과정이지만, 직원 개개인의 성장을 위해 선택교육도 강화해야 한다고 봅니다."

"네, 맞습니다." 표관리 본부장이 차트를 넘기며 말했다. "그런데 필수교육은 조직의 기준과 규범을 다지는 역할이 큽니다. 신입부터 관리자까지 공통으로 이수해야 하는 과정이니만큼 일정 수준의 강제성이 필요합니다." 남보원 본부장이 팔짱을 끼고 고개를 끄덕였다. "현장에서 보면, 필수교육이 실무에 도움이 되는 경우가 많긴 한데요. 문제는 선택교육입니다. 직원들이 실무에 직접 연관 없는 교육을 선택하는 경우가 많아서, 교육이 끝나도 조직에 큰 도움이 안 되는 경우가 많습니다." 배다산 본부장이 고개를 갸웃했다. "하지만 너무 필수교육만 강조하면 직원들이 자기계발할 기회를 놓치는 거 아닐까요? 선택교육이야말로 각자의 경력 개발을 위한 투자라고 봐야죠."

"그렇죠. 그런데 요즘 직원들은 교육을 '점수'로만 보더군요." 조경영 부장이 한숨을 쉬며 말을 이었다. "서열 명부 점수에 교육 이수가 반영되니까, 정작 본인에게 필요 없는 과정도 마구 듣고 있어요. 점수를 맞추려는 게 주목적이 돼버렸습니다." 그때 차용필 차장이 조용히 손을 들었다. "저 말인데요... 선택교육 포인트를 활용해서 초등학교 다니는 제 애들 영어 교재를 살 수 있는지 문의드려도 될까요?" 순간 회의실이 정적에 휩싸였다. 표관리 본부장이 헛기침하며 입을 열었다. "차 차장님, 교육 포인트는 직원 자기 계발을 위한 겁니다." "아, 물론이죠." 차용필 차장이 멋쩍게 웃으며 손을 내렸다. "그냥... 요즘 애들 교육이 중요해서 말이죠."

탁고민 대리가 갑자기 고개를 끄덕이며 말했다. "그러니까, 필수교육이랑 선택교육을 잘 구분해야 한다는 거죠? 솔직히 저는 그런 개념 없이 그냥 점수 채우려고 이것저것 듣고 있었거든요." 조경영 부장이 쓴웃음을 지었다. "그래서 요즘 닥치는 대로 듣고 있었다는 거죠?" 탁고민 대리가 머리를 긁적이며 웃었다. "네. 뭐, 마케팅, 심리학, 심지어 한의학 개론까지요." 배다산 본부장이 눈을 크게 떴다. "한의학 개론? 업무에 도움이 돼요?" "아니요. 근데 점수가 높더라고요."

그 순간, 탁고민 대리가 갑자기 얼굴을 굳히며 휴대전화를 들여다봤다. "어, 그런데... 큰일 났네요. 필수교육 중에 매년 들어야 하는 게 있었어요?" 표관리 본부장이 단호하게 말했다. "당연하죠. 법정 필수교육은 매년 이수해야 합니다." 탁고민 대리가 급하게 노트북을 열며 말을 이었다. "아니, 그러니까... 성희롱·성폭력 예방 교육을 작년에 들었으니까, 올해는 안 들어도 되는 줄 알았는데요. 알고 보니까 이거 매년 듣는 필수교육이더라고요. 큰일 날 뻔했어요. 마지막 회차 신청해야겠네요." 조경영 부장이 어이없다는 듯 고개를 저었다. "그걸 이제야 깨달은 거예요?" 탁고민 대리가 헛웃음을 지으며 말했다. "네. 뭐, 그래도 마지막 기회라도 알아챘으니 다행이죠. 안 그랬으면 내년 성과 평가 때 '교육 미이수' 딱지 붙을 뻔했습니다."

사장이 웃으며 고개를 끄덕였다. "좋습니다. 그럼, 필수교육과 선택교육을 좀 더 명확히 구분할 필요가 있겠네요. 필수교육은 기본적인 업무 역량과 조직문화 정착을 위한 것으로 유지하되, 선택교육은 직무별 맞춤형으로 운영할 수 있도록 개선하는 방향이 좋겠습니다." 표관리 본부장이 메모하며 덧붙였다. "그리고 선택교육의 실효성을 높이기 위해 교육 후 피드백 세션을 운영하는 것도 고려해야겠네요." "좋은 생각입니다." 배다산 본부장이 동의했다. "교육 후 직원들이 배운 내용을 실제 업무에서 어떻게 적용할지 공유할 수 있도록 하면 더 효과적일 겁니다." 사장이 미소를 지으며 회의를 정리했다. "오늘 논의된 내용을 바탕으로 개선안을 만들어 보죠. 교육이 단순한 형식이 아니라 직원들의 성장과 실무에 실질적으로 도움이 되는 방향으로 가야 합니다."

탁고민 대리가 마지막으로 손을 들었다. "그럼… 성희롱·성폭력 예방 교육 신청하고 와도 될까요?" 모두가 웃으며 고개를 끄덕였다. "그래, 당장 신청해요."

> 오늘의 포인트
> 1. 필수교육: 조직의 기준과 기본 역량 강화를 위한 과정 (법정교육 포함)
> 2. 선택교육: 직원 개개인의 성장과 직무별 맞춤형 지원 강화
> 3. 개선 방안: 교육 후 피드백 시스템 마련, 실효성 평가 도입
> 4. 교육 목적: 점수 채우기가 아닌 실무 적용과 자기 계발

필수교육을 깜빡하면 곤란한 상황이 올 수도 있다. 교육을 '해야 하는 것'이 아닌 '하고 싶은 것'으로 만들 수 있는 개선이 필요하다!

온라인 vs. 오프라인 교육, 뭐가 더 효과적일까?

본부장 회의실, 교육 방식 개선 논의 중. 사장이 커피잔을 내려놓으며 회의를 시작했다. "자, 다들 모이셨으니, 본격적으로 이야기해 봅시다. 우리 회사에서 교육을 온라인과 오프라인으로 병행하고 있는데, 직원들의 반응이 갈립니다. 효율성과 실효성을 함께 고려해 개선안을 마련해야 합니다."

표관리 본부장이 자료를 넘기며 말했다. "요즘 직원들은 온라인 교육을 선호하는 경우가 많습니다. 시간과 장소에 구애받지 않고 자기 주도적으로 학습할 수 있으니까요. 출장이 많은 직원들도 이동 중에 강의를 들을 수 있고, 실무자들도 업무에 방해받지 않고 원하는 시간에 수강할 수 있죠." 남보원 본부장이 고개를 끄덕였다. "맞아요. 현장에서 보면 직원들이 교육 때문에 업무를 중단해야 하는 걸 굉장히 부담스러워합니다. 온라인 교육은 그런 문제를 해결해 주니까 좋긴 한데... 문제는 교육 효과입니다. 실제로 배우고 있는지, 이해하고 있는지 확인하기 어렵죠." 배다산 본부장이 맞장구쳤다. "현장에서 바로 적용할 수 있어야 진짜 교육이죠. 온라인 강의만 듣고 '이해했습니다'라고 해도, 막상 실무에서 써먹지 못하면 무슨 소용입니까?"

그때 조경영 부장이 자료를 보며 말했다. "비용 절감 측면에서도 온라인 교육이 이점이 큽니다. 강사 초빙 비용, 교육장 대여비, 출장비 등을 고려하면 온라인이 훨씬 경제적이거든요. 하지만 신입이나 실무 중심 직원들은 직접 체험하는 게 더 효과적일 수도 있습니다." 기정연 부장이 한숨을 쉬며 말을 보탰다. "이론이 중요한 건 맞지만, 기술이나 실습이 필요한 교육은 결국 몸으로 익혀야 합니다. 저는 퇴직 전에 후배들에게 기술을 전수하려 하는데, 온라인 교육만으로는 한계가 있어요. 현장에서 직접 봐 주고 피드백을 줘야 하는데, 영상을 보고 따라 하는 것만으로는 제대로 익힐 수 없죠."

탁고민 대리가 손을 들며 끼어들었다. "맞아요. 온라인 교육은 편하고 좋긴 한데, 질문할 때 애매한 부분이 많아요. 녹화 강의는 질문도 실시간으로 못 하고, 듣다 보면 집중이 흐트러질 때도 있고요." 차용필 차장이 고개를 끄덕이며 맞장구쳤다. "게다가 온라인 교육을 틀어놓고 다른 일 하는 직원들도 많더라고요. '수강 완료' 체크만 하면 되니까, 실질적으로 학습 효과가 있는지는 의문입니다." 탁고민 대리가 웃으며 말했다. "맞아요. 솔직히 저도 몇 번 그런 적 있어요. 강의 틀어놓고 커피 한 잔 마시고, 이메일 확인하고 오면... 어라? 강의가 끝나 있더라고요." 순간 회의실에 웃음이 터졌다.

뜻밖의 오프라인 교육 참가자

그때 안태남 과장이 흥미로운 표정으로 차용필 차장을 바라보며 말했다. "그나저나, 차 차장님. 평소에 온라인 교육파셨잖아요? 그런데 지난번 오프라인 교육에 참석하셨더라고요? 무슨 바람이 불었어요?" 차용필 차장이 기침하며 어색하게 웃었다. "아, 그거요? 뭐... 가끔은 오프라인 교육도 경험해 봐야 하지 않겠습니까?" 안태남 과장이 히죽 웃으며 쏘아붙였다. "설마~ 그날 교육 끝나고 동기들이랑 술 약속이 있어서 온 건 아니죠?" 회의실이 웃음바다가 됐다. 차용필 차장이 민망한 듯 머리를 긁적였다. "뭐, 겸사겸사... 근데 솔직히 말하면, 생각보다 좋더라고요." 배다산 본부장이 흥미로운 듯 물었다. "뭐가 좋았습니까?" 차용필 차장이 목소리를 낮추며 솔직하게 말했다. "교육 끝나고 동기들이랑 밥도 먹고, 회포도 풀고... 뭔가 '같이 일하는 사람들'이라는 느낌이 들더라고요. 온라인 교육 때는 그냥 혼자 강의 듣고, 끝이었는데, 오프라인에서는 자연스럽게 네트워킹도 되고, 강사에게 직접 질문도 할 수 있고. 솔직히 생각보다 괜찮았습니다."

안태남 과장이 싱긋 웃으며 말했다. "그래서 이제부터 오프라인 교육파로 전향하실 건가요?" 차용필 차장이 손을 내저으며 웃었다. "아니, 그렇다고까지는... 하지만 가끔은 참석할 수도 있죠." 사장이 그 모습을 보며 흐뭇하게 미소 지었다. "좋아요. 그럼, 이렇게 가는 게 어떨까요? 온라인 교육은 기본 이론과 개념을 배우는 데 집중하고, 오프라인 교육은 실습과 피드백, 네트워킹을 강화하는 방식으로 운영하는 겁니다."

표관리 본부장이 고개를 끄덕이며 메모했다. "그리고 교육 후 피드백 시스템을 마련해서, 실무 적용 여부를 평가할 필요도 있습니다. 온라인 교육을 이수했다고 끝나는 게 아니라, 후속 교육이나 실습 평가가 있으면 더 효과적일 겁니다." 배다산이 손을 들었다. "좋습니다. 그리고 오프라인 교육도 단순 강의식보다는 실습 중심으로 가야 해요. 강사가 설명하고 끝나는 게 아니라, 직원들이 직접 참여해서 경험해 볼 수 있는 기회를 늘리는 거죠." 남보원 본부장이 팔짱을 끼며 말했다. "그렇게 하면 실무와 교육이 따로 노는 게 아니라, 바로 적용할 수 있는 형태로 가겠네요." 탁고민 대리가 고개를 끄덕이며 말했다. "그럼, 저도 온라인 강의 틀어놓고 멍때리는 일은 없겠군요." 모두가 웃었고, 사장이 회의를 마무리했다. "좋아요. 오늘 논의된 내용을 바탕으로 개선안을 마련해 봅시다. 온라인과 오프라인 교육의 균형을 맞춰서, 실질적인 학습 효과를 높이는 방향으로 갑시다."

탁고민 대리가 작게 중얼거렸다. "...근데 이제 진짜 공부해야겠네." 차용필 차장이 나지막이 덧붙였다. "그리고 술 약속이 있는 날은 오프라인 교육도 괜찮지." 회의실에 다시 한번 웃음이 터졌다.

> 오늘의 포인트
> 1. 온라인 교육: 시간과 장소에 구애받지 않으며 이론 학습에 효과적
> 2. 오프라인 교육: 실습 및 현장 피드백을 통한 실무 적용 가능
> 3. 개선 방안:
>   - 온라인 교육은 기본 개념과 이론 중심
>   - 오프라인 교육은 실습과 피드백 중심
>   - 교육 후 실무 적용 여부를 평가하는 피드백 시스템 도입

온라인과 오프라인 교육, 균형을 맞춰야 학습 효과도 극대화될 수 있다!

경력의 전환점, 퇴직 전 재교육의 중요성

"탁 대리, 벌써 퇴직 준비하는 거야?"

회사 회의실. '퇴직 전 재교육과 적응 교육 프로그램'이 처음으로 열리는 날이었다. 강사가 교육의 취지를 설명하자, 앞줄에 앉아 있던 본부장들이 조용히 고개를 끄덕였다. "퇴직 후에도 새로운 기회를 찾을 수 있도록 다양한 교육과 지원을 제공하는 것이 목표입니다. 퇴직 전 기술 교육, 자격증 취득, 창업 지원, 그리고 퇴직 후 적응을 돕는 네트워킹과 멘토링까지 포함되어 있지요."

그런데 이상한 점이 하나 있었다. 당연히 사장과 본부장들이 참석하는 건 이해가 갔다. 그들도 언젠가는 회사를 떠날 날이 오니까. 하지만 뭔가 어울리지 않는 한 사람이 있었다. 맨 뒷줄, 그것도 구석에 조용히 앉아 있는 탁고민 대리. 남보원 본부장이 눈을 가늘게 뜨며 속삭였다. "저 친구 뭐야?" 안태남 과장이 웃으며 덧붙였다. "설마 벌써 퇴직 준비하는 거야?" 조경영 부장이 턱을 긁적이며 중얼거렸다. "입사한 지 몇 년 됐다고 벌써 이 교육을 듣고 있지?" 차용필 차장은 관심 없는 척하면서도 탁고민을 힐끗 보았다. "요즘 MZ세대는 미리미리 준비하는 게 철칙이라더니, 진짜였군." 기정연 부장은 고개를 갸웃했다. "근데 저 친구, 평소에 이직 고민은 해도 퇴직교육에 관심 가질 사람이 아닌데?" 다들 묘한 표정을 지으며 탁고민을 쳐다봤다. 하지만 정작 당사자는 너무나도 태연했다. 탁고민은 메모장을 펼치고 뭔가를 열심히 적고 있었다. 하지만 가까이 가서 보면 그가 필기하고 있는 내용은… '퇴직 후엔 뭘 해야 할까…? 이직이랑 뭐가 다르

지...? 준비해야 할 것도 많고, 궁금한 것도 많아요.'

강의가 중반으로 접어들 무렵, 배다산 본부장이 입을 열었다. "좋은 교육이네요. 그런데 교육 내용이 현실적으로 직결될 수 있도록 보완할 필요가 있어 보입니다. 예를 들어, 단순한 이론 교육보다 직접적인 실무 재교육이 더 효과적이지 않겠습니까?" 표관리 본부장이 냉정한 표정으로 덧붙였다. "예산 문제도 고려해야 합니다. 모든 퇴직 예정자를 지원할 순 없으니, 실질적으로 가장 도움이 될 분야를 정리해야겠죠." 사장이 고개를 끄덕였다. "맞습니다. 퇴직 전 교육이 실질적인 도움을 주려면, 교육 방식과 내용을 현실적으로 조정해야 합니다."

그때, 조경영 부장이 슬쩍 탁고민을 바라보며 장난스러운 표정을 지었다. "그런데 말이야... 탁 대리, 대체 여긴 왜 온 거야?" 탁고민은 갑자기 모든 시선이 자신에게 쏠리는 걸 느끼며 당황했다.

"어... 저는 그냥... 궁금해서요."

남보원 본부장이 팔짱을 끼고 흥미롭다는 듯이 말했다. "벌써 퇴직 후를 준비하는 거야? 아직 멀었잖아." 탁고민은 머리를 긁적이며 애써 태연한 척했다. "아니, 요즘 시대가 변했잖아요. 퇴직이 곧 끝이 아니라, 새로운 시작이라길래... 저도 미리 알아두면 좋을 것 같아서요." 그러자 기정연 부장이 웃으며 말했다. "음... 그럴 수도 있겠네. 퇴직이라는 게 단순히 정년이 다 됐다고 끝나는 게 아니라, 새로운 커리어를 시작하는 과정이니까." 배다산 본부장도 흐뭇한 표정으로 말했다. "탁 대리, 생각보다 똑똑하구먼. 이렇게 미리 준비하면 나중에 허둥지둥할 일도 없겠지."

하지만 차용필 차장은 의미심장하게 미소 지으며 물었다. "그런데 솔직히 말해 봐. 혹시 퇴직교육 끝나고 술 약속 잡아둔 거 아니야?" 탁고민은 순간 움찔했다. "…네? 아, 그게…" 그러자 안태남 과장이 손뼉을 치며 웃음을 터뜨렸다. "역시! 내가 그럴 줄 알았어. 교육도 듣고, 술자리도 즐기고, 일거양득으로 가려는 거였지?" 탁고민은 황급히 손을 내저었다. "아니에요! 그냥… 교육도 듣고 싶었고, 마침 동기들이 다 참석한다고 해서…" 그러나 그의 변명에도 불구하고, 본부장들은 다들 고개를 끄덕이며 재미있다는 듯 웃고 있었다.

"퇴직교육, 결국 모두의 이야기였다."

사장이 가볍게 웃으며 정리했다. "오늘 보니 확실히 알겠군요. 퇴직교육이란 건 단순히 정년을 앞둔 사람들만을 위한 게 아니라, 모든 직원이 한 번쯤 고민해야 할 문제라는 걸요." 모두가 고개를 끄덕였다. 퇴직은 높은 직급자들만의 고민이 아니었다. 젊은 직원들에게도 언젠가 다가올 현실이었고, 그것을 준비하는 과정 자체가 새로운 성장의 기회가 될 수도 있었다. 그리고… 탁고민은 은근슬쩍 시계를 보며 생각했다. "교육 끝나고 동기들이랑 한잔하는 건… 나쁘지 않지?" 그렇게, 퇴직 전 재교육 프로그램의 첫 강의는 뜻밖의 교훈과 함께 재미있게 마무리되었다.

교육점수, 동기부여인가 부담인가?

"교육도 성적표 받듯이 해야 한다고요?"

회의실, '교육점수(마일리지) 제도' 논의. 사장이 회의를 주재하며 말했다. "직원들이 자기 계발을 적극적으로 할 수 있도록 교육점수 제도를 도입하려 합니다. 교육을 받으면 점수를 부여하고, 이를 승진이나 평가와 연결할 수도 있겠죠."

그러자 표관리 본부장이 신중한 표정으로 의견을 냈다. "좋은 취지지만, 점수 시스템이 너무 복잡해지면 오히려 직원들의 부담이 될 수도 있습니다. 교육을 받으라고 강요하는 분위기가 되면 안 되겠죠." 남보원 본부장이 팔짱을 끼고 끄덕였다. "맞아요. 교육을 많이 들으면 점수가 쌓인다? 그런데 그 교육이 실무에 도움이 되는지도 따져봐야 합니다. 쓸데없는 교육만 골라 듣는 사람도 나올 겁니다." 배다산 본부장이 웃으며 맞장구쳤다. "현장에서 도움이 안 되는 교육은 시간 낭비죠. 실무와 직접 연결되는 교육에 더 높은 점수를 줘야 할 겁니다." 사장이 고개를 끄덕이며 정리했다. "결국, 교육점수가 단순한 숫자가 아니라 실제 직원들의 성장과 연결되어야 한다는 말씀이군요."

그때, 안태남 과장이 손을 번쩍 들었다. "그런데 교육점수가 높으면 승진에 유리해지는 겁니까?" 모두가 그의 질문에 집중했다. 차용필 차장이 팔짱을 끼고 냉정한 목소리로 답했다. "단순히 점수가 높다고 승진을 빨리 시키는 건 비효율적이죠. 실무 능력과 연계되지 않는 점수라면 의미가 없습니다." 안태남 과장이 고개를 갸웃했다. "그럼, 점수는 왜 쌓아야 하죠? 보상이 없으면 직원들이 관심을 안 가질 텐데요."

조경영 부장이 나서서 설명했다. "교육점수는 단기적인 승진 보상이 아니라 장기적인 성장과 연결되는 겁니다. 꾸준히 학습하는 직원들에게 기회를 주는 것이죠. 예를 들면, 일정 점수 이상이면 전문 교육을 추가로 받을 수 있다든가, 해외 연수 기회가 주어진다든가 하는 방식으로요." 탁고민 대리가 조심스럽게 질문했다. "그러면... 점수가 낮으면 불이익이 있나요?" 모두가 잠시 침묵했다. 표관리 본부장이 신중하게 답했다. "불이익이라기보다는, 일정 기준 이하이면 경력 개발이 정체될 수도 있다는 뜻이죠. 적극적으로 배우는 직원들이 더 많은 기회를 얻는 구조로 만들자는 겁니다." 탁고민은 깊은 고민에 빠졌다. "회사 다니기도 바쁜데, 교육점수까지 신경 써야 한다고?"

교육점수, 현실적인 방법은?

남보원 본부장이 단호하게 말했다. "이론적으로는 좋은데, 현실적인 방법이 중요합니다. 예를 들어, 온라인 강의만 계속 듣고 점수 쌓는 건 무의미합니다. 실무 교육이나 워크숍, 현장 실습 같은 교육에 더 높은 점수를 줘야 합니다." 배다산도 동의하며 말했다. "현장에서 도움이 되는 기술 교육이 핵심입니다. 단순한 강의보다 실습과 경험 중심의 교육이 효과적이죠." 차용필이 조용히 끼어들었다. "그럼, 점수 배분 기준을 명확히 해야겠네요. 중요도에 따라 점수를 차등 부여하고, 실무 연계성이 낮은 교육은 점수를 줄이는 방식으로 하면 될 겁니다." 사장이 정리했다. "좋습니다. 그러면 교육점수를 도입하되, 실무와의 연결성을 고려해 점수를 차등화하고, 직원들에게 실질적인 혜택이 돌아갈 수 있게 하겠습니다."

"그런데... 탁 대리는 왜 이렇게 열심히 듣고 있죠?" 이때, 회의실 구석에서 조용히 필기하던 탁고민을 발견한 모두가 슬쩍 그를 쳐다봤다. 안태남 과장이 피식 웃으며 속삭였다. "설마 또 이직 준비하는 거 아냐?" 남보원 본부장이 짓궂은 미소를 지으며 물었다. "탁 대리, 갑자기 교육에 관심이 커졌네? 무슨 속셈이야?" 탁고민은 당황하며 머리를 긁적였다. "아니, 그냥... 교육점수 쌓으면 유리하다길래요. 요즘 이직 시장에서도 교육 이수 여부를 본다더라고요. 혹시 도움이 될까 해서..." 차용필 차장이 한숨을 쉬며 말했다. "그래, 넌 역시 재테크뿐만 아니라 커리어 관리도 철저하지." 기정연 부장이 빙그레 웃으며 한마디 했다. "그러니까 교육점수 시스템이 중요한 거죠. 직원들이 자기 계발을 하고, 그게 커리어에도 도움이 될 수 있도록요."

"뭐?! 탁고민이 제일 높다고?"

회의가 끝난 후, 안태남, 차용필, 탁고민 셋이 모여서 각자의 교육점수를 확인해 보기로 했다. 안태남이 먼저 말했다. "나는 승진 준비하느라 바빠서 교육을 많이 못 들었어. 그래도 꽤 될걸?" 차용필이 태블릿을 열어 자신의 점수를 확인하며 말했다. "나는 온라인 강의 위주로 들었으니까 점수 꽤 쌓였을 거야." 그러나 점수를 확인한 순간, 셋 다 눈이 휘둥그레졌다.
- 탁고민 — 30점
- 차용필 — 25점
- 안태남 — 15점

안태남이 입을 벌리고 소리쳤다. "뭐?! 내 점수가 제일 낮다고?!" 차용필도 황당한 표정으로 탁고민을 쳐다봤다. "야, 넌 교육 듣는 걸 본 적이 없는데 어떻게 30점이야?"

탁고민이 머쓱하게 웃으며 말했다. "아... 그게... 그냥 이직 준비하면서 이것저것 듣다 보니까 쌓였어요. 온라인 강의, 자격증 과정, 외부 세미나... 다 합치니까 이렇게 된 듯?" 안태남이 허탈하게 중얼거렸다. "나는 승진 준비한다고 바빴고, 차 차장은 온라인 강의만 들었는데... 결국 교육점수는 퇴사 고민하는 네가 제일 높다고?" 차용필이 깊은 한숨을 쉬며 말했다. "결론은, 교육점수 시스템도 결국 어떻게 활용하느냐에 달렸다는 거네." 탁고민은 혼잣말처럼 중얼거렸다. "그러니까... 이 점수, 회사를 떠날 때 써먹을 수 있는 거겠지?"

그렇게 교육점수 제도는 직원들의 기대와 충격 속에서 첫발을 내딛게 되었다.

커피 한 잔이 말해주는 MZ세대의 직장문화

회의실. 오전 10시. 사장은 커피를 한 모금 마시며 회의를 시작했다. "요즘 젊은 직원들, 그러니까 MZ세대라고 하지? 그들과 소통이 필요하다는 이야기가 많더군. 다들 어떻게 생각하나?" 관리본부장이 자료를 정리하며 답했다. "최근 내부 설문조사에서도 MZ세대 직원들의 불만 사항이 확인됐습니다. 주된 내용은 '소통 방식 개선'과 '유연한 업무 환경'이더군요." "그게 무슨 뜻이지?" "기존처럼 위에서 아래로 지시하는 방식보다는, 수평적인 대화를 원한다는 거죠. 그리고 빠른 피드백을 중요하게 여깁니다. 예를 들어, 보고서를 올렸는데 일주일 후에야 피드백이 오면 답답해하는 거죠."

배다산 본부장이 고개를 끄덕였다. "음... 이해는 가는데, 실무에서는 쉽지 않은 이야기야. 자유롭고 유연한 분위기를 만들어주고 싶어도 결국 성과를 내야 하잖아. 성과 없이 자유만 주면 어떻게 되겠나?" 그때 조경영 부장이 한숨을 쉬며 말을 보탰다. "저는 말입니다... 요즘 애들 점심시간에 다 같이 회사 근처 커피숍 가서 커피 마시고 오는 거, 그게 그렇게 중요한 일인가 싶어요. 아니, 사무실에도 커피가 있잖아. 심지어 무료인데, 굳이 돈 주고 사 마시러 나가야 하나?" 남보원 본부장이 웃음을 터뜨렸다. "아, 부장님. 요즘 애들은 분위기가 중요하대요. 그냥 커피를 마시는 게 아니라, 새로운 공간에서 에너지 충전하는 거라고 하더라고요."

"아니, 에너지 충전할 시간에 일을 좀 더 하면 되잖아. 1시간 점심시간도 짧은데, 구내식당에서 밥 먹고 나가서 커피 마시고 오는 게 합리적인가?" 기정연 부장이 피식 웃으며 맞장구쳤다. "그게 바로 MZ세대의 문화 아닙니까. 점심시간도 하나의 '경험'이죠. 회사 안에서 밥만 먹고 끝내는 게 아니라, 카페에서 가볍게 대화하면서 머리를 식히는 거죠." "그렇다고 해서 사무실 커피를 무시할 이유는 없잖아. 맛도 나쁘지 않은데…" "부장님, 구내식당 밥만 계속 먹으면 질리지 않습니까?" "그건 그렇지." "그러니까요. 사무실 커피도 매일 마시면 질린다는 거죠."

조경영 부장은 여전히 이해할 수 없다는 표정이었다. "나는 점심시간에 굳이 커피숍까지 가는 게 귀찮을 것 같은데. 그리 거기 가서 다 같이 모여서 떠드는 게 정말 쉬는 시간이야? 차라리 조용히 책상에서 쉬는 게 낫지 않나?" 안태남 과장이 조용히 손을 들었다. "부장님, 사실 카페에서 모이면 업무 얘기보다 사적인 이야기를 더 많이 합니다. 드라마, 여행, 연애 이야기 같은 거요." "그게 회사 생활이랑 무슨 상관이야?" "동료들과 친밀도를 높이는 데 큰 도움이 돼요. 업무적으로도 서로 편하게 이야기할 수 있는 분위기가 만들어지거든요."

배다산 본부장이 고개를 끄덕였다. "맞아. 요즘은 팀워크도 사적인 교류에서 나온다고 하더라. 물론 너무 길어지면 곤란하지만, 점심시간 정도는 괜찮지 않을까?" "음… 그러면 나도 점심시간에 한 번 나가볼까? MZ 직원들이랑 어울려보면 이해가 될 수도 있겠지?" 안태남 과장이 놀란 표정을 지었다. "부장님이요? 커피숍에요?" "왜? 내가 가면 안 되나?" "아니, 그게… 부장님이 오시면 다들 긴장해서 충전이 아니라 방전이 될 수도 있어서요." 회의실이 웃음바다가 됐다.

"자, 그러면 정리해 보자. 우리 조직에서도 작은 변화부터 시작해 보자고. 우선 MZ세대 직원들에게 주기적으로 의견을 듣고, 상사들도 피드백을 주고받는 문화를 만들어가는 거야. 그리고…" "그리고?" "내일부터 나도 점심에 커피숍에 가볼 거야. 각자 커피값은 자기가 내는 거지?" "네, 부장님." "음... 그래? 그럼, 나는 안 갈란다."

다시 한번 회의실이 웃음으로 가득 찼다. 조경영 부장은 속으로 중얼거렸다. "그래도... 그 비싼 커피를 꼭 사 마셔야 하나?" MZ세대와의 소통, 절대 쉽지는 않겠지만, 변화의 첫걸음은 이미 시작되고 있었다.

내부 혁신의 두 얼굴, 성공과 실패를 가르는 기준

"자, 오늘은 내부 혁신을 어떻게 하면 제대로 추진할 수 있을지 이야기해 봅시다." 사장이 회의실을 둘러보며 말했다. 모두 각자의 생각이 있는 듯하지만, 선뜻 입을 떼진 않았다. 최근 진행된 혁신 프로젝트들이 성공한 것도, 실패한 것도 있어서 분위기는 미묘했다.

배다산 본부장이 먼저 입을 열었다. "혁신이란 게 말이 쉽지, 실행은 어렵습니다. 지난번 프로세스 자동화 프로젝트 기억하시죠? 효율성을 높이겠다며 도입했는데, 오히려 일이 더 복잡해졌어요. 실무자들은 적응하는 데 애를 먹고, 결국 원래 방식으로 돌아간 사례도 많잖아요." 남보원 본부장이 고개를 끄덕였다. "맞아요. 저는 처음부터 걱정했어요. '일을 더 쉽게 만들겠다'라던 시스템이었는데, 결과적으로는 보고 절차만 늘어나서 직원들 원성이 컸죠. 자동화라는 명목 아래 정작 사람들의 업무 부담은 줄어들지 않았고요."

"그렇다면 무엇이 문제였을까요?" 사장이 조용히 물었다. 조경영 부장이 답했다. "혁신을 추진할 때, 실무자들의 의견을 충분히 반영하지 못한 게 문제였죠. 위에서는 '효율성'이라고 생각했지만, 아래에서는 '업무 방해'로 느껴졌습니다. 혁신이 성공하려면 사람들의 동의를 끌어내야 하는데, 그 과정이 부족했던 겁니다." 표관리 본부장이 한숨을 쉬며 덧붙였다. "그게 바로 제가 늘 강조하는 부분입니다. 혁신이 성공하려면 예산과 자원이 필요한데, 실패하면 조직 전체가 흔들릴 수도 있어요. 변화를 시도할 땐 신중해야 합니다."

그때, 차용필 차장이 회의 자료를 넘기다 말고 웃음을 흘렸다. 사장이 눈썹을 살짝 올리며 물었다. "차 차장, 뭔가 재미있는 거라도 있습니까?" 차용필 차장이 머쓱하게 웃으며 말했다. "아니, 분석하다 보니... 혁신 사례들이 몇 가지 아이템에 집중돼 있더라고요. 자동화, 보고 절차 간소화, 조직문화 개선, 유연근무... 그런데 이게 주기적으로 돌고 돕니다. 몇 년마다 같은 이야기들이 다시 나오고, 같은 문제들이 반복되더라고요. 그러니까... 혁신도 돌고 도는 거 아닙니까?" 순간 회의실이 조용해졌다가, 여기저기서 웃음이 터졌다.

배다산 본부장이 맞장구쳤다. "그러고 보니 맞는 말이네요. 10년 전에도 비슷한 이야기 했던 것 같은데." 남보원 본부장도 팔짱을 끼며 고개를 끄덕였다. "그러니까 중요한 건 뭔가 새롭고 멋져 보이는 계획을 세우는 게 아니라, 같은 문제를 반복하지 않도록 하는 거네요." 안태남 과장이 웃으며 덧붙였다. "결국, 혁신이란 게 완전히 새로운 걸 만들어내는 게 아니라, 같은 문제를 다르게 해결하는 과정일지도 모르겠어요."

사장이 미소를 지으며 정리했다. "좋습니다. 혁신의 핵심은 '변화 자체'가 아니라 '사람과 조직문화의 변화'입니다. 실패 사례에서 배우고, 성공 사례를 기반으로 앞으로 나아가야겠죠. 실무자들의 불안을 덜어주고, 변화의 필요성을 설득하는 과정이 중요합니다." 회의실 안에 묵직한 공감이 돌았다. 변화는 쉽지 않지만, 조직이 함께 고민하고 조율해 간다면 가능할 것이었다.

디지털 전환의 파도, 어떻게 변해야 하나

"자, 다들 자료 봤죠? 이제 우리도 본격적으로 디지털 전환을 추진해야 합니다." 사장이 회의의 포문을 열었다. 회의실에는 각 본부장과 주요 관리자들이 자리하고 있었다. 디지털 전환이 시대적 흐름이라는 것은 누구나 알고 있지만, 실제 실행 과정에서의 어려움은 누구도 가볍게 볼 수 없는 문제였다.

잠시 정적이 흐르더니, 누군가 낮은 한숨을 쉬었다. "이론적으로야 디지털 전환이 중요하다는 건 알죠. 하지만 현장에서 받아들일 준비가 돼 있는지는 또 다른 문제입니다." 시선을 돌리니 배다산 본부장이 팔짱을 낀 채 고민스러운 표정을 짓고 있었다. "지금도 현장 직원들은 새로운 시스템 도입할 때마다 어려워합니다. 기존 방식에 익숙한 분들에게는 이게 큰 부담이에요. 몇 년 전에도 전산 시스템 업그레이드한다고 난리 났었잖아요? 결국 현장에서 혼란만 컸고, 실질적인 효과는 미미했죠."

"그래서 이번에는 제대로 해야 합니다." 표관리 본부장이 단호하게 말을 이었다. "디지털 전환을 통해 업무 효율성을 높이는 게 목표예요. 민간 기업들은 이미 자동화 시스템을 도입해 생산성과 고객 대응력을 높이고 있습니다. 우리가 그대로 있으면 결국 뒤처질 수밖에 없습니다." "그건 인정합니다." 조경영 부장이 고개를 끄덕였다. "디지털 전환 자체는 분명 필요해요. 하지만 초기 비용이 만만치 않다는 게 문제죠. 예산이 한정적인데, 이걸 어디에 우선 투자해야 할지도 고민입니다. 게다가 조직 내부에서 새로운 시스템을 도입하는 과정에서 갈등이 생길 가능성도 크고요."

그때, 구석에 앉아 있던 안태남 과장이 웃음을 흘렸다. "안 과장, 뭐 특별한 거라도 있습니까?" 사장이 묻자, 안태남 과장이 머리를 긁적이며 말했다. "그냥 말 나온 김에 자료를 좀 더 봤는데요. 디지털 전환 성공 사례나 실패 사례를 보면... 몇 가지 패턴이 반복됩니다. 클라우드 시스템 도입, 데이터 관리 효율화, 자동화 기술 적용... 이게 주기적으로 돌고 돌아요. 마치 혁신이 한 바퀴 돌고 다시 시작되는 느낌이랄까요." 회의실에 있던 몇 명이 웃음을 터뜨렸다. "그러고 보니 맞는 말이네요." 배다산 본부장이 맞장구쳤다. "우리 회사도 5년 전엔 전사적 자원 관리(ERP: Enterprise Resource Planning)를 도입한다고 떠들썩했는데, 몇 년 지나니 또 새로운 시스템이 필요하다고 하더군요." 남보원 본부장이 고개를 끄덕였다. "그래서 중요한 건 단순히 새로운 시스템을 도입하는 게 아니라, 실무자들이 이 변화를 체감하고 실제로 업무가 편리해졌다고 느끼게 만드는 일일 겁니다."

"그게 핵심입니다." 사장이 미소를 지으며 정리했다. 그때, 탁고민 대리가 헛기침하며 조심스럽게 말을 꺼냈다. "그러고 보면... 디지털 전환이 꼭 '혁신'이라고 할 수 있을지도 잘 모르겠습니다." 모두가 그의 말을 궁금하다는 듯 바라보자, 탁고민 대리가 씩 웃으며 덧붙였다. "요즘 기정연 부장님이 업무 포탈 첫 화면이 바뀐 거 가지고 굉장히 불편해하시거든요. 기능도 몇 개 추가됐는데, 그걸 모르시고 계속 예전 방식대로 쓰시려다가 혼란이 오시는 것 같아요. 심지어 원격 결재 시스템이 도입돼서 출장 중에도 결재할 수 있거든요? 근데 부장님은 굳이 출장 업무를 서둘러 마치고 회사로 돌아오셔서 사무실 컴퓨터로 결재하십니다." 탁고민 대리는 고개를 절레절레 흔들며 말을 이었다. "한마디로, 시스템은 최첨단인데 결재 방식은 10년 전이랑 다를 게 없습니다. 그러니 직원들이 디지털 전환을 체감하지 못하는 거죠."

회의실에 웃음이 퍼졌다. 배다산 본부장이 손뼉을 치며 말했다. "탁 대리 말이 맞아요. 결국 새로운 시스템이 도입돼도 사람들의 일하는 방식이 바뀌지 않으면 소용이 없는 거죠." "그래서 변화 관리는 기술보다도 사람에게 집중해야 합니다." 사장이 정리하며 말을 이었다. "이번 디지털 전환의 목표는 단순히 시스템을 바꾸는 게 아니라, 직원들이 쉽게 적응하고 실질적인 변화를 느낄 수 있도록 하는 것입니다. 교육과 소통이 필수적이죠. 각 본부에서 현장 의견을 수렴해서, 실무자들에게 도움이 되는 방향으로 추진할 방법을 고민해 봅시다."

회의실에는 여전히 고민스러운 표정들이 남아 있었지만, 적어도 디지털 전환이 단순한 변화가 아니라 조직 전체의 혁신 과정이라는 점에 대한 공감대가 형성되기 시작했다.

강의 노트
④ 혁신과 변화: 멈추지 않는 진화

조직은 살아 움직이는 유기체와 같다. 외부 환경의 변화에 민감하게 반응하고, 내부에서 끊임없이 새로운 생존 전략을 찾지 않으면 도태될 수밖에 없다. 특히 급격한 기술 발전과 산업 구조의 재편, 그리고 시민들의 기대 수준이 높아진 오늘날, 변화는 더 이상 선택이 아니라 생존의 조건이다. 이는 공기업에도 똑같이 적용된다. 오히려 국민의 재원으로 운영되는 공기업일수록 더 큰 책무감을 느끼고 변화를 주도해야 한다.

공기업은 그동안 '안정성'과 '공공성'을 우선시 해왔다. 하지만 이러한 가치가 '변화에 둔감한 조직문화'로 이어졌다는 비판도 적지 않았다. 최근에는 정부 정책, 사회적 요구, 기술 환경 변화에 능동적으로 대응하지 못하면 공공기관도 존재 가치를 의심받을 수 있다는 인식이 확산하고 있다. 이제 공기업은 효율성과 혁신을 통해 사회적 신뢰를 회복하고, 국민의 눈높이에 맞는 서비스를 제공해야 할 시대적 전환점에 서 있다.

▣ 변화의 본질과 그 흐름

변화의 흐름은 일상생활에서도 쉽게 확인할 수 있다. 고속도로 통행료 납부 방식은 현금에서 하이패스로, 그리고 스마트폰 기반 자동 결제로 바뀌었다. 휴대전화는 음성통화만 가능하던 시절에서, 이제는 일상과 업무, 소비가 모두 가능한 스마트 기기로 진화했다. 카메라도 필름에서 디지털로, 이제는 대부분 스마트폰 내장 카메라로 대체되었다.

이처럼 기술과 사회적 수요의 변화는 산업의 틀을 바꾸고 조직의 역할과 구조를 재정의한다. 그 속도는 점점 더 빨라지고 있으며, 공공 부문이라 하더라도 예외가 될 수 없다. 특히 디지털 기술의 발전은 공공서비스의 전달 방식에 근본적인 변화를 요구하고 있다.

▣ 변화 대응 전략: 단기적 적응과 장기적 혁신

조직이 변화에 대응하는 방식은 단기 대응과 장기 대응으로 나눌 수 있다.

단기 전략은 새로운 기술의 도입, 제품 또는 서비스 개선, 조직 내 유연한 인력 재배치와 같은 실무 중심의 조치다. 예컨대 코로나19 시기 공기업들이 비대면 민원 서비스, 재택근무 체계를 빠르게 도입한 것이 단기 전략의 대표 사례다.

반면 장기 전략은 조직의 정체성과 운영 방식, 문화까지 바꾸는 구조적 혁신을 의미한다. 이는 단지 '빠르게 바꾸는 것'이 아니라, '올바르게 바꾸는 것'에 초점을 둔다. 장기 전략은 명확한 비전과 지속적인 학습, 시민과의 소통을 기반으로 하며, 파괴적(disruptive) 혁신을 수용할 수 있는 조직문화가 필수다.

▣ 파괴적 혁신과 디지털 전환

파괴적 혁신은 기존의 가치 질서를 근본부터 흔드는 새로운 기술과 모델의 등장을 뜻한다. 온라인 서점의 출현이 전통 서점을 대체한 것, 대규모 온라인 강의(MOOC: Massive Open Online Course)가 대학 교육 방식을 변화시킨 것처럼, 파괴적 혁신은 조용히 시작되지만, 강력한 파급력을 가진다. 공공 부문도 예외는 아니다.

최근 공기업들 역시 전자문서 기반 업무, 챗봇 민원 응대, 인공지능 기반의 데이터 분석 등 디지털 전환(Digital Transformation)을 추진하고 있다. 이는 단지 기술을 도입하는 차원을 넘어, 의사결정 방식과 일하는 방식 전체를 바꾸는 혁신이다.

예를 들어, 한국전력은 전력 수요 예측에 AI를 도입하고 있으며, 한국도로공사는 자율주행 기반 인프라를 실험 중이다. 이러한 변화는 전통적인 조직이 기술기업처럼 사고하고 움직여야 하는 시대적 요구를 반영한 것이다.

◼ **혁신의 기반: 조직 구조와 개방형 협업**

혁신이 지속되기 위해서는 조직의 구조와 시스템이 함께 변화해야 한다. 기존의 위계 중심 구조는 정보의 흐름을 늦추고, 창의적인 아이디어의 발현을 방해한다. 이에 따라 연구개발(R&D), 생산, 운영, 마케팅 등 여러 부서가 수평적으로 협력하는 통합형 조직 구조가 확산하고 있다.

또한 공기업도 이제 개방형 혁신(Open Innovation)의 중요성을 인식하고 있다. 스타트업이나 민간 기술자들과의 협업, 시민 참여형 정책 실험, 기술 라이선스 제공 등 다양한 방식으로 외부 자원을 활용하려는 시도가 늘고 있다. 크라우드소싱(crowdsourcing)과 같은 플랫폼 기반의 참여 구조도 공공서비스 개선에 활용될 수 있다.

▣ 전략적 혁신과 조직문화의 변환

　혁신은 전략이자 문화다. 경영진의 선언만으로 달성될 수 없다. 먼저, 기존의 절차 중심·안정 추구형 문화를 넘어 실험과 실패를 장려하는 조직문화가 필요하다. '실패 허용'은 변화의 출발점이다.
　또한 리더십도 수직적 통제에서 수평적 소통과 조정으로 전환되어야 한다. 포용성과 다양성을 중시하는 문화, 팀 중심 문제 해결력, 디지털 감수성과 ESG 감수성을 갖춘 인재가 필요하다.
　특히 공공기관은 시대가 요구하는 책임을 반영한 ESG 기반 혁신 전략이 중요하다. 이는 사회적 신뢰를 확보하고, 지속 가능성을 높이는 핵심 방향이다. 예를 들어, 친환경 공공건물 설계, 청년 고용 확대, 투명한 경영 정보 공개 등은 단지 '좋은 일'을 넘어 혁신의 구체적 실행 방식으로 자리 잡고 있다.

　종종 공공성과 혁신은 상충하는 가치처럼 보인다. 하지만 실제로는 혁신을 통해 공공성을 더 높일 수 있다. 공기업이 시대 변화에 맞게 역할을 재정립하고, 기술과 시민의 힘을 빌려 서비스를 개선한다면, 더 넓은 사회적 신뢰를 얻을 수 있다.
　공기업의 혁신은 이제 특정 부서나 담당자의 업무가 아니라, 조직 전체가 함께 움직여야 하는 전략적 과제다. "변화하지 않으면 사라질 수도 있다"라는 위기의식과 함께, "우리가 변하면 더 나은 사회를 만들 수 있다"라는 긍정적 비전을 동시에 품을 때, 공기업은 비로소 시대와 함께 진화할 수 있다.

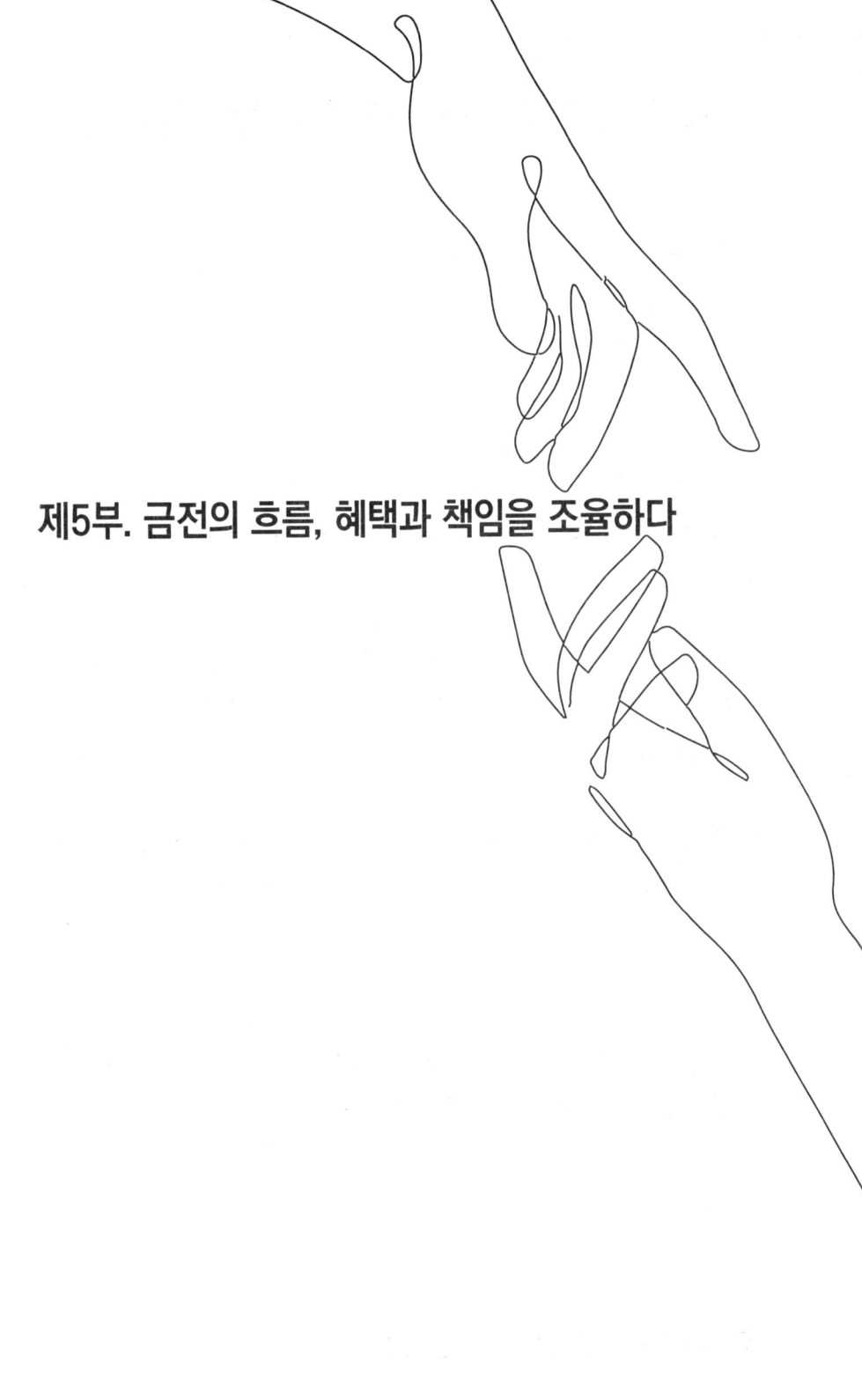

제5부. 금전의 흐름, 혜택과 책임을 조율하다

제5부. 금전의 흐름, 혜택과 책임을 조율하다

> ☞ 급여, 복지, 퇴직금, 예산 관리 등 공기업에서의 재무적 혜택과 현실적인 금전 관리 방법을 다룬다.

"금융과 복지, 공기업 직원의 현실적인 재무 관리법"
직장 생활에서 빼놓을 수 없는 것이 바로 돈이다. 급여, 복지, 퇴직금, 연말정산까지—직장인이면 누구나 관심을 가지지만, 막상 따지고 보면 생각보다 복잡한 문제들이다.

복지 혜택은 직원들에게 실질적인 도움이 될까, 아니면 또 다른 부담일까? 퇴직금은 어떻게 관리하는 것이 가장 현명할까? 재무 계획을 세울 때 공공기관 직원만의 특성을 고려해야 할까?

또한, 조직의 재무 관리는 직원들의 삶에도 직결된다. 회계의 정확성과 투명성, 예산의 효율적 운영, 계약과 자산 관리의 현실적인 접근법은 모두 조직 운영의 중요한 요소다.

이 장에서는 직장인의 개인 재무 관리부터 조직의 회계와 예산 운영까지 다룬다. 한정된 자원을 효율적으로 활용하는 방법, 그리고 공공기관 직원이 알아야 할 현실적인 재무 전략을 함께 살펴보자.

주거 안정 지원, 복지인가 부담인가?

회의실의 공기가 묵직했다. '주거 안정 지원'이라는 단어가 나오자마자 참석자들의 머릿속에 저마다의 계산이 돌아가기 시작했다. 직원들에게 실질적인 혜택이 될 수도 있지만, 회사로서는 예산과 정책 실행이 부담될 수밖에 없었다.

먼저 입을 연 사람은 언제나 숫자로 말하는 차용필이었다. "자, 보세요. 직원들의 주거 문제를 지원하는 건 좋은데, 결국 돈이 문제입니다. 우리 예산에서 할당할 수 있는 범위가 한정적이에요. 무턱대고 지원을 늘렸다가 재정 부담이 커지면 다른 복지 혜택이 줄어들 수도 있고요." "그러니까 그걸 잘 설계해야죠." 사회적 책임을 강조하는 표관리 본부장이 단호하게 말했다. "요즘 청년 직원들, 특히 신입사원들은 월급으로는 전셋값도 감당하기 어려운 상황입니다. 공공기관이라면 최소한의 주거 안정 지원을 제공해야 하지 않을까요?"

"지원이 필요하다는 건 동의합니다. 하지만 모든 직원을 다 지원할 수는 없잖아요?" 조경영이 현실적인 고민을 덧붙였다. "대상자를 어떻게 선정할지도 문제예요. 신입사원 위주로 갈지, 일정 연차까지 포함할지, 아니면 소득 수준을 기준으로 할지… 형평성 문제가 발생할 수밖에 없습니다." 남보원은 고개를 끄덕이며 말을 받았다. "그렇다고 지원 규모를 너무 적게 하면 실효성이 떨어지죠. 직원들이 체감할 정도의 혜택이 돼야 의미가 있는 건데… 예산은 한정돼 있고, 어떻게 균형을 잡느냐가 핵심이네요."

이야기가 심각하게 흘러가던 중, 탁고민이 들뜬 표정으로 끼어들었다. "근데 저는 솔직히 엄청나게 기대하고 있거든요? 주거 안정 지원금이 나오면 드디어 독립할 수 있을 것 같아요!" "독립?" 조경영이 흥미롭게 물었다. "네! 아직 부모님이랑 같이 사는데요, 맨날 '언제 결혼할 거냐?', '퇴근하고 집에서 뭐라도 좀 도와라.', '이번 주말에 이모네 가야 하는데, 같이 가라'... 이런 잔소리가 끊이질 않거든요. 지원금이 나오면 당장 원룸이라도 구해서 조용한 삶을 살 겁니다!" 탁고민의 말에 몇몇이 웃음을 터뜨렸다. 하지만 차용필은 그 말을 듣고 웃으며 중얼거렸다. "난 반대 의견인데..." "왜요, 차장님?" 탁고민이 고개를 갸웃했다. "나도 회사에서 지원해 주는 자금으로 아파트를 살 예정이거든. 처음에는 지원금 덕분에 업무 처리도 편하고 대출도 쉽게 받을 수 있을 줄 알았지." "그런데요?" "계산을 해보니까... 은행에서 직접 대출받는 거랑 별 차이가 없더라고." 차용필은 한숨을 쉬며 노트를 탁 덮었다. "이게 과연 주거 안정 지원인지, 그냥 대출을 한 번 거쳐 가는 건지 의문이 들더라고. 결국 내가 갚아야 할 돈은 똑같으니까."

탁고민은 눈을 크게 떴다. "그래도 전 무조건 좋은데요? 차장님은 아파트 사신다지만, 저는 원룸이라도 얻을 수 있잖아요! 부모님 잔소리 안 듣고, 집에서 게임도 자유롭게 할 수 있고, 주말에 늦잠도 실컷 잘 수 있고!" 기정연이 웃으며 말했다. "탁 대리, 네가 원하는 건 주거 안정이 아니라 자유 아니야?" 탁고민이 헛기침하며 말했다. "자유도 안정의 한 부분이죠. 안정적인 정신 상태가 있어야 회사 생활도 잘하는 거 아닙니까?"

조경영이 고개를 끄덕이며 결론을 지었다. "결국 중요한 건, 어떤 방식으로 얼마나 실질적인 지원이 가능하냐는 거네요. 주거 부담이 큰 직원들에게 실질적인 혜택이 가야겠죠. 차장님처럼 지원이 의미 없다고 느끼는 분들도 안 생기도록, 정책을 세밀하게 조정해야 할 것 같습니다." 탁고민이 환하게 웃으며 말했다. "그러면 저는 기대해도 되겠네요? 이번 기회에 부모님 댁에서 벗어나서 진정한 독립의 길로 나아가겠습니다!" 차용필이 웃으며 중얼거렸다. "독립이 아니라... 해방에 가까운 거 같은데?"

급여, 공정성과 동기부여 사이에서

회의실에 긴장감이 맴돌았다. 오늘의 주제는 '급여'. 직원들에게 민감한 문제 중 하나였다. 사장이 입을 열었다. "급여는 직원들에게 가장 직접적인 동기부여 수단입니다. 하지만 한정된 예산 속에서 어떻게 공정하게 배분할 것인가가 중요하죠."

"공정하게 배분하는 것도 중요하지만, 성과에 따라 차등을 두는 게 적합하다고 봅니다." 표관리 본부장이 단호하게 말했다. "모든 직원이 똑같이 임금이 오르면 열심히 하는 사람이나, 적당히 하는 사람이나 차이가 없게 되잖아요. 그러면 조직 전체의 생산성이 떨어질 위험이 큽니다."

"하지만 차등 지급이 지나치면 내부 불만이 생기죠." 배다산 본부장이 조용히 말을 받았다. "급여는 직원들의 생활 안정과 직결됩니다. 성과급을 조정하는 건 필요하지만, 기본급 인상은 신중해야 합니다. 단순한 성과 경쟁이 아니라, 조직 전체가 함께 성장할 수 있도록 해야죠."

남보원이 팔짱을 끼고 한마디 거들었다. "성과 차등이 필요하다는 건 맞습니다. 하지만 말이죠, 영업 부서처럼 실적이 눈에 보이는 팀은 차등 지급이 쉽지만, 다른 부서는 평가 기준을 어떻게 잡느냐가 문제죠. 기준이 불명확하면 차등 지급이 오히려 불공정하다는 소리가 나올 겁니다."

그때, 안태남이 웃으며 말했다. "기준이요? 성과급 받을 때마다 느끼는 건데, '운이 좋았다'라는 말이 절로 나오는 경우가 많아요. 팀 전체가 잘해서 받은 건지, 내가 잘한 건지 헷갈릴 때가 많다니까요." 차용필이 고개를 끄덕이며 말을 보탰다. "맞아요. 그리고 실질적인 급여 수준도 고민입니다. 물가가 계속 오르는데, 연봉이 조금 오른다고 체감이 안 돼요. 회사에서 열심히 일해도 실제 생활 수준이 나아지는 느낌이 없으면 동기부여가 어렵습니다."

탁고민이 옆에서 씩 웃으며 끼어들었다. "저는 솔직히... 급여가 오르든 말든 상관없습니다. 어차피 이번 달도 카드값 갚고 나면 텅텅 빈 통장뿐이니까요." "그건 너의 소비 습관 문제 아니냐?" 기정연이 한숨을 쉬며 말을 던졌다. "아니, 현실이 그렇다니까요? 월급날에 통장에 찍히는 숫자를 보면 '왔다가 간다.' 딱 이 느낌입니다." 탁고민이 허공에 손을 휘저으며 덧붙였다. "월급은 숫자에 불과하다... 단지 내 계좌를 스쳐 갈 뿐..." 회의실에 웃음이 터졌다.

그때, 기정연이 한숨을 쉬며 말했다. "사실 말이죠, 최근 중앙 노사협의회에서 급여 인상 관련 논의를 했는데, 몇 년째 하후상박(下厚上薄) 기조가 유지되고 있습니다." 배다산이 고개를 끄덕이며 물었다. "하후상박이요? 결국 연봉이 낮은 직원들 위주로 인상이 크고, 상위 직급은 상대적으로 적게 오른다는 거죠?" "맞습니다. 그리고 성과급 차등 폭이 상위직급일수록 크다 보니까... 솔직히 제가 입사 동기였던 고참 차장이랑 급여 차이가 거의 없습니다." 기정연이 팔짱을 끼며 말을 이었다. "내가 몇 년 더 일해서 책임도 크고, 직급도 높은데, 급여 차이가 별로 없다면... 직급에 대한 메리트가 있는 건가요? 보상이 체감되지 않으면, 승진에 대한 동기가 약해질 수 있죠." 차용필이 그 말을 듣고 고개를 끄덕였다. "그러니까, 직급이 올라가면 일이 많아지는데, 급여 차이는 별로 없다는 거군요. 이러면 '승진해 봤자 뭐하냐?'라는 생각이 들 수도 있겠네요."

탁고민이 손을 번쩍 들었다. "그럼, 저는 이대로 있는 게 낫겠네요? 승진하면 뭐 해요, 책임만 늘어나고 월급은 별 차이 없는데!" 기정연이 씁쓸하게 웃었다. "네 말이 틀린 건 아니지만... 그렇다고 너처럼 대충 살 수도 없잖아."

사장이 심각한 표정으로 말을 이었다. "결국, 공정성이 핵심입니다. 직원들이 납득할 수 있는 급여 정책이 되어야 하죠. 상위 직급의 동기부여도 고려하면서, 조직 전체의 성장과 균형을 맞추는 방향을 고민해야겠습니다." 조경영이 정리하듯 말했다. "급여 인상뿐만 아니라, 복지 혜택이나 승진 기회 등 다양한 방식으로 보상을 고민해야 합니다. 단순히 숫자로만 동기부여를 하다 보면, 기대만큼 효과가 나지 않을 수도 있어요." 탁고민이 다시 씩 웃으며 속삭였다. "결론은... 월급이 많이 오르진 않을 거라는 거죠?" 차용필이 툭 쏘아붙였다. "그러니까 쓸 때 좀 아껴."

복지포인트, 혜택인가 숙제인가?

회의실에는 직원들이 삼삼오오 모여 앉아 있었다. 오늘의 주제는 복지포인트. 도입된 지 꽤 됐지만, 직원들의 반응은 제각각이었다. "우리 회사 복지포인트, 직원들한테 실질적으로 도움이 되는 방식으로 운영되고 있나요?" 사장이 회의를 열며 운을 띄웠다. "혜택을 늘리는 건 좋은데, 솔직히 이 포인트가 효과적인 방식인지 모르겠습니다. 직원들이 잘 활용하고 있나요?"

한쪽에서 팔짱을 낀 채 표정이 굳은 사람이 있었다. "활용을 안 하는 게 아니라, 어떻게 쓰는 건지 이해하기 어려워서 못 쓰는 경우가 많습니다." 표관리 본부장이 단호하게 말했다. "이 시스템이 복잡해서 포인트가 쌓여도 그대로 날려버리는 직원이 많아요. 연말 되면 포인트 소진하라고 난리 치는 거, 다들 경험했잖아요?"

"그건 맞아요. 저는 매년 연말이 되면 남은 포인트로 급하게 홍삼 세트나 쌀을 삽니다." 조경영 부장이 씁쓸하게 웃으며 말했다. "그러니까요! 복지포인트를 받으면 뭐 하나요? 사용기한이 짧고, 특정 가맹점에서만 써야 하니 원하는 걸 사기도 어렵습니다." 이 말을 들은 안태남 과장은 속으로 웃으며 생각했다. "아니, 그게 뭐가 그렇게 어렵다는 거지? 그냥 기한 내에 쓰면 되는 거 아닌가?" 하지만 이때까지만 해도 그녀는 자신이 곧 겪게 될 사태를 전혀 예상하지 못하고 있었다.

"그래도 복지포인트 제도가 나쁜 건 아니죠. 예전에는 회사에서 일괄적으로 혜택을 정해줬지만, 이제는 직원들이 각자 원하는 혜택을 선택할 수 있으니까요." 배다산 본부장이 차분한 목소리로 말했다. "선택권이 있다는 건 좋은데... 문제는 사람들이 뭘 선택할지 모른다는 거죠. 가이드를 좀 만들어야 하지 않을까요?" "맞아요. 예를 들어, '가족 있는 직원들은 건강 관련 혜택을 추천'한다든지, '혼자 사는 직원들은 생활용품 지원'을 안내하는 방식이 있죠."

"아니, 그보다 포인트를 더 자유롭게 쓸 수 있게 하면 안 되나요? 너무 제한적이라 불편해요!" 갑자기 목소리가 커진 사람이 있었다. 남보원 본부장이었다. "어떤 제한이 가장 불편하다고 생각합니까?" 사장이 질문을 던졌다. "예를 들어, 저는 체육시설 이용하려고 했는데, 지정된 몇 군데에서만 가능하더라고요. 가까운 데는 안 되고, 가맹된 곳만 써야 하니 불편합니다." "그건 예산 문제도 있죠. 모든 업체랑 제휴를 맺을 순 없으니까요." 표관리 본부장이 현실적인 이유를 덧붙였다.

"그러면 차라리 포인트 일부를 현금처럼 쓰도록 하면 안 되나요?" 이번엔 차용필 차장이 조용히 입을 열었다. "직원들 입장에서는 복지포인트도 결국 급여의 일부처럼 여겨지거든요. 그런데 현금처럼 자유롭게 쓸 수 없으니 체감하는 복지 효과가 떨어지는 거죠."

"아, 그러면 저는 복지포인트를 월세나 대출 상환에 쓸 수 있었으면 좋겠어요!" 탁고민 대리가 반짝이는 눈으로 말했다. "부모님 잔소리 들으면서 사는 것도 지쳤거든요. 이걸로 독립 자금에 보탤 수 있다면 정말 최고의 복지 아닐까요?" "그건 좀 어려울 겁니다. 복지포인트는 생활 지원 목적이지, 직접적인 금전 지원은 안 되니까요." 배다산 본부장이 현실적인 선을 그었다.

"그럼, 차라리 사용기한을 좀 늘려줬으면 좋겠어요. 안 쓰면 사라지는 돈이 아니라, 쌓아둘 수 있는 돈이 되면 훨씬 유용할 텐데요." 조경영 부장이 한숨을 쉬며 덧붙였다. "이야기를 들어보니, 결국 복지포인트를 어디에 어떻게 쓸 수 있는지 쉽게 알 수 있어야 하고, 사용 범위를 좀 더 넓히는 게 핵심이겠군요." 사장이 정리하듯 말했다. "맞습니다. 그리고 직원들이 자신에게 맞는 혜택을 선택할 수 있도록 가이드도 필요하고요." 배다산 본부장이 덧붙였다.

그때, 안태남 과장이 뭔가 생각났다는 듯 휴대전화를 켰다. "그러고 보니 내 복지포인트도 좀 확인해 볼까?" 그러나 화면에 떠오른 건 '사용기한 만료'라는 싸늘한 문구였다. "...뭐야? 내 포인트 어디 갔어?" 옆에서 이를 본 조경영 부장이 웃으며 말했다. "그렇게 쉬운 거면 너는 왜 못 썼냐?" 안태남 과장은 머리를 감싸 쥐며 외쳤다. "아아아아!! 작년에 쓰려고 했는데 자꾸 깜빡해서 미뤘단 말이에요!" 탁고민 대리가 크게 웃으며 말했다. "역시! 복지포인트는 '언제' 쓰느냐가 가장 큰 문제 아닐까요?"

사장이 고개를 끄덕이며 말했다. "좋습니다. 이번 기회에 복지포인트 활용도를 높이는 방향으로 정책을 개선해 보죠. 직원들이 혜택을 '누리는' 게 아니라, '찾아 헤매는' 시스템은 문제니까요." 안태남 과장은 여전히 충격에서 벗어나지 못한 채 중얼거렸다. "...홍삼 세트라도 살 걸."

자녀 학자금 대출, 고민인가 해결책인가?

점심시간, 구내식당. 오늘따라 조경영 부장은 밥을 몇 숟갈 뜨지도 않은 채 젓가락을 내려놓았다. "하아..." 그의 깊은 한숨에 옆자리에서 식사하던 동료들이 슬쩍 고개를 돌렸다. "무슨 일 있어요? 요즘 부장님 한숨 소리가 점점 깊어지는 것 같은데요." "올해 우리 애 대학 들어가잖아. 등록금이 장난 아니더라고. 1년에 1,000만 원이 넘는데, 앞으로 4년을 어떻게 버티나 싶어서..."

"아, 그래서 요즘 표정이 그렇게 어두웠군요. 근데 회사에서 학자금 대출 지원해 주지 않나요?" "그게... 무이자로 대출받을 수도 있다던데, 괜히 빚지는 거 같아서 망설여져. 이거 받았다가 나중에 퇴직하고도 부담될까 봐." "아, 저도 들었어요. 어떤 선배님은 퇴직하고도 학자금 대출 갚느라 힘들다고 하시더라고요."

이야기를 듣던 차용필 차장이 고개를 끄덕이며 말했다. "그래서 무턱대고 대출받기보다는 먼저 장학금부터 알아보는 게 중요합니다. 국가장학금이나 지자체 지원금 같은 거 확인해 보셨어요?" "그런 게 있어?" "그럼요. 소득 구간에 따라 국가장학금 받을 수도 있고, 지자체나 대학 자체 장학금도 많아요. 심지어 회사에서도 일정 성적 이상이면 일부 지원해 주는 사례도 있죠."

"몰랐네... 그냥 대출부터 생각했지. 근데 장학금 신청하려면 뭘 준비해야 해?" "보통은 소득 증빙 서류랑 성적 증명서가 필요할 겁니다. 자녀분이 첫 학기라면 고등학교 성적 기준이 될 수도 있고요. 등록 전에 미리 알아보면 좋겠네요." 조경영 부장은 핸드폰을 꺼내 메모하기 시작했다.

"근데 장학금으로 다 해결되면 좋겠지만, 그래도 모자란 부분은 대출받아야 하지 않겠어?" "그렇죠. 다만 대출받을 때는 상환 방식을 꼭 확인하세요. 무조건 퇴직 전에 갚아야 하는 건 아니고, 자녀 졸업 후 몇 년 유예 기간을 두는 예도 있습니다." "진짜? 그럼, 조금은 숨통이 트이겠네. 대출을 받더라도 여유 있게 갚을 수 있으면 덜 부담될 것 같아."

"그리고 요즘은 대학에서도 등록금 분할 납부 제도를 운용하는 경우가 많아요. 한 번에 큰돈이 나가는 것보다는 나을 수도 있으니까 확인해 보세요." "그 생각은 못 해 봤네. 확실히 덜 부담되겠어." "그럼요. 게다가 대학생들도 아르바이트나 근로 장학금 같은 걸 활용하면 본인 부담을 조금 덜 수도 있잖아요."

이 말을 듣던 탁고민 대리가 툭 끼어들었다. "와... 다들 대단하시네요. 저는 아직 애도 없고 결혼도 안 했는데, 벌써 학자금 걱정이 밀려오네요." "너도 나중에 결혼해서 애 낳으면 고민하게 될걸?" "그게 문제죠! 요즘 대학 등록금 계속 오르고 있잖아요. 지금도 비싼데, 나중엔 얼마나 더 비싸질지 상상도 안 돼요." "그러니까 미리미리 준비하는 게 중요해. 학자금 대출이 무조건 나쁜 게 아니라, 어떻게 활용하느냐가 핵심이라는 거지."

조경영 부장은 고개를 끄덕이며 중얼거렸다. "괜히 혼자 고민할 게 아니었네. 학자금 대출도 그냥 빚이라고 생각했는데, 계획적으로만 하면 충분히 활용할 수 있는 거였구먼." "맞아요. 너무 부담 갖지 마세요. 대출은 전략적으로, 장학금은 적극적으로! 이게 정답입니다." 조경영 부장은 그제야 얼굴에 조금 밝은 기색이 돌았다. "그래, 전략적으로 가보자고!"

그날 저녁, 퇴근 후 집으로 돌아온 조경영 부장은 문을 열자마자 신발장에 던져진 운동화를 발견했다. "어? 얘는 어디 갔어?" 바로 그때, 현관문이 다시 열리며 딸아이가 학원 가방을 메고 들어왔다. "다녀왔습니다~ 아빠, 나 배고파요!" "어... 그래, 얼른 씻고 밥 먹어." 딸아이가 신나게 방으로 뛰어가는 모습을 보며, 조경영 부장은 잠시 멍하니 서 있었다.

'지금은 고등학생인데... 몇 년 뒤엔 또 대학 등록금 고민해야 하는 거 아니야?' 오늘 회사에서 아들 학자금 대출 얘기만 해도 머리가 복잡했는데, 딸까지 대학을 가게 되면 그때도 대출을 받아야 하나 싶은 생각이 들었다. '이러다 나중에 퇴직한 뒤에도 학자금 대출만 갚고 있는 거 아니야?' 그 상상을 하자마자, 갑자기 진한 피로감이 몰려왔다.

그때 부엌에서 아내의 목소리가 들려왔다. "여보, 저번에 말한 영어 캠프, 이번에 등록해야 할 것 같은데?" "......" 조경영 부장은 잠시 현실을 직시하며 깊은 한숨을 내쉬었다. '일단... 오늘은 그냥 밥이나 먹자.'

퇴직금, 나에게 맞는 선택은?

점심시간, 사무실 내 탕비실. 삼삼오오 모인 직원들 사이에서 퇴직금 이야기가 흘러나왔다. 최근 회사가 퇴직금 운용 방식을 조정하려 한다는 소문 때문인지 다들 예민한 분위기였다. "퇴직금, DB로 할까요? DC로 할까요?" 탁고민이 커피를 타면서 툭 던진 말에 차용필이 웃으며 물컵을 내려놨다. "나는 DC로 했어. 직접 운용하는 게 좀 더 수익이 나니까."

"그게 더 좋아요? 저는 아직 결정 안 했는데... 뭔가 잘못 투자하면 손해 볼까 봐 걱정돼요." 탁고민의 말에 기정연이 헛기침하며 끼어들었다. "그래서 나는 DB로 했지. 괜히 잘못 굴렸다가 마이너스 나면 어쩌려고?" 차용필이 웃으며 반문했다. "근데 DB는 안정적인 대신, 회사 사정에 따라 변동될 수도 있잖아요. 요즘같이 불안한 시대엔 스스로 관리하는 게 낫다고 봐요." "너는 숫자 밝으니까 그렇지. 나는 그런 거 신경 쓰는 것도 스트레스야."

그때, 조경영이 씹던 밥을 삼키며 한마디 거들었다. "나도 DC로 했는데, 한동안 방치했더니 수익률이 영 안 높더라고." "그래서 제가 컨설팅해 드렸잖아요!" 차용필이 으쓱하며 말했다. "맞아, 네 덕에 요즘 수익률이 확 올랐어. 전에는 그냥 둬도 되겠지, 했는데, 알고 보니 마이너스 나고 있더라고." "그래서 뭐에 투자하셨어요?" 탁고민이 눈을 반짝이며 묻자, 조경영이 뿌듯한 표정으로 말했다. "차 차장이 추천해 준 포트폴리오로 재정비했지. 안정적인 채권이랑 글로벌 펀드 적절히 섞어놨더니 수익률이 꽤 좋아졌어. 딸 대학 등록금 걱정 조금 덜었지, 뭐."

배다산이 맞장구쳤다. "퇴직금이란 게 단순히 돈이 아니라, 직원들이 평생 회사에 바친 노력의 결과물이지. 회사도 그걸 인정해 줘야 하는데..." "맞아요. 그런데 회사로서도 부담이 크긴 하죠. 퇴직금이 늘어나면 재정적으로 압박이 심해지니까요." 옆에서 표관리 본부장이 말을 받았다. "바로 그거예요. 직원들에게 최대한 보장해 주고 싶지만, 회사 운영도 생각해야 하거든요. 요즘처럼 시장이 불안정한 때엔 더 신중해야 해요."

그러자 남보원이 팔짱을 끼고 고개를 저었다. "직원들한테는 퇴직금이 마지막 보상이잖아요. 그런데 회사가 재정 타령하면서 줄일 궁리만 하면 누가 믿고 열심히 일하겠어요?" 배다산도 고개를 끄덕였다. "그렇다고 회사가 감당할 수 없는 부담을 지면 결국 직원들한테도 안 좋은 영향을 미칠 거야. 적절한 균형이 필요해."

탁고민이 고개를 갸우뚱하며 물었다. "그럼, 결국, 퇴직금은 개인이 잘 준비하는 수밖에 없는 거네요?" 차용필이 고개를 끄덕였다. "맞아. 회사가 주는 것만 바라보다가는 나중에 후회할 수도 있어. 난 그래서 DC에 연금도 추가로 넣어두고 있어." 기정연이 한숨을 쉬며 말했다. "그래도 난 그냥 DB로 간다. 투자 신경 쓰느니, 그냥 정해진 대로 받는 게 속 편해."

조경영이 헛웃음을 지으며 말했다. "각자 선택의 문제지. 다만 나처럼 퇴직이 얼마 안 남으면, 선택이란 게 참 무겁게 다가온다니까." 그 말을 듣던 탁고민이 조용히 중얼거렸다. "퇴직금... 아직 먼 얘기 같았는데, 미리 준비해야겠네요." 그러자 차용필이 살짝 웃으며 말했다. "이제야 깨달았어? 퇴직금이란 게 결국, 직장 생활의 마지막 성적표 같은 거니까."
모두 잠시 말없이 각자의 생각에 빠졌다. 퇴직금은 단순한 돈이 아니라, 각자의 미래를 결정하는 중요한 선택이라는 걸 새삼 깨닫는 순간이었다.

자금관리, 허리띠를 졸라매야 할 때?

회의실. 회사의 예산 배분 회의가 한창이었다. 커다란 화면에는 올해 자금 운용 현황과 내년도 예산 계획이 빼곡히 정리되어 있었다. 회의 분위기는 팽팽했고, 각 부서의 이해관계가 복잡하게 얽혀 있었다. "자, 내년 예산안을 다시 한번 살펴봅시다." 재무팀에서 준비한 자료를 보던 한 임원이 입을 열었다. "올해도 쉽지 않네요. 예상보다 비용 절감 효과가 크지 않아서 내년에는 좀 더 긴축해야 할 것 같습니다."

회의실 안이 조용해졌다. 그러자 생산본부에서 낮은 목소리가 나왔다. "긴축도 좋지만, 너무 지나치면 현장에서 일하는 사람들만 힘들어집니다." "맞아요. 현장에서는 이미 허리띠 졸라맬 대로 졸라맸습니다. 이제 더 줄이면 정말 기본적인 운영도 어렵습니다." 이에 재무 담당이 단호하게 말했다. "하지만 우리가 확보한 예산 범위 안에서 운영해야 하는 건 변함없는 사실입니다. 무리한 지출을 줄이지 않으면 전체 운영이 흔들릴 수 있습니다."

그러자 판매본부에서 바로 반박이 들어왔다. "재정 안정이 중요하다는 건 이해합니다. 하지만 돈이 있어야 돈을 벌죠. 판매 전략을 제대로 운영하려면 마케팅 비용도 필요하고, 인력도 충분히 확보해야 합니다. 너무 보수적으로 가면 오히려 성장 기회를 놓칠 수도 있어요." "예산을 아껴야 한다는 원칙에는 동의하지만, 현장에서 필요한 자금까지 막아버리면 어떻게 운영하라는 거죠?" 생산본부에서 다시 불만이 터져 나왔다. "이건 단순한 재정 논리가 아니라, 생존을 위한 문제입니다."

그러자 경영부에서 조용히 한마디를 보탰다. "결국, 우리가 해결해야 할 문제는 자금의 '절감'이 아니라 '효율적인 배분' 아닐까요?" 모두가 그를 바라봤다. "단순히 돈을 아끼는 게 아니라, 가장 효과적인 곳에 투자해야 한다는 말입니다. 우리가 정말 줄여야 할 곳과 반드시 지원해야 할 곳을 명확히 구분할 필요가 있습니다."

이에 한 임원이 고개를 끄덕였다. "그렇다면 우선순위를 다시 정리해 봅시다. 핵심 사업과 성장 가능성이 높은 분야에는 자금을 충분히 지원하고, 불필요한 비용은 철저히 통제하는 방향으로 가는 게 맞겠죠." "그렇다면 각 부서에서 꼭 필요한 항목들을 정리해서 다시 제출하는 건 어떨까요?" "좋은 생각입니다. 단, 모든 요청이 다 승인될 거라는 기대는 하지 않는 게 좋겠지만요."

"돈 좀 받아 가세요. 제발..."

한편, 차용필 차장은 홀로 깊은 한숨을 쉬며 전화기를 붙잡고 있었다. "네, 대표님. 선급금 빨리 받아 가세요. 정부 정책 때문에 상반기 자금 조기 집행 목표를 맞춰야 해서요. 그냥 계약 금액의 일정 비율을 먼저 가져가시면 됩니다. 네? 안 받으시겠다고요?"

그의 얼굴이 점점 굳어졌다. "아니, 돈 주겠다는데 왜 안 받으시죠?" 전화기 너머에서 업체 담당자의 답변이 들렸다. "아, 차장님. 선급금 받으면 나중에 정산하는 게 너무 복잡해요. 보증 증권도 끊어야 하고, 서류 작업도 많아서 그냥 나중에 한 번에 받는 게 속 편합니다." "아니, 지금 돈이 필요하지 않으세요?" "필요하긴 한데, 서류가 너무 성가십니다. 이거 괜히 받았다가 나중에 골치 아파지는 게 더 부담스러워요."

차용필은 고개를 절레절레 저으며 혼잣말했다. "세상 참 많이 변했구나... 공공기관은 돈을 빨리 주려고 난리고, 업체들은 안 받으려고 난리고. 예전엔 돈 달라고 사정하는 게 일이었는데, 이제는 돈 좀 받아달라고 사정해야 하네." 그의 한숨 소리가 회의실 복도를 따라 길게 퍼져 나갔다. 잠시 후 조용하던 회의실에 누군가 낮게 웃었다. "그게 바로 요즘 세상이죠. 회계 기준은 더 깐깐해지고, 거래처는 리스크를 먼저 따지는 시대니까요." 차용필은 고개를 끄덕이며 중얼거렸다. "이젠 숫자보다 신뢰가 먼저야. 줄 돈도, 받을 사람도 서로 눈치부터 보는 세상이라니..."

자본예산 vs. 비용예산, 균형의 기술

회의실에 긴장감이 감돌았다. 벽면에 걸린 스크린에는 올해 예산 집행 내역과 내년도 예산 계획이 빼곡하게 정리되어 있었다. 사장은 자료를 훑어보며 천천히 입을 열었다. "자본예산과 비용예산, 둘 다 중요하다는 건 다들 알 겁니다. 하지만 장기적인 성장과 단기적인 효율성 사이에서 균형을 맞추는 게 쉽지 않군요. 올해 예산안 검토하면서 다들 어떤 생각이 드셨습니까?"

재무팀이 준비한 자료를 유심히 보던 한 임원이 고개를 끄덕였다. "자본예산은 회사의 미래를 위한 투자입니다. 하지만 지금 당장 운영을 책임지는 입장에서는 비용예산도 절대 소홀히 할 수 없죠. 장기적 성장을 위해 자본예산을 확대해야 한다는 건 맞지만, 당장 현장에서 필요한 비용을 줄이면 문제가 생깁니다."

바로 옆에서 듣고 있던 또 다른 본부장이 고개를 갸웃하며 반박했다. "자본예산이 미래를 위한 투자라는 건 인정합니다. 하지만 지금 우리가 당면한 문제는 비용예산이 비효율적으로 쓰이고 있다는 점입니다. 불필요한 지출을 줄이고 운영의 효율성을 높이는 게 우선 아닐까요?" "그렇다면 자본예산은 어떻게 관리할 건데요? 투자 계획은 철저해야 합니다. 섣불리 투자했다가 제대로 효과를 못 보면 장기적인 손실이 발생할 수도 있고, 신뢰에도 금이 가죠."

사장은 고민스러운 표정으로 중간에 끼어들었다. "결국 핵심은 우선순위를 정하는 거겠죠. 우리가 반드시 투자해야 할 부분과 긴축해야 할 부분을 명확히 구분해야 합니다."

이때, 구석에서 조용히 듣고 있던 탁고민 대리가 갑자기 고개를 갸웃하며 말했다. "저... 궁금한 게 하나 있습니다." 모두가 탁고민을 바라보자, 그는 살짝 주눅이 든 듯하지만, 끝까지 말을 이었다. "제가 최근에 신축 중인 건물에 캐비닛을 설치하는 건 자본예산으로 집행되고, 준공 후 사용 중인 건물에 캐비닛을 설치하면 비용예산으로 집행되는 걸 확인했습니다. 근데... 똑같은 캐비닛인데 왜 어떤 경우엔 자본예산이고, 어떤 경우엔 비용예산이 되는 거죠?"

순간 회의실이 조용해졌다. 그러자 차용필 재무차장이 고개를 들며 답했다. "좋은 질문이군요. 쉽게 설명하면, 신축 중인 건물에 캐비닛을 설치하는 건 자산의 일부로 간주하기 때문에 자본예산으로 들어가는 겁니다. 반면, 기존 건물에 추가로 캐비닛을 넣는 건 유지·보수 개념이라서 비용예산으로 처리되는 거고요."

탁고민이 여전히 이해가 안 된다는 표정을 짓자, 차용필이 덧붙였다. "비유하자면 이렇습니다. 새 차를 살 때 내비게이션이 기본으로 장착돼 있으면 그 가격이 찻값에 포함되죠? 하지만 차를 산 후에 따로 내비게이션을 사서 장착하면 그건 별도의 지출이 됩니다. 마찬가지로, 건물 자체에 포함되는 시설은 자본예산으로 보고, 추가로 사는 물품은 운영비, 즉 비용예산으로 보는 거죠." 탁고민이 감탄하며 고개를 끄덕였다. "오... 그렇게 생각하니까 이해가 확 되네요!" 차용필이 씩 웃으며 말했다. "그래서 예산을 집행할 때 이게 자산인지, 운영비인지 잘 구분해야 하는 겁니다. 헷갈리면 꼭 확인하고요."

한 차장이 자료를 보며 말했다. 올해 주요 투자 항목 중 일부는 아직 성과가 제대로 나오지 않았습니다. 예를 들어, 작년에 도입한 자동화 시스템, 아직 제대로 활용되지 않고 있습니다. 자본예산을 투입해서 시스템을 도입했지만, 정작 비용예산을 줄이려다 관련 교육이 부족해 운영이 제대로 안 되고 있죠." 한 임원이 한숨을 쉬며 덧붙였다. "그런 식으로 예산을 따로따로 보면 문제가 생깁니다. 자본예산이 투입된 만큼, 그걸 효과적으로 활용할 비용예산도 함께 고려해야 하는데, 지금처럼 분리해서 따지다 보면 투자 효과를 극대화하기 어렵죠."

다른 본부장이 자료를 살펴보며 말했다. "맞습니다. 비용예산을 줄이는 것도 좋지만, 무작정 줄이기만 하면 안 됩니다. 중요한 건 효율적인 배분이죠. 실무자들이 느끼는 예산 부족도 고려해야 합니다." 이때, 한 과장이 헛기침하며 조심스럽게 입을 열었다. "솔직히 저희 같은 실무진으로서는, 예산 회의 때마다 '긴축' 이야기만 나오는 게 부담스럽습니다. 꼭 필요한 비용까지 줄이라고 하면 업무에 차질이 생길 수밖에 없어요."

사장은 한동안 침묵하더니 이내 고개를 끄덕였다. "좋습니다. 그렇다면 이렇게 하죠. 각 부서에서 자본예산과 비용예산이 맞물려야 하는 항목들을 정리해서 제출해 주세요. 단순히 예산을 더 달라는 요청이 아니라, 투자 대비 효과를 극대화할 수 있는 전략적인 배분 방식을 제시하는 게 중요합니다." 한 차장이 곧바로 메모하며 말했다. "그러면 자본예산 투자 후, 실질적인 효율성을 평가할 수 있는 성과 지표도 마련해야겠군요. 그래야 내년 예산 계획도 더 정밀하게 세울 수 있습니다." 한 본부장이 피식 웃으며 한마디 덧붙였다. "그럼 결국, 자본예산이든 비용예산이든 잘 써야 한다는 게 핵심이겠네요."

사장은 미소를 지으며 회의를 마무리했다. "정답이 따로 있는 게 아니겠죠. 중요한 건 자본예산과 비용예산이 서로 조화를 이룰 수 있도록 균형을 맞추는 것. 다음 회의 때까지 각 부서에서 현실적인 대안을 준비해 주시길 바랍니다." 회의실을 나서며 탁고민은 혼잣말을 중얼거렸다. "이제야 예산이라는 게 단순히 숫자가 아니라, 어디에 어떻게 쓰느냐가 정말 중요한 문제라는 걸 알겠네…"

그날 이후, 탁고민은 예산 회의에서 더 이상 침묵하지 않았다. 돈이 흐르는 원리를 이해한 순간, 숫자 속에 숨은 논리가 보이기 시작했기 때문이다.

사업계획, 비전과 현실 사이에서

회의실 한가운데, 사장은 팔짱을 낀 채 모니터를 응시하고 있었다. 화면에는 신규 사업계획안이 빼곡히 정리되어 있었지만, 뭔가 부족하다는 생각을 지울 수 없었다. "우리 회사의 미래를 위한 사업계획입니다. 명확한 목표가 필요하죠. 하지만..." 사장은 잠시 말을 멈추고 회의실을 둘러봤다. "계획은 있는데, 이게 현실적으로 가능한가? 그게 문제입니다."

표관리 본부장이 냉정한 표정으로 자료를 넘겼다. "제가 보기엔, 예산 배분부터 다시 고민해야 할 것 같습니다. 사업계획이 아무리 좋아도, 실행할 자원이 없으면 무용지물이죠. 지금 자원이 한정적인데, 이걸 어떻게 감당할지 먼저 따져야 합니다." 이 말을 듣던 배다산 본부장이 고개를 갸웃했다. "맞는 말이긴 한데, 예산 타령만 하면 아무것도 못 합니다. 실행 가능성이 중요하긴 하지만, 너무 보수적으로 접근하면 새로운 시도를 못 하죠. 생산성 향상과 효율성 극대화가 핵심인데, 과연 이 사업이 거기에 기여할까요?"

그러자 남보원 본부장이 팔짱을 끼고 씩 웃었다. "좋아요. 생산성, 예산 다 좋은데, 결국 시장에서 팔릴 수 있느냐가 관건 아닙니까? 사업계획이 현실적이든 아니든, 고객이 원해야 성공하는 거죠. 그런데 지금 계획안 보면, 우리가 하고 싶은 걸 정해놓고 시장을 끼워 맞춘 느낌이네요." 조경영 부장이 한숨을 쉬었다. "또 시작이군요. 결국 이 모든 걸 조율하는 게 문제입니다. 사업계획이 너무 비현실적이면 안 되지만, 그렇다고 실행력만 따지다 보면 방향성을 잃을 수도 있습니다. 핵심은 적절한 균형이에요."

탁고민 대리가 조심스럽게 손을 들었다. "음... 저는 아직 잘 모르겠는데요. 사업계획을 보면서 궁금한 게 하나 있습니다. 목표는 큰데, 구체적으로 어떤 단계로 나눠서 진행하는지 잘 안 보이네요. 예를 들어, 첫 번째 단계에서 뭘 해야 하고, 두 번째 단계에서 뭘 점검해야 하는지 말이죠." 차용필 차장이 탁고민을 보며 고개를 끄덕였다. "좋은 지적이네요. 사업계획이 장기적인 목표를 가지고 있다면, 그걸 작은 단계로 쪼개서 현실적으로 실행할 수 있는 방식으로 정리해야 합니다. 예산도 거기에 맞춰 배정해야 하고요. 그런데 말이죠..."

차용필 차장이 고개를 저으며 자료를 들춰봤다. "내년에 진행할 프로젝트인데, 이번 사업계획에 설계용역 예산을 반영하지 못했어요. 그래서 본 사업까지 함께 진행해야 하는 상황이 됐죠. 이게 다 계획 단계에서 설계비를 따로 잡지 않아서 생긴 문제입니다." 탁고민이 고개를 갸웃했다. "설계용역 예산이요? 설계를 먼저 안 하면 사업 진행이 어려운 건가요?" 차용필 차장이 깊은 한숨을 쉬며 대답했다. "아주 어려운 건 아니지만, 계획을 세울 때부터 설계 단계를 고려해야 한다는 거죠. 당장 올해 사업비가 없다고 설계를 미뤘는데, 결국 본 사업도 같이 늦어지는 거잖아요. 장기적인 계획이 있다면, 설계부터 미리 반영하는 게 맞아요."

안태남 과장이 끼어들었다. "그러니까, 이번 사업은 내년에 설계하면서 동시에 본 사업을 진행하는 방식으로 가는 거군요. 그런데 이렇게 되면 일정이 좀 빡빡해질 텐데요? 특히 인력과 예산 배분이 더 민감해질 수 있어요." "맞아요. 그러다 보니 사업계획이 경영 목표와 어떻게 연계되는지도 의문이 들죠. 솔직히 현업에서는 사업계획 따로, 실제 업무 따로 돌아가는 느낌이 들 때가 많아요."

사장이 고개를 끄덕이며 정리했다. "결국, 목표를 세울 때 이상과 현실을 어떻게 조화시킬 것인가가 핵심이네요. 그럼, 이렇게 하죠. 각 부서에서 이 사업계획을 실행할 수 있는 단계로 세분화하고, 필요한 자원과 현실적인 문제점을 분석해서 정리해 주세요. 우리가 어디까지 할 수 있고, 어떤 점을 보완해야 하는지 구체적인 방향을 마련하는 겁니다." 표관리 본부장이 고개를 끄덕였다. "예산도 단순히 금액이 아니라, 어떻게 활용할지 세부 계획을 포함해야 합니다. 그래야 계획이 허공에서 맴돌지 않죠." 배다산 본부장이 웃으며 덧붙였다. "저는 생산성이 확보될 방안을 중점적으로 고민해 보겠습니다. 사업계획이 현장과 괴리되지 않도록 조정하는 역할도 맡아야겠죠."

사장은 모두의 의견을 정리하며 마지막으로 말했다. "좋아요. 오늘 논의한 내용을 바탕으로, 현실적인 사업계획을 다시 정리합시다. 단기 목표만 볼 게 아니라, 장기적인 실행 가능성까지 포함해서요. 사업계획은 계획이 아니라, 실행을 위한 전략이니까요."

모두가 고개를 끄덕이며 자료를 정리했다. 사업계획이 단순한 목표 설정이 아니라, 현실적인 실행력과 연결된 전략이 되어야 한다는 점을 다시 한 번 깨닫는 순간이었다.

회계 관리, 정확성과 투명성을 위한 첫걸음

사무실 내부, 회계 관련 회의 중. "자, 다들 모이셨죠? 오늘은 회계 관리 효율화에 대해 논의하려고 합니다." 사장이 테이블을 두드리며 회의를 시작했다. "회계 관리에서 중요한 건 뭐니 뭐니 해도 정확성과 투명성 아닙니까? 그런데 요즘 실무에서 자꾸 지연이 생기고 있다고 들었어요."

"그렇습니다. 회계 업무가 갈수록 많아지고 있는데, 그 과정이 너무 복잡합니다. 실무진이 자료를 제출하면 회계팀에서 검토하고, 다시 확인 요청하고… 이게 반복되다 보면 시간이 지체되죠." 배다산이 현실적인 문제를 지적했다. "회계팀도 어려움이 많습니다. 자료가 늦게 들어오거나 오류가 있으면 다시 수정 요청해야 하고, 그러다 보면 마감일에 쫓기죠. 저는 자동화 시스템을 도입하는 게 해법이라고 봅니다. 반복적인 자료 입력 같은 건 시스템이 알아서 처리하도록 하면 훨씬 효율적일 거예요." 차용필이 진지한 얼굴로 의견을 냈다.

"자동화라… 효율성은 높아지겠지만, 시스템이 모든 걸 해결해 주는 건 아닙니다. 결국 사람이 데이터를 입력하고 검토해야 하는데, 그 과정이 정확해야 의미가 있는 거죠. 시스템을 도입하더라도 기본적인 원칙과 절차는 유지해야 합니다." 조경영이 신중한 태도로 맞받아쳤다. "맞아요. 그런데 저는 가끔 이런 생각도 듭니다. 현업에서는 실무를 처리하는 것도 바쁜데, 회계 기준을 너무 엄격하게 적용하면 업무가 너무 복잡해지지 않나요? 최소한의 필수적인 절차만 남기고, 나머지는 간소화할 방법을 찾아야 한다고 봅니다."

배다산이 덧붙였다. "좋은 지적이에요. 하지만 절차를 간소화하더라도 기본적인 원칙은 유지해야 합니다. 예를 들어, 비용 처리를 할 때 부서마다 기준이 다르면 혼란이 생길 수 있잖아요. 이걸 명확하게 정리해서, 모든 부서가 동일한 기준을 따르도록 해야 합니다." "음… 그러고 보니 저도 헷갈리는 게 하나 있는데요."

탁고민이 조심스럽게 손을 들었다. "무슨 문제인데?" 차용필이 눈길을 주자, 탁고민이 말을 이었다. "이번에 복합기를 새로 들였거든요. 하나는 120만 원짜리로 아예 구매해서 설치했고, 다른 곳엔 같은 모델을 임차해서 쓰고 있어요. 그런데 회계처리 방식이 전혀 다르더라고요. 똑같은 기계인데 하나는 자산으로 등록되고, 하나는 그냥 비용으로 처리되던데… 왜 그런 거죠?"

차용필이 고개를 끄덕이며 설명했다. "좋은 질문이야. 바로 그게 회계의 핵심이야. 복합기를 구매하면 자산으로 등록하고, 감가상각 대상이 되지. 예를 들어 5년간 매년 비용으로 일정 금액씩 나눠 처리하게 돼. 하지만 임차하면 네가 그 장비를 소유하는 게 아니기 때문에, 그냥 월 임차료를 운영비로 처리하는 거야. 감가상각도 없고, 자산 등록도 안 하지." 탁고민이 고개를 끄덕이며 되물었다. "아하, 그러니까 소유하느냐, 빌려 쓰느냐에 따라 회계 기준이 완전히 달라지는 거군요?" "그렇지. 단순히 장비가 같다고 같은 방식으로 처리되는 게 아니야. 예산 항목도 자본예산이냐, 비용예산이냐로 갈리고, 회계도 자산이나 비용으로 처리돼. 그래서 사업계획을 세울 때부터 지출의 성격을 잘 구분하는 게 중요한 거지."

차용필은 설명을 이어갔다. 비슷해 보이지만, 예산 기준이 다르면 적용 방식도 달라지는 겁니다. 그래서 저는 사업계획을 세울 때부터 장기적인 예산 운영을 고려해야 한다고 강조하는 겁니다. 예를 들어, 올해 예산에 설계용역비를 반영하지 않아서 내년에야 본 사업을 진행하는 때도 생겼어요. 이런 부분이 경영 목표와 어떻게 연계되는지 현업에서는 잘 체감하기 어려울 수도 있지만, 회계적으로는 아주 중요한 부분입니다." 차용필이 단호하게 말했다.

그때 탁고민이 다시 손을 들었다. "그럼… 차장님, 제가 하나만 더 여쭤봐도 될까요?" "뭔데?" "회계에서는 재무제표라는 걸 본다고 하잖아요. 근데 재무제표가 뭔지 정확히 모르겠어요. 재무상태표, 손익계산서, 뭐 이런 거 들어본 적은 있는데…"

차용필이 안경을 고쳐 쓰며 미소를 지었다. "좋아. 아주 기초적인 질문이지만, 설명해 주지. 재무상태표(B/S)는 회사의 자산, 부채, 자본을 보여주는 거야. 한마디로 '우리 회사가 지금 얼마나 가지고 있고, 얼마나 빚졌고, 순자산이 얼마나 되는지' 알려주는 표지." 탁고민이 끄덕이는 듯하더니 다시 고개를 갸웃했다. "음… 잘 모르겠어요."

차용필이 잠시 멈칫하더니 계속 설명을 이어갔다. "그럼, 손익계산서(P/L)는 들어봤지? 이건 일정 기간 벌어들인 수익과 지출을 정리한 거야. 쉽게 말하면 '한 해 동안 돈을 얼마나 벌었고, 얼마나 썼는지' 알려주는 문서야." 탁고민이 눈을 깜빡였다. "아… 그런가요?" "그리고 자본변동표(S/E)는 기업이 자본이 어떻게 변동됐는지 보여주는 거야. 주주들이 투자한 돈이 얼마나 늘었고, 배당을 얼마나 했는지 등을 보여주지."

탁고민이 한숨을 쉬었다. "차장님… 솔직히 아직도 잘 모르겠어요." 차용필이 순간 정색하더니, 속으로 웃었다. '역시… 회계는 아무나 이해할 수 있는 분야가 아니지.' 탁고민이 머리를 긁적이는 모습을 보며, 차용필은 은근한 자부심을 느꼈다. 하지만 차장으로서 후배가 제대로 이해할 수 있도록 돕는 것이 중요한 일이었다.

"음, 알겠어. 사실 이건 단기간에 다 알 수 있는 개념은 아니야. 회계는 기초부터 쌓아가야지. 자, 예를 들어보자. 회사의 재무상태표는 너희 집의 재산목록 같은 거로 생각하면 돼. '우리 집은 뭐가 있고, 얼마나 빚이 있는지' 이런 걸 적어두는 거지. 그러니까 회사도 자산, 부채, 자본을 정리해 놓은 문서라고 보면 돼. 그리고 손익계산서는 집에서 한 해 동안 번 돈과 쓴 돈, 예를 들어 월급과 생활비 같은 걸 정리한 거지. 이 두 개를 보면, 회계가 뭐 하는지 조금은 감이 잡히겠지?"

탁고민은 고개를 끄덕이며 점차 머릿속이 정리되는 듯했다. "그렇구나, 차장님! 이제 좀 알 것 같아요. 재무제표가 결국 회사가 어떻게 돈을 관리하고 있는지, 어디서 이익을 얻고 어디에 쓴다는 걸 보여주는 거네요."
"맞아. 이렇게 이해하면 회계가 왜 중요한지 알게 될 거야. 예산과 회계는 사실 회사의 방향을 잡는 기초가 되는 부분이니까. 너희가 일을 하면서 점점 더 회계 지식이 필요해질 거야."

탁고민은 이제 얼굴에 미소를 지으며 자신감을 얻은 듯 보였다. 회계 관리가 단순히 숫자만의 게임이 아니라, 회사 전체의 운영과 목표를 이해하는 데 중요한 역할을 한다는 사실이 확실히 다가왔다.

결산 관리, 실수 없이 마무리하기

12월 중순, 회사 회의실. 연말 결산을 앞두고 주요 부서장들이 한자리에 모였다. "자, 다들 바쁜 거 압니다. 하지만 연말 결산은 회사 운영에서 중요한 일정 중 하나예요. 정확성과 기한 내 마무리, 두 마리 토끼를 잡아야 합니다." 사장이 단호한 목소리로 회의를 시작했다. "결산은 재무팀만의 일이 아닙니다. 각 부서에서 미리 준비해 줘야 할 자료가 많아요. 그런데 올해도 또 제출이 늦어지는 부서가 생겼다면서요?" 사장이 날카로운 시선을 던지자, 모두 슬쩍 눈을 피했다. "이번에도 일부 자료가 마감일을 넘겼습니다. 결산 작업은 일정을 철저히 맞추는 게 기본인데, 각 부서에서 기한을 안 지키면 그 피해는 결국 재무팀이 떠안게 되죠." 차용필이 단호하게 말했다.

"기한을 지키는 게 중요한 건 알지만, 현업에서는 한둘이 아니라 수십 가지 일을 동시에 처리해야 합니다. 솔직히 실무적으로 너무 벅차요. 결산 때마다 야근하는 직원들 보면 안쓰럽기도 하고요." 기정연이 한숨을 쉬며 현실적인 어려움을 토로했다. "저도 동의합니다. 하지만 결산에서 실수라도 나면 그건 더 큰 문제가 됩니다. 마감일을 맞추는 것만큼 중요한 게 데이터의 정확성이에요. 숫자가 틀리면 재무제표 자체가 흔들릴 수도 있죠." 표관리가 강한 어조로 말했다. "그래서 저는 부서별 자료 제출 마감일을 더 앞당겨야 한다고 생각합니다. 그래야 재무팀에서도 검토할 시간이 확보되죠." "아니, 자료 제출을 더 앞당기자고요? 이미 업무량이 많아서 허덕이는데, 그럼 현장에서는 더 힘들어지죠." 배다산이 난색을 보였다.

"그럼, 차라리 시스템을 개선하는 게 어떨까요? 자동화 도구를 도입해서 자료를 실시간으로 공유하면, 늦게 제출되는 문제도 줄어들 거예요." 차용필이 제안을 던졌다. "음… 실시간 공유 시스템이라. 괜찮은 아이디어 같은데요?" 사장이 관심을 보이자, 차용필이 힘을 얻은 듯 설명을 이어갔다. "예를 들어, 부서별로 결산 항목을 입력하면 자동으로 통합되는 시스템을 구축하는 거죠. 그러면 수작업으로 일일이 확인할 필요 없이 바로 검토할 수 있습니다. 제출 기한도 더 효율적으로 관리할 수 있고요." "좋긴 한데, 새로운 시스템 도입이 쉽진 않죠. 예산도 문제고, 직원들 교육도 필요하고요." 조경영이 현실적인 문제를 짚었다.

그때, 차용필이 갑자기 노트북 화면을 들여다보며 얼굴을 찌푸렸다. "어… 이거 뭐지?" "뭔데요?" 탁고민이 슬쩍 들여다봤다. "연말 결산 정리하다가… 헉! 세금 계산이 잘못됐어요. 일일 결산, 월 결산, 분기 결산 때 다 지나갔는데, 이제야 발견된 거네요." 순간 회의실이 조용해졌다. "잠깐, 그게 얼마나 심각한 실수인데요?" 사장이 조용히 물었다. "음… 아주 심각하진 않지만, 그대로 뒀으면 세금 신고 오류로 회사에 부담이 갈 수도 있었어요. 다행히 연말 결산에서 걸러졌으니 수정하면 되지만… 큰일 날 뻔했네요." 차용필이 깊은 한숨을 내쉬었다. "그러니까 결산을 허투루 보면 안 된다니까요!" 표관리가 눈을 가늘게 뜨며 말했다. "맞아요. 일일 결산이든, 월 결산이든 그냥 지나가던 숫자들이 연말 결산에서 진짜 중요한 의미를 가지는 경우가 많죠." 조경영도 고개를 끄덕였다.

차용필은 머리를 긁적이며 쑥쓸하게 웃었다. "하… 솔직히 결산은 그냥 형식적인 절차라고 생각했는데, 이번에 제대로 배웠네요. 이게 그냥 숫자 맞추기가 아니라, 회사 운영의 중요한 축이라는 걸요." 탁고민이 옆에서 작게 속삭였다. "그러니까 저도 재무제표 공부 좀 도와주세요, 차장님. 이게 다 연결되는 거잖아요?" 차용필이 탁고민을 쳐다보더니 웃었다. "됐고, 일단 너부터 결산 마감일 안 넘기도록 공부부터 해." 회의실에 가벼운 웃음소리가 퍼지며, 잠시 긴장감이 풀렸다.

하지만 그 분위기 속에서도 사장의 목소리는 여전히 엄격하게 울려 퍼졌다. "그래, 이제 우리 모두 결산의 중요성을 다시 한번 깨달았으니까, 이번엔 실수를 최소화하고 끝까지 책임감을 가지고 진행해야 합니다." 회의는 조금 더 실무적인 이야기로 이어졌고, 모두 각자의 위치에서 결산을 준비하며 다시 한번 각오를 다졌다. 끝내 사장의 엄격한 지시 아래, 모든 부서가 협력하여 실수 없는 연말 결산을 목표로 달려가기로 했다.

자재와 자산관리, 현실적인 접근법

사무실 안 회의실, 사장을 포함한 주요 부서장들이 자재와 자산관리에 대한 논의를 위해 모였다. "자, 오늘 논의할 주제는 자재와 자산관리입니다. 이 두 가지가 제대로 관리되지 않으면 회사 운영에 큰 차질이 생깁니다. 특히 불필요한 재고로 비용이 낭비되는 일은 막아야 합니다." 사장이 회의를 시작하며 자료를 넘겼다. "맞습니다. 재고가 많아도 문제, 적어도 문제예요. 작년에도 특정 부품이 예상보다 많이 들어와서 결국 창고에 쌓아둔 채 유효기간이 지나버렸죠. 반대로 꼭 필요한 자재가 부족해서 생산 일정이 지연된 적도 있습니다." 표관리가 꼼꼼하게 정리된 데이터를 보이며 덧붙였다.

"그렇다고 너무 빡빡하게 관리하면 현장에서는 대응하기 힘들어집니다. 예측이 완벽할 수는 없잖아요? 현장에서는 갑작스러운 주문이 들어오기도 하고, 생산량이 늘어나면 추가 자재가 필요할 수도 있습니다." 남보원이 현실적인 문제를 지적하며 고개를 저었다. "그래도 기본적인 자재 관리 기준은 있어야 합니다. 필요한 재고를 최소한으로 유지하면서도, 예기치 않은 상황에 대비할 수 있는 관리 시스템이 필요합니다." 조경영이 비용 효율성을 강조하며 의견을 보탰다. "자산관리도 마찬가지입니다. 오래된 장비를 계속 유지보수 하는 게 나을지, 아니면 교체하는 게 나을지 고민이 많아요. 제때 교체하면 생산성이 올라가지만, 무조건 새 걸로 바꿨다간 예산이 감당 안 되죠." 배다산이 현장의 입장을 대변하며 말했다.

"그래서 저는 유지보수 주기와 교체 시점을 체계적으로 관리할 수 있는 디지털 시스템을 도입해야 한다고 생각합니다. 자산의 감가상각을 분석해서 적절한 교체 시점을 파악하면, 불필요한 비용도 줄이고 효율성도 높일 수 있어요." 조경영이 자료를 배부하며 설명했다. "그런데 새로운 시스템을 도입하면 결국 비용이 더 들지 않을까요?" 기정연이 신중한 태도로 질문했다. "물론 초기 비용이 들겠지만, 장기적으로 보면 절감 효과가 클 겁니다. 자재 수요 예측부터 자산 유지보수 주기까지 한눈에 볼 수 있다면, 불필요한 지출을 줄일 수 있죠." 조경영이 자신 있게 답했다.

이때, 모두의 관심을 받지 못한 채 묵묵히 고개를 숙이고 있던 한 사람이 있었다. 바로 탁고민 대리. 그는 재물조사 준비로 정신이 없었고, 창고 키를 꼭 쥐고 있는 탓에 이미 악명이 높아진 상태였다. 그의 행동이 얼마나 원성을 샀는지 모른다. 자재 불출이 필요한 사람들이 창고 앞에서 울분을 토하는 상황이 연출되었지만, 탁고민은 눈 하나 깜짝하지 않았다. "탁 대리, 이번 주에만 자재 불출 요청이 몇 건이었는지 알아요?" 남보원이 팔짱을 끼고 따졌다. "잘 모르겠습니다. 어차피 안 내줬으니까요." 탁고민이 시큰둥하게 대답했다.

"…아니, 그게 자랑이에요?" "재물조사 일주일 전부터 자재 출고를 막아야 재고 수량이 정확해집니다. 누군가 중간에 자재를 빼 가면 숫자가 틀어질 수도 있잖아요?" 탁고민은 태연하게 대꾸했다. "아니, 그러면 지금 생산팀은 뭐로 일하라는 거야? 아무리 정확한 재물조사가 중요해도 당장 제품을 못 만들면 어떡하냐고!" 남보원이 목소리를 높이자, 표관리가 옆에서 한숨을 쉬었다. "이런 식으로 하면 재물조사가 끝나고도 현장이 마비될 겁니다. 탁 대리, 다음부터는 재물조사를 하더라도 업무에 차질이 없도록 조율해야 해요." "네. 알겠습니다. 근데 전 지금 더 중요한 일이 있어서요…"

탁고민은 재물조사 자산실사를 준비하느라 온 사무실을 뒤집어 놓은 상태였다. 비품 개수가 맞지 않으면 곤란하다며, 직원들 책상 위에 놓인 기기들을 하나하나 체크하고 있었다. 그러나 그 과정에서 발생한 소소한 실수들이 오히려 현장의 불편을 초래하고 있었다.

탁고민은 이를 잘 알지 못한 채 자재 출고를 막고 있었지만, 사장과 부서장들은 그 상황을 빠르게 파악하고 조치를 하기 시작했다. "탁 대리, 자재 출고를 막을 이유가 있긴 하지만, 이 방식은 문제가 있어요. 현장의 생산 일정과도 밀접하게 연관이 되어 있으니까, 필요한 자재는 유연하게 공급하면서 재물조사를 효율적으로 진행할 수 있는 방법을 찾아야 해요." 사장이 차분하게 말했다.

탁고민은 여전히 불편한 감정을 느꼈으나, 사장의 지적을 받아들여야 했다. "그럼, 어떻게 하면 좋을까요?" "간단해요. 자재 출고는 필요에 따라 제한적으로 하되, 재물조사는 그에 맞춰서 조정해야 합니다. 시스템상으로도 출고 내역과 재고를 실시간으로 확인할 수 있도록 하고, 필요시 각 부서 간의 협력을 통해 현장의 생산에 차질이 없도록 해야죠." 표관리의 의견이 덧붙여졌다. "그렇다고 자재 출고를 전면적으로 허용하면 재고가 정확히 맞지 않겠죠. 그래도 중요한 건 시스템적으로 해결책을 마련하는 것입니다. 디지털 시스템 도입을 검토하는 것이 바로 그 시작입니다." 배다산이 다시 한번 강조했다.

"알겠습니다. 그럼, 오늘부터는 자재 출고를 더 신중하게 하되, 실시간으로 모든 데이터를 추적할 수 있는 시스템을 도입하는 방향으로 진행하겠습니다." 탁고민이 머리를 숙이며 약간은 위축된 목소리로 대답했다. 회의는 계속해서 실용적인 해결책을 모색하며 진행되었다. 결국, 자재 관리와 자산관리에서 효율성을 높이기 위한 구체적인 방안이 마련되었고, 각 부서는 협력하여 현장의 생산성과 재고 관리를 동시에 만족시킬 수 있는 방법을 찾아가기로 했다.

탁고민은 조금 더 신중하게 업무를 처리하겠다고 마음을 다잡았다. 이 경험을 통해, 그는 자재와 자산 관리가 단순한 숫자 맞추기가 아니라 회사 운영에 필수적인 요소라는 점을 깊이 깨닫게 되었다.

계약 후 관리와 현장 소통의 중요성

회의실, 공사·용역계약과 관련된 논의를 위해 주요 부서장들이 모였다. "오늘 논의할 주제는 공사·용역계약입니다. 투명성과 비용 절감이 최우선입니다. 불필요한 예산 낭비를 막기 위해서라도 철저한 검토가 필요해요." 사장이 단호하게 말하며 회의를 시작했다.

"계약서 작성할 때, 세부 조항을 꼼꼼히 확인하지 않으면 나중에 문제가 생깁니다. 지난번 용역계약에서 작은 조항 하나 때문에 법무팀까지 동원된 거 기억하시죠?" 표관리가 계약서를 손에 들고 강조했다. "그렇다고 계약서를 너무 빡빡하게 만들면, 현장에서 오히려 손발이 묶여요. 공사는 진행 중에 변수가 생길 수밖에 없는데, 계약 조항이 유연하지 않으면 작은 문제도 커질 수 있습니다." 배다산이 팔짱을 끼고 고개를 저었다.

"맞아요. 하지만 계약 후 관리도 중요합니다. 계약 조건이 현실적으로 잘 지켜지는지 지속적으로 모니터링해야죠." 조경영이 차트를 띄우며 설명했다. 그때 안태남이 심각한 얼굴로 고개를 갸우뚱하며 말했다. "아니, 다들 계약 얘기하는데... 저만 충격받은 거예요? 방금 지역 사업장에서 전화 왔는데, 이전할 신설 사무소가 완공되기도 전에 기존 사무소의 전기랑 수도를 철거해 버려서 직원들이 보름 동안 전기 없이 일했다고 합니다."

회의실이 일순 정적에 휩싸였다. "...뭐? 전기랑 수도 없이?" 배다산이 눈을 크게 떴다. "그래서 결국 어떻게 했답니까?" "할 수 없이 완공도 안 된 신설 사무소로 미리 이사해서 지냈답니다. 벽은 덜 마감돼 있고, 난방도 안 들어오는 상태에서 말이에요. 숙소는 직원끼리 침낭 깔고 지냈다는데, 이거 완전 야영 수준 아닙니까?" 안태남이 어이없다는 듯 말했다.

"...이건 도대체 누가 계약을 이렇게 한 거야?" 조경영이 한숨을 쉬며 머리를 짚었다. "그러니까요! 계약이 현장 상황이랑 맞지 않으면 이렇게 되는 겁니다. 공사는 계약서대로만 진행되는 게 아니라, 실무진과의 소통이 필수라는 걸 보여주는 사례죠." 표관리가 고개를 끄덕이며 동의했다.

"결국 중요한 건 현장의 의견을 듣고 조율하는 거예요. 계약서는 기본적인 가이드라인이지만, 현실적인 조정이 가능해야죠." 배다산이 팔짱을 풀고 말했다. "그래서 계약 담당자 교육을 강화해야 합니다. 이런 일이 반복되지 않으려면, 계약 전에 필수적으로 현장 확인을 거치도록 체계를 마련해야겠어요." 조경영이 심각한 얼굴로 메모하며 결심했다.

"좋아요. 그럼, 앞으로 계약 체결 전에 실무자들이 반드시 현장과 협의하는 프로세스를 만들고, 계약 교육도 강화하는 걸로 합시다." 사장이 마무리하며 정리했다. 그러자 안태남이 툭 덧붙였다. "좋은 방향이네요. 근데 전기 없이 보름간 지낸 직원들은 보상받을 수 있는 건가요? 자기들끼리 랜턴 들고 일했다던데..." 회의실이 다시 한번 정적에 휩싸였다.

구매계약의 딜레마, 예산과 품질 사이에서

회의실. 최근 구매계약과 관련한 논의를 위해 주요 부서장들이 모였다. "이번 구매계약, 다들 검토해 봤죠? 예산 절감이 필수지만, 품질이 떨어지면 결국 우리 직원들만 고생입니다. 적절한 균형이 필요해요." 사장이 테이블을 두드리며 운을 뗐다.

"맞습니다. 하지만 지금 예산 상황이 만만치 않아요. 무조건 품질 좋은 걸 사자는 것도 현실적으로 어렵습니다. 적정 수준의 품질을 유지하면서도 예산을 절감할 방안을 찾아야죠." 표관리가 계약서 몇 장을 넘기며 말했다. "좋아요. 그런데 예산 절감한다고 꼭 필요한 물품까지 줄이면 현장은 어떻게 버팁니까? 지난번 저가형 장비 도입했다가 불량률이 높아져서 결국 더 큰 비용이 들었던 사례 기억하시죠?" 배다산이 단호하게 맞섰다. "그렇다고 무조건 최고급만 고집할 순 없잖아요? 실제 사용 목적에 맞는 품질 기준을 정하고, 그 안에서 예산을 조율하는 게 맞다고 봅니다." 조경영이 예산표를 보며 의견을 덧붙였다.

그때 기정연이 손을 들었다. "아니, 예산 절감도 좋지만, 공사 현장에 필요한 자재는 제때 공급해야 공사가 안 늦어지죠. 이번 계약에 필요한 자재를 포함해서 같이 발주하면 어떻겠습니까?" 차용필이 고개를 저으며 반대했다. "안 됩니다. 공사계약과 물품 구매는 분리 발주해야 합니다. 그래야 조달청을 통해 구매할 수 있고, 그게 예산 절감에도 도움이 됩니다." "하지만 그렇게 하면 자재 도착이 늦어져서 공사가 지연될 가능성이 큽니다. 현장 상황을 고려해야죠!" 기정연이 강하게 맞섰다.

"정책상 분리 발주는 기본 원칙입니다. 그리고 기술개발 제품을 일정 비율 이상 구매해야 한다는 정부 권장 정책도 있습니다." 차용필이 계약서를 가리켰다. "그 기술개발 제품, 솔직히 일반 제품보다 가격이 훨씬 비싸지 않습니까? 예산 절감 측면에서 보면 비효율적인 제도예요." "그렇다고 우리가 민간기업처럼 무조건 가격만 따질 수는 없죠. 공공기관의 역할이 뭡니까?" 사장이 팔짱을 끼고 말했다. "맞습니다. 단순히 돈만 아낀다고 되는 게 아닙니다. 기술개발 제품을 구매하는 것도 결국 국가 산업 발전을 위한 투자죠." 조경영이 고개를 끄덕이며 정리했다.

그때 문이 벌컥 열리며 안태남이 급히 들어왔다. "이번 구매계약 문제 하나 터졌습니다!" "또 무슨 일인데요?" 모두가 고개를 들었다. "지역 사업장에 보낼 필수 물품이 있었는데요, 납기 지연으로 아직도 도착을 안 했답니다. 심지어 공급업체에서는 '공급망 문제'라며 기다리라고만 하고 있고요." "대체 며칠째요?" 배다산이 인상을 찌푸렸다. "오늘로 10일째요. 그쪽 직원들 지금 공사 필수 자재가 도착하지 않아 일을 못 하고 있습니다."

회의실에 묘한 정적이 흘렀다. "이게 다 계약서에 납기 지연 제재 조항이 애매하게 들어가 있어서 그런 거 아닙니까? 업체가 늦어도 책임을 물을 방법이 없잖아요." 차용필이 계약서를 들춰보며 말했다. "그래서 구매계약할 때 납기 조건을 더 명확히 해야 한다니까요. 그냥 '가능한 한 빠른 납품' 같은 표현 쓰면 이렇게 되는 겁니다." 탁고민이 한숨을 쉬며 맞장구쳤다.

"결국 계약 조건을 명확하게 하고, 공급업체랑 사전 협의를 철저히 해야 합니다. 그리고 구매 후에도 품질 점검과 납기 관리를 실시간으로 할 수 있는 시스템을 만들어야 하고요." 조경영이 메모하며 정리했다. "좋습니다. 앞으로 구매계약에서는 필수 품목과 선택 품목을 나누고, 품질 기준을 명확히 하며, 납기 지연 시 페널티 조항을 강하게 넣는 걸로 방향을 잡죠." 사장이 고개를 끄덕였다. "그리고 공사계약과 물품 구매, 현장과의 소통을 강화해서 정말 필요한 게 뭔지 정확히 파악하고 계약을 체결해야 합니다." 기정연이 만족스럽다는 듯 고개를 끄덕였고, 차용필은 여전히 고민스러운 표정이었다.

"기술개발 제품도요... 비싸지만, 우리도 장기적인 시각을 가질 필요가 있겠죠?" 차용필이 작게 한숨을 쉬며 말했다. "맞습니다. 돈도 중요하지만, 미래를 위한 투자도 고려해야죠." 사장이 결론을 내리자 모두 조용히 고개를 끄덕였다. 오늘도 구매계약을 둘러싼 치열한 논의가 이어지고 있었다.

연말정산 100% 활용법, 놓치면 손해!

　12월 초, 회사 회의실. 연말정산 시즌이 다가오면서 직원들의 관심이 높아졌다. 이에 따라 경영부에서 연말정산 가이드라인을 논의하기 위해 관련 부서들이 모였다. "자, 다들 모였죠? 오늘은 연말정산 이야기를 좀 해보려고 합니다." 조경영이 회의 자료를 테이블에 내려놓으며 말했다. "직원들이 연말정산을 최대한 활용할 수 있도록 회사 차원에서 가이드라인을 마련해야 합니다. 놓치면 세금 더 내야 하고, 잘 챙기면 돌려받는 돈이 꽤 될 텐데... 직원들이 다 알고 있는 건 아니니까요."

　"그렇죠. 연말정산이란 게 간단해 보이지만, 세부 항목까지 따져보면 은근히 헷갈리는 부분이 많아요. 특히 의료비, 교육비, 기부금 같은 항목은 증빙 서류도 중요해서 미리미리 챙겨야 합니다." 차용필이 자료를 넘기며 덧붙였다. "그러니까요. 지난번에도 보니까 주택자금 공제나 자녀 교육비 공제를 놓치는 직원들이 꽤 많더라고요. 주택청약저축이랑 월세 세액 공제도 생각보다 잘 모르는 경우가 많고요."

　"맞아요. 그러니까 우리가 잘 정리해서 알려줘야죠. 요즘 MZ세대 직원들은 다들 모바일로 하는 걸 좋아하니까, 연말정산 필수 체크리스트를 만들고 온라인으로 쉽게 확인할 수 있게 하면 어떨까요?" "그거 좋네요. 요즘 국세청에서 연말정산 간소화 서비스도 제공하니까 그걸 활용해서 최대한 자동으로 공제 항목을 확인할 수 있도록 안내하면 편할 겁니다. 자주 나오는 질문 항목도 미리 정리해 넣으면 더 유용할 것 같아요." 탁고민이 국세청 앱을 보여주며 말했다.

"아, 그리고 요즘 인기 있는 공제 항목이 청년형 장기집합투자증권저축 이라던데... 그게 뭐죠?" "쉽게 말하면, 청년들이 장기적으로 주식에 투자 하면 세액 공제를 받을 수 있는 제도예요. 가입 요건이 있지만, 해당하는 직원들은 무조건 하는 게 이득이죠." "오, 그거 완전 꿀팁이네요. 그럼, 저도 지금이라도 가입해야겠어요! 이런 정보, 미리 알았으면 더 좋았을 텐데..." 탁고민이 급하게 휴대전화를 들여다봤다.

그때, 기정연이 신기한 듯 고개를 갸웃하며 말했다. "근데 말이야... 요즘 홈택스 시스템이 너무 잘 돼 있어서, 내가 별도로 제출할 서류가 없더라고. 종교단체 기부금만 내가 입력해야 하고, 나머지는 다 자동으로 불러오는데? 이거 참 신기한 세상이야." 차용필이 고개를 끄덕였다. "맞습니다. 요즘은 국세청에서 금융기관, 병원, 학교 등과 연계해서 자동으로 자료를 가져옵니다. 예전처럼 영수증 하나하나 모으는 시대는 끝났죠." "그래도 뭔가 허전하긴 해. 서류 한 장 안 내고 끝난다니..." 기정연이 허탈한 듯 웃자, 조경영이 농담을 던졌다. "부장님, 이제 종이 서류 챙기던 시절은 갔습니다. 디지털 시대에 적응하셔야죠!"

그때, 갑자기 탁고민이 홈택스를 보며 진지한 목소리로 말했다. "근데 차 차장님, 맞벌이 부부 인적공제 조합 어떻게 하는 게 가장 유리한지 아세요?" "응? 그야 기본적으로 소득이 높은 쪽에서 공제받는 게..." "아니죠! 제가 홈택스에서 공식 가이드 확인했는데요, 부부 소득 차이가 크다면 고소득자가 기본공제를 받고, 교육비나 의료비는 소득이 낮은 배우자가 받는 게 절세에 유리하다고 나와 있더라고요. 또, 자녀가 둘 이상이면 각자 나눠서 받는 게 때에 따라 더 유리할 수도 있고요." 탁고민이 능숙하게 홈택스 화면을 넘기며 설명하자, 모두가 순간 말을 잃었다. 생각보다 디테일한 설명에 감탄이 절로 나왔다.

특히 차용필은 멍한 표정이었다. "...네가 나한테 훈수를 두는 날이 오다니." 조경영이 입을 가리고 웃었고, 안태남도 옆구리를 찌르며 속삭였다. "차 차장, 탁 대리가 절세 꿀팁 알려줬으니까 인정하지?" 차용필이 어이없다는 듯 피식 웃으며 말했다. "그래, 그래... 탁 대리, 앞으로 절세 상담은 너한테 맡겨야겠네." 탁고민은 뿌듯한 표정으로 홈택스 화면을 끄며 말했다. "아무튼 연말정산은 아는 만큼 돌려받는 겁니다! 다들 꼼꼼히 챙기세요! 저도 이참에 부모님 의료비 항목부터 확인해봐야겠네요."

회의를 마친 후, 직원들에게 연말정산 가이드라인이 공지되었고, 회사는 실용적인 연말정산 지원 시스템을 구축하기 시작했다. 한편, 탁고민은 회의가 끝나자마자 청년형 장기집합투자증권저축을 검색하며 머리를 끄덕였다. "이거 가입하면 진짜 돈 돌려받을 수 있는 거 맞죠...?"

사내벤처, 혁신인가 부담인가?

회의실에 모인 임원들의 표정이 사뭇 진지했다. 사장이 이번 회의의 주제인 '사내벤처'라는 단어를 꺼내자, 다들 각자의 생각에 빠진 듯했다. "우리 회사도 드디어 사내벤처 프로그램을 도입하려 합니다." 사장이 운을 뗐다. "직원들이 직접 사업 아이디어를 내고, 그걸 회사가 지원하는 방식입니다. 혁신적인 성과를 내는 것도 목표지만, 무엇보다도 직원들에게 새로운 동기부여가 될 수 있다고 생각합니다."

"좋은 방향이긴 합니다만..." 표관리 본부장이 신중한 표정으로 말을 이었다. "기존 조직문화와의 융합이 쉽지 않을 겁니다. 안정적인 업무 환경을 유지하면서도 혁신을 추구하는 균형을 잡아야 하는데, 그게 가능할까요?" "그러게 말입니다." 남보원 본부장이 고개를 끄덕였다. "판매본부 입장에서도 신선한 시도라고 생각하지만, 사내벤처를 운영하려면 인력과 예산을 어떻게 조정할지가 문제입니다. 당장 현업에서도 사람 손이 부족한데, 직원들이 사업 아이디어를 개발하는 데 시간을 쏟으면 기존 업무에 차질이 생기지 않을까요?" 배다산 본부장이 팔짱을 끼고 한숨을 내쉬었다. "일단 직원들에게 동기부여가 될 수 있다는 점에서는 저도 찬성입니다. 하지만 문제는 '실제로 실행할 수 있는 아이디어'가 나올지 그것이 관건이죠. 단순히 흥미로운 아이디어가 아니라, 회사가 지속적으로 투자할 만한 사업이 나와야 하는데... 현실적으로 가능할까요?"

사장은 고개를 끄덕이며 질문을 던졌다. "그럼, 여러분이 생각하는 가장 큰 걸림돌이 뭡니까?" 잠시 정적이 흐르다가, 한 사람이 조심스럽게 입을 열었다. "솔직히... 저 같은 직원들에게는 도전하고 싶은 마음은 있어도, 현실적으로 쉽지 않습니다." 차용필 차장이 말했다. "지금 하는 업무도 버거운데, 사내벤처까지 병행하려면 부담이 너무 크죠. 성공에 대한 보장도 없고, 실패했을 때 후폭풍도 걱정됩니다." "맞아요." 탁고민 대리가 맞장구쳤다. "특히 저 같은 젊은 직원들은 이런 기회를 통해 뭔가 해보고 싶기도 한데, 실패하면 회사에서 찍히는 거 아닌가 하는 두려움도 있습니다. 실제로 실패해도 괜찮은 분위기가 조성되지 않으면, 선뜻 도전하기 어렵죠." 조경영 부장이 고개를 끄덕이며 말을 이었다. "사내벤처를 운영하는 다른 기업 사례를 조사해 봤는데요. 실패를 용인하는 문화가 없으면, 직원들이 위험을 감수하려 하지 않습니다. 결국 형식적으로만 운영되다가 흐지부지되는 경우가 많더군요."

사장이 생각에 잠긴 듯하다가 말했다. "결국 우리가 해결해야 할 과제가 명확해졌군요. 첫째, 사내벤처 프로그램이 기존 업무에 부담을 주지 않도록 조정해야 한다. 둘째, 단순한 아이디어 대회가 아니라 실질적인 성과로 이어질 수 있도록 내부 지원 체계를 갖춘다. 셋째, 실패를 용인하고 학습할 수 있는 문화를 만든다." 모두 고개를 끄덕였다. 그때 조경영 부장이 씁쓸한 표정으로 중얼거렸다. "근데 말이죠... 사내벤처 같은 새로운 시도가 항상 성공할 수는 없잖아요. 그래서인지 공공기관에서는 이런 걸 잘 안 하더라고요."

"왜 그렇다고 생각합니까?" 사장이 물었다. "음... 공공기관은 기본적으로 안정성을 중요하게 여기니까요. 새로운 시도를 해서 성공하면 좋겠지만, 실패하면 책임을 져야 하잖아요. 그러니 다들 도전보다는 안전한 길을 선호하는 거죠." "결국 조직문화의 차이군요." 배다산 본부장이 고개를 끄덕였다. "하지만 우리 회사는 민간기업과 정부 기관의 중간쯤에 있으니,

둘 사이의 균형을 맞춰야겠네요."

사장이 결론을 내렸다. "좋습니다. 이번 사내벤처 프로그램은 단순한 이벤트가 아니라, 진짜 혁신을 만들어내는 기회로 삼겠습니다. 실행 계획을 더 구체적으로 다듬어봅시다." 회의가 끝난 후, 차용필 차장이 커피를 마시며 혼잣말처럼 말했다. "음... 나도 한 번 사내벤처에 도전해 볼까? 아니면 그냥 조용히 있는 게 나으려나..." 탁고민 대리가 웃으며 한마디 덧붙였다. "그래도 도전해 보는 게 더 재미있지 않겠어요? 인생 한 방이잖아요!"

재테크 전략, 안정성과 수익 사이

점심시간, 구내식당. 식판을 들고 식사를 마친 직원들이 한자리에 모였다. 사장이 직원들에게 재정 관리의 중요성을 강조한 이후, 재테크에 관한 관심이 높아진 상태다. 하지만 누구나 쉽게 할 수 있는 것도 아니고, 정보도 부족한 상태다.

"요즘 경제 뉴스 봤어요? 금리가 또 올랐다던데, 적금 넣어야 하나, 주식을 해야 하나 고민됩니다." 탁고민이 국을 한 숟갈 떠먹으며 말했다. "맞아. 금리 높은 시기엔 예·적금이 안정적인데, 요즘 보면 주식도 슬슬 반등하는 분위기고... 헷갈려." 안태남이 맞장구를 쳤다.

"그래서 말인데, 재테크를 어떻게 해야 할지 진지하게 고민 좀 해봐야겠어요. 사장님도 안정적인 재정 관리가 중요하다고 하셨잖아요. 근데 너무 공격적으로 하면 위험이 커지는 것도 문제고." 조경영이 고개를 끄덕였다. "그렇지. 우리 같은 공공기관 직원들은 기본적으로 급여가 안정적이니까 너무 무리해서 공격적인 투자를 할 필요는 없어. 장기적이고 안정적으로 굴리는 게 핵심이지." "그럼, 어디에 돈을 넣는 게 제일 안전하면서도 수익이 높을까?" 탁고민이 진지한 눈빛으로 물었다.

"일단 기본부터 짚고 가자고. 재테크의 3대 원칙이 뭔지 아나?" 차용필이 나섰다. "첫째, 안전성. 둘째, 수익성. 셋째, 유동성. 이 세 가지를 균형 있게 맞추는 게 중요해. 공공기관 직원이라면 특히 안전성과 유동성을 놓치면 안 돼."

안태남이 고개를 끄덕이며 중고차 키를 테이블에 내려놓았다. "그래서 저는 급여 대부분을 저축하면서 검소하게 살고 있습니다. 차도 중고차로 샀어요. 새 차 살 돈으로 적금을 들고 있죠." 탁고민이 그 말을 듣고 웃으며 말했다. "과장님, 너무 검소한 거 아닙니까? 저는 인생은 한 번뿐이라 생각하고 과감하게 새 차 샀습니다!" "너, 입사한 지 2년밖에 안 됐잖아... 벌써 새 차를 샀다고?" 조경영이 놀란 눈으로 물었다. "네! 할부로 샀죠. 월급에서 빠져나가는 돈이 좀 크긴 한데... 그래도 멋진 차 타고 다니면 기분 좋잖아요."

안태남이 깊은 한숨을 쉬며 말했다. "탁 대리, 재테크의 기본은 절약이야. 아무리 좋은 재테크 전략을 짜도, 쓰는 돈이 많으면 답이 없어요." 차용필도 한마디 거들었다. "맞아. 재테크에서 가장 중요한 게 뭐냐면 고정비를 줄이는 거야. 차 유지비, 보험료, 주유비... 다 합하면 꽤 부담될 텐데?" 탁고민이 멋쩍게 웃으며 말했다. "뭐... 기름값이랑 유지비 생각하면 좀 부담되긴 합니다. 근데 차가 있으면 어디든 편하게 갈 수 있잖아요!"

기정연이 듣다못해 한마디 했다. "야, 나도 젊었을 땐 네 마음 이해했다. 하지만 돈 모으려면 첫째도 절약, 둘째도 절약이야. 탁 대리, 너 맞벌이 부부의 인적공제 조합 찾는 법은 기가 막히게 홈택스에서 찾아 차용필 차장에게 훈수를 두더니, 왜 본인 고정비 절약에는 신경을 안 쓰냐?" 탁고민이 머쓱하게 웃으며 말했다. "하하... 사실 맞벌이 부부 공제 관련 정보는 차차장님을 위해 찾아본 거고요. 제 돈 관리는 아직 미숙해서..."

안태남이 고개를 절레절레 흔들며 말했다. "나는 새 차 사기 전에 그 돈으로 ETF나 연금저축펀드에 넣었을 것 같아. 탁 대리도 아직 젊으니까, 나중에 후회하지 않게 지금부터라도 고정비 관리부터 다시 생각해 봐."

탁고민이 고민스러운 얼굴로 말했다. "음... 그러면 차를 팔까요?" 기정연이 웃으며 말했다. "너무 극단적이네. 팔기보다는 다음부터 큰 지출을 하기 전에 '이게 정말 필요한가?' 한 번 더 고민하는 습관을 들이면 돼." 탁고민이 고개를 끄덕이며 말했다. "좋아요. 그럼, 저 새 차 유지비 아끼는 방법부터 찾아보겠습니다!"

그렇게 점심시간이 끝나고, 직원들은 하나둘 자리로 돌아갔다. 하지만 이날 이후, 구내식당에서는 연일 재테크 이야기가 이어졌다. "우리도 이제 돈 좀 굴릴 줄 아는 공공기관 직원이 돼야지!"

강의 노트
⑤ 민영화: 공공성과 효율성 사이의 균형

　민영화란 공공부문이 수행하던 기능, 사업 또는 자산을 민간 부문으로 이양하거나, 시장 논리를 활용하여 그 운영 방식을 전환하는 과정을 의미한다. 단순히 '공기업을 파는 것'으로 이해되기 쉽지만, 실제로는 그 방식과 목적, 범위가 다양하다. 민영화는 정부가 반드시 직접 서비스를 제공해야 하는가에 대한 근본적인 질문에서 출발한다. 즉, 어떤 기능이 공공이 해야 할 일인가, 어떤 서비스는 민간의 자율성과 효율성에 맡기는 것이 더 나은가에 대한 판단의 문제다.

▣ 민영화의 개념과 다양성

　'Privatization'이라는 용어는 1960년대 후반 경영학자 피터 드러커(P. Drucker)에 의해 처음 사용되었으며, 이후 1980년대 마거릿 대처(Margaret Thatcher) 영국 총리와 로널드 레이건(Ronald Reagan) 미국 대통령이 신자유주의 정책의 하나로 민영화를 본격화하면서 전 세계적으로 확산했다. 이때 민영화는 단순한 정책 수단이 아니라, '작은 정부, 효율적 국가'를 추구하는 정치·경제 이념의 상징으로 자리 잡았다.

　학자 간에도 민영화의 정의에는 약간씩 차이가 있다. 모(Moe, 1987)는 민영화를 '정부 기능의 축소'라는 큰 틀에서 접근하며, 공공에서 민간으로의 권한 이전을 강조했다. 반면 사바스(E. S. Savas)는 정부가 공공서비스를 독점적으로 제공해야 한다는 고정관념을 버리고, 민간의 경쟁 원리를 도입해 서비스의 질과 효율을 높이는 데 초점을 맞췄다.

◼ 국가별 민영화 방식의 차이

국가마다 공공서비스의 구조와 역사적 맥락이 다르므로, 민영화의 접근 방식 또한 다르다. 영국은 국영기업이 광범위하게 존재했던 국가로, 민영화는 소유권의 이전을 중심으로 진행되었다. 1980년대 대처 정부는 영국항공(BA), 영국석유(BP), 영국전기통신(BT), 영국철도(BR) 등 핵심 공기업을 대거 민간에 매각했다. 특히 영국철도의 경우, 1990년대 중반 운영 부문을 100여 개 회사로 나눠 민간에 넘겼으나, 이후 요금 인상, 안전사고, 서비스 저하 등의 부작용으로 인해 일부는 2001년 재공영화되었다.

미국은 국영기업 자체가 많지 않은 국가로, 민영화는 주로 '민간 위탁'이라는 방식으로 나타난다. 예를 들어 일부 주에서는 교도소 운영을 민간기업에 맡기고 있으며, 조지 W. 부시 행정부 시기에는 민간 군사기업(PMC)의 활용도 확대되었다. 이처럼 미국은 민간의 집행력을 적극 활용하되, 정책 결정과 책임은 여전히 정부가 지는 '분업형 민영화' 모델이 일반적이다.

◼ 민영화의 이론적 근거

민영화를 정당화하거나 설명하는 데 사용되는 이론은 여럿 있다. 먼저 주인-대리인 이론(Principal-Agent Theory)은 국민이 정부에게 공공서비스를 맡겼을 때, 정보 비대칭과 감시의 어려움으로 인해 비효율이 발생할 수 있다고 본다. 따라서 시장 경쟁을 통해 더 효율적인 서비스 제공자가 나타나게 해야 한다는 주장이다.

재산권 이론(Property Rights Theory)은 공기업이 국민 전체의 자산이기 때문에 소유 책임이 분산되고, 실제 운영자(경영진, 노조, 정부기관 등)는 각자 이해관계에 따라 행동하게 되어 효율성이 저하된다고 본다. 소유 구조를 명확히 하고 이윤 책임을 부여하면 경영 효율성이 높아질 수 있다는 설명이다.

공공선택 이론(Public Choice Theory)은 공공조직은 경쟁 압력이 없으므로 예산 낭비와 비효율이 고착될 수 있다고 본다. 따라서 민영화를 통해 긴장감과 성과 중심의 경영 체계를 도입하는 것이 바람직하다는 태도다. 이 외에도 구매자-공급자 이론(Purchaser-Supplier Theory), 거래비용 이론(Transaction Cost Theory) 등은 서비스 제공 주체의 효율성을 평가할 수 있는 관점을 제공한다.

▣ 민영화의 방식: 협의와 광의

민영화는 방식에 따라 협의의 민영화와 광의의 민영화로 구분된다. 협의의 민영화는 주로 공기업의 소유권을 직접 매각하는 형태다. 이에는 공기업 전체를 매각하는 완전 민영화, 정부가 일부 지분을 유지하는 부분 민영화, 자회사를 먼저 매각하는 자회사 방식 민영화 등이 있다. 한국전력의 경우 정부가 여전히 지분을 보유하고 있으나, 일부 자회사(한전기술, 한전KPS 등)는 민간에 상장되어 주식이 거래되는 구조다.

반면 광의의 민영화는 소유권 이전이 아닌 운영 방식의 전환에 초점을 맞춘다. 예를 들어, 정부나 공공기관이 정책 수립과 자금 지원은 하되, 실제 서비스 제공은 민간기업에 위탁하는 방식이다. 서울지하철 9호선이 대표적인 사례로, 서울시가 노선을 계획하고 건설비를 투자했지만, 운영은 민간 컨소시엄이 맡았다. 이처럼 광의의 민영화는 외형상 공공성이 유지되지만, 실제 서비스 전달에서는 민간의 효율을 활용하려는 전략이다.

▣ 민영화를 둘러싼 논쟁

민영화는 효율성과 서비스 개선을 기대하는 긍정적인 측면이 있지만, 동시에 공공성 훼손, 요금 인상, 노동 문제, 서비스 격차 등 부작용에 대한 우려도 있다. 특히 교통, 수도, 전력 등 국민의 생존과 직결되는 인프라 분야에서 민영화는 신중한 접근이 필요하다.

예를 들어, 수도 민영화 논란은 세계 여러 나라에서 반복되었다. 일부 국가에서는 요금 급등과 품질 저하가 문제가 되어 다시 공영화되는 사례가 발생했으며, 프랑스 파리도 민간 위탁 후 2010년대 초 다시 시가 직접 운영으로 전환하였다.

노동 측면에서도 민영화는 구조조정, 고용불안, 비정규직 확대 등의 사회적 긴장 요소가 되기도 한다. 특히 공기업에서 일하는 구성원들에게 민영화는 단순한 제도 변경이 아니라 고용환경과 조직문화 전반에 영향을 미치는 문제로 받아들여진다.

한국은 IMF 외환위기 이후 공기업 개혁과 민영화를 적극 추진했으나, 사회적 합의 부족과 정치적 반발로 인해 대부분의 민영화가 중단되거나 부분적으로만 이루어졌다. 2000년대 초 한국전력, 가스공사, 철도공사, 우정사업본부 등의 민영화 논의가 있었지만, 많은 경우 공공성과 국가 전략 산업의 특수성으로 인해 속도 조절이 이루어졌다.

따라서 한국에서 민영화를 논의할 때는, 단순한 효율성 논리만으로 접근하기보다 공공성과 국민 신뢰, 서비스의 지속 가능성, 사회적 안전망 등의 요소를 함께 고려해야 한다. 특히 공기업 내부에서도 민영화에 대한 이해를 높이고, 변화 가능성에 유연하게 대비할 수 있는 조직문화와 소통 구조가 중요하다.

제6부. 평가의 무게, 인정과 생존을 준비하다

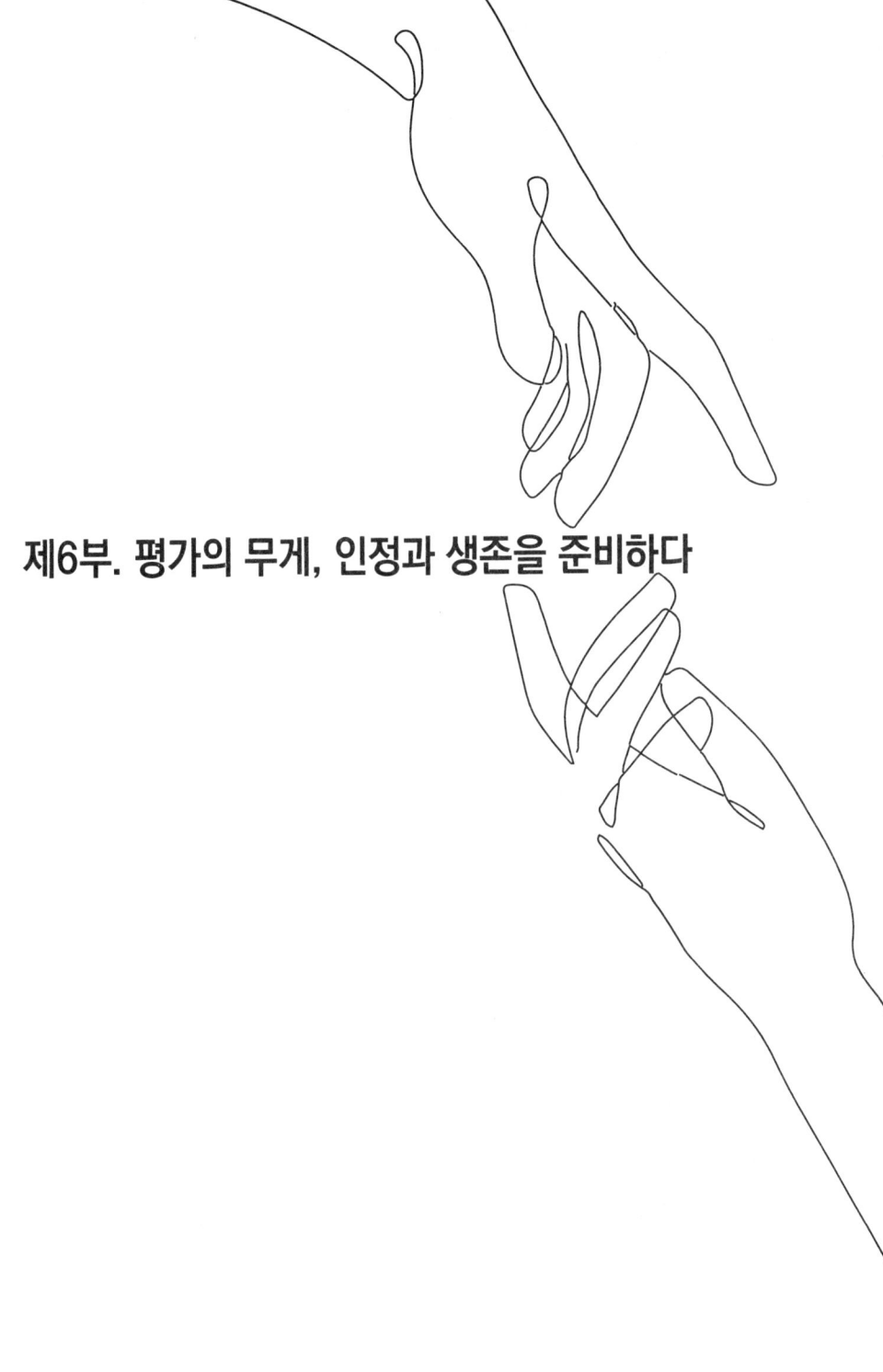

제6부. 평가의 무게, 인정과 생존을 준비하다

> ☞ 공공기관의 내·외부 평가, 감사, 청렴도 조사 등을 이해하고 효과적으로 대응하는 법을 배운다.

"평가와 감사, 숫자 너머의 진짜 의미를 찾는다."

공공기관에서 평가와 감사는 떼려야 뗄 수 없는 부분이다. 경영평가, 성과평가, 내부 감사, 국정감사, 청렴도 조사... 기관이 존재하는 한, 이 과정은 반복된다.

하지만 평가가 단순한 점수 싸움이라면, 왜 누구는 좋은 평가를 받고 누구는 어려움을 겪는 걸까? 숫자로 모든 것을 설명할 수 있을까? 보고서를 잘 쓰는 기술이 평가 결과를 좌우할까?

또한, 공공기관은 국민의 세금으로 운영되기에 시민단체와 언론의 감시, 국민 만족도 조사, 사회적 가치 평가 등의 외부 평가에서도 자유롭지 않다. 기관의 성과를 제대로 인정받기 위해서는 실질적인 가치 창출이 중요하다.

이 장에서는 공공기관의 내·외부 평가 구조를 분석하고, 현실적인 대처법과 균형 잡힌 접근법을 살펴본다. 평가에 대한 올바른 인식과 효과적인 대응 전략을 통해, 조직과 개인 모두 성장할 수 있는 방법을 찾아보자.

공공기관 경영평가, 실적과 현실 사이에서

임원 회의실, 다소 긴장된 분위기. "다들 알겠지만, 올해 기획재정부 경영평가가 어느 때보다 까다롭다고 합니다. 평가 점수에 따라 기관 운영은 물론, 성과급에도 영향을 미치니 신경 써야 합니다." 사장의 말에 회의실이 잠시 조용해졌다.

"그러니까요. 결국 숫자로 말해야 합니다. 평가 기준을 자세히 분석하고, 실적을 명확하게 정리해야 좋은 등급을 받을 수 있습니다." 표관리 본부장은 두꺼운 자료를 넘기며 말을 이었다. "이번 평가에서 특히 강조되는 항목이 뭡니까?" 배다산 본부장은 팔짱을 끼고 앉아 있다가 질문했다. "사회적 가치 실현이 핵심이 될 겁니다. 탄소중립, 윤리경영, 지역사회 공헌 같은 항목이 중요해졌어요."

"그런데 실적이 중요하다는 건 다들 알고 계시죠? 사회적 가치도 좋지만, 결국 기관이 얼마나 성과를 냈느냐가 등급을 가를 겁니다. 영업 실적이 평가에서 중요한 요소인데, 이걸 어떻게 반영해야 할지 고민입니다." 남보원 본부장은 날카로운 시선으로 표관리 본부장을 바라봤다. "맞아요. 평가를 잘 받는 것도 중요하지만, 실무자들이 평가 점수를 맞추기 위해 무리한 목표를 쫓다 보면 업무 강도가 너무 높아질 수도 있습니다. 매년 평가 때마다 직원들이 야근을 밥 먹듯이 하는 게 현실 아닙니까?" 배다산 본부장은 현실적인 문제를 지적했다.

"그렇다고 평가 대응을 소홀히 할 수도 없죠. 평가 점수가 낮으면 예산이 삭감될 수도 있습니다. 특히 특정 사업의 존폐가 걸린 경우도 있잖아요." 조경영 부장은 차분하지만 단호하게 말했다. "결국 평가자의 성향도 중요합니다. 평가단이 중점적으로 보는 포인트를 파악해야 하죠. 정량적인 실적뿐 아니라, 비계량 보고서 작성도 철저히 준비해야 합니다. 정부 정책의 핵심 방향을 반영하는 것도 필수입니다."

그때 조용히 듣고 있던 차용필 차장이 말을 보탰다. "재무적으로 보면 평가가 성과급뿐 아니라 기관 전체 재정 운영에도 영향을 미칩니다. 평가 점수에 따라 배정 예산이 줄어들 수도 있으니, 재정 건전성을 유지하는 전략도 함께 고민해야 합니다." "결국 균형이 중요하네요. 실적과 사회적 가치, 평가 점수와 직원들의 부담, 정부 정책과 기관의 현실까지… 모두가 만족할 해법을 찾아야겠네요." 사장은 한숨을 내쉬며 회의를 정리했다. "평가 대응팀을 꾸려서 준비하는 게 좋겠습니다. 각 부서에서 신경 써야 할 부분을 정리해서 공유하도록 하죠."

돌발 상황 발생! 부정적 뉴스 등장

회의를 마친 직후, 표관리 본부장의 휴대전화가 진동했다. 전화를 받자마자 표정이 굳어졌다. "뭐라고요? 우리 기관 관련 부정적 기사가 나왔다고요? 평가 발표 전에 이런 일이 생기면 곤란한데…" 전화를 끊고 자리에서 벌떡 일어난 표관리 본부장은 단호한 목소리로 말했다. "전 직원에게 당부했죠. 평가 발표 전까지 부정적인 이슈가 생기지 않도록 조심하라고! 그런데 이게 무슨 일입니까?"

조경영 부장이 조심스럽게 물었다. "어떤 기사죠?" "최근 진행 중인 사업과 관련해서 작업장 인명사고가 발생한 게 언론에 나왔어요. 물론 실무적으로 해결 중이었지만, 기사 제목이 '원도급사 관리 부실로 작업장 인명사고 발생'이라니, 평가단이 보면 좋게 볼 리 없겠죠?" 남보원 본부장이 헛웃음을 지었다. "아니, 우리 기관에서 최선을 다해 작업장 안전사고 예방을 위해 노력하고 있는데, 모든 책임을 우리에게 떠넘기니... 언론은 또 자극적으로 쓰네요." 배다산 본부장이 고개를 끄덕였다. "이럴 때일수록 신속하게 대응해야 합니다. 변명처럼 보이지 않으면서도, 사실관계를 명확히 해야죠."

표관리 본부장은 이미 머릿속에서 대응 전략을 짜고 있었다. "당장 홍보팀 소집하세요. 설명회를 열어 정확한 사실을 알리고, 평가단에도 오해가 없도록 자료를 정리해야 합니다. 그리고 내부 직원들에게도 이 사안에 대해 공통된 입장을 전달하세요. 괜히 다른 이야기 나오지 않도록!" 조경영 부장이 재빨리 움직였다. "알겠습니다. 보도자료도 준비하죠. '사업 정상 진행 중, 작업자 생명에는 지장 없어' 같은 방향으로..." 표관리 본부장은 한숨을 쉬며 중얼거렸다. "이제 진짜 발표 날까지 숨도 못 쉬겠네요."

사장이 조용히 듣고 있다가 결론을 내렸다. "우리가 할 수 있는 건 최선을 다해 대응하는 것뿐입니다. 흔들리지 말고, 정리된 내용대로 움직입시다." 평가 발표까지 남은 시간. 기관의 실적만큼이나, 위기관리가 중요한 순간이었다.

성과 평가, 잘 받는 사람은 따로 있다?

본사 회의실, 분기 성과 평가 회의. 사장이 자리에서 일어나 회의실을 둘러보며 입을 열었다. "곧 성과 평가 시즌입니다. 우리 기관도 평가 기준을 잘 이해하고 준비해야 합니다. 성과 평가에서 높은 점수를 받으려면 어떻게 해야 할까요?" 표관리 본부장이 냉정한 표정으로 자료를 넘기며 말했다. "성과 평가에서 중요한 건 결국 지표입니다. 감정이 아니라 수치와 데이터로 증명할 수 있어야 하죠. 평가 항목에 맞춘 실적을 내도록 각 부서에서 인사와 예산을 효율적으로 조정하는 게 관건입니다. 특히, 공공기관은 평가를 3개년 주기로 준비합니다."

배다산 본부장이 팔짱을 끼고 고개를 저었다. "3개년 준비라면, 구체적으로 어떻게 나눠서 진행된다는 겁니까?" "크게 세 단계죠." 표관리 본부장이 손가락을 하나씩 접으며 설명했다. "첫째, 전년 실적에 대한 보고서 작성과 인터뷰 준비. 작년에 우리가 잘한 점과 부족한 점을 평가위원들에게 효과적으로 전달해야 합니다." "그래서 요즘 차용필 차장이 보고서 작성에 파묻혀 있군요." 안태남 과장이 차용필을 힐끔 쳐다보며 웃었다. 차용필 차장은 옆에서 노트북을 두드리며 정신없이 뭔가를 정리하고 있었다. "둘째, 올해 평가 지표를 정확히 이해하고 실적을 관리하는 것. 평가 기준이 바뀌면 그에 맞춰 실적을 준비해야 합니다." 조경영 부장이 고개를 끄덕이며 말을 이었다. "그리고 셋째, 내년 평가지표를 설계하고 대책을 마련하는 것. 올해 평가 기준을 분석해서 내년엔 어떻게 대비할지를 미리 정해야 합니다. 평가 지표는 매년 조금씩 바뀌기 때문에, 한해 평가에만 집중하면 안 됩니다."

남보원 본부장이 단호하게 말을 받았다. "결국 중요한 건 어떻게 목표를 설정하고, 그 목표를 달성하느냐입니다. 저는 목표를 세우면 무조건 실적으로 증명해야 한다고 생각합니다. 설정한 지표에 맞춰 실적을 관리하면, 좋은 평가로 이어질 수 있습니다." 탁고민 대리가 고개를 갸웃하며 질문했다. "그럼, 결국 평가에서 좋은 점수를 받으려면 목표를 명확히 설정하고, 과정을 기록하고, 실적을 증명하면 되는 거군요?"

"정확히 말하면, 거기에 한 가지 더 추가해야죠." 사장이 회의실을 둘러보며 강조했다. "성과 평가에서 성공하려면 조직의 전략과 방향을 평가 기준에 맞게 조정하는 게 핵심입니다. 평가 항목과 목표를 일치시키고, 거기에 맞춰 조직 운영을 최적화해야 합니다. 그래야 직원들도 자연스럽게 높은 평가를 받을 수 있죠."

조경영 부장이 서류를 정리하다가 문득 차용필을 쳐다보며 물었다. "차차장, 올해 평가지표 바뀐 거 다 확인했죠?" 순간, 차용필 차장이 타이핑하던 손을 멈추고 굳어졌다. "...네? 평가지표 변경이요?" 조경영 부장이 눈을 가늘게 뜨고 되물었다. "아니, 그동안 보고서 작성에 집중하느라 올해 평가 지표 바뀐 거 모르고 있었던 거 아니죠?" 차용필 차장의 얼굴에서 땀이 송골송골 맺혔다. "에이, 설마요... 제가 다 확인했을 겁니다. 아마도... 잠깐만요." 그는 황급히 노트북을 켜고 평가 지표 파일을 찾기 시작했다. 하지만 파일을 클릭하자, 낯선 지표들이 화면에 가득 찼다. "...어? 이거 왜 이렇게 달라요?"

"아, 차 차장. 큰일 났네요." 조경영 부장이 한숨을 쉬며 머리를 긁적였다. "올해부터 주요 평가 항목 중 하나가 'ESG(환경·사회·지배구조) 경영 실천'으로 바뀌었어요. 환경, 사회적 책임, 지배구조 개선에 대한 실적을 강조하는데, 보고서에는 아직 반영이 안 된 것 같은데요?" 차용필 차장은 얼굴이 새하얗게 질렸다. "...아니, 그런 중요한 걸 왜 이제 말해요?" 안태남 과장이 웃으며 팔짱을 꼈다. "지난주에 내부 공지로 다 돌았는데요. 차 차장은 보고서 쓰느라 정신이 없었나 봐요?" 차용필 차장이 머리를 감싸 쥐었다. "하... 이거 다시 수정하려면 밤새야겠는데..."

배다산 본부장이 피식 웃으며 한마디 던졌다. "그러니까 보고서만 잘 쓰는 게 중요한 게 아니고, 올해 평가 지표도 정확히 파악해야 한다는 거죠." 사장이 고개를 끄덕이며 마무리했다. "맞습니다. 성과 평가에서 살아남으려면 목표 설정, 기록 관리, 실적 증명, 전략 조정까지 모든 걸 신경 써야 합니다. 우리가 앞으로도 꾸준히 좋은 평가를 받으려면, 지금부터 철저히 준비해야겠죠."

그때, 조경영 부장이 덧붙였다. "성과 평가를 잘 받기 위해 DMAIC 방법론(Define, Measure, Analyze, Improve, Control: 문제 정의부터 개선·관리까지의 프로세스)을 활용하는 것도 효과적인 전략입니다. 이 방법론은 문제를 파악하고, 정확히 측정하며, 분석을 통해 개선 방안을 도출하고 실행하는 구조로 구성됩니다. 우선, SWOT 분석(Strengths, Weaknesses, Opportunities, Threats: 강점, 약점, 기회, 위협 분석), 5 Forces 분석(산업 내 경쟁 강도와 진입장벽 등을 분석하는 프레임워크), PEST 분석(정치·경제·사회·기술 환경 분석) 등을 통해 우리가 직면한 문제를 명확히 파악해야 합니다. 문제를 명확히 인식한 후, 이를 측정 가능하게 만드는 것이 중요합니다. 측정할 수 있어야만 우리가 개선의 정도를 평가할 수 있기 때문이죠. 만약 측정할 수 없는 지표가 있다면, 비계량적인 목표를 설정하는 것도 좋은 방법이 될 수 있습니다. 예를 들어, 조직

문화 개선이나 윤리의식 제고와 같은 목표는 구체적인 데이터를 통해 측정할 수 없을 때 비계량적으로 설정할 수 있습니다.

이후, Big Data(방대한 데이터를 분석해 패턴과 인사이트를 찾는 방식), 3 Why 분석(문제의 근본 원인을 '왜?'라는 질문으로 3단계 추적하는 방식), Logic Tree(문제를 단계별로 분해해 구조적으로 분석하는 도구) 등을 활용해 문제의 본질을 분석하고, 문제를 해결할 수 있는 실질적인 개선 방안을 도출해야 합니다.

이런 방식으로, 평가 지표에 맞춰 조직의 방향성을 조정하고 발전시켜 나가면, 성과 평가에서도 우수한 결과를 얻을 수 있습니다. 결국, DMAIC 방법론을 활용하면 조직이 목표를 명확히 설정하고 실현할 수 있는 개선 방안을 도출하여 평가에서 좋은 결과를 얻는 데 중요한 역할을 할 수 있습니다."

차용필은 고개를 푹 숙이며 조용히 중얼거렸다. "역시, 일만 열심히 하는 사람보다, 스마트하게 일하고 평가 지표도 챙기는 사람이 승자구나... 이제 나도 방식부터 바꿔야겠어."

숫자만으론 부족하다! 경영평가 보고서 작성법

"이게 뭐야? 이걸 보고 평가위원들이 우리 기관이 체계적이라고 생각할까?" 표관리 본부장이 프린트를 흔들며 말했다. 회의실엔 묘한 긴장감이 감돌았다. 이번 경영평가 보고서는 사장이 직접 챙기고 있는 중요한 문서였다. 각 본부에서 초안을 작성해 가져왔지만, 의견이 엇갈리고 있었다. "보고서가 기관의 성과를 평가하는 중요한 도구인 만큼 철저한 준비가 필요합니다." 사장이 차분한 목소리로 말을 꺼냈다. "자, 보고서를 더 완성도 높게 만들기 위해 각자의 의견을 이야기해 봅시다."

탁고민 대리는 잔뜩 긴장한 표정이었다. 그는 처음으로 경영평가 보고서 작성에 참여했다. 옆에서 안태남 과장이 눈을 반짝이며 그를 흘끗 쳐다봤다. 차용필 차장이 살짝 한숨을 내쉬었다. "숫자로 보여주면 되는 거 아닌가요?" 그 순간, 남보원 본부장이 단호한 목소리로 말했다. "그렇죠. 보고서는 결국 실적 싸움입니다. 좋은 점수를 받으려면 우리 실적을 숫자로 깔끔하게 정리하고 평가 지표에 맞게 정리해야 합니다. 실적이 곧 점수입니다." "아니죠." 배다산 본부장이 고개를 저었다. "단순히 숫자를 나열하는 게 아니라, 평가위원들이 이해하기 쉽게 풀어야 합니다. 잘 쓴 보고서는 어려운 내용을 쉽게 설명하는 겁니다. 전문용어를 너무 많이 쓰면 평가위원들이 이해하기 어려워요."

표관리 본부장이 손을 들었다. "그것도 맞는 말이지만, 저는 제목을 잘 뽑는 것도 중요하다고 생각합니다. 제목만 봐도 내용을 짐작할 수 있도록 해야죠. 그리고 보고서 작성은 결국 전략과 데이터 싸움입니다. 평가위원들이 우리가 얼마나 체계적으로 성과를 관리하고 있는지 설득하는 과정이에요. 단순한 실적 나열이 아니라, '왜?'와 '어떻게?'를 잘 풀어내야 합니다." 그때, 옆에서 듣고 있던 안태남 과장이 고개를 끄덕이며 중얼거렸다. "그래, 이거야. 내가 배운 대로다...!"

탁고민 대리가 조용히 노트에 적고 있을 때, 안태남 과장이 슬그머니 다가와 노트를 빼앗더니 한쪽을 가려주며 속삭였다. "봐봐, 이렇게 중요한 팁은 빨간 펜으로 별표 쳐야지!" 탁고민 대리가 당황한 얼굴로 "어...?" 하자, 안태남 과장은 신난 얼굴로 노트를 가리키며 말했다. "자, 필기해! 첫째, 제목을 잘 뽑아라! 제목만 봐도 핵심이 보이게. 둘째, 평가 항목은 질문지다! 평가 지표를 완벽하게 이해하고, 질문에 맞춰 작성할 것. 셋째, 어려운 내용을 쉽게 쓰기! 평가위원들이 이해하기 쉬운 문장으로. 넷째, 보고서는 하나의 작품이다! 문구 하나하나에 신경 쓸 것!" 탁고민 대리가 빙그레 웃었다. "과장님, 저보다 더 신나신 거 같은데요?" "그럼! 나도 이번에 교육받고 완전 깨달음을 얻었어!" 안태남 과장은 신난 얼굴로 말했다. "이게 바로 보고서 작성의 핵심이라고!"

그때, 조경영 부장이 회의실을 둘러보며 입을 열었다. "보고서는 단순한 문서가 아닙니다. 하나의 작품이에요. 문맥이 맞지 않거나, 오타가 있으면 신뢰도가 떨어집니다. 숫자가 많다고 좋은 게 아니라, 그 숫자가 어떤 의미가 있는지, 기관의 전략과 연결되는지가 중요합니다." 차용필 차장이 고개를 끄덕였다. "그러면 실적을 보여주되, 흐름을 명확히 하고, 평가위원들이 쉽게 이해할 수 있도록 풀어야 한다는 거네요." "그렇지!" 배다산 본부장이 웃으며 말했다. "탁고민 대리도, 차용필 차장도 이번 기회에 제대로 배워두면 좋아."

사장이 마지막으로 정리했다. "좋습니다. 우리 기관의 성과를 제대로 평가받으려면, 보고서를 전략적으로 써야 합니다. 각 본부에서 오늘 논의한 내용을 반영해서 다시 정리해 주세요." 회의가 끝난 뒤, 탁고민 대리는 차용필 차장을 붙잡고 물었다. "형, 우리 같이 보고서 다시 써볼까요?" 차용필 차장이 웃으며 노트를 펼쳤다. "그래, 이번엔 제대로 해보자." 옆에서 안태남 과장이 만족스러운 표정으로 고개를 끄덕이며 말했다. "좋아, 드디어 보고서 마스터들이 탄생하는구먼!"

감사원 감사, 현실과 형식 사이

회의실, 긴장된 분위기. "드디어 올 게 왔군요." 사장이 한숨을 내쉬며 감사원 감사 일정이 적힌 문서를 내려다봤다. "올해 감사 방향은 공공기관 예산 집행의 투명성 강화입니다. 특히 불필요한 예산 낭비, 계약 과정의 적절성, 성과급 지급 기준 등을 집중적으로 들여다볼 거라고 하네요." 표관리 본부장이 프레젠테이션 화면을 넘기며 설명했다.

그 말을 듣자, 안태남은 안도의 한숨을 내쉬었다. "아, 다행이다. 이번에는 홍보나 외부 활동 쪽보다는 재무 쪽이 주 타깃이네요. 작년에 행사 예산 때문에 고생했는데, 올해는 좀 덜 걸릴 것 같아요." 반면, 차용필의 얼굴은 점점 어두워졌다. "예산과 계약을 집중적으로 본다고요? 그럼, 재무팀은 완전히 전쟁이겠네요. 보고서만 몇십 개는 더 써야 할 겁니다. 특히 성과급 지급 기준까지 포함되면, 사람들 줄줄이 불려 다니겠군요."

배다산 본부장이 고개를 끄덕였다. "아무래도 계약이나 성과급 지급 같은 건 현장에서 결정할 수 있는 부분이 아니라, 시스템적으로 관리돼야 할 텐데... 감사원 기준이랑 실무가 좀 다를까 봐서 걱정입니다." 남보원 본부장은 불만스러운 표정으로 팔짱을 꼈다. "그러니까요. 성과급 지급 기준을 세세하게 들여다보겠다는 건, 결국 우리 실적을 감사하겠다는 거잖아요? 그런데 현실적으로 보면, 실적을 내는 과정에서 리스크를 감수해야 할 때도 있는데, 감사 기준이 너무 경직되면 애초에 도전적인 사업을 못 하게 됩니다." "그러면서 성과는 또 내라고 하겠죠?" 탁고민 대리가 옆에서 한숨을 내쉬었다.

그때 조경영 부장이 씩 웃으며 분위기를 풀었다. "그래도 감사 준비하면서 배우는 것도 많아요. 예전에 계약 감사 받을 때, 우리 회사의 계약 프로세스가 다른 기관보다 더 깐깐하다는 걸 알게 됐잖아요? 그러니까 너무 겁먹지는 맙시다." 표관리 본부장이 다시 입을 열었다. "한 가지 재미있는 건, 지역 사무소에서는 본사 감사 기간이 언제인지 굳이 일정을 확인하지 않아도 압니다." "네?" 사장이 의아한 표정을 지었다. "본사에서 시행되는 문서량이 급감하거든요. 평소에는 하루에도 수십 건씩 내려오던 공문이 감사 기간에는 거의 없어요. 현장에서 농담 삼아 '문서가 줄어들면 감사 기간이구나' 하고 알아챌 정도입니다."

안태남이 웃음을 터뜨렸다. "그 말이 맞아요. 저도 지역 사무소에 있을 때, 본사 문서가 갑자기 확 줄어들면 다들 '아, 본사 감사 받는구나!' 하고 짐작했어요. 감사받는 동안 괜히 새 정책 시행했다가 지적받을까 봐 본사도 조용하죠." 차용필은 깊은 한숨을 내쉬며 머리를 긁적였다. "결국 감사는 조직 전체의 흐름을 바꿔 놓는군요. 아무튼, 재무 쪽으로 집중되는 만큼 우리도 철저히 준비해야겠어요. 이번에는 야근 각오해야겠네요."

사장이 다시 한번 문서를 내려다보며 결론을 내렸다. "좋아. 올해 감사, 철저하게 대비하자. 하지만 본연의 업무가 흐트러지지 않도록 형식적인 감사 준비보다는 실제 운영의 투명성과 효율성을 강화하는 방향으로 가야 한다. 감사 대응팀을 중심으로 각 본부는 협조해 주길 바란다." 모두가 자리에서 일어서며 각자의 역할을 다짐했다. 감사는 한 번 지나가면 끝나는 것이 아니다. 하지만 이번에도 조직이 위축되지 않고, 본래 해야 할 일에 집중할 수 있을까? 모두의 어깨에 먹구름이 내려앉았다.

국정감사, 실무와 정치 사이에서

본사 회의실, 국정감사를 앞두고 긴장감이 감도는 분위기. "하… 올해도 이 시간이 왔네요." 사장은 국정감사 일정이 적힌 문서를 내려다보며 깊은 한숨을 내쉬었다. "이번엔 또 어떤 이슈로 몰아붙일지 모르겠네요. 기관 운영을 설명해야 하는 건 맞는데, 괜히 정치적 논란으로 번질까 걱정입니다." 표관리 본부장이 고개를 끄덕이며 말했다.

"그래서 철저한 자료 준비가 필요합니다. 근거 없는 의혹이 제기되더라도, 우리가 확실한 데이터를 가지고 논리적으로 반박할 수 있어야 해요." 배다산 본부장은 고개를 절레절레 흔들었다. "문제는 그게 아니죠. 아무리 우리가 정확한 자료를 준비해도, 실무적인 성과보다는 정치적으로 두드러질 만한 쟁점이 먼저 떠오른다는 겁니다. 실제 생산성과는 상관없이 말이죠." 남보원 본부장이 팔짱을 끼고 맞장구쳤다. "맞아요. 결국 의원들이 원하는 건 공격할 소재지, 진짜 기관 운영에 관심 있는 사람이 얼마나 되겠어요? 우리 성과는 제대로 관심도 주지도 않고, 특정 사안 하나 걸리면 하루 종일 몰아붙일걸요?"

조경영 부장이 가볍게 한숨을 내쉬며 말했다. "게다가 지금 내부 직원들이 본 업무는 팽개치고 국정감사 준비에만 매달리고 있잖아요. 이게 말이 됩니까? 결국 중요한 사업 일정이 다 밀릴 텐데요." 기정연 부장이 헛기침하며 거들었다. "그래서 저는 국회의원실과 계속 연락하면서 요구 자료의 범위를 최대한 구체적으로 만들려고 했습니다. 괜히 자료 범위가 모호하면, 필요 없는 자료까지 산더미처럼 만들어야 하거든요."

탁 대리가 고개를 끄덕이며 한숨을 내쉬었다. "아… 진짜 그거 공감합니다. 저도 이번 국정감사 준비하면서 이게 과연 필요할까? 싶은 자료까지 만들었거든요. 근데 안 내면 또 문제 될까 봐 밤새 준비했죠." 차용필이 팔짱을 끼고 말했다. "그게 바로 국정감사의 아이러니입니다. 우리가 어떤 자료를 내든, 결국 핵심은 따로 있고, 그걸 어떻게 해석하느냐가 중요한 거죠. 숫자로 방어할 준비는 철저히 해야 합니다." 안태남이 웃으며 거들었다. "그리고 국정감사 기간이 되면, 지역 사무소에서도 본사가 취합해서 제출하는 자료를 만들기 때문에 일상적인 업무랑 겹쳐 바쁩니다."

사장이 의아한 표정을 지었다. "지역 사무소도 국정감사 자료를 제출해요?" "예, 지역구 국회의원들이 요구하는 자료가 있으므로, 본사 주관부서와 유기적인 관계를 유지해 가면서 자료를 작성합니다." 탁고민 대리가 피곤한 얼굴로 끼어들었다. "그리고… 결국 국정감사 당일, 제가 밤새 준비한 자료는 아무도 안 보더라고요." 모두가 그를 쳐다봤다. "뭐?" 탁고민 대리는 허탈한 웃음을 지으며 말했다. "진짜 허무했어요. 한 달 넘게 자료 정리하고, 엑셀 수십 개 정리하고, 차트 만들고, 보고서까지 완벽하게 준비했거든요. 그런데 정작 감사장에서는 딴 얘기만 오가고, 우리 기관 관련 질의는 다 다른 주제더라고요. 결국 제 자료는 단 한 장도 참고되지 않았어요."

기정연 부장이 깊은 한숨을 쉬었다. "그래서 제가 국회의원실과 협의하면서 요구 자료의 범위를 명확히 하려고 한 거예요. 괜히 다 필요할 것 같아서 이것저것 만들면, 결국 쓸데없는 행정력 낭비가 되니까요." 탁고민 대리가 허탈한 표정으로 덧붙였다. "다음엔 국정감사 자료 만들 때, 정말 필요한 자료인지부터 확인하고 싶습니다. 아니면 AI라도 시켜서 자동으로 만들게 하든지요."

사장이 다시 국정감사 문서를 내려다보며 말했다. "좋아. 우리가 국정감사를 피할 수는 없지만, 그렇다고 지나치게 방어적으로만 갈 필요도 없습니다. 중요한 건 실적과 논리적 대응이에요. 감정적으로 휘둘리지 않고, 우리가 한 일을 제대로 설명하는 데 집중합시다." 모두가 자리에서 일어서며 각자의 역할을 다짐했다. 국정감사는 피할 수 없는 과정이지만, 실무자들에게는 엄청난 부담이 되는 행사다. 하지만 이번에도 조직이 본연의 역할을 지키면서, 효과적으로 대응할 수 있을까? 모두의 어깨가 무거워졌다.

시민단체와 언론, 공공기관의 두 번째 평가자

본사 회의실, 최근 언론 보도로 인해 긴장감이 감도는 분위기. "이게 도대체 무슨 기사야?" 사장이 책상을 탁 소리 나게 두드리며 신문을 펼쳤다. 1면에 큼지막하게 실린 기관 관련 기사 제목이 눈에 들어왔다. "○○기관, 예산 낭비 논란… 시민단체, 철저한 책임 추궁 예고" "우리가 성과를 내고 있음에도 불구하고, 언론과 시민단체는 그걸 보지 않고 비판부터 하는군요." 표관리 본부장이 자료를 넘기며 말했다.

"실적을 기준으로 보면, 예산 집행은 계획대로 진행됐고 성과도 나왔습니다. 그런데도 '낭비'라는 단어가 붙으니, 마치 문제가 있는 것처럼 보입니다. 감정적인 여론이 실적보다 더 크게 작용하는 상황이 걱정됩니다." 남보원 본부장이 툭하고 말참견했다. "이제 익숙하지 않습니까? 우리 기관이 뭘 하든, 시민단체나 언론에서 딴지 걸 요소는 항상 있어요. 실적이 아무리 좋아도 작은 문제 하나만 드러나면 기관 이미지가 엉망이 된다고요." 배다산 본부장이 팔짱을 끼며 한숨을 내쉬었다. "그렇다고 우리가 시민단체나 언론을 무시할 수도 없죠. 공공기관 특성상 외부 시선을 신경 쓰지 않을 수가 없습니다. 하지만 내부 직원들은 매번 언론 대응에 신경 쓰느라 본업에 집중하기 어렵다고 불만이에요."

조경영 부장이 냉정하게 덧붙였다. "특히 언론 보도로 인해 용역계약 문제까지 터지면 재무적으로도 곤란해집니다. 예산 내에서 효율적으로 운영하려면 계약 조건을 꼼꼼히 따져야 하는데, 언론이 자꾸 특정 사안을 부풀려서 보도하면 사업 운영 자체가 흔들릴 수 있습니다." 기정연 부장이 자료를 들고 끼어들었다. "그래서 저는 미리 시민단체와 접촉해 그들이 진짜 문제 삼는 포인트가 뭔지 확인하려고 했습니다. 요구 사항을 명확히 알아야 불필요한 오해를 줄일 수 있으니까요." 사장이 고개를 끄덕이며 물었다. "그래서, 시민단체에서 구체적으로 뭘 요구했습니까?"

"환경 보호 조치를 더 강화해야 한다는 주장입니다. 사실 기존 계획에도 친환경 정책이 포함되어 있지만, 그게 눈에 잘 보이지 않는다는 게 문제죠. 우리가 아무리 올바른 방향으로 가고 있어도 시민단체에서 문제를 제기하고, 언론이 이를 집중 조명하면 부정적인 프레임이 씌워질 수밖에 없습니다." 탁고민 대리가 피곤한 표정으로 한숨을 쉬며 말했다. "하... 진짜 언론 대응팀을 따로 만들어야 하는 거 아닌가요? 저도 이번에 보도자료 준비하느라 밤새워서 작성했는데, 막상 기사에는 딱 한 줄 언급됐어요. 그것도 맥락 다 잘리고, 기관 해명이 아니라 '기관 측 반박'이라는 식으로요." 안태남 과장이 웃으며 맞장구쳤다. "언론이 그런 거야 뭐... 기관 해명은 언제나 '기관 측 주장'이 되고, 시민단체나 제보자의 말은 '진실'처럼 다뤄지죠."

기정연 부장이 씩 웃으며 말을 이었다. "그래서 그냥 가만히 있을 순 없잖아요. 우리 기술팀에서 고민한 끝에 시민단체를 초청해 공사 현장 환경자문위원으로 위촉했습니다." 순간 회의실이 술렁였다. "뭐요? 시민단체를 공사 현장으로 초대했다고요?" 남보원이 의아한 표정으로 되물었다. "네. 어차피 감시할 거면 차라리 정식으로 참여하게 하자는 거죠. 현장을 직접 보고 의견을 내면 우리도 '깜깜이 행정'이라는 비판에서 벗어날 수 있고, 시민단체도 단순히 반대하는 입장이 아니라 개선 방안을 함께 고민하는 쪽으로 바뀌게 됩니다."

사장이 고개를 끄덕이며 흥미로운 표정을 지었다. "그거 괜찮은 전략인데요. 실제로 반응은 어땠습니까?" "일단 시민단체 쪽에서도 의외로 긍정적인 반응이었습니다. 자기들도 막연히 비판만 하는 것보다 직접 참여하는 게 낫다고 생각한 거죠. 물론, 아직 완전히 신뢰를 쌓았다고 보긴 어렵지만, 최소한 무작정 반대하는 분위기에서 대화의 장으로 넘어온 건 의미 있는 변화라고 봅니다." 배다산이 고개를 끄덕이며 말했다. "그럼, 우리도 이제 단순히 대응하는 게 아니라, 먼저 다가가서 긍정적인 프레임을 만들 필요가 있겠네요."

사장이 책상을 두드리며 마무리했다. "좋습니다. 앞으로 시민단체, 언론과 소통할 때도 방어적인 태도가 아니라, 전략적 접근이 필요합니다. 탁고민 대리, 자료 준비는 좀 힘들겠지만, 이번 사례를 정리해서 내부 보고서로 만들어 봅시다." 탁고민이 피곤한 얼굴로 끄덕이며 중얼거렸다. "이럴 줄 알았으면 그냥 보도자료 한 줄 쓰고 말 걸..." 안태남이 그 말을 듣고 웃으며 등을 두드렸다. "그래도 이번엔 우리가 한 수 앞섰네. 이제 기자들도 '○○기관, 시민단체와 협업 강화' 같은 기사 하나쯤 써주겠지?" 회의실에 가볍게 웃음이 퍼지면서, 모두 조금은 가벼운 마음으로 자리에서 일어났다. 다음 회의가 기다려질지도 모른다는 생각이 살짝 스쳤다.

내부 감사, 균형 잡힌 관리의 시작

본사 회의실, 내부 감사와 윤리경영 평가를 앞두고 열린 간담회. "자, 오늘은 내부 감사와 윤리경영 평가에 관해 이야기해 봅시다." 사장이 회의를 열었다. 각 부서의 주요 인사들이 자리에 앉아 있었고, 분위기는 다소 무거웠다. '감사'라는 단어 자체가 직원들에게는 부담스럽게 느껴졌기 때문이다. "내부 감사는 필수입니다. 하지만 감사를 받는 직원들이 마치 '잘못을 저지른 사람'처럼 위축되는 분위기는 바람직하지 않아요. 감사를 통해 실무를 더 효율적으로 개선하는 방향으로 가야 합니다." 사장의 말에 표관리 본부장이 고개를 끄덕였다. "맞습니다. 내부 감사를 통해 경영 투명성을 확보하는 건 중요하지만, 방식이 너무 경직되면 직원들의 반발이 커질 겁니다. 단순히 문제를 잡아내는 것보다 조직을 개선하는 방향으로 가야 합니다."

남보원 본부장이 팔짱을 끼고 끼어들었다. "그렇다고 감사를 느슨하게 할 수도 없잖아요. 특히 영업·판매 부서는 숫자와 실적이 중요한데, 감사를 건성으로 하면 나중에 더 큰 문제가 터질 수도 있습니다. 직원들이 부담스러워하더라도 해야 할 건 해야죠." 배다산 본부장이 피식 웃으며 말했다. "남 본부장, 평소 직원들 몰아붙이는 스타일 그대로군요. 하지만 감사가 너무 강하면 직원들이 창의적으로 일할 수 없게 됩니다. 공공기관은 실적만이 아니라 공공성을 고려해야 하니까요."

기정연 부장이 자료를 넘기며 한마디 보탰다. "특히 기술 관련 사업은 회계적 기준으로만 감사를 하면 현실과 맞지 않는 경우가 많습니다. 예를 들어, 연구개발(R&D) 사업의 경우 초기 단계에서는 투자만 있고 수익이 없을 수도 있잖아요. 그런데 예산 대비 성과만 따지면 실패로 평가될 수 있습니다." 차용필 차장이 조용히 듣고 있다가, 고개를 끄덕이며 의견을 냈다. "그래서 재무 감사를 할 때도 일률적인 잣대를 적용하면 안 됩니다. 예산 사용이 원칙에 맞는지는 철저히 보되, 사업 특성도 고려해야 합니다. 하지만 솔직히, 내부 감사를 나가 보면 꼭 한두 군데에서 엉뚱한 문제가 터지더라고요." 안태남 과장이 흥미롭다는 듯 웃으며 물었다. "예를 들면요? 실제로 어떤 사례가 있었는지 궁금하네요."

"예산을 맞추려고 기획한 비용이 실제 상황과 다르게 쓰이는 경우가 많아요. 예를 들어, 장비 구매 예산을 세워놨는데, 나중에 보니 필요성이 떨어져서 다른 용도로 썼다거나... 그런데 그걸 회계적으로 보면 '잘못된 예산 집행'이 되는 거죠." 탁고민 대리가 한숨을 쉬며 끼어들었다. "결국 현장에서 나오는 문제를 고려하지 않고 '규정 위반'으로만 보면, 감사받는 사람의 입장은 억울할 수도 있겠네요. 그런데 내부 감사가 승진이나 평가에도 영향을 미치나요? 감사에 걸리면 불이익이 생길까 봐 다들 불안해하던데요." 조경영 부장이 고개를 저었다. "그렇게 흘러가선 안 됩니다. 내부 감사의 목적은 징계가 아니라 조직 개선이죠. 실제로 문제가 있으면 당연히 조치해야 하지만, 단순한 실수를 부풀려 처벌하는 건 곤란합니다. 감사 결과를 직원들이 '배우는 기회'로 받아들일 수 있어야 해요."

안태남 과장이 회의실을 둘러보며 한마디 했다. "사실 저도 예전엔 감사실 직원들이 내부 감사를 단순한 단속으로만 생각하는 줄 알았어요. 그런데 요즘 보니까 실무자들의 부담을 줄이면서도 윤리경영을 정착시키는 방법을 고민하고 있더라고요. 감사 방식도 점점 합리적으로 바뀌고 있고요." 탁고민 대리가 눈을 동그랗게 떴다. "어? 감사실이 그런 걸 고민한다고요? 옛날엔 감사받으면 무조건 혼나는 줄 알았는데…" "나도 그렇게 생각했는데, 바뀌고 있어." 안태남 과장이 웃으며 고개를 끄덕였다. "예전처럼 일단 잡아놓고 보는 게 아니라, '어떻게 하면 더 나은 운영이 가능할까?'를 고민하는 방향으로 가고 있어요. 그러니까 실무자들도 감사를 피하려고만 하지 말고, 오히려 협업한다고 생각하는 게 좋을 것 같아요."

사장이 미소를 지으며 정리했다. "바로 그겁니다. 내부 감사는 '잘못을 잡아내는 것'이 아니라, 더 좋은 조직을 만드는 과정입니다. 직원들도 감사를 위협으로 느끼지 않도록, 우리 모두 합리적인 개선점을 함께 찾아갑시다." 회의실에는 묘한 공감의 분위기가 흘렀다. '감사'가 단순한 단속이 아니라, 조직이 제자리를 지키며 더 나아가기 위한 점검이라는 사실이 조금씩 공유되는 분위기였다.

청렴도 조사, 원칙과 현실 사이

본사 회의실, '청렴도 조사' 결과 발표를 앞두고 열린 간담회. "자, 오늘은 우리 기관의 청렴도 조사 결과를 놓고 이야기해 봅시다." 사장이 서류를 넘기며 회의를 시작했다. 회의실에는 주요 부서장들이 모여 있었고, 다들 적잖이 긴장한 표정이었다. '청렴도'라는 단어만 나와도 괜히 신경이 곤두서는 분위기였다. "우선 조사 결과를 보면, 외부 평가에서는 비교적 좋은 점수를 받았습니다. 하지만 내부 청렴도는 다소 떨어진 것으로 나왔군요." 이 말을 듣자마자 표관리 본부장이 눈썹을 찌푸렸다. "외부 청렴도 점수가 괜찮다는 건 다행이지만, 내부 직원들이 청렴도에 불만이 있다는 건 심각한 문제입니다. 내부 신뢰도가 낮으면 결국 조직 운영에도 영향을 미칠 테니까요."

남보원 본부장이 팔짱을 끼며 한숨을 쉬었다. "솔직히 말해서, 작은 실수까지 다 청렴도 문제로 엮이는 게 이해가 안 됩니다. 예를 들어, 업무상 식사 한 번 하는 것도 조심해야 하는 분위기잖아요. 요즘은 후배랑 밥 먹고도 혹시 오해받을까 걱정됩니다." 배다산 본부장이 고개를 끄덕였. "나도 동감이에요. 직원들이 규정을 잘 지키려는 건 좋은데, 너무 경직되면 업무 효율성이 떨어질 수도 있습니다. 어떤 건 불가피한 관행인데, 그런 것까지 문제 삼으면 실무자들만 곤란해질 수도 있고요."

기정연 부장이 헛기침하며 말했다. "기술부서에서도 비슷한 문제가 있습니다. 청렴도 강조하는 건 좋은데, 후배들이 규정을 너무 딱딱하게 적용하려다 보니, 실무에서 오히려 더 혼란스러운 경우가 많아요. 예를 들면,

협력업체랑 논의해야 할 중요한 문제도 '괜히 오해받을까 봐' 피하는 경우도 있습니다." 그러자 조경영 부장이 자료를 훑어보다가 고개를 갸웃거렸다. "그런데 말입니다... 기정연 부장님이 관리하는 부문은 올해 청렴도 점수가 만점이 나왔어요. 도대체 비결이 뭡니까?" 기정연 부장은 빙긋이 웃으며 물 한 모금을 마셨다. "별거 없습니다. 평가자들과 자주 소통한 게 전부예요."

"소통이요?" 모두가 의아한 표정을 지었다. 그러자 기정연 부장이 여유롭게 설명을 이어갔다. "청렴도 평가라는 게 단순히 정책을 철저히 지키거나, 법규를 엄격하게 적용한다고 점수가 올라가는 게 아니거든요. 오히려 너무 딱딱하게 가면 평가자들도 부담을 느껴서 점수가 낮게 나오는 경우가 많아요." 안태남 과장이 놀란 눈으로 물었다. "그럼, 부장님은 어떻게 하셨는데요?" "간단합니다. 평가자들이 어떤 부분에서 어려움을 느끼는지 들어보고, 우리가 할 수 있는 배려를 한 거죠. 법과 규정을 벗어나지 않는 선에서요. 가끔 식사 자리도 함께하면서 평가자들이 기관을 어떻게 바라보는지 직접 들었고요. 결국 청렴도라는 게 일방적인 관리가 아니라, 상대방을 이해하고 함께 가는 게 중요하다는 걸 알게 됐죠."

순간 회의실이 조용해졌다. 조경영 부장이 팔짱을 끼며 고개를 끄덕였다. "결국, 청렴도도 사람과 사람이 만드는 거라는 거군요. 너무 경직되면 오히려 역효과가 날 수도 있고요." 사장이 미소를 지으며 정리했다. "좋습니다. 청렴도는 단순히 규정을 지키는 것을 넘어, 사람 간의 신뢰와 소통이 중요한 요소임을 다시 한번 느꼈습니다. 우리는 원칙을 지키는 동시에 유연한 소통을 통해 서로를 이해하고, 그 안에서 협력할 방안을 모색해야 합니다. 이렇게 한 걸음 더 나아가면, 내부 청렴도와 외부 청렴도를 동시에 높이는 길이 될 것입니다. 그럼, 이 문제를 해결하기 위한 구체적인 실행 계획을 마련해 보겠습니다. 모두 함께 고민하고 노력해 나가도록 합시다. 작은 실천이 쌓이면 결국 우리 조직 전체의 신뢰도를 높이는 힘이 될 것입니다."

회의실의 분위기가 다소 무겁지만, 사장의 말에 모두가 공감하며 고개를 끄덕였다. 청렴도 조사는 단순히 점수나 평가를 넘어서, 조직 내 신뢰와 협력의 기반을 다지는 중요한 과정이라는 인식이 자리 잡기 시작했다.

국민 만족도 조사, 점수보다 중요한 것

본사 회의실, 국민 만족도 조사 결과를 논의하는 회의. "자, 국민 만족도 조사 결과가 나왔습니다." 사장이 자료를 들고 회의를 시작했다. 모두의 시선이 자연스럽게 사장 손에 들린 보고서로 향했다. "우리 기관의 종합 점수는 지난해보다 조금 올랐지만, 일부 부문에서는 하락했군요. 특히 민원 처리 속도와 소통 부문 점수가 낮아졌습니다." 표관리 본부장이 고개를 끄덕이며 말을 이었다. "그래도 전반적으로 큰 폭의 하락은 피했으니 다행입니다. 다만, 국민 만족도 조사는 단순한 평가가 아니라 기관 운영 전반에 영향을 미치는 중요한 요소입니다. 경영평가 점수에도 반영되고, 예산에도 영향을 미치죠. 따라서 전략적으로 접근해야 합니다."

남보원 본부장이 팔짱을 끼며 한숨을 쉬었다. "하지만 솔직히 말해서, 국민 만족도 점수를 올리려다 보면 실무 부담이 엄청납니다. 단순한 점수 경쟁으로 흐르면 실질적인 서비스 개선보다 형식적인 대응이 늘어날 수도 있습니다." 배다산 본부장이 고개를 끄덕이며 맞장구쳤다. "맞아요. 우리 직원들도 국민 만족도를 높이기 위해 최선을 다하고 있지만, 무조건 점수를 높이는 데만 집중하면 내부에서 불만이 커질 겁니다. 특히 현장 부서 직원들은 민원 대응 부담이 갈수록 늘어나고 있다고 합니다."

조경영 부장은 표정을 굳힌 채 보고서를 들여다보고 있었다. "사실... 우리 부서의 점수가 작년보다 하락했습니다." 순간 회의실 공기가 묘하게 변했다. 다들 조심스럽게 조경영 부장을 쳐다보았다. "현재 원인을 분석 중인데, 주된 이유는 국민과의 소통 부족으로 보입니다. 특히 민원 응대 과정에서 발생한 실수들이 문제로 지적됐어요."

이때, 탁고민 대리가 머쓱하게 웃으며 말을 보탰다. "아... 사실 저도 얼마 전에 국민 만족도 조사 평가자랑 전화 통화하다가 괜히 언쟁을 벌이고 말았습니다." 회의실이 술렁였다. "뭐? 너 또 뭐라고 한 거야?" 안태남 과장이 혀를 찼다. "아니, 평가자가 '기관에서 제공하는 서비스가 너무 형식적이다'라고 하길래, 저는 '아닙니다! 무슨 말씀하시는 겁니까! 저희 정말 열심히 하고 있습니다!'라고 강하게 반박했거든요." 남보원 본부장이 이마를 짚었다. "야, 그건... 대응이 아니라 싸우자는 거지." 탁고민 대리가 눈을 피하며 중얼거렸다. "그러게요... 전화 끊고 나니 후회됐습니다. 역시 교육이 필요하다는 걸 뼈저리게 느꼈습니다."

기정연 부장이 조용히 듣고 있다가 입을 열었다. "기술부서에서도 마찬가지입니다. 우리는 국민이 직접 체감할 수 있는 서비스 개선이 중요하다고 생각합니다. 그런데 시스템이 너무 복잡하면 오히려 국민들이 불편을 느낄 수도 있습니다. 점수보다 실질적인 개선이 필요합니다." 조경영 부장은 한숨을 내쉬며 다짐했다. "맞아요. 우리 부서부터라도 직원 교육을 더 강화해야겠습니다. 국민과 소통하는 법부터 다시 배우고, 감정적인 대응을 피할 수 있도록 해야죠. 실수나 오해가 생기지 않도록, 국민의 목소리에 귀 기울이는 자세가 필요합니다. 점수에 집착하기보다, 그 속에 담긴 국민들의 진짜 목소리를 반영해야죠."

사장이 고개를 끄덕이며 말을 이었다. "좋은 말입니다. 국민 만족도는 결국 우리가 제공하는 서비스가 실제로 국민에게 어떤 영향을 미치는지를 반영하는 지표입니다. 실질적인 개선을 위한 노력이 중요하며, 그 과정에서 우리가 모두 같은 방향을 향해 나아가는 것이 가장 큰 의미가 있을 것입니다. 점수에 얽매이지 않고, 실제로 국민이 느끼는 변화를 만드는 데 집중합시다. 이 점수를 넘어선 가치가 바로 우리의 역할입니다."

회의실은 한층 더 진지해졌고, 각 부서장이 속속 자신 생각을 정리해 나갔다. 이 회의를 계기로, 점수보다 중요한 것은 국민 눈높이에 맞는 서비스를 고민하는 계기가 필요하다는 데 모두가 뜻을 같이했다.

사회적 가치 평가, 점수인가? 진짜 가치인가?

　본사 회의실, 사회적 가치 평가를 주제로 한 전략 회의. 사장이 회의실에 들어서자, 이미 몇몇 임원들은 자료를 보며 조용히 대화를 나누고 있었다. 자리에서 기침을 한 번 하고 분위기를 정리한 후, 사장이 입을 열었다. "사회적 가치 평가 결과가 나왔습니다. 우리가 공공기관으로서 얼마나 사회적 가치를 창출했는지를 평가하는 지표인데… 생각보다 간단하지 않군요." 표관리 본부장이 서류를 넘기며 한숨을 내쉬었다. "네, 매년 새로운 평가 항목이 추가되면서 기준이 계속 바뀌고 있습니다. 일자리 창출, 상생협력, 친환경 경영, 윤리경영, 사회공헌까지… 어디서부터 어떻게 관리해야 할지 막막합니다."

　배다산 본부장이 팔짱을 끼며 고개를 끄덕였다. "우리야 공공기관이니까 당연히 사회적 가치를 고민해야 하는 건 맞습니다. 문제는 실무에서 이걸 어떻게 반영하느냐죠. '사회적 가치 창출'이라는 목표는 좋지만, 현실적인 한계도 고려해야 하지 않겠습니까?" 남보원 본부장이 끼어들었다. "예를 들어, 일자리 창출이 중요한 항목 중 하나잖아요? 그런데 신규 채용을 늘리려면 인건비 부담도 커집니다. 무작정 사람만 뽑는다고 능사가 아니라는 거죠. 평가 점수를 위해 인력 계획을 변경하는 건 부담스럽습니다."

　기정연 부장이 불만스러운 얼굴로 말했다. "저도 이해가 잘 안 갑니다. 기술부서도 사회적 가치를 신경 써야 한다고 하는데, 우리한테 대체 무슨 관련이 있는 겁니까? 사회적 가치 창출을 하려면 연구개발(R&D) 인력을 늘리거나 친환경 기술을 도입하라는 건데, 그게 하루아침에 되나요? 기술

개발은 시간이 걸리는 일입니다." 조경영 부장이 조용히 자료를 보다가 입을 열었다. "이걸 단순한 평가 점수로 접근하면 안 됩니다. 사회적 가치 창출이 결국 기관의 지속 가능성과 연결된다는 점을 봐야 합니다." 사장이 고개를 끄덕이며 물었다. "좀 더 구체적으로 설명해 보시오." "예를 들어, 우리가 친환경 경영을 강화하면 장기적으로 공공기관의 전기료 절감이나 탄소배출권 확보에도 도움이 됩니다. 단기적인 부담은 있겠지만, 결국 지속 가능한 경영과 국민 신뢰로 이어지는 거죠."

그때, 탁고민 대리가 조심스럽게 손을 들었다. "그런데 말입니다… 저는 이 평가가 진짜로 사회적 가치를 높이기 위해 하는 건지, 그냥 형식적인 건지 잘 모르겠습니다." 모두의 시선이 그에게 쏠렸다. 사장이 흥미롭다는 듯 고개를 끄덕이며 물었다. "왜 그렇게 생각하오?" 탁고민이 자료를 가리키며 말했다. "사회적 가치 평가만 중요한 게 아니잖아요. 국민 만족도 조사도 있고, 윤리경영 평가도 있고, ESG 평가도 있습니다. 다 비슷한 맥락인데, 결국 점수를 위해 '이벤트' 위주로 접근하는 경우가 많아요. 예를 들면, 탄소 중립이 중요하다고 하면서도 현실적으로 우리 기관에서 할 수 있는 건 '탄소 중립 캠페인' 같은 걸 하는 정도잖아요?"

차용필 차장이 맞장구쳤다. "그러고 보니 그렇네요. 평가 보고서용으로 며칠 동안 캠페인하고, 사진 찍고, 보도자료 내고… 그런데 실제 경영 방식이 얼마나 바뀌었느냐 하면, 솔직히 미지수죠." 탁고민이 고개를 끄덕였다. "그러니까요. 사회적 가치라는 게 지속적인 변화를 끌어내기 위한 실제적인 노력이어야 하는데, 평가 점수만을 목표로 하면 결국 일시적인 성과나 이벤트성 활동으로 끝날 수 있다는 겁니다. 우리가 진정으로 사회적 가치를 창출하려면, 평가를 넘어서는 내실 있는 변화가 필요합니다. 예를 들어, 탄소 중립 캠페인도 중요하지만, 그보다 더 중요한 것은 실질적인 에너지 절감이나 재활용 시스템 개선 같은 장기적인 노력이겠죠."

사장이 고개를 끄덕이며 말을 이었다. "맞습니다. 단기적인 이벤트가 아니라, 사회적 가치 창출이 우리 기관의 핵심 전략으로 자리 잡을 수 있도록 해야 합니다. 점수나 외적인 평가는 결국 지나가는 평가에 불과하고, 중요한 것은 우리가 실제로 이루어내는 변화입니다. 그런 의미에서 이번 평가 결과도 단지 우리가 나아갈 방향을 점검하는 기회로 삼아야 합니다. 평가를 뛰어넘어, 실질적인 가치를 만드는 것이 우리의 과제입니다." 회의실이 조용해졌고, 모두가 사장의 말에 깊이 고개를 끄덕였다. 이제 평가의 점수를 넘어서, 진정한 사회적 가치 창출을 위한 지속적인 변화의 필요성을 모두가 인식한 순간이었다.

국제 인증, 상징인가? 필수인가?

　본사 회의실, 국제 인증 및 평가 관련 전략 회의. 사장이 조용히 회의실을 둘러보며 서류를 펼쳤다. 이미 몇몇 임원들은 자료를 들여다보며 낮은 목소리로 이야기를 나누고 있었다. "국제 인증을 추진해 보려고 합니다. 요즘은 공공기관도 글로벌 스탠다드에 맞춰 움직여야 할 때입니다. 신뢰도 향상, 대외 경쟁력 강화, 운영 효율성 증대 같은 효과를 기대할 수 있죠." 표관리 본부장이 팔짱을 끼고 고민스럽다는 듯 고개를 저었다. "말씀하신 취지는 이해합니다. 하지만 인증 하나 받으려면 행정적 절차가 복잡하고 유지 비용도 만만치 않습니다. ISO 9001(품질경영)이나 ISO 14001(환경경영) 같은 건 기본인데, ESG 평가까지 신경 쓰려면 추가 인력이 필요할 겁니다."

　배다산 본부장이 한숨을 쉬며 자료를 내려놓았다. "솔직히 실무적으로 이게 얼마나 도움이 될지 모르겠습니다. 국제 인증이 조직 운영에 긍정적인 변화를 줄 수는 있겠지만, 인증을 위해 새로운 프로세스를 만드는 게 오히려 업무 부담이 될 수도 있어요." 남보원 본부장이 팔짱을 끼고 단호한 목소리로 말했다. "이런 평가가 기관의 대외 이미지 개선에는 도움이 되겠죠. 하지만 실제 업무에는 큰 연관이 없는 경우가 많습니다. 국민이 우리가 ISO 인증을 받았다고 해서 서비스를 더 신뢰할까요? 오히려 보여주기식 행정이 될 가능성이 큽니다." 조경영 부장이 자료를 훑어보며 한마디 거들었다. "이거 용역계약으로 진행하는 겁니까? 예산 내에서 최대한 효율적으로 진행해야 할 텐데, 계약 조건을 꼼꼼히 확인해야 합니다. 인증만 받으면 끝나는 게 아니라 유지·갱신 비용도 고려해야 하거든요."

기정연 부장이 고개를 갸웃하며 물었다. "기술부서에서도 이걸 신경 써야 하는 겁니까? 예를 들면 ISO 27001(정보보안) 같은 건 기술부서 업무랑 관련이 있긴 한데, 우리가 추가로 뭘 더 해야 하는지 명확하지 않네요. 국제 기준을 맞추려면 추가 설비나 시스템 변경도 필요할 텐데요." 그때 회의실 문이 열리며 차용필 차장이 흥분한 얼굴로 들어왔다. "다들 보셨습니까? 우리 기관이 국제 회계 기준(IFRS: International Financial Reporting Standards) 준수 인증을 받았습니다! 제가 사내 게시판에도 올려놨습니다." 사장이 미소를 지으며 물었다. "좋은 소식이군요. 국제 회계 기준을 따르는 게 재무 투명성을 높이는 데 큰 도움이 될 겁니다." 탁고민 대리가 스마트폰을 보며 웃었다. "댓글 반응이 그리 호의적이진 않더라고요. '우리 실무랑 무슨 관련이 있느냐?', '이걸로 뭔가 달라지는 게 있느냐'라는 식의 반응이 꽤 많았습니다."

모두가 궁금하다는 듯 그를 쳐다보자, 탁고민이 읽어 내려갔다. "오, 국제 회계 기준이라니! 근데 그게 우리한테 무슨 의미죠?" "이제 회삿돈 관리가 더 빡빡해지는 건가요? 점심값 감시당하는 거 아닌가요?" "그래서 성과급도 국제 기준으로 올려주는 건가요?" 회의실에 묘한 정적이 흘렀다. 기정연 부장이 팔짱을 끼고 씁쓸한 표정으로 말했다. "그러니까 말입니다. 이걸 받으면 뭐가 좋은 건지 솔직히 와 닿지 않아요. 우리가 해외에 재무 보고서를 내야 하는 것도 아니고, 그냥 내부적으로 '우리도 글로벌 스탠다드 맞췄다' 하는 거 아닌가요?"

차용필 차장이 당황하며 반박했다. "아니, 이게 얼마나 중요한 인증인데요. 재무 투명성이 확보되고, 기관의 신뢰도가 올라가고, 국제 기준을 따르는 거 자체가 의미가 있습니다." 기정연 부장이 고개를 갸웃했다. "근데, 우리는 원래 내부 감사도 받고 있고, 예산도 국가에서 관리하는데…

국제 인증 받았다고 우리가 재무적으로 뭐가 달라집니까?" 탁고민이 웃으며 맞장구쳤다. "그러니까요. 국제 기준으로 성과급이 늘어나는 것도 아니고, 연말 정산이 쉬워지는 것도 아니고... 사내 게시판 분위기 보면 다들 '그게 우리랑 뭔 상관?' 이런 느낌인데요." 차용필 차장이 한숨을 쉬며 노트북을 닫았다. "이게... 결국 숫자의 힘을 이해하는 사람과 아닌 사람의 차이네요."

사장이 웃으며 분위기를 정리했다. "그래도 이런 국제 기준을 맞추는 게 장기적으로 기관 운영의 투명성과 신뢰도를 높이는 길입니다. 물론, 단기적으로 와 닿지 않을 수도 있지만, 장기적으로 보면 큰 의미가 있어요." 표관리 본부장이 고개를 끄덕였다. "맞습니다. 다만, 직원들이 이런 인증이 실제로 어떻게 적용되는지 이해할 수 있도록 설명하는 과정도 필요할 것 같습니다." 배다산 본부장이 팔짱을 끼고 말했다. "그리고 실무 부담이 늘어나지 않도록 신경 써야죠. 현장에서는 '보고서용 이벤트'처럼 느껴지지 않도록 해야 합니다."

사장이 결론을 내렸다. "좋습니다. 국제 인증은 단순한 상징이 아니라 실질적인 변화로 이어져야 합니다. 오늘 나온 의견을 반영해서 꼭 필요한 인증부터 추진할 수 있도록 검토해 봅시다." 탁고민이 중얼거렸다. "그래도 IFRS 인증받았다고 회식비 국제 기준으로 맞춰주면 좋을 텐데..." 그의 말에 몇몇이 씩 웃었다. 하지만 그 속에는 '국제 인증이 진짜 의미를 가지려면 어떻게 해야 하는가?'에 대한 진지한 고민이 담겨 있었다.

강의 노트
⑥ 내·외부 평가 구조: 공공성과 효율성을 지키는 이중 평가 시스템

　공기업은 일반 사기업과 달리, '공공성과 효율성'이라는 두 가지 목표를 동시에 달성해야 하는 기관이다. 국민의 세금으로 운영되는 만큼 공익성과 책임성을 갖춰야 하며, 동시에 조직 운영의 효율성과 생산성도 확보해야 한다. 이러한 이유로 공기업은 내부 평가와 외부 평가라는 이중 평가 체계를 운용하며, 이를 통해 기관의 경영 성과를 점검하고 개선해 나간다.

■ **내부 평가: 조직 자율성과 자기진단**

　내부 평가는 조직 스스로 설정한 목표에 따라 성과를 측정하고 자율적으로 개선을 도모하는 과정이다. 기관장은 연초에 경영 목표를 설정하고, 이를 달성하기 위한 구체적인 세부 성과지표(KPI)를 부서별로 할당한다. 이 평가는 경영진과 실무부서 모두에게 적용되며, 결과는 인사고과 및 성과급 산정에도 반영된다.

　부서별 실적평가, 기관장과 주요 임원에 대한 경영평가, 윤리경영 실천 여부, 법규 준수 등 다양한 항목이 포함된다. 예를 들어, 특정 공기업이 에너지 절감 목표를 설정했을 경우, 해당 실적을 계량적으로 측정하고, 달성 수준에 따라 우수부서와 미흡 부서를 구분하여 다음 연도 사업계획에 반영한다.

　또한, 내부 감사 기능은 기관 운영의 투명성을 높이는 핵심이다. 감사를 통해 조직 내 위험 요인을 사전에 파악하고, 비효율적 예산 집행이나 부적절한 의사결정 절차에 대해 조치한다. 감사 결과는 경영진 회의나 이사회 등에서 공유되어 제도 개선으로 이어진다.

한편, 내부 평가의 실효성을 확보하기 위해서는 객관적이고 투명한 기준 설정이 필수다. 간혹 기관장의 성향이나 평가 담당자의 주관에 따라 평가가 형식적으로 흐를 수 있기 때문에, 피드백 절차와 사후 개선 시스템을 제도적으로 마련하는 것이 중요하다.

■ 외부 평가: 대국민 책임성과 투명성 확보

외부 평가는 정부와 외부 전문가 집단이 공기업을 평가하는 공식적인 제도로, 대체로 '공공성 확보'와 '국민 신뢰 회복'을 주된 목적으로 한다. 기관 내부의 자율적 노력만으로는 한계가 있는 만큼, 외부의 독립적인 감시와 평가가 병행되어야 공기업 본래의 존재 목적을 실현할 수 있다.

대표적인 제도가 바로 기획재정부 주관의 공기업 경영평가이다. 『공공기관의 운영에 관한 법률』에 따라 분류된 공기업과 준정부기관을 대상으로 매년 평가가 이뤄지며, 평가단은 외부 민간 전문가로 구성된다. 주요 평가 항목에는 재무 건전성, 경영 효율성, 사회적 가치 창출, 고객만족도, ESG 경영 등이 포함된다.

이 평가 결과는 단순한 점수 산정에 그치지 않고, 기관장의 재신임 여부나 연봉, 성과급 차등 지급에도 직접적으로 반영된다. 예를 들어, 평가 결과 '미흡' 등급을 받은 기관장은 해임 건의 대상이 될 수 있으며, 전년도 대비 등급이 하락한 기관은 경영 혁신 과제를 제출해야 한다.

또 다른 외부 평가는 감사원 감사와 국회 국정감사이다. 감사원은 공기업의 회계 처리와 사업 추진의 적법성을 점검하며, 비리나 위법행위가 확인되면 관련자 징계나 수사 의뢰가 이뤄진다. 국회는 국정감사를 통해 정책 집행과 예산 운영 실태를 검토하고, 필요시 제도 개선을 요구하거나 신규 법안을 직접 발의하기도 한다.

국민권익위원회의 청렴도 평가 역시 주목할 필요가 있다. 매년 공공기관을 대상으로 내부 직원과 외부 민원인을 대상으로 설문하여 '내부 청렴도', '외부 청렴도', '정책고객 평가'를 종합한다. 이 평가는 경영평가에 연동될 뿐만 아니라, 기관이 사회적 신뢰를 회복하는 데 결정적인 요소로 작용한다.

마지막으로, 시민단체와 언론의 감시도 외부 평가의 비공식 축이다. 최근에는 공공기관의 채용 비리, 갑질 논란, 환경 오염 등 사회적 이슈가 언론을 통해 확산하면서, 여론이 공기업의 운영 방향에 직접적인 영향을 미치고 있다. 시민단체는 공공성 실현 여부를 중심으로 성명을 발표하거나 자료를 분석해 공론화를 유도하며, 이는 다시 정치권과 정부 부처의 정책 대응으로 이어진다.

▣ 내부·외부 평가의 유기적 조화

내부 평가는 조직의 자율성과 실행력을 높이는 데 효과적이며, 외부 평가는 책임성과 신뢰성을 담보하는 역할을 한다. 이 두 축은 상호 보완 관계에 있으며, 어느 한쪽만으로는 공기업의 지속가능한 성장을 담보할 수 없다.

예를 들어, 내부 평가는 목표 달성 중심으로 진행되기 때문에 현장의 유연성과 개선 의지를 끌어낼 수 있으나, 자칫 눈가림식 실적 쌓기로 흐를 위험이 있다. 반면 외부 평가는 더욱 객관적인 기준과 사회적 책임을 강조하지만, 경직된 규제나 일시적인 여론에 따라 흔들릴 수 있다.

따라서 공기업이 바람직한 방향으로 나아가기 위해서는 두 평가 체계를 적절히 결합하고, 평가 결과를 단순한 점수가 아닌 조직의 '학습 도구'로 활용할 필요가 있다. 더 나아가 내부 구성원들이 평가를 단순한 통과 절차가 아닌 성장의 기회로 인식하도록 하는 조직문화 조성이 중요하다.

공기업은 단순한 성과지표를 넘어, 국민이 체감할 수 있는 공공성과 책임성을 실현해야 한다. 이를 위해 내·외부 평가 체계는 단순한 감시 수단이 아니라, '공기업답게 존재하기 위한 최소한의 구조'라고 볼 수 있다. 제도의 완성도뿐만 아니라, 이를 운영하는 사람들의 책임감과 신뢰가 함께할 때, 공기업은 진정으로 국민에게 사랑받는 조직으로 거듭날 수 있다.

[공기업에서 오래 살아남는 법]

공기업에 입사하는 것만큼 중요한 것은, 그 직장에서 오래 살아남고, 꾸준히 성장하며 만족스러운 직장 생활을 하는 것이다. 단순히 버티는 것이 아니라, 멘털을 건강하게 유지하면서도 꾸준히 발전하는 전략을 세워야 한다. 그럼, 어떻게 해야 공기업에서 오랫동안 성장할 수 있을까?

먼저, 스트레스에 휘둘리지 않는 멘털 관리가 필요하다. 공기업은 민간기업보다 변화가 느리고, 절차가 복잡하다. 게다가 승진 속도가 느리거나, 조직 내 정치적인 요소가 작용할 수도 있다. 이러한 환경 속에서, 멘털을 지키는 방법을 익히는 것이 중요하다. '조직이 내 인생의 전부가 아니다'라는 마음가짐을 갖자. 공기업은 안정적이지만, 그만큼 변화가 적고 위계질서가 강하다. 조직 내 문제로 스트레스를 받기보다는 일과 내 삶을 분리하는 태도가 필요하다. '회사에 감사하되, 내 삶의 중심은 나'라는 생각을 가지고, 감정적으로 휘둘리지 않도록 적당한 거리 두기를 실천하자. 너무 가까운 관계는 피곤하고, 너무 멀어지면 불편하므로, 적절한 거리를 유지하며 관계를 맺는 것이 중요하다. 또한, 불필요한 갈등에 휘말리지 말고, 사내 정치나 줄 서기에 대한 집착을 피하자. 나의 일에 집중하고, 감정적으로 휘둘리지 않도록 연습하는 것이 장기적으로 자신에게 도움이 된다.

두 번째로, 30년을 버틸 수 있는 지속적 성장 전략이 필요하다. 공기업에서 오래 살아남으려면 단순히 자리를 지키는 것이 아니라, 계속 성장해야 한다. 30년을 바라보며 '변화 속에서도 경쟁력을 유지하는 법'을 익혀야 한다. '공기업형 전문가'가 되기 위해 끊임없이 배워야 한다. 공기업은 느려 보이지만, 정책 변화에 따라 업무가 달라질 수 있다.

특히 디지털 전환, 공공서비스 변화, ESG 등의 새로운 트렌드를 꾸준히 공부해야 한다. 내부 교육뿐만 아니라 외부 강의나 자격증을 활용하여 경쟁력을 유지하고, 새로운 기술과 트렌드에 민감하게 반응해야 한다. 또한, 변화에 적응하는 유연성을 길러야 한다. 공기업은 겉으로 보기엔 변하지 않는 듯 보이지만, 내부적으로는 변화가 거세다. 정부 정책에 따라 구조 개편이 이루어질 수 있고, 업무 형태도 바뀐다. 이에 유연하게 적응할 수 있는 자세가 필요하다. 또한, '조용한 관계 유지' 네트워크를 만들어야 한다. 공기업에서는 혼자만 잘한다고 살아남을 수 없다. 협업이 중요한 조직이기 때문에, 적절한 네트워크가 필요하다. 하지만 지나치게 줄 서거나 정치적인 행보를 취하는 것은 오히려 독이 될 수 있다. 적당히 관계를 맺으며 함께 성장할 수 있는 동료를 만드는 것이 중요하다.

마지막으로, 공기업에서 살아남는 핵심은 '균형'이다. 오래 일하는 사람들의 공통점은 바로 뛰어난 균형 감각이다. 조직과 나의 삶 사이에서 균형을 맞추고, 일과 감정 사이에서 균형을 맞추며, 성장과 안정 사이에서 균형을 맞춘다. 중요한 것은 오래 일하는 것 자체가 목표가 아니라, 건강하고 만족스러운 직장 생활을 하는 것이다. 공기업에서 꾸준히 성장하고 살아남으려면, 자기의 삶과 일을 잘 조화시켜야 한다. 안정적인 직장 환경을 유지하면서도 끊임없이 발전할 수 있도록 노력하는 것이 중요하다. 또한, 변화하는 조직 내 환경과 개인적인 성장, 사회적 관계 사이에서 균형을 잘 잡을 수 있는 능력이 중요한 자산이 된다. 공기업에서의 경력은 단기적인 성과보다는 장기적인 발전을 목표로 해야 하며, 개인의 성과뿐만 아니라 협력과 상호 존중을 바탕으로 한 팀워크가 중요한 역할을 한다. 결국, 균형을 유지하며 지속 가능한 성장을 이루는 것이 공기업에서의 성공적인 경로라고 할 수 있다.

이처럼, 공기업에서 오래 살아남기 위해서는 멘털 관리, 지속적인 학습과 성장, 균형 잡힌 삶의 자세가 필요하다. 안정적인 직장에서의 생활을 바탕으로, 끊임없이 변화하고 성장하는 자신만의 전략을 마련하자.

[퇴직 후의 새로운 길을 준비하는 방법]

공기업에서 20~30년 근무한 후 퇴직을 맞이하는 것은 누구에게나 큰 변화다. 퇴직 후 어떤 길을 선택할지에 따라 제2의 커리어와 삶의 질이 달라질 수 있다. 하지만 많은 공기업 직원은 막상 퇴직 후의 삶을 미리 준비하지 못해 어려움을 겪는다. 공기업 퇴직 후 가능한 선택지를 살펴보고, 미리 준비해야 할 것들을 알아보자.

공기업 퇴직 후 가능한 진로 네 가지 유형을 살펴보자. 첫 번째 유형은 민간기업이나 공공기관에 재취업하는 것이다. 공기업에서 경험을 살려 관련 업계나 공공기관에서 재취업하는 경우가 많다. 경력 활용이 가능하고 안정적인 수입을 유지할 수 있는 장점이 있지만, 비슷한 경력을 가진 사람끼리 경쟁이 치열할 수 있다. 재취업 준비를 위해서는 퇴직 전에 관련 네트워크(퇴직자 모임, 협회 등)를 형성해 두는 것이 유리하다. 또한, 정부 지원 프로그램(재취업 교육, 전직 지원 등)을 활용하거나, 자격증과 추가 학습을 통해 경쟁력을 높여야 한다.

두 번째 유형은 퇴직 후 자영업이나 1인 기업을 시작하는 창업(자영업, 컨설팅, 프리랜서 활동)이다. 정년 없이 본인이 원하는 방식으로 일할 수 있다는 장점이 있지만, 초기 투자 비용과 수익 안정화까지 시간이 걸릴 수 있다. 경험을 살린 컨설팅(예: 공공정책, 인사·노무, 경영 컨설팅), 전문 강사(예: 공기업 취업 강의, 공공기관 대상 교육), 프리랜서 활동(예: 기술직이라면 엔지니어링, 법무·회계 분야라면 자문 업무), 카페, 음식점, 프랜차이즈 창업(단, 사전 조사 필수!) 등을 예로 들 수 있다. 창업 준비를 위해서는 퇴직 전부터 창업 교육을 듣고, 실제 창업 사례를 분석해 보자. 창업은 생각보다 리스크가 크므로, 소규모 테스트 후 확장하는 전략이 필요하다. 초기에는 퇴직금 일부만 투자하여 리스크를 최소화하는 것이 안전하다.

세 번째 유형은 공기업 경험을 살려 공공기관에서 자문위원, 평가위원, 감사위원 등으로 활동하는 것이다. 비교적 안정적인 이익을 얻을 수 있고, 공기업 경험을 활용할 수 있지만, 정식 채용이 아니므로 계약 기간이 짧을 수 있다. 사전에 기관별 모집 공고를 미리 확인하고, 필요한 조건을 맞춰 놓는 것이 중요하다. 또한, 연구 모임, 학회, 공공기관 네트워크에 참여하여 관련 기회를 알아보자. 관련 법규 및 정책 변화를 꾸준히 공부해야 경쟁력을 유지할 수 있다.

마지막 유형은 사회공헌 활동(NPO, NGO, 공익법인 참여)에 집중하는 것이다. 의미 있는 활동을 통해 보람 있는 삶을 찾을 수 있지만, 수익 창출이 어려울 수 있다. 퇴직 전에 관련 단체와 네트워크를 구축해 두면, 퇴직 후 갑자기 봉사활동을 시작하는 데 적응이 수월하다. 미리 경험을 쌓아보는 것이 중요하며, 공공기관 연계 사회공헌 프로그램(예: 퇴직자 멘토링,

지역사회 기여 활동)을 활용하는 것도 좋은 방법이다.

  퇴직 전에 반드시 준비해야 할 것들로는 재무 계획, 건강 관리, 퇴직 후 목표 설정이 있다. 퇴직금과 연금 전략에 대한 재무 계획을 세우자. 퇴직금 활용 계획을 세우고, 안정적인 투자 포트폴리오를 구성하자. 공무원연금, 국민연금, 개인연금을 점검하고, 부족한 부분을 보완해야 한다. 예상 생활비를 계산하고, 퇴직 후 최소 5년간의 재정 계획을 마련하는 것이 좋다. 건강 관리는 퇴직 후의 삶을 위한 필수 요소다. 퇴직 후에도 꾸준히 일하고 싶다면 체력 관리가 필수적이다. 건강 검진을 정기적으로 받고, 퇴직 후 규칙적인 운동 습관을 들여 건강을 유지하자. '나는 어떤 삶을 살고 싶은가?'라는 질문을 던지며 퇴직 후 목표를 설정하자. 돈을 벌어야 하는지, 아니면 여유롭게 살고 싶은지 명확한 목표를 세우고, 성취감을 느낄 수 있는 활동을 찾아보자. 새로운 도전을 위한 계획을 미리 준비하는 것이 중요하다.

  퇴직 후에도 '준비된 사람'만이 성공한다. 공기업 퇴직 후의 삶은 퇴직 전에 얼마나 준비했느냐에 따라 달라진다. 퇴직 후에도 꾸준히 경제 활동을 하고 싶다면 재취업, 창업, 자문직 준비가 필요하다. 좀 더 여유롭고 의미 있는 삶을 살고 싶다면 사회공헌 활동이나 취미 생활 계획을 세우자. 공기업 생활이 끝이 아니라, 새로운 시작이라는 마음가짐으로 미리 준비하는 것이 중요하다!

[나가는 글]

얼마 전, 치간 칫솔 사용법을 새롭게 배웠다. 그전까진 입을 크게 벌리고 힘껏 밀어 넣었다. 얼굴엔 자연스럽게 주름이 잡히고, 잇몸은 자주 아팠다. 그러던 어느 날 전문가가 조용히 말했다. "입을 살짝 다문 상태에서 넣어야 해요." 별것 아닌 조언 같았지만, 그 한마디로 모든 것이 달라졌다. 힘은 덜 들면서도 효과는 훨씬 좋았고, 얼굴엔 불필요한 긴장도 사라졌다. 나는 다시 한번 깨달았다. 아주 사소한 선택 하나가 큰 변화를 만든다는 것을.

이 책도 마찬가지다. 읽지 않아도 당장 큰 문제는 생기지 않을 수도 있다. 하지만 읽고 나면, 시행착오를 줄이고, 더 효과적인 길을 찾고, 조직 생활에서 불필요한 갈등과 마찰을 피할 수 있다.

나는 30년 동안 같은 풍경 속에서 계절이 몇 번이나 바뀌는 걸 지켜봤다. 사람들은 종종 묻는다. "그렇게 오래 어떻게 다녔어요?" 사실 나도 문득 그런 생각을 해본 적이 있다. 하루하루가 쉽지만은 않았고, 어떤 날은 버티는 것조차 버거웠다. 그래서 이 책을 쓰며, 입사 1년 차의 나에게, 성과 평가를 앞두고 흔들리던 나에게, 이직을 고민하던 나에게 다시 빙의해

보았다. 처음 조직의 공기를 읽던 그 떨림, 서툰 보고서를 손에 쥐고 머뭇거리던 긴장, 사소한 실수에도 주저앉던 나의 모습. 그때 그 마음으로 지금 이 자리에 있는 후배들에게 조용한 조언을 건네고 싶었다.

조직은 끊임없이 변한다. 세대가 바뀌고, 시스템이 바뀌고, 관계도 달라진다. 하지만 그 안에서도 지켜야 할 것과 받아들여야 할 것은 분명히 존재한다. 이 책은 단순한 경험담이나 회고록이 아니다. 공기업이라는 복잡한 생태계 속에서 처음 입사한 신입사원부터 커리어의 전환점에 선 중간관리자까지, 모두가 각자의 질문에 답을 찾는 데 도움이 되기를 바라는 현장의 실전 가이드다. 책 속의 9명은 실재하지 않지만, 그들이 겪는 상황은 우리 모두의 이야기다.

이 책은 총 6부로 구성되었다. 적응과 관계 맺기부터 성과와 평가, 재무와 복지, 그리고 변화와 혁신, 나아가 조직의 평가 구조까지 단계적으로 다루었다. 각 부의 마지막에는 필자가 공공정책학을 공부하고, 대학원에서 강의한 경험을 바탕으로 구성한 공기업 이해를 위한 「강의 노트」를 수록했다. 단편적인 경험을 넘어, 공기업의 제도적 구조와 운영 원리를 조금 더 체계적으로 이해하고자 하는 독자들에게는 이론과 실무를 연결하는 브리지 역할을 하길 기대한다.

 이 한 권의 기록이 복잡한 조직의 숲을 지나고 있는 당신에게 길을 잃지 않도록 비춰주는 등불이 되었으면 한다. 지금, 이 순간에도 묵묵히 일하는 당신에게 깊이 감사드리며, 진심을 담아 응원한다. 그리고 이 책이 나오기까지, 말없이 응원해 준 동료들과 현장의 이야기를 함께 나눠준 선후배들, 책의 완성도를 높일 수 있도록 도와준 공동 저자 화현 님, 늘 곁에서 힘이 되어 준 모든 분께 깊이 감사드린다. 특히, 공공조직에 대한 관점을 더욱 깊이 있게 바라볼 수 있도록 지적 자극과 격려를 아끼지 않으신 부산대학교 이상철 교수님께, 그리고 이 책의 가치를 믿고 세상에 내보내는 데 큰 힘을 더해주신 안북스 안윤관 사장님께도 진심 어린 감사를 전한다.